ABC DU BAC

Excellence

LA MENTION EN PLUS

Philosophie

Term L · ES · S

Denis Vanhoutte

Nathan

Coordination éditoriale : Roseline Messager
Édition : Annie Chouard, Odile Gandon
Conception graphique intérieur : Élise Launay
Couverture : Marc & Yvette
Schémas : Corédoc
Compositeur : Facompo

ISBN : 978-2-09-150326-4

Mode d'emploi

Un ouvrage efficace pour réviser et aller plus loin

COURS

- Un cours très clair, très complet et très structuré.
- Des petits encadrés donnent des informations complémentaires, des explications pour mieux comprendre, des citations…

REPÈRES

- Un résumé qui reprend les points importants du chapitre
- Une frise chronologique qui replace les auteurs ayant traité les thématiques du chapitre.
- Les incontournables : les textes les plus représentatifs et qu'il faut connaître.

SUJETS

- Par partie, deux sujets de type bac, pour s'entraîner à l'épreuve (dissertation et explication de texte)

CORRIGÉS

- Les corrigés sont précédés d'un « Coup de pouce » pour aider à déchiffrer le sujet.
- Ils sont accompagnés de petits encadrés présentant des conseils, remarques, des astuces pour gagner des points.

→ En fin d'ouvrage, les **Auteurs…**

→ Les notions Repères proposées par le programme…

Des compléments sur Internet :
sujets de bac…

COURS

REPÈRES

SUJETS

CORRIGÉS

SOMMAIRE

PARTIE 2 – LA CULTURE

PARTIE 3 – LA RAISON ET LE RÉEL

PARTIE 4 – LA POLITIQUE

PARTIE 5 – LA MORALE

D'après le ***Bulletin officiel*** n° 25 du 19 juin 2003.

1 Coefficient et durée

- **Série L :** coeff. 7
- **Série ES :** coeff. 4
- **Série S :** coeff. 3
- Pour toutes les séries, **la durée de l'épreuve est de 4 heures**.

2 Choix du sujet

- L'épreuve de philosophie offre aux candidats le choix entre deux questions (une dissertation et un texte à expliquer). Le texte est accompagné de la formule : « Expliquez le texte suivant [texte, auteur, œuvre]. La connaissance de la doctrine de l'auteur n'est pas requise. Il faut et il suffit que l'explication rende compte, par la compréhension précise du texte, du problème dont il est question. »

Chacun de ces exercices demande des qualités particulières mais un même niveau de compétence.

- **Pour la dissertation,** savoir expliquer, raisonner, argumenter, démontrer, réfuter, avoir une certaine aptitude à organiser les idées et posséder des connaissances maîtrisées.

- **Pour l'explication de texte,** savoir organiser avec objectivité les idées de l'auteur, et les commenter. Commenter n'est pas discuter de manière générale sur un thème donné mais cerner précisément le thème et la thèse du texte. Le commentaire de texte n'est pas plus.facile que la dissertation : attention à la paraphrase.

- Tout devoir de philosophie doit analyser avec rigueur et méthode le sujet proposé, en commençant par la recherche de la **problématique**.

MÉTHODOLOGIE

MÉTHODOLOGIE

I – La dissertation

1. L'esprit de l'exercice

- Pour apprendre à faire une bonne dissertation, il est utile de comprendre d'abord l'esprit de cet exercice. On s'intéresse ensuite aux méthodes proprement dites, c'est-à-dire aux techniques.

A. Trois maîtres mots : ordre, logique et clarté.

- La dissertation est un exercice scolaire qui exacerbe (pousse à un degré élevé) le souci de **l'ordre, de la rigueur logique et de la clarté**. Apprendre à disserter, c'est donc, avant tout, apprendre à écrire avec ordre, logique et clarté. Apprendre à écrire, ou tout aussi bien, **apprendre à penser**, puisque comme on le sait depuis Boileau : « Ce qui se conçoit bien s'énonce clairement, et les mots pour le dire arrivent aisément. »

B. Qu'est-ce qu'une dissertation ?

- Une dissertation n'est pas un **long développement** sur un thème, qui s'achèverait avec l'épuisement de l'inspiration. Ce n'est pas non plus la restitution fidèle d'un cours appris par cœur (même bien compris). Une dissertation, c'est d'abord **un problème** (formulé dans l'introduction), pour lequel **on élabore progressivement une solution** (au cours du développement), solution qui sera **formulée clairement sous forme ramassée** (résumée) dans la conclusion.
- On ne disserte donc pas pour développer un thème ou exposer un cours, mais pour **poser un problème et le résoudre** (chacun à sa manière).

C. Quelques réserves concernant l'idée de méthode

- À la limite, comprendre la nature et l'esprit de la dissertation pourrait dispenser de toute « méthode ». Certains estiment d'ailleurs, c'est un point de vue que l'on peut comprendre, que chaque sujet appelle une « méthode » qui lui est propre, c'est-à-dire un cheminement intellectuel approprié à ce sujet singulier.
- Et il est vrai que procéder avec méthode ne dispense pas de réfléchir et d'adapter les règles générales au cas particulier que constitue chaque sujet.

Disserter, ce n'est donc pas appliquer mécaniquement les règles d'une méthode qui suffirait à garantir le succès, c'est **conduire une véritable réflexion**.

D. Oser penser

- « *Sapere aude* », littéralement « ose savoir », « ose penser » selon l'interprétation que Kant fait de cette formule, « aie le courage de te servir de ton propre entendement ». C'est aux yeux du philosophe, la devise et l'esprit des Lumières. C'est ce courage intellectuel, cette résolution de penser par soi-même, qui fait les vraies dissertations. Penser par soi-même, c'est-à-dire penser véritablement, permet en effet de donner une unité, une cohérence à la copie. Une bonne dissertation doit avoir un auteur, il faut un sujet au verbe *penser*.

2. Les méthodes, les techniques

A. Le brouillon

- Faire un brouillon, ce n'est pas, bien entendu, rédiger entièrement sa copie au brouillon pour la recopier proprement ensuite. Ce serait une perte de temps. Celui-ci doit être consacré à la réflexion.

- Le brouillon doit servir à analyser les termes du sujet, définir une problématique, rédiger une introduction et bâtir un plan détaillé.

B. Analyser les termes du sujet

- N'abordez pas une question philosophique comme si son sens allait de soi. Si on vous demande l'heure, vous pouvez répondre spontanément. Le sens de la question ne fait pas problème (du moins dans la pratique). Il en va tout autrement de la question que vous aurez à examiner le jour du bac. Il s'agit bien d'ailleurs de l'examiner, de la questionner, de s'interroger d'abord sur le sens, ou les différents sens possibles de la question. Cela suppose qu'on interprète aussi les termes qui la composent.

- Ne cherchez pas forcément **la** bonne définition de chaque terme, comme s'il n'y en avait toujours qu'une. Certaines interprétations sont parfois à écarter (si elles ne font pas sens dans le contexte), mais on ne peut pas donner en commençant une définition catégorique et définitive des termes essentiels. Cela reviendrait à verrouiller la réflexion.

- Par exemple, si on vous demande en quoi consiste le bonheur, ou si la liberté signifie l'absence de contrainte, on voit bien que toute la copie devra s'interroger sur le sens de ces mots pour **aboutir** à une définition qui ne peut pas être donnée **en commençant**.

C. La problématique

- La problématique ce n'est pas la question telle que le sujet la pose ou vaguement reformulée. Il s'agit d'expliquer, de développer ou de préciser le problème dont il est question. La question : « Suis-je libre quand j'obéis à la loi ? » peut devenir par exemple : la loi est-elle un obstacle à ma liberté, une contrainte liberticide, ou au contraire, la condition de cette liberté ?
- Soignez la formulation de la problématique, elle est comme le cœur de votre dissertation.

D. L'introduction

- Elle doit, ça va sans dire, introduire le sujet. Par conséquent vous êtes censés (c'est une convention) apprendre au lecteur-correcteur quel est le sujet que vous traitez. Ne supposez donc pas la question connue et ne commencez pas votre introduction par des formules comme « Cette question… », « La question posée… », etc.
- Bannissez également les formules banales comme « Depuis la nuit des temps », ou « De nos jours… », etc.
- Évitez de laisser plusieurs fautes d'orthographe dans la première phrase. C'est fréquent !
- La fonction principale de l'introduction est de formuler une problématique précise. Celle-ci constitue la base de votre travail. L'introduction peut éventuellement montrer aussi l'importance du sujet (sans en faire de trop). Il n'est pas toujours nécessaire d'annoncer le plan de manière explicite. C'est même souvent un peu lourd. La formulation du problème peut suffire à suggérer le plan.

E. Bâtir un plan

- Il existe une multitude de plans. Aucun ne peut bien entendu prétendre être le bon, celui qui marcherait le mieux et à tout coup. Il y a plusieurs manières de bien faire. L'essentiel est que votre plan obéisse à une logique claire et rigoureuse.
- Retenons deux modèles principaux et des variantes : le plan dialectique et ce qu'on peut appeler le plan analytique (pour lui donner un nom).

a. Le plan dialectique

- C'est probablement le plus « classique ». Le développement est structuré en trois parties : **thèse, antithèse et synthèse** (solution ou dépassement de la contradiction). Cette méthode ne doit pas être appliquée de manière mécanique et caricaturale. Ne donnez pas le sentiment de vous contredire, mais présentez les thèses opposées comme des **hypothèses** que vous confrontez pour en examiner la validité.

- Ne passez pas d'une partie à l'autre **sans explication et transition**. Vous pouvez par exemple formuler une ou deux objections à la fin de la thèse pour préparer et justifier l'examen de la thèse (ou hypothèse) opposée.
- La synthèse ne doit pas répéter ou résumer les deux premières parties, mais proposer **une vraie solution** (pas **la** vraie solution). En général, on peut considérer soit que les deux thèses sont fausses, soit (c'est plus fréquent) qu'elles sont toutes les deux vraies. Dans ce dernier cas, on s'efforcera de montrer que la réponse dépend du sens qu'on donne aux termes du sujet. Par exemple, qu'appelle-t-on « liberté », « loi », « obéissance » ?
- On peut en rester à deux parties **si la seconde nuance la première** sans réellement la contredire.
- Ce plan convient davantage aux questions (les plus nombreuses) auxquelles on peut répondre par oui ou non. Pour les autres un plan « analytique » est souvent préférable.

b. Le plan analytique

- Moins mécanique, il décompose (analyse) le sujet en deux ou trois questions qui deviennent les grands axes (parties) du développement. À l'intérieur des grandes parties, on peut éventuellement retrouver un cheminement dialectique (thèse, antithèse, synthèse).
- Par exemple, le sujet « Qu'est-ce que penser par soi-même ? » peut suggérer le plan suivant :
  - **Première partie :** Quand dit-on qu'une personne pense, ou ne pense pas, par elle-même ? (Pourquoi ? Qu'est-ce qui l'en empêche ? Pourquoi estime-t-on qu'elle devrait penser par elle-même ? Qu'est-ce que cela impliquerait à nos yeux ?)
  - **Deuxième partie :** Peut-on vraiment penser par soi-même ou ce que l'on pense est-il toujours déterminé par des causes dont nous n'avons pas conscience : éducation, milieu, époque, lectures…
  - **Troisième partie :** « penser par soi-même » doit-il se comprendre comme la recherche d'une « **vérité personnelle** » (une opinion, un point de vue original et subjectif) ou plutôt comme la recherche personnelle de la **Vérité** ? Dans ce dernier cas, la liberté de pensée ne s'opposerait ni à la nécessité d'admettre ce qui est vrai (que deux et deux font quatre par exemple), ni au fait d'y être amené par la pensée d'un autre (un « maître » comme Socrate, par exemple).

F. Argumenter

- Les exemples ont une valeur illustrative et non démonstrative, puisqu'on ne peut pas tirer de généralités à partir d'un cas particulier. Ils doivent être analysés (expliqués).

- Les références aux auteurs ne doivent pas être présentées comme des arguments d'autorité. Une thèse n'est pas vraie parce qu'elle est défendue par un philosophe illustre. En revanche, les idées empruntées aux auteurs doivent nourrir la réflexion. Comme le dit André Comte-Sponville, la connaissance des auteurs permet de penser mieux et plus qu'on ne le ferait tout seul. Penser par soi-même, ce n'est donc pas penser tout seul.

- Les citations sont un plus, mais elles ne sont pas indispensables. On peut se référer à un auteur sans le citer textuellement.

- Enfin, il est préférable de relier les arguments entre eux, au lieu de les juxtaposer.

G. Conclure

- La fonction de la conclusion est de formuler ou reformuler la solution du problème de manière claire et concise. Elle doit donc répondre à la question (ou aux questions) posées dans l'introduction. Il est donc utile de relire celle-ci avant de rédiger la conclusion. L'ouverture est facultative.

II – L'explication de texte

1. L'esprit de l'exercice

A. Écouter la pensée d'un auteur

- L'explication de texte est un **exercice d'humilité**. Il s'agit de se mettre à l'écoute d'une pensée, de l'entendre, de la comprendre et de la valoriser (ou au moins de lui rendre justice). Nous sommes naturellement plus enclin à discuter, à critiquer et à réfuter, qu'à écouter et à comprendre. Expliquer un texte suppose qu'on fasse taire d'une certaine façon ses propres pensées pour faire place à celles d'un autre. C'est en ce sens un exercice **très différent de la dissertation**.

- Il n'est pas impossible de penser que certains y sont prédisposés par leur personnalité. Si vous n'avez pas d'affinités avec cet exercice, forcez-vous. Vous avez beaucoup à y gagner. « Il faut contrarier les goûts », disait Alain.

B. Expliquer, c'est développer et interpréter ; ce n'est donc pas répéter ou paraphraser.

- « Expliquer » est un synonyme de « **développer** ». Il va donc sans dire que **l'explication doit être plus longue**, et même beaucoup plus longue que le texte lui-même. Chaque phrase mérite un développement. Certains mots, certaines expressions appellent une **analyse plus approfondie**.
- Il ne s'agit donc pas simplement de répéter ou de paraphraser dans l'espoir de montrer qu'on a vaguement compris de quoi il est question. Il s'agit de comprendre **le raisonnement de l'auteur** de manière précise et détaillée : que dit-il exactement et pourquoi le dit-il ?
- Penser également qu'expliquer signifie aussi **interpréter** (le chapitre 14 analyse cette notion). Retenez l'idée qu'un texte peut se comprendre comme une réponse à une ou à des questions qu'un auteur se pose, mais que nous pouvons aussi nous poser, parce qu'elles ont une portée universelle.

2. Les méthodes, les techniques

A. Le brouillon

- On peut d'abord souligner, surligner, annoter le texte, etc. Le **brouillon** proprement dit doit servir à dégager l'ordre et l'enchaînement logique des idées de manière claire et précise, à **dégager le problème** dont il est question et la solution de l'auteur, à indiquer des **pistes de réflexion** qu'on développera (ou non) ensuite, et enfin à rédiger l'introduction.

B. L'introduction

- On peut l'organiser de différentes manières, l'essentiel étant qu'elle dégage le problème dont il est question, la solution de l'auteur et les éventuelles difficultés (objections) que soulève cette solution.

C. Le plan

- Il est utile de dégager rapidement **l'ordre et l'enchaînement logique des idées principales** au début du développement. C'est, si on veut, une vue d'ensemble du raisonnement (composition du passage).
- On passe ensuite à l'explication détaillée, qui est pour l'essentiel linéaire. Il n'est pourtant pas interdit, bien entendu, de rapprocher des passages pour les éclairer. Cette longue étape doit être structurée en paragraphes comme n'importe quel écrit.

- Il ne semble pas pertinent d'organiser l'explication par thèmes comme on peut le faire dans un commentaire littéraire. Cela reviendrait, en effet, à faire disparaître le raisonnement de l'auteur.
- On peut éventuellement terminer le développement en soulignant certaines difficultés (objections) et se référer alors à un auteur ou à un courant de pensée dont les thèses contrediraient le point de vue de l'auteur. Quoi qu'il en soit, cette éventuelle **réflexion critique** doit être concise. Elle n'est pas l'essentiel du travail.

D. Exploiter ses connaissances pour développer

- Le texte, comme le sujet de dissertation, porte sur des notions au programme, comme la vérité ou la liberté. Il est bien entendu utile de se souvenir de son cours, pour mieux comprendre le sens que prennent ces termes dans le texte.
- Il ne s'agit pourtant pas de réciter un cours, ni sur les notions évoquées, ni sur l'auteur. La connaissance de la doctrine de l'auteur n'est pas requise. Cela signifie qu'on ne peut exiger que vous la connaissiez et que le texte peut se comprendre (en principe) sans elle. Cela ne signifie pas cependant que la connaissance de la pensée de l'auteur ne puisse pas être mise à profit **pour éclairer le texte**.

E. Les erreurs à éviter

- Le **contresens** est l'erreur la plus lourde : comprendre autre chose, voire comprendre le contraire de ce qu'il fallait comprendre. Soyez attentif et n'oubliez pas que les philosophes soutiennent souvent des thèses paradoxales. Par exemple Kant affirme que « le beau plaît universellement ».
- La **paraphrase** : elle répète le texte sans vraiment l'expliquer.
- Les **digressions** et le « recouvrement ». Il s'agit d'éclairer le texte, pas de parler d'autre chose. Il faut dévoiler le sens du texte, non le recouvrir.

F. Conclure

- La conclusion souligne **la valeur et les limites de la thèse** défendue par l'auteur. Autrement dit, elle rend justice à l'auteur et à sa pensée, dégage l'intérêt du passage et rappelle les difficultés éventuellement soulevées par la thèse.

PARTIE 1

CHAPITRE 1

La conscience

Mots clés

■ **Sujet** : du latin *subjectum* : « ce qui est placé dessous ». Le sujet peut se définir comme ce qui subsiste, ce qui demeure comme « sous » les changements qui affectent un individu. C'est le « je » considéré comme un et identique à lui même malgré le temps qui passe.

■ **Conscience** : du latin *cum-scientia*, littéralement : « avec science ou connaissance ». La conscience peut se définir comme la faculté de savoir ce qui se passe en nous et autour de nous. Pensez aux expressions « perdre conscience, perdre connaissance ». C'est en d'autres termes la faculté de se représenter les choses (ou de se représenter soi-même). La conscience distingue les hommes et les animaux (les êtres conscients) des simples choses.

■ **Inconscient** : désigne d'abord ce qui n'a pas de conscience : les choses, le corps. Mais l'inconscient désigne chez Freud tout ce qui est refoulé (mais pas anéanti) par la conscience. C'est cette partie du psychisme qui échapperait à la conscience.

Repères

Absolu/Relatif ➔ p. 306
Analyse/Synthèse ➔ p. 307
Objectif/Subjectif ➔ p. 314

DE QUOI S'AGIT-IL ?

La notion de conscience soulève plusieurs problèmes philosophiques relatifs à la conscience des choses comme à celle que nous avons de nous-mêmes. Le premier relève de la théorie de la connaissance : comment savoir si notre conscience ou notre représentation des choses est fidèle aux choses mêmes ? Peut-on « voir les choses telles qu'elles sont » ? Le second problème est relatif à la conscience de soi : la conscience que j'ai de moi-même reflète-t-elle fidèlement ce que je suis ? Quelle connaissance puis-je avoir de moi-même ?

1 La conscience des choses

A Comment savoir si notre conscience des choses est fidèle à la réalité ?

1. Quel est le problème ?

● La conscience représente (reflète) le monde, mais cette représentation n'est-elle pas nécessairement **subjective** ? Peut-on « voir les choses comme elles sont » ou chacun est-il condamné à se les représenter telles qu'elles apparaissent à sa conscience ? La question divise les philosophes depuis l'Antiquité.

2. La thèse relativiste

● On nomme relativistes les penseurs qui, récusant toute **vérité absolue,** estiment qu'il n'existe que des opinions, des points de vue ou des **vérités relatives**.

● Ainsi le sophiste **Protagoras** peut-il être qualifié de **relativiste**. « L'homme est la mesure de toutes choses », disait-il. Cette formule, à première vue énigmatique, signifie que chacun a sa vérité reposant sur des impressions subjectives qui n'ont pas de meilleur juge que lui-même. Par exemple, dans les mêmes conditions, l'un a froid, l'autre non, personne n'a raison ou tort, tout est vrai : pour l'un qu'il fait froid et pour l'autre qu'il ne fait pas froid.

3. La thèse dogmatique

● Les **dogmatiques** comme Platon estiment au contraire que les hommes peuvent s'accorder autour d'une vérité objective. Ce qui apparaît spontanément à la conscience de chacun n'est pas la vérité. Celle-ci doit être recherchée **au-delà des opinions** et des **apparences sensibles,** grâce au **dialogue philosophique** qui permet d'échanger et de confronter rationnellement les points de vue. Elle est scellée par l'accord des esprits (ou des consciences) au terme d'une discussion bien menée. (Voir chap. 17 : La vérité et notamment l'allégorie de la caverne dans « Les incontournables ».)

4. La thèse kantienne

● Mais en admettant même que par un effort d'**objectivité,** la conscience parvienne à échapper au point de vue singulier qu'elle a sur le monde, pourra-t-elle se représenter les choses telles qu'elles sont en elles-mêmes ou ne pourra-t-elle jamais se les représenter qu'à la manière d'un esprit (seulement) humain ?

- **Kant** estime que **les choses en soi (noumènes)** sont inconnaissables. Nous ne pouvons connaître que les **phénomènes** : les choses telles qu'elles nous apparaissent, c'est-à-dire telles qu'un esprit humain est condamné à se les représenter.

- Par exemple, la conscience ne peut se représenter les choses que dans un cadre spatio-temporel (dans le temps et dans l'espace), mais cela ne prouve pas que les choses en soi existent en effet dans le temps ou dans l'espace.

Citation
« Le temps [...] n'est rien en soi en dehors du sujet. »
Kant

- Kant estime donc qu'il faut distinguer le monde tel que nous le connaissons, du monde tel qu'il existe en dehors de nous (en dehors de notre conscience) et que nous ne pouvons pas connaître. C'est ce qu'on appelle **l'idéalisme transcendantal.**

B Comment être sûr que le monde existe en dehors de ma conscience ?

1. Quel est le problème ?

- Se demander si la conscience peut se représenter le monde tel qu'il est, c'est supposer qu'il existe bel et bien un monde extérieur à la conscience. Or, si l'existence du monde est une évidence pour le sens commun, c'est un problème pour les philosophes.

2. Pourquoi douter de l'existence du monde ?

- Douter est pour Descartes une méthode qui permet d'écarter tout ce qui est incertain afin d'établir une vérité certaine. Il doute donc de toutes choses mais de manière seulement théorique, hypothétique et provisoire. C'est ce qui le conduit à douter de l'existence du monde : si la vie n'était qu'un rêve, quel moyen aurions-nous de le savoir ? Certes, j'ai des sensations (par exemple je vois ce livre et je le sens dans ma main), mais comment être sûr que ces sensations sont causées par des objets matériels extérieurs à ma conscience ? D'autres hypothèses sont **théoriquement** concevables...

Bien comprendre
Descartes n'entend pas démontrer que le monde n'existe pas.

- *Première hypothèse* : c'est l'hypothèse du rêve, qu'on vient d'évoquer : mes sensations ne seraient pas causées par des objets matériels extérieurs à ma conscience, mais par ma conscience elle-même, comme dans un rêve. Cette hypothèse conduit au **solipsisme,** c'est-à-dire à l'enfermement **théorique** de la conscience sur elle-même, incapable d'atteindre aucune réalité extérieure. Rien n'existerait en dehors de ma conscience, pas même d'autres consciences.

- *Deuxième hypothèse* : le monde ne serait qu'une illusion engendrée par un « Dieu trompeur » ou un « malin génie », pour reprendre les mots de Descartes.

- *Troisième hypothèse* : l'immatérialisme : les choses existent à ceci près que ce ne sont justement pas des « choses », c'est-à-dire des objets matériels extérieurs à la conscience. Dieu mettrait dans nos esprits les idées des choses. C'est la thèse de **Berkeley** : la matière n'existe pas, tout est esprit. C'est ce qu'on appelle **l'immatérialisme.**

> **Bien comprendre**
> Berkeley doute de l'existence de la matière, mais le monde a indiscutablement une réalité à ses yeux : une réalité… immatérielle !

3. Comment savons-nous que le monde existe en dehors de notre conscience ?

- D'abord, rappelons que Descartes ne doute que de manière purement théorique. Ensuite, il ne s'agit pas tant pour lui de douter de l'existence du monde que de renverser l'ordre des évidences : ma propre existence en tant que chose pensante est évidente et indubitable : « Je pense donc je suis ». En revanche l'existence des choses, des « corps », est problématique. Par suite, « l'esprit est plus aisé à connaître que le corps ».

> **Citation**
> « Je pense donc je suis »
> Descartes

- Enfin, Descartes lui-même rejette finalement ses doutes comme « hyperboliques (exagérés) et ridicules ». Ce que nous vivons étant éveillés a infiniment plus d'unité et de cohérence que nos rêves et s'en distingue clairement par là.

- Mais l'argument de Pascal peut sembler plus décisif : « Nous savons que nous ne rêvons pas, quelque impuissance où nous soyons de le prouver par raison. » Certaines vérités sont établies par la **raison** qui **démontre**, d'autres sont connues immédiatement par le **cœur** qui sent ou qui éprouve ce que l'on ne peut prouver. Ainsi l'existence du monde n'a-t-elle besoin d'aucune démonstration.

2 La conscience de soi

A Puis-je me connaître moi-même ?

1. Quel est le problème ?

- La conscience peut se retourner sur elle-même et se regarder comme dans un miroir. Mais cette **conscience de soi** est-elle une véritable **connaissance de soi** ? Avons-nous bien toujours conscience de ce qui se trame en nous ou une partie de notre vie intérieure peut-elle échapper à notre conscience ?

Bref, de même qu'on s'est demandé si la conscience qu'un sujet a du monde reflétait fidèlement la réalité, on peut se demander si la conscience qu'un sujet a de lui-même reflète fidèlement sa réalité intérieure.

2. La thèse cartésienne

• D'une certaine façon, ce qui se passe en nous peut sembler mieux et plus immédiatement connu que ce qui se passe dans le monde, autour de nous, souvent à notre insu ou sans que nous en ayons conscience. « Par le nom de penser, j'entends tout ce qui se fait en nous de telle sorte que nous l'apercevons immédiatement par nous-mêmes », écrit Descartes. Et en effet, comment pourrait-on ne pas avoir connaissance de nos propres pensées (au sens le plus large : idées, désirs, sensations, émotions, souvenirs…), comment pourraient-elles se dérober à notre propre conscience ? Si, avec Descartes, on identifie (assimile) pensée et conscience, la connaissance de soi peut sembler moins problématique que celle des choses.

3. L'hypothèse de l'inconscient

• Mais est-il réellement si facile de se connaître soi-même ? Suis-je transparent à moi-même ? Une partie de moi n'est-elle pas plutôt plongée dans l'obscurité ? « Je est un autre », écrivait Rimbaud. Et, en effet, nous pouvons parfois avoir ce sentiment que quelque chose en nous, nous est comme étranger et inconnu.

Citation
« Je est un autre. »
Rimbaud

• **Freud** estime ainsi qu'il y a **plus d'inconscient que de conscient dans le psychisme**. Le psychisme pourrait être comparé à un iceberg dont la partie émergée représenterait la conscience. La psychanalyse suppose donc que le sujet refoule dans les profondeurs de l'inconscient les pensées qui d'une façon ou d'une autre le perturbent, notamment quand elles sont en contradiction avec les interdits ou les injonctions qu'il a assimilés au cours de son éducation (voir chap. 3 : L'inconscient). Dès lors, la connaissance de soi devient éminemment problématique. On ne saurait, en effet, se connaître vraiment, sans passer par le processus jamais achevé de la psychanalyse. Il faudrait donc conclure avec Freud et contre Descartes que l'esprit *n'est pas* plus aisé à connaître que le corps !

4. Critique sartrienne de l'hypothèse de l'inconscient

• Mais **l'hypothèse de l'inconscient** pose un problème moral : si, comme l'écrit Freud, « le moi n'est même pas maître dans sa propre maison », s'il n'a pas même conscience des véritables motifs qui le font agir, peut-il

Citation
« Le moi n'est même pas maître dans sa propre maison. »
Freud

encore être tenu pour **libre et responsable** de ses actes ? Est-il encore véritablement un sujet agissant de manière libre, consciente et volontaire ?

- Soucieux de réaffirmer la liberté et la responsabilité du sujet, **Sartre** nie la réalité de l'inconscient, qu'il réduit à **la mauvaise foi** entendue comme un manque de sincérité envers soi-même : nous ne pouvons pas ne pas connaître ce que nous voulons ignorer de nous-mêmes. Nous pourrions donc nous connaître à condition de ne pas nous mentir.

- Sartre ajoute cependant que la connaissance de soi passe par le regard d'autrui : je ne saurais obtenir la moindre vérité sur moi-même sans le secours d'autrui. Par exemple, si la jalousie me porte à espionner par le trou d'une serrure, je ne connais pas ma jalousie tant que je suis seul, je la vis, « je la suis ». Mais j'en prendrai vraiment conscience si on me surprend.

5. Le problème de l'introspection

- *Introspection* dérive du latin *introspicere* qui signifie « regarder à l'intérieur » et désigne l'observation de la conscience par elle-même. Il s'agit par exemple d'analyser ses états d'âme, ses sentiments, afin de mieux se connaître ou pour établir des connaissances générales sur « l'âme ». Mais la méthode est critiquée par les psychologues au début du XXe siècle : dans l'introspection, **je suis à la fois l'observateur et l'objet observé,** je suis en quelque sorte à la fois juge et partie. La psychologie bannit alors le recours à l'introspection et se définit comme une étude scientifique et expérimentale du comportement (behaviorisme).

B Le problème de l'identité personnelle : comment puis-je changer et demeurer le même ?

1. Quel est le problème ?

- Nous sommes spontanément convaincus d'être une seule et même personne de la naissance à la mort. Mais, comme souvent, ce qui relève de l'évidence pour le sens commun fait problème pour les philosophes. Qu'est-ce qui permet d'affirmer l'identité du moi à travers le temps ?

2. Qu'est-ce qui fait l'identité des choses ?

- « On ne peut descendre deux fois dans le même fleuve », écrivait Héraclite (VIe siècle av. J.-C.). Autrement dit « tout s'écoule », comme l'eau d'un fleuve, aucune chose ne demeure identique à elle-même à travers le temps. C'est ce qu'on appelle le « **mobilisme universel** ». D'une certaine façon, nous adhérons à cette vision du monde quand nous regrettons que le temps

> **Citation**
> « Tout s'écoule. »
> Héraclite

passe si vite et engloutisse ce que nous avons aimé. C'est le thème de la fuite du temps. Toutefois, nous supposons qu'il y a bien des *choses* qui changent. Or, on peut aller plus loin.

• Supposer qu'il y a des *choses* qui changent, c'est déjà admettre l'existence d'un **substrat** ou d'une **substance** qui serait comme le support stable de ses qualités (caractéristiques) changeantes. Par exemple, un vêtement rétrécit et perd sa couleur au lavage, mais nous considérons que quelque chose demeure malgré ces changements qui permet d'affirmer qu'il s'agit du même vêtement. La substance pourrait ainsi se définir comme le sujet ou le support du changement. Mais y a-t-il des *choses qui changent* ou est-il plus juste de dire *qu'il n'y a que du changement* ?

3. Qu'est-ce qui fait l'identité d'une personne ?

• Par analogie, on peut se demander ce qui fait l'identité d'une personne, voire douter de cette identité. Qu'y a-t-il de commun à l'enfant que j'étais, à l'adulte que je suis et au vieillard que je serai ? Que signifie même ce mot : « je » ? S'agit-il du même « je » ? Car, à l'évidence, je ne suis plus l'enfant que j'étais !

• À première vue, rien n'est pourtant plus évident que ce « je ». On se souvient du raisonnement de Descartes : je peux douter de tout sauf de ma propre existence en tant que chose pensante : « je pense donc je suis ». Le doute lui-même est nécessairement le fait d'un sujet : il faut bien qu'il y ait un *je* qui doute. Je doute donc je suis !

• Mais Nietzsche remet en question cette prétendue évidence : ne raisonne-t-on pas à tort selon la routine grammaticale ? En effet, du point de vue de la grammaire, le verbe *penser* doit avoir un sujet. Mais ce *je* grammatical correspond-il à une réalité psychologique ? La pensée pourrait n'être qu'un processus sans sujet.

• Et, de fait, nous dépassons **les limites de l'expérience** quand nous affirmons l'existence d'un sujet qui, comme le suggère l'étymologie, se tiendrait sous la diversité de nos états de conscience pour en assurer l'unité et la continuité. C'est ce que souligne **Hume** en bon **empiriste** qu'il est : quand la conscience s'observe elle-même, peut-elle découvrir quelque chose de stable, quelque chose comme un point fixe ou un îlot dans le flux continuel de la conscience ? Non, le moi reste introuvable, nous n'observons en nous-mêmes que des « perceptions particulières », par exemple le chaud ou le froid, la lumière ou l'obscurité, l'amour ou la haine… Le moi n'est qu'une hypothèse des philosophes qui ne correspond à rien dans l'expérience que nous pouvons faire de notre réalité intérieure.

• Dans une perspective différente, le **bouddhisme** remet lui aussi en question la croyance au moi. Cette « philosophie », qui souligne l'impermanence de toutes choses, affirme en outre que l'idée d'un moi immuable est la cause de toutes nos souffrances, parce qu'elle engendre l'orgueil et l'égoïsme. **Le désir est vain et il engendre la souffrance.** Il faut donc **s'en libérer en se libérant d'abord de l'illusion du moi** (ou du « soi »). En effet, ce que l'on désire, on le désire pour soi : richesses, honneurs, pouvoir… Dissiper l'illusion du « soi », c'est donc, du même coup, se libérer du désir et des maux qui le suivent.

- Ces critiques de la notion de sujet (je, moi, soi) soulèvent, quelle que soit par ailleurs leur pertinence, une difficulté d'ordre moral : si les pensées et les actes ne pouvaient être rapportés à aucun sujet, la notion de responsabilité (légale ou morale) ne serait-elle pas vidée de son sens ? Pour que *je* sois tenu pour responsable d'un acte, il faut bien en effet supposer un *je* à l'origine de cet acte. Et même un *je* invariable, identique à lui-même à travers le temps. Si par exemple on peut juger un homme et le punir, c'est qu'on admet que l'homme qu'on juge est encore celui qu'il était au moment des faits. Sinon comment serait-il encore responsable aujourd'hui, de ce qu'il a fait hier ? Bref, si le sujet n'était qu'une illusion, il faudrait ainsi renoncer à l'idée d'un **sujet moral portant la responsabilité de ses actes**.

- L'exemple des criminels de guerre nazis illustre concrètement ce **lien entre identité personnelle et responsabilité**. Si certains se demandent parfois quel sens il y a à juger des vieillards pour des crimes commis dans leur jeunesse, c'est qu'implicitement, ils se demandent si le vieillard que l'on juge est bien encore, *en quelque façon*, le jeune homme qu'il était.

- Mais le passé n'est pas perdu, il demeure en moi et il y a bien du sens à dire que, quelque part, je suis encore l'enfant que j'étais. Que suis-je sinon mon histoire ? Peut-on dire qui on est autrement qu'en évoquant l'histoire de sa vie ? Je suis comme la somme ou la synthèse des expériences qui m'ont construit. « Toute conscience est (donc) mémoire-conservation et accumulation du passé dans le présent », écrit Bergson. La conscience, inséparable de la **mémoire**, unifie ma vie, elle assure la **synthèse** de mes états psychologiques. Elle est, écrit Bergson, « un trait d'union entre ce qui a été et ce qui sera, un pont jeté entre le passé et l'avenir. » Ainsi ce que je deviens, loin d'effacer ce que je fus, vient se fondre dans le creuset de ma conscience, l'enrichit et l'augmente sans en compromettre l'unité.

> **Citation**
> « Conscience signifie d'abord mémoire. »
> Bergson

COURS

Pour résumer

1. Notre conscience peut-elle représenter fidèlement les choses ?

■ Si les **relativistes** estiment qu'il n'existe que des points de vue ou des **vérités relatives**, les **dogmatiques** pensent au contraire que l'esprit peut atteindre une **vérité absolue**.

■ Pour Kant, nous ne connaissons jamais le monde que d'un point de vue humain : les choses en soi demeurent inconnaissables.

2. Comment savoir s'il existe un monde extérieur à la conscience ?

■ Descartes remarque que nos sensations ne prouvent pas de manière immédiate l'existence d'un monde d'objets matériels extérieurs à la conscience.

■ Berkeley doute de l'existence de la matière sans douter de la réalité du monde.

3. Peut-on se connaître soi-même ?

■ L'hypothèse de l'inconscient (Freud) fait de la connaissance de soi une entreprise éminemment problématique.

■ Sartre réduit l'inconscient à la mauvaise foi.

4. Le problème de l'identité personnelle

■ Hume estime que nous dépassons les limites de l'expérience en affirmant l'existence d'un moi identique à lui-même malgré le temps.

■ Mais Bergson remarque que la conscience unifie, comme en une longue phrase, l'ensemble de notre vie.

Chronologie

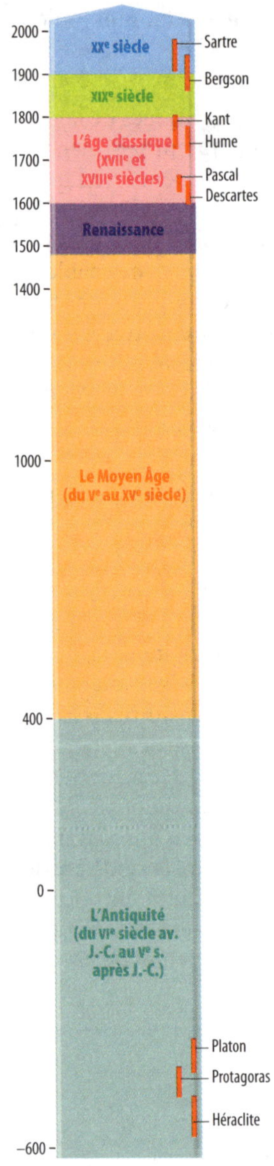

Les incontournables

Dans ce célèbre passage du Discours de la méthode, *Descartes doute du témoignage de ses sens, des démonstrations mathématiques et de l'existence même du monde (argument du rêve), avant de rencontrer la certitude du* **cogito**, *c'est-à-dire celle de sa propre existence en tant que chose pensante. Cette première certitude est le fondement de tout son système. Elle implique aussi aux yeux de Descartes que j'ai (ou que je suis) une âme, « une substance dont toute l'essence n'est que de penser, et qui, pour être [...] ne dépend d'aucune chose matérielle », avant même d'avoir la certitude de l'existence des choses et de mon propre corps.*

Ainsi, à cause que nos sens nous trompent quelquefois, je voulus supposer qu'il n'y avait aucune chose qui fût telle qu'ils nous la font imaginer. Et parce qu'il y a des hommes qui se méprennent en raisonnant, même touchant les plus simples matières de la géométrie, et y font des paralogismes[1], jugeant que j'étais sujet à faillir, autant qu'aucun autre, je rejetai comme fausses toutes les raisons que j'avais prises auparavant pour des démonstrations. Et enfin, considérant que toutes les mêmes pensées, que nous avons étant éveillés, nous peuvent aussi venir, quand nous dormons, sans qu'il y en ait aucune, pour lors, qui soit vraie, je me résolus de feindre que toutes les choses qui m'étaient jamais entrées en l'esprit n'étaient non plus vraies que les illusions de mes songes. Mais, aussitôt après, je pris garde que, pendant que je voulais ainsi penser que tout était faux, il fallait nécessairement que moi, qui le pensais, fusse quelque chose. Et remarquant que cette vérité : *je pense donc je suis*, était si ferme et si assurée, que toutes les plus extravagantes suppositions des sceptiques[2] n'étaient pas capables de l'ébranler, je jugeais que je pouvais la recevoir, sans scrupules, pour le premier principe[3] de la philosophie que je cherchais.

Descartes, *Discours de la méthode*, 1637, Partie IV.

1. Paralogisme : faux raisonnement.

2. Sceptiques : ces philosophes estiment qu'il est impossible d'établir aucune vérité certaine.

3. Premier principe : fondement.

Bien comprendre

La célébrissime formule de Descartes, « je pense donc je suis » ne signifie pas qu'il faut penser (philosopher, réfléchir...) pour avoir une existence digne de ce nom, mais que je ne peux douter de ma propre existence en tant que chose pensante.

Remarque

Évitez de citer cette formule en latin (*cogito ergo sum*) : Descartes a exceptionnellement écrit le *Discours de la méthode* en français afin d'être compris « même des femmes » selon ses propres mots, c'est-à-dire de ceux qui ne savent pas le latin !

CHAPITRE 2

La perception

Mots clés

Perception : du latin *per-cipere*, « prendre à travers ». Le mot désigne une des facultés par lesquelles la conscience se représente le monde (avec l'imagination, la mémoire ou la raison). Synonyme dans le vocabulaire de la philosophie : *sensibilité*. Mais le terme est aussi utilisé comme un synonyme (imparfait) de *sensation*.

Sensation : la sensation pure peut en droit être distinguée de la perception qui y ajoute un jugement, une interprétation. En fait, on peut penser que la conscience a toujours déjà affaire à des perceptions.

Empirisme : doctrine selon laquelle toutes nos connaissances dérivent de l'expérience (*empeiria* en grec), c'est-à-dire : de la perception.

Rationalisme : doctrine selon laquelle toute connaissance valide doit être fondée sur la raison (*ratio* en latin).

Repères

Abstrait/Concret → p. 307
Contingent/Nécessaire/Possible → p. 308
Croire/Savoir → p. 309
Universel/Général/Particulier/Singulier → p. 317

DE QUOI S'AGIT-IL ?

La notion de perception nous amène à poser une question récurrente dans l'histoire de la philosophie : celle de l'origine et du fondement de nos connaissances. Celles-ci sont-elles fondées sur l'observation, sur nos perceptions, ou la connaissance de la vérité suppose-t-elle, au contraire, que nous nous détournions des apparences sensibles pour chercher la vérité au moyen de la raison ? Ce débat, qui relève de la théorie de la connaissance, divise les philosophes depuis l'Antiquité.

1 L'empirisme : nos connaissances dérivent de l'expérience.

A Épicure : la sensation nous relie à ce qui est.

1. La sensation naît d'un contact.

- La sensation naît du contact (entre mon corps et un objet, par exemple). On le comprend sans difficultés pour les sensations tactiles ou gustatives, mais Épicure estime que cela vaut aussi pour l'ouïe, l'odorat et même la vue. L'odeur, par exemple, s'explique par le contact entre le nez et des particules dégagées par un corps. Mais comment expliquer la vue par un contact ?
- Épicure (IVe siècle av. J.-C.) pense que tous les corps émettent en permanence de toute petites particules de la même forme et de la même couleur qu'eux qu'il appelle **simulacres**. La sensation visuelle naît ainsi du contact entre ces simulacres et nos yeux.

2. La sensation est indiscutable.

- Cette théorie de la sensation-contact permet à Épicure d'envisager la sensation comme une **donnée brute**, **évidente** et **indiscutable** : « rien ne peut réfuter la sensation », « tout ce qui est perçu est vrai et réel ». La sensation nous met en présence de ce qui est.
- Mais Épicure n'oublie-t-il pas les illusions des sens ? Ce que nous voyons ou croyons voir, n'est pas toujours réel ! Le philosophe n'ignore pas cette objection et donne même l'exemple d'une tour carrée qui, de loin, paraît ronde et plus petite qu'elle n'est en réalité. Cependant, il estime que ce n'est pas la sensation qui est fausse, mais **l'opinion que nous y ajoutons,** à savoir que la tour est effectivement ronde. La réponse est discutable, mais elle a l'intérêt de mettre en évidence le fait que nous ajoutons inconsciemment des jugements, des interprétations à nos sensations, de sorte qu'il est très difficile, comme l'écrira **Lucrèce** (un disciple d'Épicure), de « distinguer la vérité (celle de la sensation) des hypothèses (les interprétations) que notre esprit y ajoute de son propre fond ».

> **Citation**
> « Tout ce qui est perçu est vrai et réel. »
> Épicure

B Les empiristes anglo-saxons

1. Locke : l'âme est une table rase.

- John Locke (XVIIe siècle) est un des principaux représentants de l'empirisme anglais. Il compare l'âme (ou l'esprit) à une table rase sur laquelle l'expérience inscrit des idées. L'expression « table rase » (*tabula rasa*) désigne une tablette de cire vierge sur laquelle les Romains écrivaient. Ce que veut dire le philosophe, c'est donc que l'esprit est d'abord comme une page vierge : **dépourvu d'idées innées**, il serait entièrement formé, informé ou instruit par l'**expérience**. « L'Expérience : c'est là le fondement de toutes nos connaissances », écrit Locke. Il faut cependant préciser que le terme *expérience* désigne ici deux processus distincts : la **sensation** et la **réflexion**.

> **Citation**
> « L'Expérience : c'est là le fondement de toutes nos connaissances. »
> Locke

- La **sensation**, c'est la **perception des choses extérieures**. Elle nous fait acquérir par exemple les idées des couleurs, du chaud et du froid, du dur et du mou, etc. « Nos sens font entrer toutes ces idées dans notre âme, par où j'entends qu'ils font passer des objets extérieurs dans l'âme », écrit Locke.
- Mais l'âme apprend aussi en s'observant elle-même. C'est la **réflexion**, la **perception des opérations de notre âme**. Elle nous apprend par exemple ce que c'est que de penser, douter, connaître ou vouloir.

2. Hume : impressions et idées

- David Hume soutient après Locke que les **perceptions** sont à l'origine et au fondement de toutes nos **connaissances**. Il réfute ainsi l'**innéisme**, doctrine selon laquelle nos connaissances reposeraient sur des **idées innées,** c'est-à-dire inscrites dans l'esprit « dès la naissance », indépendamment de toute expérience.
- « Si un homme faisait abstraction de toutes les choses qu'il sait ou qu'il a vues, il serait tout à fait incapable, seulement à partir de ses propres idées, de déterminer quelle sorte de spectacle l'univers doit être. Puisque rien de ce qu'il concevrait clairement ne pourrait être estimé impossible, toutes les chimères de son imagination seraient sur un pied d'égalité […] », écrit Hume. Imaginons, en effet, qu'un homme puisse oublier tout ce qu'il a appris grâce à ses cinq sens. En admettant qu'il puisse encore se représenter le monde, il faut bien reconnaître qu'il pourrait imaginer une multitude d'**hypothèses cohérentes** sur celui-ci sans avoir aucun **critère** lui permettant de déterminer quelles sont celles qui correspondent à la **réalité**. La perception est donc à l'évidence la source de toutes nos connaissances.
- Hume distingue deux catégories de « perceptions » (le mot désigne ici tout contenu psychique) : les **impressions** (*feelings*) et les **idées** (*ideas*). Les

impressions, ce sont les sensations (visuelles, auditives, tactiles, etc.), les passions et les émotions (désir, joie, tristesse, colère, etc.), « lorsqu'elles font leur première apparition dans l'âme ». Les idées quant à elles sont des impressions moins vives, affaiblies : des images pâlies. Par exemple, je me brûle, c'est une sensation. Le souvenir d'une brûlure (évoqué par le mot que vous lisez) est une idée. Les idées ne peuvent donc être innées : elles ne sont rien d'autre que les images affaiblies que les sensations laissent dans l'esprit.

- Cet empirisme justifie l'**agnosticisme** de Hume : nous ne pouvons rien affirmer, rien savoir qui dépasse les **limites de notre expérience**. Par exemple, on ne peut ni démontrer l'existence de Dieu, ni son inexistence. « Prenons n'importe quel livre sur la conception de Dieu ou la métaphysique [...]. Contient-il le moindre raisonnement fondé sur l'expérience concernant les faits et l'existence ? Non. Alors jetons-le aux flammes [...] ».

2 Le rationalisme : nos connaissances sont fondées sur la raison.

A Platon : le réalisme des Idées

1. La raison est la source de toute connaissance valide.

- À l'opposé de l'empirisme, le **rationalisme** estime que la perception ne peut pas fonder la connaissance parce qu'elle est **trompeuse**. « La démarche consistant à examiner une chose au moyen de la vue est toute remplie d'illusions et remplie d'illusions, aussi celle qui se sert des oreilles ou de n'importe quel autre sens », écrit Platon.

- Nos connaissances seraient donc fondées, non sur l'**expérience sensible** (la perception), mais sur la **raison**. Mais qu'entend-on par là au juste ? La raison peut se définir comme la faculté de connaître. Mais comment pourrait-on connaître quoi que ce soit autrement qu'en s'appuyant sur les perceptions qui nous relient au réel ?

2. Les Idées sont la vraie réalité.

- Platon estime que ce que nous appelons communément le réel n'est qu'un monde d'apparences changeantes et contradictoires. La vraie réalité est **suprasensible** : elle se situerait au-delà des apparences trompeuses, et ne pourrait donc être perçue au moyen des sens, mais seulement par « l'œil de l'âme », c'est-à-dire l'intelligence (*noûs*).

- Par exemple, observer des hommes, tous différents, singuliers, ne nous apprend pas ce qu'est l'homme. Savoir ce qu'est l'homme, c'est pouvoir donner une définition qui exprime l'intuition intellectuelle de l'Essence ou de l'Idée d'homme (voir chap. 17 : La vérité).

- Connaître implique donc pour Platon une véritable **conversion** de l'âme qui doit apprendre à se détourner des **apparences sensibles** (comme des appétits sensibles d'ailleurs, voir chap. 5 : Le désir), pour se tourner vers **la réalité intelligible**, c'est-à-dire vers la réalité des Idées. C'est ce qu'on appelle le **réalisme des Idées**.

- Bref, si nos **perceptions** ne peuvent fonder une **connaissance valide** du **réel**, c'est que le réel n'est pas ce qui est perçu par les **sens**, mais ce qui est conçu par la **raison**.

Bien comprendre

Platon ne doute pas de l'existence du monde sensible (le monde matériel que nous percevons), il en fait seulement une moindre réalité, qui « participe » de la réalité des Idées. Par exemple, les hommes concrets « participent » de l'Idée de l'homme en ce sens qu'ils en sont comme des copies imparfaites.

B Le rationalisme cartésien

1. Se méfier du témoignage des sens

Citation

« Nos sens nous trompent. »

Descartes

- On retrouve chez Descartes cette même méfiance à l'égard du témoignage des sens : « Nos sens nous trompent », écrit-il. Par exemple, un bâton à demi immergé dans l'eau paraît brisé. La raison, même quand elle s'appuie sur les sens, doit en rectifier le témoignage. « Quand l'eau courbe un bâton, ma raison le redresse, la raison décide en maîtresse », écrit La Fontaine.

- Et Descartes juge le témoignage de ses sens tellement trompeur, qu'il s'efforce d'en faire entièrement abstraction quand il entreprend d'établir les fondements de la connaissance dans les *Méditations métaphysiques* : « Je fermerai maintenant les yeux, je boucherai mes oreilles, je détournerai tous mes sens, j'effacerai même de ma pensée toutes les images des choses corporelles, ou du moins parce qu'à peine cela se peut-il faire, je les réputerai comme vaines et comme fausses [...] ».

- Poussant cette méthode à son paroxysme, il prétend déduire le **principe d'inertie** de l'idée de l'**immutabilité** (c'est-à-dire de la constance) de la **volonté divine** dans *Les Principes de la philosophie* : Dieu ne peut pas vouloir qu'un corps en mouvement change de direction ou de vitesse sans raison (sans rencontrer aucun obstacle ou subir l'influence d'aucune force).

2. Fonder la connaissance sur les idées innées

- La connaissance s'appuie ainsi sur des **idées innées** (l'idée de Dieu dans notre exemple) qui sont comme des « **semences de vérité** » que Dieu a mises dans notre esprit pour que nous les cultivions. C'est ce qu'on appelle l'**innéisme**.

- Alors que les empiristes estiment que la perception nous relie **directement** au réel, les rationalistes supposent que des **idées innées** ou des **principes constitutifs de la raison** fondent nos connaissances. Il leur faut alors expliquer pourquoi ces idées ou ces principes s'accordent avec le réel, autrement dit expliquer pourquoi le **réel** est **rationnel**. Dans le système de Descartes par exemple, c'est Dieu qui garantit cet accord.

3. Percevoir, c'est déjà juger.

- La connaissance s'appuie donc sur des idées innées. Mais ne s'appuie-t-elle pas aussi de toute évidence sur le témoignage des sens ? Descartes s'efforce cependant de montrer le rôle que joue l'**entendement** (la faculté d'entendre, de comprendre, l'intelligence) dans la perception. C'est davantage à mon entendement qu'à mes sens que, paradoxalement, je dois la connaissance des choses sensibles (perçues par les sens). C'est le sens du fameux exemple du **morceau de cire**.

- Les corps que nous touchons, voyons, etc., sont-ils connus grâce aux sens ? C'est l'évidence ! Et pourtant, prenons un morceau de cire, il a une couleur, une forme, une consistance, une odeur, un goût et même une manière particulière de sonner quand on le frappe. Mais si nous l'approchons d'une flamme, ses qualités sensibles changent entièrement : sa forme, sa couleur se perdent, il s'échauffe, se liquéfie etc. Pourtant, je sais bien qu'il s'agit du même morceau de cire. Or, qu'est-ce que cette cire qui demeure la même malgré les changements de son apparence ? Puis-je la connaître grâce au témoignage de mes **sens** ? Non, puisqu'ils ne me donnent à connaître que des qualités changeantes (couleur, forme, consistance, etc.) Est-ce mon **imagination** qui me fait connaître ce qu'est la cire puisqu'elle me permet de me représenter ses transformations ? Non, puisque je sais la cire capable de se transformer à l'**infini**, sans que mon imagination puisse cependant se représenter la série infinie de ses transformations possibles.

- C'est donc grâce à l'**entendement** que je comprends ce qu'est vraiment la cire, la cire « toute nue », dépouillée de ses qualités sensibles changeantes (couleur, forme, odeur, etc.), à savoir : une substance « flexible et muable », modelable à l'infini. C'est donc par l'esprit seul que je perçois ou que je conçois l'essence de la cire qui est sa vraie réalité : « sa **perception** [...] n'est point une vision, ni un attouchement, ni une imagination [...], mais seulement une **inspection de l'esprit** [...] ».

- La **perception** se distingue ainsi de la **sensation pure**, c'est-à-dire : exempte de tout jugement, de toute interprétation. Mais la sensation est toujours déjà interprétée (bien ou mal, clairement ou confusément) et c'est en cela qu'elle nous trompe. Percevoir, c'est toujours déjà juger et donc possiblement, se tromper.

Citation

« Je comprends par la seule puissance de juger qui réside en mon esprit ce que je croyais voir de mes yeux. »

Descartes

COURS

3 La solution kantienne

A La connaissance par expérience s'appuie sur des principes *a priori*.

• La théorie kantienne de la connaissance permet de dépasser l'opposition du rationalisme et de l'empirisme. La solution de Kant tient en une phrase : « Si toute notre connaissance débute avec l'expérience, cela ne prouve pas qu'elle dérive toute de l'expérience, car il se pourrait bien que même notre connaissance par expérience fût un composé de ce que nous recevons des impressions sensibles et de ce que notre propre pouvoir de connaître (simplement excité par des impressions sensibles) produit de lui-même. »

• Autrement dit, nos connaissances s'appuient bien sur l'expérience, mais l'**expérience** elle-même ne nous **instruit** que parce qu'elle est **éclairée** par des **principes *a priori***, c'est-à-dire connus indépendamment de toute expérience, comme le **principe de causalité** par exemple : rien ne naît de rien, tout événement est l'effet d'une cause qui le précède. Exemple : je vois une pierre exposée au soleil et je constate qu'elle est chaude. Je ne peux en conclure que le soleil réchauffe la pierre que parce que je sais *a priori* que tout a une cause et qu'ainsi, j'établis un lien de causalité entre les phénomènes observés.

B La connaissance ne peut dépasser le champ de l'expérience possible.

• Les empiristes comme Hume affirment donc à juste titre que nous ne pouvons pas connaître le monde sans le secours de l'expérience. Kant estime donc lui aussi la métaphysique impossible : nous ne pouvons rien connaître qui dépasse les limites de l'expérience possible. Il est par exemple impossible de démontrer l'existence de Dieu comme les dogmatiques (Descartes par exemple) prétendent le faire. La **raison pure**, comme dit Kant, c'est-à-dire la raison toute seule, privée de tout secours venant de l'expérience, se perd en conjectures, en hypothèses contradictoires, également défendables, également indémontrables : les **antinomies de la raison pure**. Le monde a-t-il un commencement dans le temps ? Une limite dans l'espace ? La liberté est-elle concevable ou tout arrive-t-il nécessairement suivant les lois de la nature ? Nous ne pouvons pas le **savoir** : « la métaphysique est un champ de bataille ».

Citation
« Hume m'a réveillé de mon sommeil dogmatique. »
Kant

C Les principes de l'entendement ne peuvent pas dériver de l'expérience.

- La connaissance s'appuie donc sur l'expérience (les données de la perception), mais celle-ci ne prend sens et ne nous instruit que pour autant qu'elle est éclairée par des principes connus *a priori*, des principes **constitutifs** de l'entendement.
- Mais comment savoir si ces principes ne dérivent pas eux-mêmes de l'expérience ? C'était la thèse de Hume : d'où peut venir le principe de causalité sinon de la perception, de l'expérience ? À ses yeux, l'idée de causalité naîtrait de la succession régulière des phénomènes dans notre expérience.
- Par exemple, j'associe par **habitude** la flamme à la chaleur. À proprement parler, la causalité n'est pas perçue, puisque nous ne percevons rien d'autre que les phénomènes qui se succèdent, elle est supposée, c'est une **croyance** née de l'habitude. Elle ne peut être prouvée et, à la limite, rien ne permet d'affirmer qu'elle ne sera pas un jour démentie par l'expérience. Par exemple, jusqu'ici, chaque fois que j'ai fait chauffer de l'eau, elle s'est mise à bouillir à cent degrés. Seule une croyance indémontrable dans la **constance de la nature** me fait affirmer qu'il en sera toujours ainsi.
- Or, Kant estime ce dernier point inacceptable : les principes de l'entendement jouissent d'une parfaite certitude, ils sont **nécessaires** et **universels** (valables en tout temps et en tout lieu) ; or cela, l'expérience ne peut en effet pas nous l'apprendre. C'est donc que nous le savons *a priori* : avant toute expérience.

Citation
« Nécessité et stricte universalité sont les marques sûres d'une connaissance *a priori*. »
Kant

Pour résumer

1. L'empirisme : nos connaissances dérivent de l'expérience.

■ **Épicure** estime que **nos sensations sont toujours vraies**, seule l'opinion (le jugement, l'interprétation) que nous y ajoutons peut être fausse.

■ **Locke** envisage l'esprit comme une page blanche. Dépourvu d'idées innées, il est entièrement informé par la **perception**.

■ **Hume** considère, dans une perspective voisine, que nos idées ne sont rien d'autre que des **impressions affaiblies**.

2. Le rationalisme : nos connaissances sont fondées sur la raison.

■ **Platon** estime que **la vraie réalité est suprasensible**, c'est-à-dire qu'elle ne peut être connue par la perception, mais seulement par une intuition intellectuelle.

■ Dans une perspective voisine, **Descartes** souligne que « nos sens nous trompent » et que la réalité nous est donnée par une « inspection de l'esprit », c'est-à-dire **grâce à notre entendement et non par les sens** (exemple du morceau de cire).

3. La solution kantienne

■ Toutes nos connaissances commencent avec l'expérience, mais elles ne dérivent pas seulement de la perception.

■ En effet, les données de la perception ne prennent sens et ne nous instruisent que parce qu'elles sont interprétées à la lumière de **principes connus *a priori***, comme, par exemple, le principe de causalité (exemple de la pierre réchauffée par le soleil).

Chronologie

Les incontournables

Descartes montre à travers le fameux exemple du morceau de cire que c'est l'entendement, et non les sens ou l'imagination, qui nous fait connaître ce que sont vraiment les choses, au-delà de leurs qualités sensibles changeantes.

Prenons pour exemple ce morceau de cire qui vient d'être tiré de la ruche : il n'a pas encore perdu la douceur du miel qu'il contenait, il retient encore quelque chose de l'odeur des fleurs dont il a été recueilli ; sa couleur, sa figure, sa grandeur, sont apparentes ; il est dur, il est froid, on le touche, et si vous le frappez, il rendra quelque son. Enfin, toutes les choses qui peuvent distinctement faire connaître un corps se rencontrent en celui-ci. Mais voici que, cependant que je parle, on l'approche du feu : ce qui y restait de sa saveur s'exhale, l'odeur s'évanouit, sa couleur se change, sa figure se perd, sa grandeur augmente, il devient liquide, il s'échauffe, à peine le peut-on toucher, et quoiqu'on le frappe, il ne rendra plus aucun son. La même cire demeure-t-elle après ce changement ? Il faut avouer qu'elle demeure et personne ne le peut nier. Qu'est-ce donc que l'on connaissait en ce morceau de cire avec tant de distinction ? Certes ce ne peut être rien de tout ce que j'y ai remarqué par l'entremise des sens, puisque toutes les choses qui tombaient sous le goût, ou l'odorat, ou la vue, ou l'attouchement ou l'ouïe, se trouvent changées, et cependant la même cire demeure. Peut-être était-ce ce que je pense maintenant, à savoir que la cire n'était pas ni cette douceur de miel, ni cette agréable odeur de fleurs, ni cette blancheur, ni cette figure, ni ce son, mais seulement un corps qui un peu auparavant me paraissait sous ces formes, et qui maintenant se fait remarquer sous d'autres. Mais qu'est-ce, précisément parlant, que j'imagine, lorsque je la conçois en cette sorte ? Considérons-la attentivement, et éloignant toutes les choses qui n'appartiennent point à la cire, voyons ce qui reste. Certes il ne demeure rien que quelque chose d'étendu, de flexible et de muable[1]. Or, qu'est-ce que cela : flexible et muable ? N'est-ce pas que j'imagine que cette cire, étant ronde, est capable de devenir carrée, et de passer du carré en une figure triangulaire ? Non certes, ce n'est pas cela, puisque je la conçois capable de recevoir une infinité de semblables changements et je ne saurais néanmoins parcourir cette infinité par mon imagination, et par conséquent cette conception que j'ai de la cire ne s'accomplit pas par la faculté d'imaginer. Qu'est-ce maintenant que cette extension ? N'est-elle pas aussi inconnue, puisque dans la cire qui se fond elle augmente, et se trouve encore plus grande quand elle est entièrement fondue, et beaucoup plus encore quand la chaleur augmente davantage ? Et je ne concevrais pas clairement et selon la vérité ce que c'est que la cire, si je ne pensais qu'elle est capable de recevoir plus de variétés selon l'extension[2], que je n'en ai jamais imaginé. Il faut donc que je tombe d'accord, que je ne saurais pas même concevoir par l'imagination ce que c'est que cette cire, et qu'il n'y a que mon entendement[3] seul qui le conçoive […]

Descartes, *Méditations métaphysiques.*

1. **Étendu, flexible et muable :** la philosophie de Descartes distingue la substance étendue (la matière qui occupe un espace) de la substance pensante (l'âme immatérielle).
2. La cire, en se dilatant, passe par une infinité de volumes différents. Or l'imagination ne peut se représenter une série infinie. L'entendement seul le peut.
3. **Entendement :** faculté d'entendre, c'est-à-dire de comprendre, intelligence.

CHAPITRE 3

L'inconscient

Mots clés

▪ **Inconscient** : c'est la partie profonde du psychisme dont nous n'avons pas conscience. L'inconscient représenterait environ 90 % du psychisme selon Freud.

▪ **Refoulement** : processus par lequel les représentations (pensée, souvenirs, images…) liées à une pulsion contraire à notre conscience morale sont refoulées ou rejetées hors de la conscience.

▪ Le **ça** désigne l'ensemble des pulsions inconscientes : pulsions de vie (*Eros*) et pulsions de mort (*Thanatos*).

▪ Le **moi**, la partie la plus consciente du psychisme, est soumis aux exigences souvent contradictoires du ça et du surmoi ainsi qu'aux contraintes de la réalité.

▪ Le **surmoi** est notre gendarme intérieur ou notre conscience morale : l'ensemble des interdits et des injonctions assimilés au cours de l'éducation.

▪ **Psychanalyse** : discipline fondée par Freud. C'est d'abord une psychothérapie dont le principe est de retrouver le souvenir et de revivre ce que nous avons refoulé de notre passé, afin de nous en libérer. Le terme désigne aussi l'ensemble de théories psychologiques liées à cette pratique.

Repères

Croire / Savoir ➔ p. 309

INTRODUCTION

La notion d'inconscient soulève principalement deux problèmes. Le premier relève de l'épistémologie (la philosophie des sciences) : peut-il y avoir, paradoxalement, une science de l'inconscient (la psychanalyse) ? Et, plus radicalement : qu'est-ce qui permet d'affirmer l'existence de l'inconscient ou même d'en soupçonner l'existence ? Le second problème relève de la philosophie morale : si nos actes sont motivés par des désirs dont nous n'avons même pas conscience, l'idée d'un sujet moral, portant la responsabilité de ses actes, n'est-elle pas ruinée ? Et comment, *a fortiori*, pourrions-nous encore espérer tendre vers l'idéal de la sagesse et de la maîtrise de soi ?

1 Les questions d'ordre épistémologique

A Comment peut-on savoir qu'il existe un inconscient ?

1. Quel est le problème ?

- Comment pourrions-nous connaître l'existence de l'inconscient puisque, par définition, nous n'en avons pas conscience ? Qu'est-ce qui permet d'en supposer ou même d'en soupçonner l'existence ?

2. La théorie des petites perceptions (Leibniz)

- Si l'idée d'inconscient semble aller de soi aujourd'hui, il n'en a pas toujours été ainsi. Au XVIIe siècle, Descartes assimilait psychisme et conscience (voir chap. 1 : La conscience). Il reste d'ailleurs étonnant qu'on puisse penser quelque chose sans savoir qu'on le pense, ou désirer quelque chose sans le savoir…

- Toutefois, dès cette époque, Leibniz note l'existence de perceptions infra-conscientes. Par exemple, le mugissement de la mer est l'addition d'une multitude de bruits de vagues dont aucun n'est assez fort pour être perçu consciemment. Il faut pourtant bien qu'il soit perçu, de manière **infra-consciente**, pour produire, en s'ajoutant aux autres, le mugissement de la mer. Il existe donc de « **petites perceptions** », que nous qualifierions aujourd'hui d'inconscientes et que Leibniz désigne sous le nom de « **perceptions sans aperception** ».

> **Citation**
> « Il y a à tout moment une infinité de perceptions en nous, mais sans aperception et sans réflexion […] ».
> Leibniz

- Mais c'est seulement avec Freud que la notion d'inconscient va prendre le sens et l'importance que nous lui connaissons.

3. Sur quoi Freud s'appuie-t-il pour affirmer l'existence de l'inconscient ?

- « Nous possédons de multiples preuves de l'existence de l'inconscient », estime Freud. En effet, on peut observer de nombreux phénomènes dans la **conscience** qui ne peuvent s'expliquer que par **l'inconscient** : les **actes manqués**, les **rêves**, les **symptômes névrotiques**, mais aussi toutes ces idées qui nous viennent sans raisons apparentes parce qu'elle se sont élaborées en nous de manière inconsciente.

- On appelle actes manqués tous ces actes qui échouent ou manquent leur but. Par exemple, oublier de faire une chose importante ou dire un mot à la place d'un autre (lapsus). Ces échecs, estime Freud, ne se produisent pas par hasard, ils ont une signification inconsciente. Par exemple, le président de la chambre

COURS

des députés déclare : « la séance est close », alors qu'il est censé, au contraire, la déclarer ouverte. Ce **lapsus** révèle à l'évidence un **désir refoulé** : celui de voir s'achever au plus vite une séance qui s'annonce particulièrement houleuse.

- De la même façon, Freud accorde aux rêves un sens caché : nos rêves sont l'expression déformée d'un désir refoulé. On peut percer leur sens par un effort d'**interprétation** fondé sur le principe de **l'association libre**, c'est-à-dire en se demandant à quoi on associe spontanément (et sans se censurer) les éléments constitutifs du rêve.

- Cet effort d'interprétation s'appuie aussi sur la connaissance du **symbolisme des rêves**, c'est-à-dire de symboles constants qu'on retrouve généralement chez tous les rêveurs. Ce symbolisme est particulièrement riche dans le domaine sexuel. Le serpent, par exemple, peut être interprété comme la représentation symbolique du pénis.

- L'interprétation des rêves doit enfin tenir compte du **travail du rêve**, c'est-à-dire de la manière dont le rêve déforme les désirs refoulés afin de leur permettre d'échapper à la **censure**. On peut citer notamment deux procédés de déformation : la **condensation** qui, comme son nom l'indique, condense ou confond plusieurs idées (par exemple, une même personne peut en représenter plusieurs) et **le déplacement** qui consiste, en effet, à déplacer des pensées importantes vers des éléments anodins. Par exemple, un patient rêve avoir acheté des places de théâtre trop tôt et l'analyse révèle qu'il pense s'être marié trop tôt.

> **Citation**
> « Le rêve est la voie royale vers l'inconscient. »
> Freud

- Les symptômes névrotiques (ceux dont souffrent les névrosés) jouent le rôle de satisfactions substitutives de désirs sexuels refoulés. Ils ont comme les rêves une signification symbolique.

B La psychanalyse est-elle une science de l'inconscient ?

1. Quel est le problème ?

- Freud estime, on l'a vu, avoir des preuves de l'existence de l'inconscient. Il élabore même, notamment à partir de l'interprétation des rêves, « la voie royale vers l'inconscient », ce qu'on pourrait appeler une science de l'inconscient : la psychanalyse. Mais la psychanalyse est-elle à proprement parler une **science** ? La question engage à l'évidence un examen de l'idée même de science.

2. Pourquoi refuser à la psychanalyse le statut de science ?

- Freud se réclame de la science. Le père de la psychanalyse n'est d'ailleurs pas un philosophe, mais un médecin psychiatre. Et il réclame « le droit de travailler scientifiquement avec l'hypothèse de l'inconscient ». D'ailleurs, ses thèses ont tellement été vulgarisées que, malgré les critiques qu'elles suscitent depuis toujours, nous les avons souvent adoptées comme s'il s'agissait de vérités certaines. Le vocabulaire de Freud est même devenu le nôtre : nous parlons couramment de complexe, de traumatisme ou de désir refoulé.

- Pour autant, les « vérités de la psychanalyse » (l'expression est de Freud), sont-elles des **vérités scientifiques** ? Par exemple, il semble acquis que le développement d'un enfant passe par des stades dont celui du fameux **complexe d'Œdipe**. Mais, cette affirmation peut-elle être vérifiée scientifiquement ? Cela pose la question de savoir à quelle condition on peut considérer qu'une théorie est scientifique.

- On parle communément de « vérité scientifique » pour désigner une vérité certaine et vérifiée par l'expérimentation. Pourtant, **Karl Popper** estime que la vérifiabilité n'est pas un bon critère de la scientificité. En effet, aucune théorie n'est, d'un point de vue strictement logique, à proprement parler vérifiable (voir chap. 17 : La vérité) : les conclusions d'une expérience restent de l'ordre de l'interprétation, elles sont donc fortement probables, mais en toute rigueur, on ne saurait dire qu'elles sont certaines de manière catégorique et définitive.

- En revanche, pour être qualifiée de scientifique, une théorie doit être **falsifiable**, c'est-à-dire : testable ou réfutable. Est falsifiable un énoncé (une théorie, une hypothèse) susceptible d'être confronté à l'épreuve de l'expérience et éventuellement réfuté quand celle-ci le contredit. Les théories non-scientifiques sont au contraire irréfutables et c'est cela qui, paradoxalement, les discrédite : quoiqu'on puisse observer des faits qui semblent les contredire, elles restent défendables. Ainsi en est-il du **marxisme** ou de la **psychanalyse**, souligne Popper. La psychanalyse serait donc une fausse science ou **pseudoscience**.

Bien comprendre

Refuser à la psychanalyse le statut de science ne revient pas à lui retirer tout crédit ou toute valeur (la philosophie non plus n'est pas une science). En revanche, il s'agit de dénoncer la prétention infondée à la scientificité des théories freudiennes.

2 Les questions d'ordre moral

A L'hypothèse de l'inconscient ruine-t-elle la morale ?

1. Quel est le problème ?

- Si les véritables mobiles de nos actes demeurent généralement inconscients, pouvons-nous encore être tenus pour libres et responsables de nos choix ? L'idée d'un sujet moral, libre, conscient, agissant de manière volontaire et portant, par conséquent, la responsabilité de ses actes, semble menacée. L'idée de **devoir** ou **d'obligation morale** (voir chap. 23 : Le devoir) semble ruinée du même coup : comment pourrions-nous être tenus d'agir par devoir, si nos actes sont déterminés par des mobiles dont nous n'avons même pas conscience ?

2. Alain : la diabolisation de l'inconscient

- L'inconscient peut devenir une excuse grâce à laquelle nous pourrions facilement nous exonérer de toute responsabilité. Il ne faut pas faire de l'inconscient « un autre Moi [...], une sorte de mauvais ange, un diabolique conseiller », écrit Alain. Il soutient, avec Descartes et contre Freud, qu'il n'y a de pensées en nous que par le sujet (ou le Je) et refuse ainsi l'idée d'un inconscient psychique : seul le corps, ses mécanismes et ses instincts relèvent de l'inconscient et la volonté peut et doit les maîtriser.

3. Sartre : la mauvaise foi

- Sartre se montre soucieux, lui aussi, de réaffirmer la pleine liberté et la pleine responsabilité du sujet. Il réduit ainsi l'inconscient à la **mauvaise foi** par laquelle nous prétendons nier notre liberté et notre responsabilité, en feignant d'ignorer les mobiles qui nous font agir. En réalité, nous savons ce que nous faisons ou pourrions le découvrir par un effort de sincérité envers nous-mêmes. Comment la conscience pourrait-elle, en effet, ignorer ce qu'elle refoule ? Nous ne pourrions pas refouler un désir si nous n'en avions aucune conscience.

4. Défense de la psychanalyse

- Les critiques de la psychanalyse sont aussi anciennes que la psychanalyse elle-même. Freud en a lui-même proposé une explication : nous rejetons comme fausses les idées qui nous déplaisent. Or, la psychanalyse a infligé à l'amour-propre de l'humanité une des plus grandes humiliations que la science lui ait fait connaître.

- L'égocentrisme naïf de l'homme a d'abord été démenti par la **révolution copernicienne** qui, mettant fin au géocentrisme de Ptolémée (astronome de l'Antiquité), obligea l'homme à renoncer à l'idée qu'il occupait une place privilégiée, au centre de la création.

- La seconde vexation fut infligée par la **théorie de l'évolution** de Darwin en rappelant à l'espèce humaine, si infatuée de sa supériorité, son appartenance au règne animal.

- Enfin, c'est la psychanalyse elle-même qui contraint l'homme à l'humilité, en « montrant au moi qu'il n'est seulement pas maître dans sa propre maison ». C'est cette dernière vexation qui explique, aux yeux du père de la psychanalyse, le déchaînement insensé des détracteurs de sa science. Et on sait, en effet, que les thèses de Copernic et de Darwin rencontrèrent également de violentes oppositions.

● Mais, si le moi n'est pas le maître, cela ne signifie pas qu'il doive renoncer à le devenir : « Là où le Ça est, le Moi doit advenir », écrit Freud. La psychanalyse (comme thérapie) doit, en effet, permettre au sujet de prendre conscience de ce qu'il refoule, de s'en libérer et de parvenir ainsi à la maîtrise de lui-même. Ainsi, loin d'invalider l'idéal antique de la sagesse et de la maîtrise de soi, la psychanalyse en indiquerait au contraire le chemin.

Citation

« Là où le Ça est, le Moi doit advenir. »

Freud

B L'hypothèse de l'inconscient invalide-t-elle l'idéal antique de la sagesse et de la maîtrise de soi ?

1. Quel est le problème ?

● La découverte de l'inconscient a pu donner à croire qu'il nous fallait renoncer à l'idéal de la sagesse et de la maîtrise de soi : les anciens pouvaient se donner comme objectif d'apprendre à connaître et à **maîtriser les désirs et les passions** qui gouvernent communément les hommes (désirs insatiables de gloire ou de richesses, par exemple). Mais comment pourrait-on contrôler les **pulsions** obscures qui peuplent les profondeurs de l'inconscient ?

2. L'idéal de la sagesse et de la maîtrise de soi

● Les **stoïciens** estiment que la sagesse consiste à se soumettre à l'ordre naturel des choses. Cela implique que nous apprenions à maîtriser nos désirs et à les conformer à ce qui est ou doit être. À la limite, il faudrait même, pour jouir de la sérénité du sage, parvenir à ne plus désirer et à se satisfaire de ce qui est. C'est le stoïcisme qui inspirera à Descartes cette maxime célébrissime : « Tâcher toujours plutôt à me vaincre que la fortune, et changer mes désirs plutôt que l'ordre du monde. »

● Mais à la lumière de la théorie du refoulement, on peut se demander s'il est bien « sage » de chercher à dominer ses désirs. Les désirs que nous prétendons dominer ne sont-ils pas seulement **refoulés** dans l'inconscient ?

3. Peut-on maîtriser ses désirs ou seulement les refouler ?

● Freud a souligné qu'une éducation trop sévère et répressive pouvait nuire à l'épanouissement de l'individu, entraver sa capacité à jouir de la vie et engendrer la **névrose**. C'est « **le retour du refoulé** ». Le désir refoulé n'est pas anéanti, il est seulement nié et étouffé, bâillonné.

- Le père de la psychanalyse propose une image du refoulement : lors d'une conférence, un individu perturbateur (le désir) est mis à la porte par des auditeurs musclés (refoulement). La porte est bloquée (résistance). Mais l'individu refoulé s'acharne à perturber la conférence en criant dans le couloir et en tambourinant à la porte (retour du refoulé). Il faudra alors réintégrer le perturbateur (le réintroduire dans le champ de la conscience), parlementer et trouver une solution avec lui (c'est le rôle du thérapeute).
- Trois issues sont alors possibles :
- – le patient assume, au moins partiellement son désir,
- – il le détourne vers un but plus élevé, plus noble (sublimation),
- – il le condamne moralement dans la pleine lumière de la conscience.

Citation
« C'est en pleine lumière que l'on triomphe du désir ».
Freud

4. La psychanalyse peut-être regardée comme une philosophie.

- Tout bien considéré, la psychanalyse ne discrédite donc pas l'idéal de la sagesse et de la maîtrise de soi. Et à défaut de lui accorder le statut de science, on pourrait même l'envisager, avec certains de ses détracteurs, comme une philosophie. Faut-il d'ailleurs s'étonner que le père de la psychanalyse puisse être regardé (à son corps défendant) comme un philosophe, alors que la philosophie s'est elle-même parfois définie comme une **médecine de l'âme** ? C'est peut-être ce qui justifie que Freud, qui n'était pas philosophe (il insistait sur ce point), mais scientifique et médecin, soit inscrit au programme de philosophie des classes terminales.

Pour résumer

1. Comment savoir qu'il existe un inconscient ?

■ **Leibniz** remarque, dès le XVIIe siècle, l'existence de **perceptions infra-conscientes** (théorie des petites perceptions).

■ **Freud** estime avoir de multiples preuves de l'existence de l'inconscient : **les rêves, les actes manqués ou les symptômes névrotiques** en témoignent suffisamment.

2. La psychanalyse est-elle une science de l'inconscient ?

■ La psychanalyse revendique le **statut de science** parce qu'elle se fonde sur une pratique et une expérience clinique.

■ Pourtant, **Karl Popper** lui refuse ce statut parce que les thèses de la psychanalyse ne sont pas **falsifiables** (testables ou réfutables).

3. L'hypothèse de l'inconscient ruine-t-elle la morale et a fortiori, l'idéal de la sagesse et de la maîtrise de soi ?

■ **Alain** craint que l'idée selon laquelle nos actes seraient déterminés par des mobiles inconscients ne soit utilisée comme une **excuse facile**.

■ Dans une perspective voisine, **Sartre** réduit l'inconscient à une attitude de **mauvaise foi** par laquelle nous prétendons nier notre liberté et notre responsabilité.

■ Mais la psychanalyse vise au contraire à rendre le sujet plus conscient, plus libre et plus responsable.

■ Loin d'invalider l'idéal de la sagesse et de la maîtrise de soi, la psychanalyse pourrait donc au contraire en indiquer le chemin.

Chronologie

Les incontournables

Dans ce passage bien connu de Métapsychologie (1915), *Freud défend la psychanalyse contre ses nombreux détracteurs. Il y revendique « le droit de travailler scientifiquement avec l'hypothèse de l'inconscient », qu'il estime « nécessaire et légitime », c'est-à-dire : prouvée par de nombreux phénomènes psychiques comme le rêve ou les actes manqués.*

On nous conteste de tous côtés le droit d'admettre un psychisme inconscient et de travailler scientifiquement avec cette hypothèse. Nous pouvons répondre à cela que l'hypothèse de l'inconscient est *nécessaire* et *légitime*, et que nous possédons de multiples preuves de l'existence de l'inconscient. Elle est nécessaire parce que les données de la conscience sont extrêmement lacunaires ; aussi bien chez l'homme sain que chez le malade, il se produit fréquemment des actes psychiques qui, pour être expliqués, présupposent d'autres actes qui, eux, ne bénéficient pas du témoignage de la conscience. Ces actes ne sont pas seulement les actes manqués[1] et les rêves chez l'homme sain, et tout ce qu'on appelle symptômes psychiques et phénomènes compulsionnels[2] chez le malade ; notre expérience quotidienne la plus personnelle nous met en présence d'idées qui nous viennent sans que nous en connaissions l'origine et de résultats de pensée dont l'élaboration nous est demeurée cachée. Tous ces actes demeurent incohérents et incompréhensibles si nous nous obstinons à prétendre qu'il faut bien percevoir par la conscience tout ce qui se passe en nous en fait d'actes psychiques[3] ; mais ils s'ordonnent dans un ensemble dont on peut montrer la cohérence, si nous interpolons[4] les actes inconscients inférés[5]. Or, nous trouvons dans ce gain de sens et de cohérence une raison, pleinement justifiée, d'aller au-delà de l'expérience immédiate. Et s'il s'avère de plus que nous pouvons fonder sur l'hypothèse de l'inconscient une pratique couronnée de succès[6], par laquelle nous influençons, conformément à un but donné, le cours des processus conscients, nous aurons acquis avec ce succès, une preuve incontestable de l'existence de ce dont nous avons fait l'hypothèse. On peut aller plus loin et avancer, pour étayer la thèse d'un état psychique inconscient, que la conscience ne comporte à chaque moment qu'un contenu minime, si bien que, mis à part celui-ci, la plus grande partie de ce que nous nommons connaissance consciente se trouve nécessairement pendant les plus longues périodes, en état de latence, donc dans un état d'inconscient psychique.

FREUD, *Métapsychologie* trad. Jean Laplanche et J.-B. Pontalis, © Gallimard, 1968.

1. Acte manqué : acte qui manque son but ou échec lié à un désir refoulé : oubli, perte ou lapsus, par exemple.

2. Phénomènes compulsionnels : compulsions ou désirs irrépressibles.

3. C'était la thèse de Descartes (voir chap. 1 : La conscience)

4. Interpoler : insérer, ajouter.

5. Actes inconscients inférés : ceux qu'on peut déduire des actes conscients.

6. Une pratique couronnée de succès : la psychanalyse.

CHAPITRE 4

Autrui

Mots clés

Autrui : l'autre homme, le prochain, une autre conscience, donc un autre sujet ou un autre moi.

Conscience : *la conscience*, c'est la faculté de se représenter les choses et de se représenter soi-même (voir chap. 1, p. 19). Mais on parle aussi *d'une conscience* pour désigner un être doué de la conscience de soi : un sujet, un je, un moi.

Empathie : mot formé au xxe siècle sur le modèle de *sympathie*, lui même dérivé du grec *sumpatheia* (« participation à la souffrance d'autrui »). L'empathie se définit comme la faculté de s'identifier à quelqu'un et de ressentir ce qu'il ressent. La pitié en est un exemple.

Intersubjectivité : désigne le lien entre les sujets (*subjectum*). La notion souligne que les consciences ne sont pas isolées, mais soudées ensemble : interdépendantes.

Repères

Expliquer/Comprendre → p. 310
Intuitif/Discursif → p. 313
Universel/Général/Particulier/Singulier → p. 317

DE QUOI S'AGIT-IL ?

« Autrui, c'est l'autre, c'est-à-dire le moi qui n'est pas moi », écrit Sartre. La notion soulève donc la question de mon rapport à l'autre. Comment connaître autrui et quelles sont les limites de cette connaissance ? À quoi une conscience reconnaît-elle une autre conscience et la distingue-t-elle des simples choses ? Dans quelle mesure pouvons-nous vraiment réaliser que les autres sont des consciences qui se sentent comme nous, de l'intérieur ? La réponse engage l'idée que nous devons nous faire des relations humaines : peut-on se comprendre, se respecter et s'aimer authentiquement ou faut-il insister au contraire sur ce qui nous sépare et nous oppose ?

1 Comment peut-on connaître autrui ?

A Quel est le problème ?

• Peut-on entrer dans la conscience d'autrui et le connaître vraiment ? Comment et dans quelle mesure pouvons-nous communiquer et nous connaître ?

B Le langage permet aux consciences de communiquer et de s'entendre.

1. Platon : grâce au dialogue, les hommes peuvent s'accorder autour de la vérité.

• Le dialogue permet à l'évidence de faire communiquer les consciences. Si les hommes peuvent s'entendre, coopérer, et vivre ensemble, c'est qu'ils peuvent échanger et confronter des points de vue, notamment sur ce qui est utile ou juste. Si, pour le dire à la manière d'**Aristote**, l'homme est un « **animal politique** » (ou social), c'est qu'il est d'abord un « **animal raisonnable** », c'est-à-dire : doué de la faculté de raisonner et de parler.

• **Platon**, le maître d'Aristote, avait déjà assigné au dialogue le but de réunir les hommes autour d'une vérité absolue, capable de réaliser **l'accord des esprits**. Le dialogue doit permettre à chaque conscience de dépasser le point de vue partiel et partial qu'elle a sur le monde et de s'élever progressivement vers la réalité des Idées ou des Essences (voir chap. 1 : La conscience).

2. Merleau-Ponty : le dialogue est un être à deux.

• Même si nous ne pouvons nous accorder autour d'une vérité universelle, nous pouvons cependant nous entendre, nous comprendre, échanger et confronter nos idées.

• **Merleau-Ponty** souligne ainsi que dans une discussion, les interlocuteurs, même quand ils s'opposent, sont engagés dans un processus commun : leurs propos sont appelés par l'état de la discussion, chacun peut saisir immédiatement ou même anticiper les pensées de l'autre. « Il y a là **un être à deux** », écrit-il, une « coexistence » ou une collaboration qui me libère de moi-même, c'est-à-dire des limites de ma conscience.

Citation

« Dans l'expérience du dialogue, il se constitue entre autrui et moi un terrain commun, ma pensée et la sienne ne font plus qu'un seul tissu. »

Merleau-Ponty

C Les limites du langage

1. Bergson : le langage nous éloigne du réel.

● Mais pouvons-nous tout dire, tout exprimer ? Les mots semblent parfois impuissants à traduire notre vie intérieure. Chaque conscience serait donc à cet égard comme une forteresse imprenable. Personne ne peut pénétrer mon for intérieur, et, réciproquement, je ne peux pas entrer dans la conscience d'autrui.

● Bergson explique que les mots sont, en raison de leur **généralité**, incapables de traduire ce qu'il y a de **singulier** dans le réel. Ainsi, par exemple, chacun de nous a sa manière d'aimer ou de haïr qui reflète sa personnalité tout entière. Un homme ou une femme aiment-ils de la même façon ? Un Dom Juan aime-t-il comme un soupirant ? Un adolescent comme un adulte ? Et encore chacun est-il homme ou femme, Dom Juan ou soupirant, adolescent ou adulte à sa manière qui est unique. Or, ces amours, si différentes, sont cependant pensées et désignées par le même mot « amour » qui ne retient que leur aspect commun, impersonnel et objectif (voir chap. 7 : Le langage). Comment dès lors pourrais-je comprendre l'autre, quand il me dit « je t'aime », si les mots ne peuvent refléter fidèlement cette manière d'aimer qui n'appartient qu'à lui ? Et comment pourrait-il d'ailleurs se comprendre lui-même si la définition commune de l'amour occulte son vécu personnel ? Que nous puissions nous parler ne signifie donc pas que nous puissions vraiment nous comprendre.

2. Se comprendre au-delà des mots

● Faut-il alors chercher à rencontrer l'autre au delà des mots ? Sans répondre à cette question (et sans même la poser), la philosophie de Bergson suggère une réponse : balayer le langage et les analyses (la pensée discursive) pour aller immédiatement aux choses mêmes. C'est ce que Bergson nomme l'**intuition** : la sympathie qui me transporte dans la chose même, pour coïncider avec ce qu'elle a d'unique et d'inexprimable.

● N'est-ce pas ainsi, au-delà de toute analyse conceptuelle, que **Montaigne** justifie son amitié avec **La Boétie** ? « Si on me presse de dire pourquoi je l'aimais, je sens que cela ne se peut exprimer qu'en répondant : "Parce que c'était lui, parce que c'était moi." »

● Il faut aussi souligner l'importance de la **communication non-verbale** : tout ce que nous exprimons ou laissons transparaître de nos états intérieurs, de manière plus ou moins consciente, dans nos attitudes ou nos expressions faciales.

● Enfin, nous nous comprenons par **empathie**. Chacun sait ce que sont par exemple la joie, la tristesse ou la colère, et même s'il les éprouve à sa manière, peut partager la joie d'autrui, souffrir ou s'indigner avec lui. Ainsi, Rousseau évoque la pitié, sentiment selon lui naturel par lequel, souffrant de la souffrance d'autrui, nous sommes spontanément portés à le secourir. C'est elle qui nous inspire cette maxime à laquelle le genre humain doit sa conservation : « Fais ton bien avec le moindre mal d'autrui qu'il est possible. »

- La psychologie parle **d'intelligence émotionnelle** : l'aptitude à percevoir et à exprimer les émotions, à les intégrer pour faciliter la pensée, à comprendre et à raisonner avec les émotions. C'est cette forme d'intelligence qui permet de comprendre les autres (comme de se comprendre soi-même).

Citation

« Fais ton bien avec le moindre mal d'autrui qu'il est possible. »

Rousseau

D L'intersubjectivité : les consciences sont interdépendantes.

- Tout discours affirmant l'incommunicabilité des consciences semble reposer sur l'idée que chaque conscience existe comme une entité indépendante. Or, ce présupposé est discutable. Chaque conscience ne se forme-t-elle pas au contraire dans l'interaction avec d'autres consciences ?

- Hegel montre ainsi que les **consciences** sont **interdépendantes** parce qu'elles se forgent dans la **lutte** qui les oppose. C'est ce qui se dégage d'une analyse connue sous le nom de « **dialectique du maître et de l'esclave** » : la **connaissance de soi** requiert la **reconnaissance** de soi par l'autre. Or, c'est en asservissant autrui, en lui imposant sa volonté, que chacun cherche primitivement à être reconnu. En d'autres termes, chacun cherche à exister, à affirmer son existence en s'imposant à autrui. Dans cette lutte des consciences, celui qui accepte de mettre sa vie en danger l'emporte : il parvient à tuer l'autre symboliquement, c'est-à-dire à le soumettre. Il est désormais le maître, il a gagné son combat pour la reconnaissance. Mais l'esclave a également pris conscience de lui-même dans cette lutte : « le comportement des deux consciences de soi est donc déterminé de telle sorte qu'elles se prouvent l'une à l'autre au moyen de la lutte pour la vie et la mort », écrit Hegel.

- La notion d'**intersubjectivité** permet de comprendre que chacun n'est pas isolé des autres, mais qu'il est, au contraire, comme soudé à eux, parce qu'il ne peut se former et exister que dans l'interaction.

2 Comment reconnaît-on une autre conscience ?

A Quel est le problème ?

- Avant de connaître autrui, il faut le reconnaître comme tel : voir en lui un être conscient plutôt qu'une chose. Or, comment puis-je savoir que j'ai affaire à une autre conscience ?

B Descartes : le langage est le seul signe probant de la conscience

• Dans un passage des *Méditations métaphysiques,* Descartes évoque une hypothèse étonnante : « des hommes qui passent dans la rue », pourraient théoriquement être « des spectres ou des hommes feints » habillés de chapeaux et de manteaux « et qui ne se remuent que par ressorts » ! Le but de Descartes est ici de mettre en évidence le rôle de l'esprit qui interprète les données de la perception : je vois des chapeaux et des manteaux ; je juge que ce sont des hommes. Mais allons plus loin : qu'est-ce qui fonde ce jugement ? Comment savoir que nous avons bien affaire à un homme plutôt qu'à une machine, un robot ?

• Une lettre fameuse de Descartes au marquis de Newcastle fournit la réponse : « il n'y a aucune de nos actions extérieures qui puisse assurer ceux qui les examinent, que notre corps n'est pas seulement une machine qui se remue de soi-même, mais qu'il y a aussi en lui une âme qui a des pensées, excepté les **paroles** ou autres signes faits à propos des sujets qui se présentent, sans se rapporter à aucune passion. » Le **langage** témoigne donc de l'existence de la **conscience**.

> **Citation**
> « Il n'y a aucune de nos actions extérieures qui puisse assurer ceux qui les examinent, que notre corps n'est pas seulement une machine [...] excepté les paroles. »
> Descartes

• Encore faut-il préciser ce qu'on appelle *parler*. D'abord, Descartes précise que les signes utilisés par les muets sont l'équivalent de nos paroles, de sorte que, bien évidemment, ils supposent également la pensée ou la conscience. Il souligne ensuite que les paroles n'impliquent la pensée qu'à condition d'être proférées « à propos de ce qui se présente », afin de ne pas attribuer la faculté de pensée aux êtres qui ne font que reproduire des paroles mécaniquement : Descartes évoque le perroquet, mais nous pouvons aussi penser aux machines « parlantes » qui existent aujourd'hui.

C Le test de Turing

• Le fameux test de Turing repose sur la même idée : le langage témoigne de l'existence d'une pensée. Alan Turing examine la question de savoir à quelle condition on pourrait admettre l'existence d'une intelligence artificielle. Il imagine alors un test qui consiste à faire discuter un homme avec un autre homme et un ordinateur. L'homme qui engage les conversations ne sait pas qui lui répond : l'humain ou la machine. S'il ne peut pas le déterminer, c'est que l'ordinateur est **intelligent**. Mais le langage est-il le seul critère qui nous permette d'identifier une conscience ?

D Husserl : autrui se signale d'abord par son corps.

● **Husserl,** dans ses *Méditations cartésiennes,* aborde lui aussi la question de savoir comment le *je* connaît l'existence d'autrui. Sa solution s'élabore dans un langage et un système de concepts complexes dont on ne peut donner en quelques mots qu'une traduction approximative. Retenons-en l'idée qu'autrui se manifeste d'abord **par son corps**. Le corps humain, en effet, est immédiatement perçu, en raison de la ressemblance de ses attitudes avec les miennes, comme **habité par une conscience**. Il m'est alors possible de me projeter en lui ou de m'imaginer à sa place, même si je ne peux pas réellement entrer dans sa conscience.

● Dans une perspective voisine, Merleau-Ponty souligne qu'autrui n'est jamais perçu comme un pur esprit, qu'il est connu à travers son regard, ses gestes, ses paroles, en un mot **à travers son corps** : « les autres sont pour nous **des esprits qui hantent un corps** », écrit-il.

3 Peut-on vraiment se comprendre, se respecter et s'aimer ?

A Quel est le problème ?

● Il s'agit de s'interroger d'un point de vue à la fois psychologique et éthique sur ce qu'on peut attendre des relations humaines : si « l'homme est un loup pour l'homme », comme on le dit depuis Plaute, si « l'histoire de toute société [...] est l'histoire de luttes de classes », comme l'écrit Marx, si « l'enfer, c'est les autres », comme l'écrit Sartre, peut-on espérer sans naïveté établir avec autrui des relations fondées sur la compréhension, le respect et la bienveillance ? Pouvons-nous comprendre, respecter, voire aimer notre prochain ?

B Lévi-Strauss : l'autre n'est pas spontanément reconnu comme un semblable.

● « On ne peut pas réaliser que les autres gens sont des consciences qui se sentent comme du dedans comme on se sent soi-même », estime Simone de Beauvoir. Il le faudrait pourtant, sinon comment **respecter** l'autre, le traiter comme un **semblable** et *a fortiori* comme mon égal « en dignité et en droits », pour reprendre les termes de la *Déclaration universelle des droits de l'homme* ?

● Mais, comme le montre Lévi-Strauss, l'Histoire nous apprend que les êtres humains ne reconnaissent pas spontanément leurs semblables comme tels :

« l'Antiquité confondait tout ce qui ne participait pas de la culture grecque (puis gréco-romaine) sous le même nom de *barbare.* » La civilisation occidentale a ensuite utilisé le terme *sauvage* dans le même sens. Ni le barbare, ni le sauvage ne sont véritablement humains : étymologiquement, le *barbare* est celui qui émet des sons inarticulés, comme un animal ; quant au *sauvage*, il est celui qui vit dans la forêt (*silva*). Évoquant l'**ethnocentrisme** des peuples dits primitifs, l'ethnologue souligne qu'à leurs yeux « l'humanité cesse aux frontières de la tribu, du groupe linguistique, parfois même du village » ! Nombre d'entre eux se désignent d'ailleurs d'un nom qui signifie : « les hommes ».

- On peut voir dans la **discrimination raciale** une résurgence de cette attitude primitive. Le mépris envers les personnes qui présentent des caractéristiques physiques ou culturelles différentes des nôtres pourrait s'expliquer comme une **incapacité à voir en l'autre un semblable**, au-delà de ses **différences.**

- Les philosophes ne sont d'ailleurs en rien prémunis contre cette espèce de cécité intellectuelle : Aristote justifie en effet l'esclavage en arguant de l'**infériorité naturelle** des « barbares ». Il cite le poète Euripide à l'appui de sa thèse : « Aux barbares, il convient que les Hellènes commandent ». L'idée de l'unité du genre humain est, on le voit, une idée récente à l'échelle de l'histoire de l'humanité et une idée aussi précieuse que fragile.

C Kant : le respect de la personne humaine est l'exigence fondamentale de la morale.

- Nous ne reconnaissons donc pas spontanément autrui comme un semblable, digne, par conséquent, du respect dû à la personne humaine. Le respect de la personne humaine peut pourtant être regardé comme l'exigence fondamentale de la morale. Quel que soit le sentiment d'étrangeté que m'inspire l'autre, la morale m'interdit d'en faire une simple chose, un objet ou un instrument au service de mes désirs ou de mes intérêts. **Kant** souligne cette distinction essentielle entre les **personnes**, qui sont des **fins en soi**, et les choses qui ne sont que des **moyens** (voir chap. 23 : Le devoir).

Citation

« Agis de telle sorte que tu traites l'humanité, aussi bien dans ta personne que dans la personne de tout autre, toujours en même temps comme une fin, et jamais seulement comme un moyen. »

Kant

D L'amour est ce qui rendrait la morale superflue.

- Entendons-nous sur ce terme particulièrement équivoque. Qu'appelle-t-on « amour », au juste ? André Comte-Sponville, un philosophe contemporain, propose de distinguer trois sortes d'amour : *érôs*, *philia* et *agapê*.

• ***Erôs***, c'est le désir et le manque, la passion. Cet amour-là, à l'évidence, ne saurait tenir lieu de morale, il l'appelle, au contraire, parce qu'il doit être régulé.

• ***Philia*** (« amitié » en grec), c'est l'amour qui se réjouit de ce qu'il a, c'est paradoxalement, le désir de ce dont on ne manque pas : l'amour qu'on a pour ses proches, parents, enfants, conjoint… Cet amour-là rend déjà la morale superflue : ce qu'on fait **par amour**, par exemple pour ses enfants, on n'a pas besoin de le faire **par devoir**. Mais la morale reste nécessaire dans nos relations avec le reste de l'humanité.

• Sauf si nous sommes capables (on peut en douter), d'un amour universel et désintéressé : ***agapê***. C'est le sens de la **charité chrétienne** : un amour qui, s'étendant bien au-delà de l'amitié, engloberait l'humanité tout entière, y compris nos ennemis. On peut douter que cet amour idéal soit possible, mais il peut se définir comme ce qui rendrait la morale superflue.

Citation

« Vous avez appris qu'il a été dit : Tu aimeras ton prochain et tu haïras ton ennemi. Eh bien moi, je vous dis : Aimez vos ennemis, et priez pour ceux qui vous persécutent. »

Nouveau Testament, Évangile selon Matthieu.

REPÈRES

Pour résumer

1. Comment peut-on connaître autrui ?

■ **Le langage** permet la **communication des consciences**, voire leur « communion » dans la vérité.

■ Merleau-Ponty fait du dialogue **un être à deux**, une forme de **co-existence** des consciences.

■ Bergson souligne cependant les **limites du langage** : nous ne pouvons pas exprimer en termes généraux notre manière singulière de vivre les choses.

■ Nous ne pourrions alors « rencontrer » autrui qu'**au-delà des mots**, dans le silence de ce qui se vit.

2. Comment reconnaît-on une autre conscience ?

■ Le **langage** est, selon Descartes, le seul **signe** probant de la **conscience**.

■ C'est également ce que suppose le **test de Turing**.

■ Toutefois, Husserl estime qu'autrui se signale d'abord par son **corps**.

3. Peut-on vraiment se comprendre, se respecter et s'aimer ?

■ **Lévi-Strauss** estime que les hommes ne se reconnaissent pas spontanément comme des semblables.

■ Le **respect** de la **personne humaine** est pourtant, comme **Kant** l'a montré, **l'exigence fondamentale de la morale**.

■ **L'amour du prochain** (charité) est ce qui rendrait la morale inutile.

Chronologie

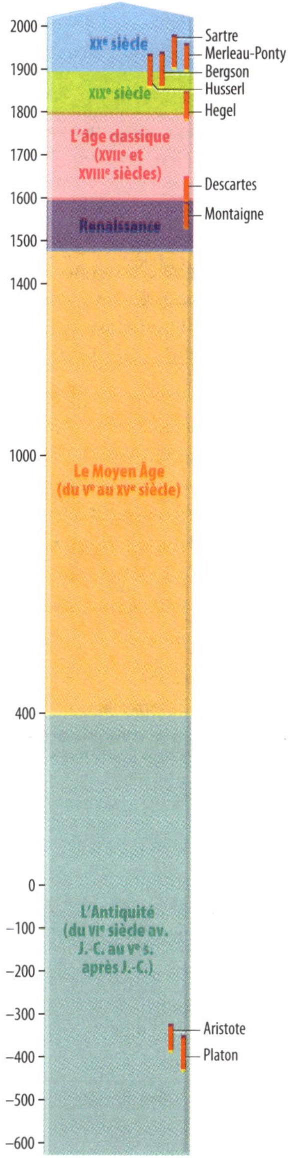

Les incontournables

Dans ce passage de la Phénoménologie de la perception, *Merleau-Ponty souligne la manière dont deux pensées se tissent au sein d'un dialogue, au point que se constitue ce qu'il appelle « un être à deux ». Cet exemple du dialogue illustre donc la notion d'intersubjectivité : les consciences ne sont pas isolées puisqu'il se crée entre elles, par la communication, un tissu de relations qui les fait coexister dans un monde commun.*

Dans l'expérience du dialogue, il se constitue entre autrui et moi un terrain commun, ma pensée et la sienne ne font qu'un seul tissu, mes propos et ceux de mon interlocuteur sont appelés par l'état de la discussion, ils s'insèrent dans une opération commune dont aucun de nous n'est le créateur. Il y a là un être à deux, et autrui n'est plus ici pour moi un simple comportement dans mon champ transcendantal[1], ni d'ailleurs moi dans le sien, nous sommes l'un pour l'autre collaborateurs dans une réciprocité parfaite, nos perspectives glissent l'une dans l'autre, nous coexistons à travers un même monde. Dans le dialogue présent, je suis libéré de moi-même[2], les pensées d'autrui sont bien des pensées siennes, ce n'est pas moi qui les forme, bien que je les saisisse aussitôt nées ou que je les devance, et même, l'objection que me fait l'interlocuteur m'arrache des pensées que je ne savais pas posséder, de sorte que si je lui prête des pensées, il me fait penser en retour. C'est seulement après coup, quand je me suis retiré du dialogue, et m'en souviens, que je puis le réintégrer à ma vie, en faire un épisode de mon histoire privée, et qu'autrui rentre dans son absence, ou, dans la mesure où il me reste présent, est senti comme une menace[3] pour moi.

Maurice Merleau-Ponty, *Phénoménologie de la perception*, 1945, © Gallimard.

1. « Champ transcendantal » : champ de ma conscience.

2. « Libéré de moi-même » : libéré des limites de ma conscience individuelle, puisque relié à celle d'autrui.

3. « Senti comme une menace » : même quand il s'opposent, les interlocuteurs ne se ressentiraient comme une menace l'un pour l'autre qu'après coup. Dans le temps du dialogue, ils collaborent à un processus commun qui les réunit. Le dialogue apparaît donc comme une alternative à la violence.

CHAPITRE 5

Le désir

Mots clés

■ **Désir :** du latin *desiderare* : « désirer, regretter l'absence de (quelqu'un ou de quelque chose) ». L'étymologie suggère donc que le désir est manque, voire souffrance. On peut néanmoins l'envisager positivement comme une force qui pousse à l'action.

■ **Hédonisme :** ce terme, dérivé du grec *hédonê* (« plaisir »), désigne les doctrines philosophiques qui affirment que le bonheur réside dans le plaisir.

■ **Ascétisme :** du grec *askesis* (« exercice »). Le mot désigne l'effort pour renoncer aux plaisirs sensibles (liés aux sens).

■ **Hédonisme ascétique** : cette expression paradoxale renvoie à la doctrine d'Épicure qui affirme, à la fois, l'identité du bonheur et du plaisir, et la nécessité de contenir le désir dans ses limites naturelles.

Repères

Contingent/Nécessaire/Possible → p. 308

DE QUOI S'AGIT-IL ?

La notion de désir soulève des questions d'ordre moral et psychologique. La principale concerne la valeur du désir : est-il bon ou mauvais ? Par conséquent, faut-il le combattre, le dominer, voire le supprimer, ou au contraire, le libérer, le cultiver, l'entretenir ?

1 La condamnation du désir

A Le désir est manque et incomplétude.

1. Le mythe de l'androgyne

- On désire ce qu'on n'a pas, ce dont on manque. C'est notamment la thèse de Platon, telle qu'elle se dégage du mythe de l'androgyne. À l'origine, il y avait trois sortes d'hommes : les hommes, les femmes et les androgynes. Tous étaient « doubles » : de formes rondes, ils avaient deux visages, quatre bras, quatre jambes et deux sexes. Ils essayèrent d'escalader le ciel pour combattre les dieux. Pour les affaiblir, Zeus les coupa en deux. Dès lors chacun rechercha sa moitié. Et quand ces moitiés se retrouvaient, elles s'enlaçaient et se laissaient mourir. Pris de pitié, Zeus déplaça les organes sexuels sur le devant afin que les hommes puissent calmer leur désir et se reproduire.

- Nous sommes donc des êtres incomplets qui tentons de nous réunir pour retrouver notre état originel. Telles sont l'origine et la nature de l'amour ou du désir amoureux (*érôs*) : il est synonyme de **manque et d'incomplétude, donc de souffrance.**

2. L'image des tonneaux percés

- Le désir ainsi entendu s'oppose donc au bonheur, compris comme un état d'apaisement et de plénitude. Désirer, c'est être insatisfait et l'être éternellement, puisque le désir est insatiable, sans fin. Si, en effet, **on ne peut désirer que ce qu'on n'a pas**, comment pourrait-on se satisfaire de ce qu'on a et cesser de désirer ?

- C'est le sens de l'image des tonneaux percés, par laquelle Socrate tente de convaincre Calliclès, dans un dialogue de Platon. Imaginons deux hommes possédant de nombreux tonneaux. Ceux du premier, en parfait état, sont pleins de liquides précieux comme du vin, du lait ou du miel… Mais ceux du second sont percés, et il s'épuise en vain, jour et nuit, à les remplir. Le premier homme symbolise **le sage**, il est serein, sans inquiétude, il a atteint un état de plénitude, parce qu'il sait dominer ses désirs. Le second homme symbolise **l'intempérant** : celui qui, étant incapable de tempérer ou de modérer ses désirs, est condamné à une éternelle insatisfaction.

Citation

« L'homme moderne passe de moins en moins de temps de sa vie à la production dans le travail, mais de plus en plus à la production et innovation continuelle de ses propres besoins et de son bien-être. »

Jean Baudrillard

- Or, à qui ressemblons-nous ? Au sage ? Sûrement pas, puisque nous désirons toujours plus ou toujours autre chose sans être jamais satisfaits. Boris Vian dénonce plaisamment, dans *La Complainte du progrès*, les illusions de la société de consommation : « une tourniquette pour faire la vinaigrette, un bel aérateur pour bouffer les odeurs, des draps qui chauffent, un pistolet à gaufres, un avion pour deux et nous serons heureux ! » Mais aucun de ces biens ne suffit à notre bonheur, parce que le désir transperce nos âmes jamais comblées.

B Le désir, entendu comme la recherche de l'agréable, s'oppose à la recherche du Bien.

- Platon illustre cette opposition par le **mythe de l'attelage ailé**. L'attelage, symbole de l'âme, est conduit par un cocher et tiré par deux chevaux, un bon et un mauvais. Le cocher représente la raison, le bon cheval le « cœur » et le mauvais, la partie désirante de l'âme. L'attelage parcourt le « ciel des Idées » au sein d'un cortège conduit par les dieux. C'est au cours de ce voyage métaphysique, au-delà du monde physique (ou « monde sensible ») que l'âme contemple les Idées (voir chap. 17 : La vérité) et, comme à leur sommet, l'Idée du Bien. Une fois incarnées (unies à un corps), ces âmes seront capables de se souvenir des Idées qu'elles auront ainsi pu contempler, à la vue des choses qui leur ressemblent. Par exemple, observer un acte juste réveille l'Idée de la Justice. C'est la **théorie de la réminiscence** : connaître, c'est se souvenir. Mais, tous les attelages (toutes les âmes) ne sont pas égaux. En effet, le cocher parvient difficilement à dominer le mauvais cheval et il ne peut pas toujours lever la tête pour contempler les Idées : « c'est une tâche pénible et malaisée de tenir les rênes de notre âme ».

> **Citation**
> « C'est une tâche pénible et malaisée de tenir les rênes de notre âme. »
> Platon

- Une partie de notre âme, sa partie divine, aspire à tout ce qui est beau, sage et bon, elle doit dresser et dominer la partie désirante, attirée au contraire par le **plaisir**. L'âme est donc déchirée entre deux tendances opposées : entre le désir, l'appétit sensible (la recherche du plaisir) et une aspiration au **Bien**. Il faut donc « faire la guerre au plaisir » (l'expression est de Platon) et dresser en nous ce mauvais cheval qui nous tire vers le bas, vers la terre, vers ce corps dont Platon fait « la prison de l'âme ».

> **Citation**
> « Le bien et le plaisir ne sont pas une seule et même chose, non plus que le mal et la peine. »
> Platon

C Épictète : le bonheur consiste à ne pas désirer.

• Épictète et les stoïciens en général estiment qu'être sage, heureux et libre, c'est **donner son assentiment à l'ordre des choses**. Le désir, qui ne se satisfait pas de la réalité et prétend la changer, est donc le contraire de la sagesse, de la liberté et du bonheur. « Ne demande pas que les choses arrivent comme tu désires ; mais demande que les choses arrivent comme elles arrivent, et tu seras heureux », dit Épictète.

• Nous pouvons changer nos désirs et la manière dont nous nous représentons les choses, cela relève de notre liberté et de notre responsabilité, cela dépend de nous. Mais nous ne pouvons pas faire que ce qui doit arriver n'arrive pas. Si nous désirons être immortels, nous serons malheureux (voir chap. 6 : L'existence et le temps). Aussi faut-il se soumettre à la nécessité et accepter ce qu'on ne peut pas changer : **désirer ce qui doit arriver, parce que cela doit arriver**.

• Or, ce « désir » qui s'accorde à l'ordre des choses est le contraire de ce que nous appelons communément de ce nom. Désirer non ce qui n'est pas, mais ce qui est ou doit être, c'est plutôt ce que nous appellerions aimer : aimer la vie, le monde, les hommes tels qu'ils peuvent être plutôt que de désirer vainement qu'ils soient différents. C'est l'amour du destin (*amor fati*), l'amour du monde tel qu'il tourne, l'**amour du réel** dont le sage s'efforce de comprendre le sens. À la limite, être heureux, c'est par conséquent : ne rien désirer.

Citation

« Le bonheur ne consiste pas à acquérir et à jouir, mais à ne rien désirer. »

Épictète

2 L'apologie du désir

A Calliclès : sans désirs, le sage vit comme une pierre.

• On se souvient de l'image des tonneaux percés par laquelle Socrate s'efforce de montrer que la vie réglée du sage vaut mieux que celle de l'intempérant, condamné à remplir ses tonneaux. Mais Calliclès estime que le sage, une fois ses tonneaux pleins, n'a plus aucun plaisir. Il vit comme une pierre, sans plaisir ni peine. Ce qui rend la vie agréable c'est de remplir le tonneau, « c'est d'y verser le plus qu'on peut ». Que vaudrait une vie sans désirs et sans plaisirs ? Serait-ce encore une vie ? « Malheur à qui n'a plus rien à désirer », écrit Rousseau.

Bien comprendre

Calliclès est un personnage d'un dialogue de Platon. Sa thèse n'est en rien celle de l'auteur. C'est le personnage de Socrate, le maître de Platon, qui exprime la pensée de ce dernier.

• L'incapacité à désirer est d'ailleurs un symptôme dépressif décrit par la psychologie : l'**anhédonie**. On peut la définir comme une incapacité pathologique à anticiper, rechercher et même à éprouver du plaisir (*hédonê* en grec).

• Loin de combattre nos désirs, nous devrions au contraire les cultiver et mettre notre courage et notre intelligence à leur service, dit Calliclès. La loi, la morale commune condamnent le désir, le répriment et l'étouffent dans la culpabilité. Il faut au contraire le libérer de ce carcan moral et social. Les lois ne sont que des **conventions humaines contre nature**. Faites par les faibles et à leur avantage, elles transforment les maîtres en esclaves, les lions en agneaux. La nature, elle, veut au contraire que le plus fort l'emporte sur le plus faible. Elle veut le triomphe du désir et de la force.

B Nietzsche : la critique de l'idéal ascétique

• L'ascétisme, c'est le renoncement au plaisir sensible (plaisir lié au corps ou aux sens). Il combat le désir et la passion, il veut « extirper les passions et les appétits ». La morale ascétique procède selon Nietzsche de la **haine de la vie** et du **ressentiment,** c'est-à-dire : de la haine que les faibles éprouvent à l'égard des forts. C'est la **revanche des faibles** qui font de leur impuissance une vertu et imaginent de fausses valeurs grâce auxquelles ils parviennent à culpabiliser et à paralyser les forts. Nietzsche associe la force à la vie, à la santé (la vitalité) et la faiblesse à la décadence, à la dégénérescence et à la maladie. « L'hostilité […] à l'égard des sens demeure un symptôme inquiétant. »

• La critique nietzschéenne vise notamment les prêtres et les « sages », comme Socrate ou Platon : « Tous les Grands Sages ne seraient que des décadents » et leur ascétisme ne serait rien d'autre que le symptôme d'un dégoût de la vie. Nietzsche prétend ainsi que Socrate aurait déclaré au moment de mourir : « la vie n'est qu'une longue maladie ».

• Bref, il y a aux yeux de Nietzsche quelque chose d'éminemment suspect dans la **condamnation morale du désir et du plaisir des sens** telle qu'elle s'exprime, tant dans la philosophie platonicienne que dans la morale chrétienne. Toutefois, contrairement à Calliclès, il n'entend pas libérer nos appétits sensibles à l'état brut, mais leur livrer une « guerre intelligente ». Il ne s'agit donc pas de tuer le désir, de le supprimer, mais de le **spiritualiser**, de l'embellir ou de le diviniser : « La spiritualisation de la sensualité s'appelle amour : c'est un grand triomphe sur le christianisme », écrit Nietzsche. Freud verra lui aussi dans l'amour une **sublimation de la sexualité.**

Citation

« La spiritualisation de la sensualité s'appelle amour. »

Nietzsche

3 Le désir maîtrisé

A Épicure : la classification des désirs et le calcul des plaisirs

• Les philosophes, à dire vrai, ont plus souvent voulu modérer le désir qu'ils n'ont voulu le supprimer. C'est particulièrement évident dans la pensée d'Épicure. « Le plaisir est le commencement et la fin de la vie heureuse », écrit-il. L'épicurisme est donc un **hédonisme** : il identifie plaisir et bonheur. Toutefois, contrairement à Aristippe et à ses disciples (les cyrénaïques) qui semblent avoir défendu un hédonisme débridé, Épicure enseigne la modération des désirs. C'est, en effet, en contenant nos désirs dans leurs limites naturelles que nous éprouverons le plus de plaisir et le moins de peine. En d'autres termes, il s'agit de désirer le moins possible, pour jouir le plus possible. L'épicurisme est, paradoxalement, un **hédonisme ascétique.**

• Il est donc utile d'apprendre à reconnaître et à privilégier nos vrais besoins : les **désirs naturels et nécessaires** (la faim, la soif…). Ces désirs sont nécessaires à la vie, à la paix du corps (*aponie*) ou de l'esprit (*ataraxie*). Ils s'opposent aux désirs vains comme le désir de gloire ou de richesses qui, étant insatiables (sans limites, sans fin), nous condamnent à une éternelle insatisfaction. Mais nous devons aussi gérer avec prudence une troisième catégorie de désirs : les désirs naturels mais non-nécessaires (manger une cuisine raffinée, boire de bons vins, désirs sexuels…). Ceux-ci, en effet, peuvent aisément se transformer en besoins artificiels par la force de l'habitude.

• On peut éventuellement discuter cette classification, par exemple, le désir sexuel peut être jugé nécessaire à la paix de l'esprit (*ataraxie*). Néanmoins, elle a le mérite d'introduire l'idée que tous nos désirs ne sont pas de même nature et qu'ils ne sauraient donc être traités identiquement. Elle invite également à se poser personnellement la question de savoir en quoi consistent nos vrais besoins.

• La classification des désirs selon Épicure

Désirs naturels		Désirs vains
Désirs naturels et nécessaires : soif, faim, protection…	**Désirs naturels et non-nécessaires** : cuisine raffinée, bons vins, sexualité	gloire, possession, pouvoir…

Cette classification des désirs doit servir de base à un **calcul des plaisirs et des peines** à attendre de la satisfaction d'un désir. Même si le plaisir est un bien en soi, il peut entraîner des souffrances qu'il peut être préférable de s'épargner. Le bonheur dépend donc d'une gestion intelligente du désir et du plaisir (voir chap. 24 : Le bonheur).

Bien comprendre
Le terme « épicurien » désigne dans le langage courant celui qui voue sa vie au plaisir et à la volupté. Ce sens est lié à une interprétation abusive de la doctrine d'Épicure. Épicure n'était pas... un épicurien, mais un ascète qui se nourrissait de pain, d'eau et de fromage frais.

B Montaigne : la sagesse a besoin de modération.

- La sagesse est utile, « il faut avoir l'âme instruite [...] des moyens de soutenir et combattre les maux et instruite des règles de bien vivre et de bien croire », écrit Montaigne. Et il est vrai que la fougue et la vitalité de la jeunesse ont besoin d'être modérées par des paroles de sagesse. Pourtant, « la sagesse a ses excès, et n'a pas moins besoin de modération que la folie ». Les années nous enseignent trop bien la **froideur** et la **tempérance**, elles nous rendent bien sérieux et bien sage. Dès lors, ce n'est plus tant le désir que la tempérance qu'il nous faut combattre dans la vieillesse. « Je me laisse à cette heure aller un peu à la débauche par dessein (délibérément) », écrit encore l'auteur des *Essais*, « je me défends de la tempérance comme j'ai fait autrefois de la volupté. »
- « Qui vit sans folie n'est pas si sage qu'il croit », écrit La Rochefoucauld. La véritable sagesse implique, en effet, que l'on reconnaisse et que l'on accepte la part de folie qui est en soi.

C Spinoza : « le désir est l'essence de la vie. »

- Si Montaigne combat une vieillesse naturellement trop tempérante, c'est que, comme le souligne **Spinoza**, « le désir est l'essence de la vie », « puissance d'agir et force d'exister » : vitalité. C'est la raison pour laquelle, quand le désir s'éteint, **nous désirons désirer**.
- Pourtant, il n'est de pire esclavage que d'être « captif de son plaisir », nous dit encore Spinoza. On croit à tort que l'homme libre est celui qui « agit selon son bon plaisir », qui fait ce qu'il lui plaît sans limites et sans règles (c'est la thèse de Calliclès). Mais celui qui ne peut maîtriser ses désirs devient leur esclave et la vraie liberté « est à celui qui de son entier consentement vit sous la seule conduite de la Raison ». C'est ce qu'on peut appeler la **liberté rationnelle** (voir chap. 22 : La liberté).

Citation
« Le désir est l'essence de la vie. »
Spinoza

Pour résumer

1. Le désir condamné

■ Platon condamne le désir parce qu'il l'identifie au **manque** et l'oppose à l'aspiration au **Bien**.

■ Les stoïciens font du désir le contraire de la **sagesse** car celle-ci consiste à se satisfaire de ce qui est ou doit être.

2. L'apologie du désir

■ Calliclès défend au contraire **l'intempérance** : les sages vivent comme des pierres, ils sont déjà morts.

■ Nietzsche critique la **morale ascétique** parce qu'elle relève du **ressentiment** et de la **haine de la vie**.

3. Le désir maîtrisé

■ Épicure estime que nos désirs doivent être **contenus dans leurs limites naturelles**.

■ Montaigne souligne finement que **la sagesse** elle-même a besoin de **modération.**

■ Spinoza fait du désir une **force de vie**, mais souligne que **la liberté** suppose la **maîtrise du désir**.

Chronologie

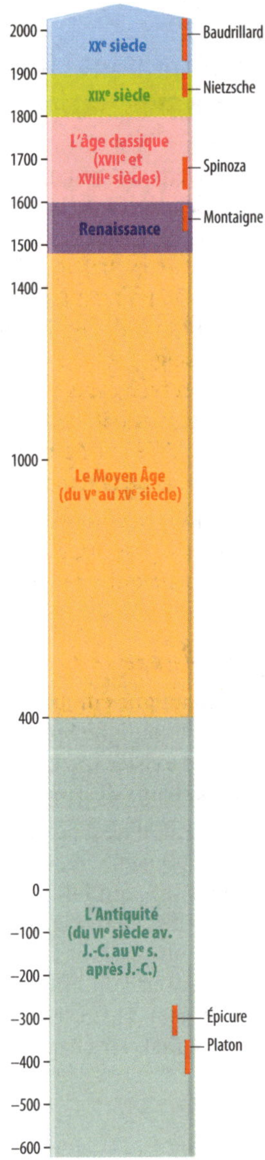

Les incontournables

Platon est l'auteur de dialogues dans lesquels il met en scène son maître Socrate. Dans ce passage célèbre du Gorgias, *le maître discute avec le sophiste Calliclès la question de savoir si la vie du sage vaut mieux que celle de l'intempérant.*

Socrate. – Regarde bien si ce que tu veux dire, quand tu parles de ces deux genres de vie[1], une vie d'ordre[2] et une vie de dérèglement[3], ne ressemble pas à la situation suivante. Suppose qu'il y ait deux hommes qui possèdent, chacun, un grand nombre de tonneaux. Les tonneaux de l'un sont sains[4], remplis de vin, de miel, de lait, et cet homme a encore bien d'autres tonneaux, remplis de toutes sortes de choses. Chaque tonneau est donc plein de ces denrées liquides qui sont rares, difficiles à recueillir et qu'on n'obtient qu'au terme de maints travaux pénibles. Mais, au moins une fois que cet homme a rempli ses tonneaux, il n'a plus à y reverser quoi que ce soit ni à s'occuper d'eux ; au contraire, quand il pense à ses tonneaux, il est tranquille[5]. L'autre homme, quant à lui, serait aussi capable de se procurer ce genre de denrées, même si elles sont difficiles à recueillir, mais comme ses récipients sont percés et fêlés, il serait forcé de les remplir sans cesse, jour et nuit, en s'infligeant les plus pénibles peines. Alors, regarde bien, si ces deux hommes représentent chacun une manière de vivre, de laquelle des deux dis-tu qu'elle est la plus heureuse ? Est-ce la vie de l'homme déréglé ou celle de l'homme tempérant ? En te racontant cela, est-ce que je te convaincs d'admettre que la vie tempérante vaut mieux que la vie déréglée ? Est-ce que je ne te convaincs pas ?

Calliclès. – Tu ne me convaincs pas, Socrate. Car l'homme dont tu parles, celui qui a fait le plein en lui-même et en ses tonneaux, n'a plus aucun plaisir, il a exactement le type d'existence dont je parlais tout à l'heure : il vit comme une pierre. S'il a fait le plein, il n'éprouve plus ni joie ni peine. Au contraire, la vie de plaisirs est celle où on verse et on reverse autant qu'on peut dans son tonneau !

Platon, *Gorgias*, trad. Monique Canto-Sperber, © Garnier-Flammarion, 1987.

1. **Ces deux genres de vie** : celle du sage et celle de l'intempérant (incapable de tempérer, de modérer ses désirs).

2. **Une vie d'ordre :** celle du sage. Elle obéit à des règles, des principes.

3. **Une vie de dérèglement :** celle de l'intempérant qui vit selon son désir, sans contraintes et sans règles.

4. **Sains :** en bon état, sans fêlures, sans fuites.

5. **Il est tranquille :** c'est la quiétude, la sérénité du sage, ce que les épicuriens ou les stoïciens appelleront l'*ataraxie* (littéralement : « absence de troubles »).

CHAPITRE 6

L'existence et le temps

Mots clés

Temps : le mot désigne le cadre dans lequel les événements se succèdent. Mais, rapproché de la notion d'existence, il évoque surtout le changement irréversible qui emporte toutes choses vers leur fin : la fuite du temps.

Éternité : c'est le caractère de ce qui dure toujours, n'a pas de fin, voire pas de commencement. Pour les Grecs par exemple, quelque chose a toujours existé. Mais l'éternité s'entend aussi comme ce qui est littéralement **hors du temps**, pour autant que cela soit concevable. Dieu par exemple, voire l'âme après la mort (la vie éternelle). Ainsi pour Dieu, il n'y aurait ni passé, ni présent, ni avenir : il n'y aurait pas de temps.

Devenir : le devenir s'oppose à l'être comme le mouvement à l'immobilité.

Existence : le mot désigne, dans le contexte de ce chapitre, l'existence humaine, c'est-à-dire celle d'un être conscient de son existence (et capable ainsi de s'interroger notamment sur l'origine, la valeur ou le sens de celle-ci).

Repères

En acte/En puissance → p. 307
Objectif/Subjectif → p. 314

INTRODUCTION

Le rapprochement des notions d'existence et de temps nous plonge au cœur des questions existentielles. L'homme rêve d'immortalité depuis toujours. Nous voudrions échapper au temps, au vieillissement et à la mort. Mais comment échapper au temps ? Doit-il d'ailleurs être regardé comme un ennemi ? La sagesse ne commande-t-elle pas plutôt d'accepter le temps comme une donnée fondamentale de l'existence ?

COURS

1 Comment échapper au temps ?

A Quel est le problème ?

- Le temps est communément envisagé comme un ennemi. Nous nous efforçons donc d'en retarder les effets et rêvons d'éternité. Mais comment échapper au temps ? Si tout existe dans le temps, où pourrions-nous trouver refuge ? Toute tentative pour échapper au temps est-elle donc insensée, vaine et illusoire ?

B Pascal : du divertissement à l'espoir d'une vie éternelle

- On peut échapper à la peur en s'efforçant d'ignorer ce qui l'engendre. « Les hommes n'ayant pu guérir la mort, la misère, l'ignorance, ils se sont avisés, pour se rendre heureux, de n'y point penser », écrit Pascal. Mais comment n'y pas penser ? Il faut s'occuper, c'est la raison pour laquelle nous fuyons l'ennui et recherchons ce que l'auteur des *Pensées* nomme le **divertissement**. Pascal regroupe sous ce terme la plupart des activités humaines en tant qu'elles nous divertissent ou nous détournent du malheur de notre condition de mortels : le jeu, la danse ou la chasse comme les activités sérieuses, par exemple le travail ou la guerre. Bref, tout ce qui fait **diversion**.

- Le philosophe condamne pourtant cette attitude qui consiste à détourner le regard pour chercher refuge dans l'inconscience et l'illusion : « La seule chose qui nous console de nos misères est le divertissement ; et cependant c'est la plus grande de nos misères ». Notre salut dépend au contraire d'une **conversion** qui tourne notre regard vers Dieu et l'espoir de la vie éternelle. C'est tout le sens du célèbre **pari de Pascal**.

- L'auteur des *Pensées* s'adresse au **libertin rationaliste et athée** qui, comme le Dom Juan de Molière, « croit que deux et deux sont quatre et que quatre et quatre sont huit ». Il s'agit de lui montrer que s'il calcule bien, son intérêt est de croire, qu'il a tout à y gagner et rien à y perdre. Il faut donc parier que Dieu existe. Que met-on en effet ? Sa vie et la manière de la conduire, un mode de vie qu'il faudra réformer si on fait le pari de l'existence de Dieu. Quoi qu'il en soit « ce que vous jouez est **fini** », c'est-à-dire limité (dans le temps). Or, le gain espéré est **infini** : « Une éternité de vie et de bonheur ».

Citation

« Il n'y a de bien en cette vie que l'espérance d'une autre vie. »

Pascal

Bien comprendre

– Pascal a la foi, il croit en Dieu parce que son **cœur** sent cette existence. Il n'a donc pas besoin, lui, de parier. (Voir chap. 10 : La religion)

– La vie éternelle n'est pas à envisager comme une vie sans fin, mais plutôt comme une **existence hors du temps**. Mourir, ce serait donc comme faire un saut hors du temps.

Si Dieu existe, on a tout gagné : le bonheur éternel (ou le bonheur d'être éternel, d'échapper enfin au temps). S'il n'existe pas, ce qu'on a perdu n'est rien ou ne vaut rien : « il n'y a de bien en cette vie que l'espérance d'une autre vie. »

C Platon : les choses qui changent tirent leur réalité et leur valeur des Idées éternelles et immuables.

• « Avec le temps, va, tout s'en va », dit la chanson de Léo Ferré, « on aime, puis on n'aime plus ». Mais, dans une perspective platonicienne, ces amours fluctuantes participent de l'**Essence** ou de l'**Idée éternelle** de l'amour. Les choses de ce monde, changeantes et contradictoires, ne sont que des images ou des copies imparfaites de leur modèle éternel et immuable. Rien n'existe et, peut-être, ne vaut, que par sa participation à ces réalités éternelles. Même si tout s'en va, si « tout s'écoule », comme l'affirmait Héraclite, la valeur de ce que nous avons vécu demeure éternellement. Aussi faudrait-il s'efforcer de comprendre la valeur éternelle qui inspire ce que nous vivons de meilleur, pour le sauver de l'anéantissement.

D La mémoire sauve les choses de l'oubli.

• La mémoire arrache au temps et à l'oubli ce qui est digne de l'être. C'est tout le sens de l'histoire et de la mémoire érigée en devoir : le **devoir de mémoire**. C'est aussi la fonction de la **culture**, cet héritage qui, se transmettant de génération en génération, nous permet, par exemple, de nous souvenir encore de la pensée de Platon, de Descartes ou de Kant et d'en nourrir la nôtre.

• À un niveau plus personnel, la mémoire sauve ceux que nous avons aimés de l'oubli. D'une certaine façon, l'esprit triomphe ainsi de **la mort**, dont il n'est donc pas tout à fait exact de dire qu'elle est un anéantissement. « Soignons le malheur en ayant de la reconnaissance pour les disparus et en voyant qu'on ne peut faire que ce qui a été n'ait pas été », écrit Épicure.

2 Pourquoi vouloir échapper au temps ?

A Quel est le problème ?

• Chercher comment échapper au temps, c'est en faire a priori un ennemi. Pourquoi ? Parce que le temps est ce qui fait changer les choses ? Mais il nous arrive aussi de souhaiter le changement ! Il faudrait donc analyser et discuter les raisons conscientes ou inconscientes qui, nous faisant envisager le temps et le changement négativement, font naître en nous le désir d'éternité. Justifient-elles que nous cherchions à échapper au temps ou ne serait-il pas plus sage de l'accepter ?

B L'existence envisagée comme une lutte pour échapper au temps

1. Le temps nous apparaît comme ce qui voue toutes choses à l'anéantissement.

- Dans la mythologie grecque, *Kronos*, le roi des Titans, dévore ses enfants. On peut dire du temps (*chronos*), qu'il agit de la même manière : il dévore tout ce qu'il engendre. Comment dès lors ne pas redouter ce père tout puissant ?
- « C'est une chose horrible de sentir s'écouler tout ce qu'on possède », écrit Pascal. Tout change, tout se corrompt, se défait, tout passe de manière **irréversible**. C'est ce qu'on appelle l'**irréversibilité du temps**. On ne peut jamais revenir en arrière, ni à proprement parler revivre une expérience, puisque, par définition, re-vivre, ce n'est pas vivre une chose pour la première fois.
- Si les phénomènes naturels se répètent objectivement, rien en revanche ne se répète pour la conscience. Comme le souligne **Bergson**, deux états de conscience ne peuvent jamais se ressembler tout à fait, puisqu'ils constituent « deux moments différents d'une histoire » et que « le même moment ne se présente pas deux fois ».

2. Les sources affectives du désir d'éternité selon F. Alquié

- C'est donc le sentiment de la **fuite du temps** qui fait naître le **désir d'éternité**. Mais comme l'a montré F. Alquié, le désir d'éternité ou **le refus du temps** a de multiples causes.
- Il s'enracine d'abord dans ce que le psychanalyste Otto Rank appelle le **traumatisme de la naissance** : le premier changement dont chacun de nous fait l'expérience nous arrache brutalement au confort de la vie intra-utérine. Ne faut-il pas voir dans cette première expérience du temps la matrice de toutes les nostalgies, de tous les paradis perdus, des âges d'or et autres mythes du « bon vieux temps » ?
- Le temps est donc ce qui nous éloigne toujours plus du paradis perdu. Mais il est, de plus, ce qui nous conduit inexorablement vers un avenir à la fois imprévisible et hanté par **la certitude du vieillissement et de la mort**.
- Enfin, le temps, périmant les solutions que l'expérience et l'habitude nous avaient appris à mettre en œuvre pour résoudre nos problèmes, nous contraint,

sous peine d'être nous-mêmes dépassés et périmés, à nous adapter, parfois dans la douleur.

● Bref, tout semble contribuer à engendrer la peur du changement, le refus du temps ou le désir d'éternité. Mais la sagesse ne voudrait-elle pas au contraire que nous acceptions l'idée de l'impermanence de toutes choses ?

C La sagesse commande d'accepter le devenir

1. Le sens de la vie

● Tout peut sembler vain et dérisoire au regard de l'idée que rien n'est éternel. Mais le caractère temporel de l'existence humaine lui enlève-t-il toute valeur et tout sens ? N'est-ce pas exactement le contraire qui est vrai ? La valeur des choses ne réside-t-elle pas au contraire dans leur caractère éphémère et leur absolue singularité ? La vie est-elle absurde parce qu'elle n'est pas éternelle ? Quelle que soit la manière dont on l'envisage, l'idée d'un sens de la vie implique à l'évidence que celle-ci soit orientée vers un but ou une fin qui se réalise dans le temps. Ainsi, loin d'être absurde parce qu'elle est temporelle, l'existence humaine n'a de sens au contraire qu'à cette condition.

● Affirmer que la vie a un sens, c'est supposer que l'homme est fait pour quelque chose, qu'il doit accomplir un projet qui lui serait dicté par sa nature. En reprenant le vocabulaire d'**Aristote**, on pourrait dire que le sens de la vie, c'est de devenir **en acte** l'animal raisonnable que nous sommes **en puissance**.

● Mais Sartre nie que l'homme ait une nature et soit fait pour ceci ou pour cela. C'est l'idée maîtresse de l'**existentialisme** : « L'existence précède l'essence. » Un coupe-papier, par exemple, existe d'abord dans l'esprit d'un concepteur. Il a avant d'exister une « essence », c'est-à-dire une nature, ou une définition liée à sa fonction. Mais il en va tout autrement de l'homme qui n'a pas *a priori* de fonction parce qu'il n'a été fabriqué par personne (Sartre est athée). De ce point de vue, la vie n'a pas de sens *a priori*, elle est donc « absurde » et rien ne peut justifier dans l'absolu le fait d'exister. Toutefois, l'existence prend sens relativement à un projet que nous définissons librement par les choix que nous faisons tout au long de notre existence : le **projet existentiel**. L'homme n'est d'abord rien, « il existe d'abord, se rencontre, surgit dans le monde et [...] se définit après », écrit Sartre.

2. Le thème de la brièveté de la vie

● Mais ce que nous déplorons n'est peut-être pas tant le caractère temporel de l'existence que sa brièveté. La vie est trop courte, disons-nous. Ce lieu commun mérite d'être discuté. D'abord, rien dans l'absolu ne peut être dit long ou court.

La vie d'un homme est plus courte que celle d'une tortue et plus longue que celle d'un papillon. Et si elle semble parfois bien courte, elle peut au contraire paraître longue, quand notre passé nous semble lointain, confus et comme étranger à ce que nous sommes devenus.

● De plus – et surtout –, si la vie est courte, n'est-ce pas parce que nous en faisons généralement **un très mauvais usage** ? C'est la thèse du stoïcien Sénèque dans *De la brièveté de la vie*. Que de temps ne perdons-nous pas dans des occupations inessentielles ? Comme la vie pourrait être longue, si nous faisions bon usage du temps qu'il nous est donné de vivre !

Citation

« Vous vivez comme si vous deviez vivre toujours [...], et perdez votre temps alors que ce jour est peut-être le dernier. »

Sénèque

● On pourrait ajouter avec Épicure que la longueur de la vie importe moins que sa **qualité** : « de même qu'il (le sage) ne préfère pas une nourriture très abondante à une nourriture très savoureuse, de même, pour le temps, ne cherche pas à jouir du plus long, mais du plus agréable. » Pour le dire autrement, il importe plus d'**ajouter de la vie aux années** que d'ajouter des années à la vie.

3. Épicure : « la mort n'est pas à craindre »

● Mais, longue ou courte, l'existence n'est-elle pas gâchée par l'idée de la mort ? « Le dernier acte est sanglant, quelque belle que soit la comédie en tout le reste : on jette enfin de la terre sur la tête, et en voilà pour jamais », écrit Pascal. Épicure estime pourtant que « la mort n'est pas à craindre ». Comment comprendre cette affirmation éminemment paradoxale ? La mort n'est-elle pas le pire des maux ou du moins le plus angoissant ? « La mort n'est rien pour nous », répond Épicure : « lorsque nous existons la mort n'est pas là et lorsque la mort est là, nous n'existons pas. » La mort n'est donc rien, en effet, ni pour les vivants (elle n'existe pas encore pour eux), ni pour les morts (puisqu'ils n'existent plus).

● Cette juste conception de la mort, qui réfute l'imagination, la superstition et les mythes, permet de vaincre la peur de la mort, de « jouir de sa vie mortelle » et de supprimer « le regret de n'être pas éternel », écrit l'auteur de la *Lettre à Ménécée*.

● Sartre rejoint Épicure quand il estime que la mort est étrangère à l'existence puisqu'elle vient seulement à la fin, sans faire obstacle au projet existentiel qui lui donne sens.

4. Le stoïcisme : la mort est dans l'ordre des choses.

● Épictète distingue les choses qui dépendent de nous de celles qui n'en dépendent pas. Nos opinions, nos désirs ou nos craintes, nos actions dépendent de nous, mais non pas l'ordre immuable de la nature. On ne peut donc le changer, mais seulement le comprendre et l'accepter : « vivre en accord avec la nature ». Naître, grandir, mûrir, vieillir et finalement mourir, tout cela est dans l'ordre des choses. Et cet ordre est **nécessaire** et **rationnel** aux yeux des stoïciens : chaque chose dans l'univers est à sa place et joue son rôle, tout conspire et fait sens. Tout est donc en quelque façon justifié et **la mort a du sens** : « Ce serait une malédiction pour les hommes de ne pas mourir, autant dire de ne pas mûrir, et de ne pas être moissonnés. »

- La biologie semble donner raison aux stoïciens. La mort est **une condition de l'évolution**, affirme le biologiste François Jacob. Il est évident, en effet, que le remplacement des individus est la condition de l'évolution de l'espèce. C'est pourquoi la mort serait inscrite dans notre programme génétique.

Citation

« Les contraintes de l'évolution s'accordent mal au vieux rêve de l'immortalité. »

F. Jacob

5. Être, c'est devenir.

- L'être peut sembler incompatible avec le devenir puisque le changement anéantit ce qui est. C'est la thèse de **Parménide** : le changement, étant incompatible avec l'être, n'est qu'illusion. Mais si rien n'est stable, si « tout s'écoule » comme le soutient **Héraclite**, **l'être** semble au contraire se confondre avec **le devenir**. Les choses n'existeraient donc que parce qu'elles changent et le temps, au lieu d'être redouté parce qu'il voue toutes choses à l'anéantissement, devrait être regardé au contraire comme ce qui les fait exister.

- L'amour en est un exemple, parce qu'il ne peut **se conserver** qu'**en se transformant**. Avec le temps tout change donc, mais tout ne se perd pas et la sagesse voudrait que nous renoncions au désir d'éternité en comprenant l'identité paradoxale de l'être et du devenir.

Pour résumer

1. Comment échapper au temps ?

■ Pascal estime que la vie ne vaut que par l'espoir de la **vie éternelle** (hors du temps). Aussi condamne-t-il le **divertissement** qui nous détourne de la question essentielle du salut.

■ Dans une perspective platonicienne, ce qui est emporté par le temps participe cependant de **valeurs éternelles** (le Beau, le Vrai, le Bien). Comprendre la valeur éternelle des choses qui ne le sont pas, pourrait alors être envisagé comme une manière d'échapper au temps.

■ Par la **mémoire**, l'histoire, la culture, ce qui est passé échappe à l'oubli et demeure présent.

2. Pourquoi vouloir échapper au temps ?

■ Le temps est perçu comme ce qui emporte toutes choses vers leur fin. C'est cette représentation négative du temps qui engendre le **désir d'éternité**.

■ **F. Alquié** en a détaillé les causes : le traumatisme de la naissance, l'imprévisibilité de l'avenir, la peur de la mort, notamment.

■ Mais on peut penser que le caractère temporel de l'existence ne lui enlève rien de sa valeur ni de son sens. L'idée même d'un **sens de la vie** fait de l'existence, soit l'actualisation d'une essence de l'homme (**Aristote**), soit la construction d'un **projet existentiel** (**Sartre**). Elle suppose donc le temps.

■ **Sénèque** estime que la vie n'est brève que parce que nous faisons mauvais usage du temps qu'il nous est donné de vivre.

■ **Épicure** affirme que la mort n'est pas à craindre, qu'**elle n'est rien pour nous**.

■ Le stoïcisme nous conseille d'accepter la mort parce qu'elle est **dans l'ordre des choses.**

■ Enfin, **Héraclite** nous fait comprendre que nous ne pouvons pas **être** sans **devenir**.

Chronologie

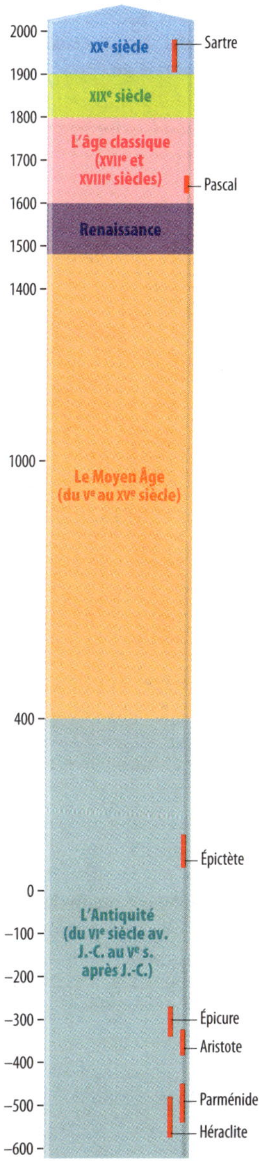

Les incontournables

Dans ce passage très connu des Pensées, *Pascal analyse ce qu'il appelle le « divertissement ». Ce terme ne désigne pas seulement les activités ludiques ou récréatives, ce que nous appelons les loisirs, mais toute activité, sérieuse ou non, considérée comme une manière d'échapper à l'ennui et à la conscience du « malheur naturel de notre condition faible et mortelle ». On parle du divertissement au sens pascalien.*

Quand je m'y suis mis quelquefois à considérer les diverses agitations des hommes et les périls et les peines où ils s'exposent, dans la cour, dans la guerre, d'où naissent tant de querelles, de passions, d'entreprises hardies et souvent mauvaises, etc., j'ai découvert que tout le malheur des hommes vient d'une seule chose, qui est de ne savoir pas demeurer en repos, dans une chambre. Un homme qui a assez de bien pour vivre, s'il savait demeurer chez soi avec plaisir, n'en sortirait pas pour aller sur la mer ou au siège d'une place[1]. On n'achètera une charge à l'armée si cher, que parce qu'on trouverait insupportable de ne bouger de la ville ; et on ne recherche les conversations et les divertissements des jeux que parce qu'on ne peut demeurer chez soi avec plaisir[2]. Mais quand j'ai pensé de plus près, et qu'après avoir trouvé la cause de tous nos malheurs, j'ai voulu en découvrir la raison, j'ai trouvé qu'il y en a une bien effective, qui consiste dans le malheur naturel de notre condition faible et mortelle[3], et si misérable, que rien ne peut nous consoler, lorsque nous y pensons de près. Quelque condition qu'on se figure, si on assemble tous les biens qui peuvent nous appartenir, la royauté est le plus beau poste du monde ; et cependant, qu'on s'en imagine [un] accompagné de toutes les satisfactions qui peuvent le toucher, s'il est sans divertissement, et qu'on le laisse considérer et faire réflexion[4] sur ce qu'il est, cette félicité languissante[5] ne le soutiendra point, il tombera par nécessité dans les vues qui le menacent, des révoltes qui peuvent arriver, et enfin de la mort et des maladies qui sont inévitables ; de sorte que, s'il est sans ce qu'on appelle divertissement, le voilà malheureux, et [plus] malheureux que le moindre de ses sujets, qui joue et qui se divertit.

Pascal, *Pensées*, 1670, fragment 126, « Divertissement ».

1. **« Aller au siège d'une place » :** assiéger une ville ou une place forte.
2. Nous fuyons donc l'ennui et le désœuvrement. Notez que la guerre, la conversation et le jeu relèvent également du « divertissement ».
3. **« Le malheur de notre condition faible et mortelle » :** la condition humaine.
4. **« Faire réflexion » :** réfléchir, prendre conscience.
5. **« Félicité languissante » :** *félicité* est un synonyme de *bonheur*. La langueur est un état d'abattement. L'expression est donc paradoxale, elle évoque quelque chose comme un ennui dans le confort.

Sujet de bac 1

Dissertation

Peut-on juger autrui ?

Sujet de bac 2

Explication de texte

Pascal, *Pensées*

Qu'est-ce que le *moi* ? Un homme qui se met à la fenêtre pour voir les passants, si je passe par là, puis-je dire qu'il s'est mis là pour me voir ? Non ; car il ne pense pas à moi en particulier. Mais celui qui aime quelqu'un à cause de sa beauté, l'aime-t-il ? Non ; car la petite vérole, qui tuera la beauté sans tuer la personne, fera qu'il ne l'aimera plus. Et si on m'aime pour mon jugement, pour ma mémoire, m'aime-t-on, *moi* ? Non ; car je puis perdre ces qualités sans me perdre moi-même. Où est donc ce *moi*, s'il n'est ni dans le corps, ni dans l'âme ? Et comment aimer le corps ou l'âme, sinon pour ces qualités qui ne sont point ce qui fait le moi, puisqu'elles sont périssables ? Car aimerait-on la substance de l'âme d'une personne abstraitement, et quelques qualités qui y fussent ? Cela ne se peut, et serait injuste. On n'aime donc jamais personne, mais seulement des qualités. Qu'on ne se moque donc plus de ceux qui se font honorer pour des charges et des offices, car on n'aime personne que pour des qualités empruntées.

La connaissance de la doctrine de l'auteur n'est pas requise. Il faut et il suffit que l'explication rende compte, par la compréhension précise du texte, du problème dont il est question.

Sujet de bac 1

Coup de pouce

Il ne s'agit pas de restituer un cours sur autrui mais de traiter le sujet : est-il légitime de juger les autres ? Pourquoi peut-on en douter ? Est-il possible de ne jamais porter de jugement ? À quelles conditions cela peut-il être légitime ? Bref, il faut s'interroger, tout est là : il n'y pas de bonne réponse, mais il y a de bonnes questions.

CORRIGÉ DE LA DISSERTATION

Les titres de parties, indiqués ici en rouge pour vous aider, ne doivent pas apparaître dans votre copie.

Introduction

On connaît tous la parabole de la femme lapidée : « Que celui qui n'a jamais péché jette la première pierre », dit Jésus. Qui en effet peut se poser en juge ? Et au nom de quelle morale ? Il semble pourtant impossible de s'abstenir de tout jugement : comment ne pas juger, condamner et punir le tueur, le violeur, le bourreau nazi ? Ne pas juger, ce serait tout tolérer, tout accepter et cette tolérance serait coupable. Bref, il semble tout aussi difficile de se poser en juge que de s'en abstenir. On est donc en droit de se demander s'il est légitime de juger autrui, ou si la sagesse commande au contraire de s'abstenir de porter un quelconque jugement sur l'autre.

I. Juger autrui est éminemment problématique.

Que signifie *juger* autrui ? Juger quelqu'un ce n'est pas seulement affirmer quelque chose de lui, c'est porter un jugement de valeur. Celui qu'on juge est l'objet d'une appréciation, d'une estimation, notamment morale. Socrate, par exemple, était communément jugé laid, et Platon nous le présente comme un homme sage, courageux et vertueux. Ses ennemis, eux, lors du procès à l'issue duquel il sera condamné à mort, l'accusent de corrompre la jeunesse et le présentent comme « un habile discoureur », c'est-à-dire un sophiste. On le voit dans cet exemple, le jugement moral est probablement le plus problématique et le plus lourd de conséquences : Socrate n'est pas condamné à mort en raison de sa laideur ou de son habileté oratoire, mais en raison de la mauvaise influence qu'il aurait sur les jeunes.

> **Gagnez des points !**
> Choisissez vos exemples dans l'histoire de la philosophie, dans la littérature ou dans l'Histoire. Évitez au contraire les références bas de gamme qui peuvent dévaloriser votre copie : séries télés, chanteurs populaires …

On comprend aussi grâce à cet exemple que *juger* signifie le plus souvent « condamner moralement » et c'est bien ce qui fait problème. Car pour fonder un jugement moral sur autrui, il faudrait d'abord pouvoir entrer dans sa conscience, il faudrait ensuite pouvoir établir ce qui est bien ou mal de manière indiscutable et enfin, il faudrait être soi-même suffisamment bon pour être en droit de se poser en juge.

Si je peux difficilement juger autrui, c'est parce qu'il est, par définition, un autre moi que moi, une autre conscience dans laquelle je ne peux pas entrer.

> **Conseil**
> Annoncez les arguments que vous allez développer ensuite. On n'est jamais trop clair, surtout quand on s'adresse à un correcteur possiblement fatigué.

Je peux certes constater qu'un acte s'écarte de la loi ou de l'idée que je me fais de ce qui est juste, mais je ne peux qu'interpréter les intentions de son auteur. Or, la valeur morale d'un acte ne dépend-elle pas essentiellement de ce qui le motive ? Kant distingue la conformité extérieure d'un acte à la loi morale, de la vertu ou de la véritable moralité qui consiste à faire son devoir par devoir et non par intérêt. L'exemple du commerçant qui vend sa marchandise au juste prix au consommateur averti, comme à l'enfant qui ignore la valeur des choses, illustre la difficulté, voire l'impossibilité de discerner les intentions réelles de celles qu'on affiche : le marchand est-il foncièrement honnête ou veille-t-il seulement à préserver sa réputation?

Si on peut douter qu'il soit légitime de juger autrui, c'est qu'on peut douter qu'il soit possible de le comprendre et notamment de comprendre l'histoire qui a forgé son identité. Cette histoire, on peut en effet me la rapporter, mais je ne peux pas la vivre : comme l'a montré Bergson, les mots, en raison de leur généralité, ne peuvent traduire ce qu'il y a de singulier dans ce que chacun vit à sa façon et l'expérience personnelle reste ainsi largement incommunicable. Cherche-t-on d'ailleurs à comprendre autrui quand on le juge ? Juger, c'est condamner et rejeter, repousser loin de soi celui qu'il faudrait au contraire pouvoir approcher pour se donner une chance de le connaître. Juger, n'est-ce pas, d'une certaine manière, refuser de voir en l'autre un semblable, voir en lui, non un homme comme moi, mais un criminel, un anormal, un fou, un sauvage, un barbare… par peur, peut-être, de déceler en moi-même les pulsions, les délires et les noirceurs que je condamne chez cet autre que je voudrais tout autre que moi ?

Pour juger, il faudrait donc connaître l'autre et cela peut sembler impossible. Mais juger, c'est aussi poser des normes, des principes, des valeurs : décider de ce qui doit être ou pas, juger de ce qui est bien ou mal, juste ou injuste. Or, l'histoire et l'ethnologie nous apprennent combien ces notions sont variables et relatives. À Rome, un père avait droit de vie et de mort sur ses enfants. Les Inuits échangent leurs femmes. Les cannibales mangent de la chair humaine ! Et on le sait depuis Montaigne : « chacun appelle barbarie ce qui n'est pas de son usage ».

Comment dès lors juger autrui à partir de valeurs qui ne sont pas les siennes ? Qui peut décider de ce qui est bien ou mal, juste ou injuste ? De quel droit ma vérité, ma conviction, mon système de valeurs pourraient-ils s'ériger en norme universelle ? Bref, juger suppose une vérité morale qui semble nous faire défaut.

D'ailleurs, suis-je bien fidèle à cette vérité morale que je prétends imposer à l'autre quand je le juge ? Suis-je en règle avec ma conscience ? On pense encore une fois à la parabole biblique de la femme lapidée. Puis-je reprocher à autrui ce que je devrais d'abord me reprocher à moi-même ? Nous sommes tous des « pécheurs », seul Dieu est bon, seul Dieu est juge, s'il existe. Que vaut la justice des hommes ? Que valent les hommes qui jugent ? Que valent leurs jugements, leurs valeurs ? Que vaut le désir de juger, de punir, de venger ? Orgueil, prétention, dogmatisme, ethnocentrisme, cruauté : celui qui juge peut aussi être jugé.

Transition

Et pourtant, comment ne pas juger ? On peut sans doute s'efforcer de s'abstenir de porter des jugements à l'emporte-pièce sur tout et sur tout le monde, sans nécessité. Mais faut-il tout accepter, tout tolérer ? Juger, condamner et combattre ce qu'on ne peut accepter est plus qu'un droit, c'est un devoir. Si on peut juger autrui, n'est-ce pas qu'on le doit ?

II. Antithèse : on peut juger autrui, plus qu'un droit, c'est un devoir. Mais ce n'est légitime qu'à certaines conditions et en s'entourant des plus grandes précautions.

S'il m'est impossible de pénétrer une autre conscience, il ne m'est pas tout à fait impossible pour autant de la comprendre. Nous ne sommes pas à ce point étrangers aux pensées, aux désirs, aux sentiments des autres qu'il nous soit interdit de les comprendre et de les juger pour ce qu'ils sont. Nous les comprenons même parfois mieux qu'ils ne se comprennent eux-mêmes et réciproquement. Si je sais de moi des choses que nul autre ne peut savoir, les autres savent parfois aussi de moi des choses dont il m'est difficile de prendre conscience, du moins sans leur regard. Sartre souligne ainsi combien la connaissance de soi dépend du regard d'autrui : je ne saurais obtenir la moindre vérité sur moi-même sans le secours d'autrui. Par exemple, si la jalousie me porte à espionner par le trou d'une serrure, je ne connais pas ma jalousie tant que je suis seul, je la vis, « je la suis ». Mais j'en prendrai vraiment conscience si on me surprend. Ainsi, juger par exemple qu'autrui est jaloux, ce n'est pas aller au-delà de ce que je peux savoir de lui.

Le relativisme moral est un remède contre le dogmatisme de ceux qui prétendent détenir le monopole de la vérité morale : prêcheurs, donneurs de leçons, directeurs de conscience et autres docteurs en vertu. Le relativisme incline à la tolérance et au respect de l'autre dans sa différence. Il a pourtant ses limites : si rien ne peut être dit bien ou mal, juste ou injuste, si toute vérité, fût-elle morale, est relative aux époques et aux lieux, cela signifie que nous ne condamnons jamais un comportement qu'au nom d'une morale conventionnelle, changeante et discutable. Il faudrait donc tout tolérer, tout accepter : rien ni personne ne pourrait jamais être jugé ! L'intolérance elle-même devrait être tolérée ! Or, il y a à l'évidence des actes intolérables, inacceptables, foncièrement injustes et absolument indéfendables : tous ceux qui, d'une manière ou d'une autre, ignorent l'exigence fondamentale de la morale : celle du respect de la personne humaine. On peut, on doit juger, condamner, combattre le meurtre, le viol, l'esclavage, la violence … et tous ceux qui s'en rendent coupables. C'est le rôle de la justice, qui n'aurait plus de sens s'il n'était pas légitime de juger autrui.

On peut donc juger autrui, on le doit même. Mais qui peut se poser en juge et de quel droit ? D'abord, il va de soi qu'on ne peut pas laisser commettre l'injustice impunément au prétexte que la justice humaine est imparfaite. Que le juge ne soit qu'un homme ne change rien à l'affaire. Il peut se tromper, certes, cela incline à la prudence et à la circonspection, cela explique et justifie au moins en partie la lenteur du système judiciaire et sa complexité, mais cela ne l'invalide pas. Les sceptiques grecs, tenant toutes choses pour incertaines, s'abstenaient de tout jugement. Rien à leurs yeux ne pouvait être dit vrai ou faux, beau ou laid, juste ou injuste. Ils cultivaient le doute et l'indifférence, le détachement à l'égard du monde. Mais peut-on vivre ainsi ? Descartes, pour éviter l'erreur et établir une vérité certaine, recommande, lui, le doute et la circonspection. Le doute pour combattre la fausse évidence des préjugés, la circonspection pour vaincre la précipitation qui nous fait juger avant de comprendre. La Justice est donc prudente et circonspecte. Elle fait aussi confiance au débat contradictoire pour établir la vérité. Ce n'est pas un homme seul qui juge.

Il faudrait pour finir préciser le sens du jugement qui condamne et qui sanctionne. Celui-ci est défini par Protagoras dans le dialogue de Platon auquel le célèbre sophiste a donné son nom : « ni un particulier, ni l'État ne punissent un homme en raison du passé, car nul ne peut faire que ce qui a été fait n'ait pas été fait ». On punit au contraire en vue de l'avenir pour corriger le coupable et pour l'exemple. On peut en tirer cette conséquence que le jugement, s'il prétend corriger et éduquer celui qui en est l'objet, ne devrait pas l'enfermer, l'étiqueter et pour ainsi dire le figer dans une nature par définition immuable. C'est donc davantage le comportement que la personne (supposée perfectible) qui est condamné. Juger et parfois punir, pour éduquer, c'est ce que font tous les parents. Le juge ici n'est pas malveillant ou cruel, il est bienveillant et aimant : « qui aime bien châtie bien ».

Conclusion

S'il est difficile de comprendre autrui, s'il faut se méfier du dogmatisme et des fausses certitudes morales, s'il faut même se méfier de soi et du plaisir suspect qu'on peut prendre à distribuer les compliments et les blâmes, si enfin il est plus souvent utile de se livrer à l'examen de sa propre conscience, on peut et on doit néanmoins s'autoriser parfois à juger autrui. Parce qu'on peut comprendre son semblable, parce qu'on peut reconnaître l'injustice et qu'on a le devoir de la combattre. Encore faut-il s'efforcer d'être digne de ce rôle et s'entourer de toutes les précautions qui permettent de fonder un jugement.

Sujet de bac 2

Coup de pouce

Ces quelques lignes sont extraites des Pensées de Pascal. Le passage est court mais suffisamment riche et complexe pour appeler des explications qui dépassent la simple paraphrase. Souvenez-vous qu'expliquer signifie développer. La thèse défendue est paradoxale (contraire à l'opinion commune). C'est ce qui en fait d'ailleurs l'intérêt. Mais cela peut vous faire commettre deux erreurs particulièrement pénalisantes. D'abord, un contresens est possible, une lecture trop rapide peut vous faire interpréter le texte dans le sens des idées toutes faites : c'est mal d'aimer quelqu'un pour son apparence, il faut aimer les gens pour eux-mêmes ou pour leurs qualités morales, etc. Ce n'est pas du tout le propos de Pascal. L'autre erreur consisterait à contredire systématiquement l'auteur au lieu d'essayer d'entrer dans sa pensée. Il s'agit avant tout de comprendre le raisonnement.

CORRIGÉ DE L'EXPLICATION DE TEXTE

Les titres de parties, indiqués ici en rouge pour vous aider, ne doivent pas apparaître dans votre copie.

Introduction

Chacun est convaincu d'être une seule et même personne de la naissance à la mort. Pourtant, mon corps change comme mon âme. Qu'est-ce donc que j'appelle « moi » ? C'est le fameux problème de l'identité personnelle, souvent examiné par les philosophes mais envisagé sous un angle original par Pascal dans un passage des *Pensées* : qu'est-ce qu'on aime quand on aime quelqu'un ? Qu'est-ce que ce moi qu'on est censé aimer pour lui-même ? Pascal estime que ce moi, qui

Conseil
L'introduction doit impérativement cerner le problème dont il est question. C'est un critère de notation.

devrait être l'objet de l'amour véritable, se réduit au support abstrait des qualités périssables que nous pouvons seules aimer : beauté, jugement, mémoire... Cette thèse paradoxale contrarie l'idée que nous nous faisons communément de l'amour. Mais, plus fondamentalement, elle soulève une grave difficulté : si le moi n'est rien d'autre qu'un support abstrait, un sac vide, comment peut-il être encore ce qui fait mon identité ?

Développement de l'explication

A. Les principales étapes du raisonnement

Pascal semble d'abord vouloir justifier une idée commune : celui qui aime vraiment ne s'attache pas à l'apparence de la personne qu'il aime, à sa beauté, il l'aime « pour elle-même », comme on dit. Mais le philosophe remet aussitôt en question ce lieu commun : le moi qui devrait être l'objet de l'amour véritable, se réduit en dernière analyse au support abstrait des qualités physiques (beauté) et psychologiques (jugement, mémoire) qui peuvent seules être aimées. Le passage s'achève par une remarque incidente qui ne laisse pas de susciter la perplexité du lecteur : puisque personne ne peut être aimé pour lui-même, il n'est pas légitime de se moquer de ceux qui cherchent une reconnaissance sociale (et peut-être l'amour) en occupant des fonctions importantes.

B. Explication détaillée

1. La question : « qu'est-ce que ? »

Il s'agit donc de comprendre ce qui se cache derrière le mot « moi ». Qu'est-ce que le moi ? La question « qu'est-ce que ? » est aussi nécessaire que difficile. On le sait depuis Socrate, qui exigeait de son interlocuteur qu'il définisse l'objet du débat avant d'y entrer. Poser la question : « qu'est-ce que le moi ? », c'est chercher à en saisir l'essence dans une définition qui restera ici en partie implicite : Pascal n'est pas de ces philosophes qui, prétendant imiter la démarche des mathématiciens, donnent des définitions rigoureuses de ce dont ils parlent. Le problème examiné relève de ce qu'il appelle l'esprit de finesse par opposition à l'esprit de géométrie. Si l'esprit de finesse définit ce qu'il examine, comme le fait l'esprit de géométrie, « il le fait tacitement, naturellement et sans art », écrit Pascal.

2. Le moi pourrait se définir à première vue comme l'objet de l'amour véritable.

L'auteur des *Pensées* se met donc en quête de l'être du moi à partir du langage ordinaire : par exemple, je peux dire que quelqu'un *me* regarde par la fenêtre. Mais, est-ce qu'à proprement parler il a l'intention de me voir, moi ? Est-ce mon moi qui est visé dans cette action ? Non, pas véritablement, puisque l'observateur veut seulement regarder des passants quels qu'ils soient. La remarque laisse d'abord perplexe. Elle est pourtant éclairée par l'exemple de l'amour :

si l'homme derrière la fenêtre ne s'intéresse pas véritablement à moi, ce moi devrait en revanche être l'objet de l'amour véritable. Le regard aimant, à la différence de celui qu'on jette sur les passants anonymes, devrait percevoir et désirer la personne pour elle-même, pour ce qu'elle est vraiment.

C'est pourquoi on imagine parfois ce regard capable de voir au-delà des apparences : « on ne voit bien qu'avec le cœur, l'essentiel est invisible aux yeux », écrit Saint-Exupéry. Rousseau avant lui estimait l'amour capable de déceler ce qui resterait invisible pour un regard sans amour : « on a fait l'amour aveugle, parce qu'il a de meilleurs yeux que nous ». C'est aussi parce qu'il est censé viser le moi, que l'amour authentique ne peut être fondé sur l'attrait qu'exerce la beauté physique : aimer quelqu'un à cause de sa beauté, ce n'est pas vraiment l'aimer, parce que ce n'est pas aimer ce qu'il est vraiment. Car ce qu'il est vraiment, il l'est tout le temps alors que la beauté est périssable : comme la rose de Ronsard, « elle ne dure que du matin jusques au soir ». Pire, elle peut être anéantie plus vite encore par la maladie : « la petite vérole tuera la beauté sans tuer la personne », l'aimer vraiment pour elle-même ce serait donc l'aimer encore malgré cette disgrâce.

Bien comprendre

Attention au contresens, c'est l'erreur la plus pénalisante dans une explication de texte. Pascal n'adhère pas à l'idée selon laquelle il faudrait aimer les personnes pour elles-mêmes et non pour leur apparence physique.

Pascal semble donc d'abord adhérer à un lieu commun : aimer vraiment quelqu'un, c'est l'aimer pour ce qu'il est et non en raison de son apparence. La suite dément cette première interprétation.

3. On n'aime jamais personne.

Le raisonnement s'apparente à une démonstration par l'absurde : admettons en effet qu'aimer vraiment quelqu'un implique qu'on ne l'aime pas pour ses qualités périssables. Pourquoi l'aimera-t-on alors ? Pour son jugement, c'est-à-dire pour son intelligence ou sa capacité à se représenter justement les choses. C'est sans doute une qualité aimable, Pascal n'en doute pas, mais cette qualité n'est pas moins fragile que la beauté : la maladie ou la sénilité peuvent la ruiner aussi bien. Le même raisonnement vaut pour la mémoire comme pour n'importe quel trait psychique. Celui qui m'aime pour mon esprit (ou mon âme) ne m'aime donc pas davantage que celui qui m'aime pour mon corps. Le moi reste donc introuvable : « où est donc ce moi s'il n'est ni dans le corps, ni dans l'âme ? » Et qu'est-ce que l'amour véritable, s'il ne peut se définir comme l'amour du moi véritable ? Cet amour authentique qu'on voudrait éternel semble pourtant ne pouvoir se fonder que sur des qualités périssables : beauté, jugement, mémoire… et pourrait-on ajouter humour, sensibilité, créativité, etc. Rien de ce qui peut me rendre aimable n'est impérissable. Mieux : rien de ce qui peut « me » rendre aimable n'est véritablement moi ! Personne donc ne peut jamais m'aimer pour moi-même. Personne n'aime personne : « on n'aime jamais personne », écrit Pascal. Qu'est-ce qu'on aime donc quand on aime ? Non la personne elle-même, puisque le moi n'est qu'une entité abstraite, un sac vide (vidé des qualités périssables avec lesquelles on l'avait d'abord confondu), non la personne donc, mais seulement des qualités que peut-être elle perdra sans toutefois se perdre elle-même, c'est-à-dire : sans devenir quelqu'un d'autre. Aimer la personne pour ce qu'elle est, ou pour ce qui fait qu'elle reste identique à elle-même en dépit du temps qui passe, ce serait « l'aimer abstraitement », aimer « la substance de son âme » : le substrat de ses qualités, attributs ou accidents (jugement, mémoire…). Or, à l'évidence on ne saurait aimer ce support « quelques qualités qui y fussent ».

Gagnez des points !

Citez régulièrement de brefs passages pour montrer que vous collez bien au raisonnement, mais évitez de citer tout le texte, phrase par phrase : c'est lourd et inutile.

Il faut préciser le sens philosophique du mot *qualité* : *qualité* ne se comprend pas ici par opposition à *défaut*, comme dans la langue ordinaire. Dans le vocabulaire des philosophes, le mot *qualité* désigne « tout ce qui peut être affirmé du sujet dans une proposition ». C'est donc un synonyme d'*attribut*. Ainsi, quand Pascal affirme qu'on ne peut aimer la substance d'une âme « quelques qualités qui y fussent », cela ne signifie pas : en faisant abstraction de ses qualités au sens ordinaire du terme (intelligence, mémoire, courage, modestie, bienveillance…), mais abstraction faite de tout ce qu'on peut dire d'elle, de tout ce qui la qualifie. La « substance de l'âme » ou le moi pourrait être comparé à un vêtement qui n'aurait aucune forme déterminée, aucune couleur, qui ne serait pas plus fait de laine que de coton ou que d'aucune autre matière, qui ne serait ni chaud ni froid, à la mode, ni démodé, etc. Ce vêtement-là, comment pourrait-on l'aimer, le préférer, le choisir, puisque rien ne le distingue ? Il est comme le passant du début du texte : banal et anonyme, comme tout le monde. L'élu, au contraire, ne peut l'être, à l'évidence, que parce qu'il se distingue de ses semblables, parce qu'il est unique, différent de tous les autres. Or, ce qui distingue l'être aimé des autres et le rend aimable ne se confond pas aux yeux de Pascal avec ce qui justifie qu'on le regarde comme un sujet un et identique à lui-même à travers le temps, c'est-à-dire avec « la substance de l'âme », qui serait au fondement de l'identité personnelle : je peux perdre ces qualités qu'on aime « en moi », sans devenir quelqu'un d'autre, « sans me perdre moi-même », estime-t-il.

Conseil

Ce point est discutable, mais réservez votre objection. Vous pourrez la formuler à la fin, sans « interrompre » la démonstration de l'auteur.

Et Pascal va encore plus loin : puisqu'on n'aime jamais une personne pour elle-même, puisqu'on l'aime pour ce qu'elle ne sera pas toujours (belle, intelligente, savante…), pourquoi se moquer de ceux qui se font honorer, aimer pour « des charges et des offices », c'est-à-dire pour des fonctions, des responsabilités publiques (notaire, greffier…) ? Être aimé parce qu'on est beau, parce qu'on a de l'esprit ou parce qu'on est un ténor du barreau (ou les trois à la fois), ce n'est de toute façon jamais être aimé pour soi-même, mais seulement pour des « qualités empruntées » : des qualités qui ne nous appartiennent pas en propre, qui ne sont pas nous, mais seulement des attributs du sujet que nous sommes.

Qu'est-ce donc que le moi aux yeux de Pascal ? C'est « la substance de l'âme », le support abstrait des qualités de la personne. L'idée de substance est donc la clé de voûte de sa démonstration. La substance, c'est-à-dire, comme l'étymologie le suggère, la réalité sous-jacente qui supporte les qualités (au sens philosophique). L'esprit peut distinguer la chose elle-même de sa couleur, de sa forme, de la matière dont elle est faite, etc. Mais est-elle encore quelque chose si on lui enlève l'intégralité de ses qualités ? Une chose n'est-elle pas plutôt la totalité de ses qualités ? La substance est-elle autre chose qu'une vue de l'esprit ?

Appliquons maintenant ce raisonnement au moi : peut-on lui enlever l'intégralité de ses qualités sans l'anéantir ? On peut les lui enlever par l'esprit, mais le temps, le vieillissement peuvent les lui enlever réellement. Or, il y a quelque difficulté à admettre qu'une personne demeure ce qu'elle est si le temps lui enlève outre sa beauté, son jugement, sa mémoire, etc. « Je puis perdre ces qualités sans me perdre moi-même », écrit Pascal. Cela reste à voir. Si la substance de l'âme existe bel est bien, la thèse est concevable, mais cette substance n'est peut-être qu'une chimère qui n'existe que dans l'esprit des philosophes.

Conclusion : valeur et limites de la thèse

La thèse de Pascal, on le voit, repose donc sur une idée discutable : celle de substance. Elle vaut cependant au moins par son caractère paradoxal. On n'aime jamais une personne pour elle-même ! L'idée, comme souvent dans la philosophie, vaut davantage par le questionnement qu'elle éveille que par la certitude de son fondement. « La valeur de la philosophie doit en réalité résider avant tout dans son caractère incertain même », écrit Bertrand Russel. Celle-ci nous fait voir sous un jour nouveau des choses familières : ici, l'amour, le moi, l'idée que l'on se fait communément de ce que devrait être l'amour véritable. Le paradoxe que défend l'auteur des *Pensées*, vaut donc parce qu'il nous fait douter de nos certitudes et nous incline du même coup à la tolérance : « qu'on ne se moque donc plus de ceux qui se font honorer pour des charges… » Si, au plan théorique, on peut douter de la nature de l'amour véritable, il est prudent, au plan pratique, d'éviter de l'enfermer trop vite dans une norme.

Gagnez des points !
Soulignez l'intérêt philosophique du passage.

PARTIE 2

CHAPITRE 7

Le langage

Mots clés

■ **Langage** : du latin *lingua* (l'organe nommé *langue*), désigne, au sens strict, la faculté, **supposée propre à l'homme**, d'utiliser des signes conventionnels pour communiquer. Au sens large, le mot désigne tout système de signes pouvant servir à la communication, par exemple : le « langage des abeilles ».

■ **Langue** : système de signes et de règles utilisé pour communiquer dans une culture donnée (le français, le chinois…).

■ **Pensée discursive** : l'enchaînement des mots et des idées qui forment un raisonnement, une pensée, un « discours ».

■ **Intuition** : du latin *intueri* (regarder attentivement), désigne une **connaissance immédiate du réel** qui ne passerait pas par le langage et le raisonnement.

Repères

– Abstrait/Concret ➜ p. 307
– Intuitif/Discursif ➜ p. 313

DE QUOI S'AGIT-IL ?

Aristote définit l'homme comme un animal raisonnable, c'est-à-dire doué de la faculté de parler et de raisonner. Mais d'autres animaux semblent posséder un langage et ont de toute évidence des comportements intelligents. Pouvons-nous dès lors soutenir que le langage est le propre de l'homme ? Ce qui est propre à l'homme, ce n'est peut-être ni le langage, ni l'intelligence, mais la faculté de penser dans et par les mots que vous exercez, par exemple, en lisant ces lignes. L'hypothèse engage une réflexion sur le rapport entre langage et pensée : la pensée préexiste-t-elle au langage ou se forme-t-elle grâce à celui-ci ?

1 Le langage est-il le propre de l'homme ?

A Quel est le problème ?

- Il s'agit de savoir si le langage n'appartient qu'à l'homme et peut servir à le définir, ou si certains animaux possèdent également cette faculté. La question engage une réflexion sur l'essence de l'homme et du langage.

B La communication animale

1. Montaigne : les animaux ont un langage que nous n'entendons pas.

- C'est seulement parce que nous ne comprenons pas leur langage que nous pensons que les animaux n'en ont pas, estime **Montaigne**. Le langage d'un animal serait donc pour l'homme comme une langue étrangère.
- Certains comportements montrent d'ailleurs que **les animaux communiquent** entre eux. Par exemple, un cheval comprend qu'un chien qui aboie d'une certaine façon est en colère. Et les bêtes qui n'ont pas de voix communiquent elles aussi, leur coopération le prouve : « leurs mouvements discourent […] tout aussi bien que nos muets disputent, argumentent et content des histoires ».
- Mais les animaux communiquent aussi avec nous, ils savent se faire comprendre et nous savons nous faire comprendre d'eux.

> **Citation**
> « Entre elles (les bêtes), il y a une pleine et entière communication. »
> Montaigne

2. Nous comprenons aujourd'hui les codes de communication utilisés par certains animaux.

- *A priori*, les insectes sociaux, comme tous les animaux qui vivent en groupe et coopèrent, doivent bien communiquer d'une façon ou d'une autre, comme Rousseau l'avait déjà bien compris : « Ceux d'entre eux qui travaillent et vivent en commun, les castors, les fourmis, les abeilles, ont quelque **langue naturelle** pour s'entrecommuniquer, je n'en fais aucun doute ».
- L'observation scientifique confirme cette hypothèse. On a étudié par exemple le « langage des abeilles ». Il est ainsi établi que les éclaireuses qui découvrent des fleurs en indiquent l'emplacement aux butineuses par une sorte de « danse ». Dans leur vocabulaire, le cercle signifie par exemple la proximité, la lenteur, un vent contraire, etc.

C Pourquoi peut-on penser que le langage est propre à l'homme ?

1. Les limites de la communication animale

- Si certains animaux, comme les abeilles, communiquent grâce à des signes qui leur sont **donnés par l'instinct**, cela ne veut dire pas qu'ils sont capables, comme l'homme, d'**instituer des signes par convention**, c'est-à-dire d'inventer et de faire évoluer une langue. Leur mode de communication est instinctif, il a donc les **limites de l'instinct**.
- Si on définit le langage comme la faculté d'instituer (ou au moins d'utiliser) des **signes conventionnels** pour communiquer, on ne peut pas dire que les abeilles, par exemple, sont douées de langage.
- **Rousseau** établit clairement cette distinction entre le **langage naturel** (instinctif) des animaux et le **langage de convention** qui n'appartient qu'à l'homme : « par cela même que les unes et les autres de ces langues sont naturelles, elles ne sont pas acquises ; les animaux qui les parlent les ont en naissant : ils les ont tous et partout la même. Ils n'en changent point, ils n'y font point de progrès. **La langue de convention n'appartient qu'à l'homme**. »
- Toutefois, certains singes se montrent capables d'apprendre et de combiner des signes pour communiquer. On pourrait donc admettre, quoique cette question soit encore débattue par la science, que ces animaux proches de l'homme sont des êtres doués de langage.
- Rousseau résout la question de la différence entre l'homme et l'animal en définissant l'homme comme un **animal perfectible** : « quand les difficultés qui environnent toutes ces questions, laisseraient quelque lieu de disputer sur cette différence de l'homme et de l'animal, il y a une autre qualité très spécifique qui les distingue, et sur laquelle il ne peut y avoir de contestation, c'est la faculté de se perfectionner. » Alors que l'animal est à la fois guidé et limité par l'instinct, l'homme apprend et évolue tant au plan individuel que collectif.

2. Descartes : le langage témoigne d'une faculté de penser propre à l'homme.

- Si les animaux ne parlent pas, c'est qu'ils n'ont pas de **pensées** à exprimer, estime **Descartes**. En d'autres termes, les animaux n'auraient rien à dire. Mais qu'en savons-nous ? N'est-ce pas là, comme le pense Montaigne, un effet de notre orgueil naturel, n'est-ce pas que nous voulons nous élever au-dessus de l'animal, nous distinguer ? Comment savoir ce qui se passe dans

> **Citation**
> « La parole […] ne convient qu'à l'homme seul ».
> Descartes

la tête des animaux ? Montaigne les croit **intelligents** ; Descartes en fait de simples **machines** (théorie des animaux machines ; voir chap. 15 : Le vivant). Comment savoir ?

- Descartes estime que ce qui nous permet de savoir, quand nous nous trouvons en présence d'un autre homme, que nous avons affaire à un être pensant, à une autre **conscience** plutôt qu'à une **machine sans âme**, c'est justement le langage (voir chap. 4 : Autrui) : « il n'y a aucune de nos actions extérieures qui puissent assurer ceux qui les examinent, que notre corps n'est pas seulement une machine qui se remue de soi-même, mais qu'il y a aussi en lui une âme qui a des pensées, exceptées les paroles, ou autres signes, faits à propos de ce qui se présente », écrit Descartes.
- Si Descartes précise que l'utilisation d'autres signes que les paroles peuvent attester de l'existence d'une pensée, c'est parce qu'il pense aux gestes des muets (la langue des signes n'existe pas encore à proprement parler).
- Il remarque d'ailleurs que si les muets trouvent un moyen de communiquer, c'est qu'ils ont des choses à dire, des pensées à exprimer et que les animaux en feraient autant s'ils avaient eux aussi des pensées.
- Le philosophe précise également que les paroles qui témoignent authentiquement d'une pensée doivent être proférées « à propos de ce qui se présente » pour écarter le cas des « animaux parleurs » comme **les perroquets,** qui **répètent des sons**, mais ne peuvent soutenir une véritable conversation et utiliser les mots de manière pertinente.
- Enfin, Descartes précise utilement que, pour attester de l'existence d'une pensée, les paroles ou signes ne doivent se rapporter à aucune « passion » (sentiment ou désir) afin d'exclure, d'une part les cris de joie ou de tristesse, et d'autre part, les conduites de dressage (liées au désir d'une récompense ou à la crainte d'une correction). Ni les uns ni les autres n'engagent en effet la pensée. Si les animaux expriment leurs passions, ils n'expriment aucune pensée, parce qu'ils n'en ont pas. Ainsi Descartes peut-il conclure contre Montaigne que **la parole n'appartient qu'à l'homme**.

3. Aristote : l'homme est le seul animal doué de langage.

- Aristote admet que les animaux expriment, par des cris, des sensations de douleur ou de plaisir, mais il leur refuse le langage parce que ce qu'il nomme **langage** (*logos* en grec), ce n'est pas seulement la faculté de communiquer, mais la faculté de **raisonner** afin d'établir ce qui est (le vrai) ou doit être (**le bien, la justice**). Il faut souligner que le grec *logos* désigne à la fois le langage (ou la **parole**) et la **raison**, qui ne sont donc pas envisagées comme deux

Citation

« Seul parmi les animaux l'homme a un langage. »

Aristote

facultés distinctes : **parler** et **raisonner** relèvent fondamentalement d'une seule et même faculté qui est propre à l'homme.

- C'est cette faculté de raisonner et de parler qui fait de l'homme un **animal politique** (ou social) et à un degré bien plus élevé que les autres animaux grégaires (qui vivent en groupe) comme les abeilles par exemple. Car le ***logos*** (la parole, la raison) permet à l'homme de distinguer le **bien** du **mal**, le **juste** de l'**injuste** et d'établir ainsi des **lois** qui régissent les rapports entre les hommes au sein de la **Cité** (l'État, la société). L'homme est donc voué à la vie sociale par sa nature d'animal raisonnable.

Citation

« Il n'y a en effet qu'une chose qui soit propre aux hommes par rapport aux autres animaux : le fait que seuls ils aient la perception du bien, du mal, du juste et de l'injuste. »

Aristote

2 La pensée préexiste-t-elle au langage ?

A Quel est le problème ?

- On l'a vu, Descartes estime que les muets inventent des signes pour exprimer leur pensée (et que les animaux en feraient autant s'ils avaient eux aussi des pensées). Il semble ainsi supposer que les hommes ont d'abord des pensées qu'ils expriment ensuite. Mais la pensée préexiste-t-elle au langage ou se forme-t-elle grâce à lui ? Autrement dit, la pensée peut-elle exister autrement que dans et par les mots ?

B Première hypothèse : les mots expriment nos pensées.

1. Locke : les mots ont été inventés pour communiquer.

- C'est notamment la thèse de **Locke** qui attribue deux fonctions au langage : la première est d'**enregistrer** nos propres pensées, la seconde de les **exprimer** aux autres et de rendre ainsi possible la vie en société.

2. Bergson : les mots ne peuvent pas traduire fidèlement la pensée intuitive.

- La difficulté que nous éprouvons parfois à exprimer notre pensée témoigne, à première vue, en faveur de l'hypothèse selon laquelle les mots exprimeraient (de manière plus ou moins imparfaite) une pensée qui serait élaborée indépendamment d'eux. De ce point de vue, nous penserions d'abord et ensuite seulement, nous chercherions, avec plus ou moins de succès, à « traduire » notre pensée en mots.

- **Bergson** estime que les mots ne peuvent exprimer fidèlement nos sentiments et nos pensées en raison de leur généralité. Le langage est né des nécessités de l'action. Il est donc utilitaire, sa fonction primitive est « d'établir une communication en vue d'une coopération ». Transmettre des ordres, prescrire, décrire une chose, signaler ses propriétés… telles sont les fonctions premières des mots. Les mots et les idées qu'ils expriment sont donc schématiques et ne retiennent des choses que leur **utilité** ou leurs **propriétés**.
- Par exemple, les chaises ne sont rien de plus que des choses sur lesquelles on peut s'asseoir, et de ce point de vue strictement utilitaire, elles ne se distinguent guère les unes des autres.
- Cependant, l'esprit est capable de saisir le réel de manière **immédiate** et **intuitive**, et cette intuition, elle, est **inexprimable**, **indicible**. Il existe donc bien aux yeux de Bergson une pensée indépendante des mots. C'est par exemple, celle de l'artiste qui voit mieux que le commun des mortels, parce que son rapport aux choses n'est pas conventionnel et utilitaire. C'est aussi la pensée du philosophe qui cherche la vérité comme au-delà des mots et des représentations schématiques et réductrices que le langage impose à la pensée commune.

> **Citation**
> « Nous échouons à traduire entièrement ce que notre âme ressent : la pensée demeure incommensurable avec le langage. »
> Bergson

C Seconde hypothèse : la pensée se forme grâce au langage.

1. Platon : discours et pensée sont une seule et même chose.

- La thèse de Bergson, selon laquelle la pensée s'altèrerait en s'exprimant en mots, repose sur un présupposé discutable : il existerait une pensée intuitive que les mots ne pourraient traduire qu'en la trahissant. Or, la pensée n'est-elle pas déjà un **discours intérieur** ? C'est la thèse de **Platon** : « pensée et discours ne sont qu'une même chose, écrit-il, sauf que le discours intérieur que l'âme tient en silence avec elle-même a reçu le nom spécial de pensée ».

2. Merleau-Ponty : la pensée n'existe pas hors des mots.

- Ce sont les pensées déjà constituées et déjà formulées que nous pouvons nous rappeler silencieusement qui nous donnent l'illusion d'une pensée intérieure qui préexisterait à son expression. Mais le silence de la pensée dite silencieuse est en réalité « bruissant de parole ».
- La vie intérieure dont Bergson prétend qu'elle ne peut jamais être entièrement traduite en mots, est déjà pour Merleau-Ponty un langage intérieur. Penser et

COURS

parler ne sont ainsi qu'une même chose, **la pensée se constitue dans l'expression même**, c'est-à-dire : **dans et par les mots**.

3. Hegel : on ne peut pas penser sans mots.

- Ce que l'on nomme l'ineffable n'est aux yeux de Hegel qu'une pensée encore confuse : « une **pensée obscure** à l'état de fermentation » qui ne devient claire qu'en s'exprimant « lorsqu'elle trouve le mot ».
- De ce point de vue, les **difficultés d'expression** seraient en réalité des **difficultés de conception** : ce qu'on ne peut pas exprimer clairement, on ne peut pas le penser clairement ! « Ce que l'on conçoit bien s'énonce clairement, et les mots pour le dire arrivent aisément », écrit Boileau.

> **Citation**
> « C'est dans les mots que nous pensons ».
> Hegel

4. Notre vision du monde est déterminée par la langue que nous parlons.

- Si nous pensons dans et par les mots, il n'est pas indifférent de penser en français, en anglais ou en chinois : « une langue est un prisme à travers lequel ses usagers sont condamnés à voir le monde », écrit le linguiste Georges Mounin. Mounin compare la vison du monde d'un citadin qui ne connaît et ne nomme que des arbres et celle d'un paysan qui reconnaît, nomme et distingue le chêne, le charme, l'hêtre, l'aulne, le bouleau, le châtaignier, le frêne, etc. Ceux-ci ne parlant pas exactement la même langue (le même français), ne perçoivent pas non plus exactement le même monde.
- Cela pose la question de savoir si nous sommes prisonniers de la langue que nous parlons (comme des limites du vocabulaire que nous maîtrisons) et peut nous faire douter, à la limite, de la possibilité même de la traduction.
- Par exemple, l'équivocité du mot grec ***logos*** (raison, discours, parole) suggère que la pensée n'est rien d'autre qu'un discours intérieur, « un dialogue silencieux de l'âme avec elle-même », comme l'écrit Platon.
- On voit aussi combien il est difficile de traduire la fameuse définition qu'Aristote donne de l'homme : l'expression « animal raisonnable » ne traduit qu'approximativement le grec ***zôom logikon*** (voir chap. 7 : Le langage).

Pour résumer

1. Le langage est-il le propre de l'homme ?

■ **Montaigne** estime que **les animaux ont un langage** que nous ne comprenons pas.

■ Du reste, nous comprenons aujourd'hui certains codes utilisés par des animaux pour communiquer. Le « langage des abeilles » par exemple.

■ Pourtant, les philosophes considèrent généralement que le langage entendu au sens strict est le propre de l'homme.

■ **Rousseau** distingue le **langage naturel** (instinctif) du **langage de convention** qui n'appartient qu'à l'homme.

■ **Descartes** estime ainsi que le **langage** témoigne d'une **faculté de pensée propre à l'homme** : « Le langage […] ne convient qu'à l'homme seul. »

■ **Aristote** définit l'homme comme un **animal raisonnable**, c'est-à-dire capable de raisonner et de parler afin d'établir ce qui est bien ou mal, juste ou injuste. C'est cette faculté spécifique qui le distingue de tous les autres animaux et fait de lui un **animal politique**.

2. La pensée préexiste-t-elle au langage ?

■ C'est l'opinion commune et aussi celle de **Locke** par exemple, qui envisage le langage comme un moyen d'exprimer nos pensées.

■ La difficulté, voire l'impossibilité soulignée par **Bergson**, de traduire fidèlement ce que notre âme ressent, témoigne en faveur de cette hypothèse.

■ Pourtant, les difficultés d'expression pourraient être en réalité des difficultés de conception, si on admet avec **Hegel** ou **Merleau-Ponty** que **nous pensons dans et par les mots**.

■ La langue que nous parlons conditionnerait donc notre manière de penser.

Chronologie

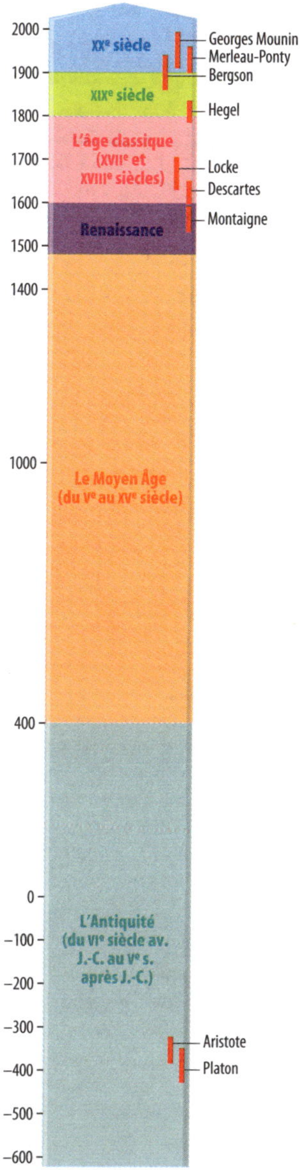

Les incontournables

Dans ce fameux passage d'une lettre au marquis de Newcastle, Descartes soutient, contre Montaigne, que le langage n'appartient qu'à l'homme.

Enfin il n'y a aucune de nos actions extérieures, qui puisse assurer ceux qui les examinent, que notre corps n'est pas seulement une machine qui se remue de soi-même[1], mais qu'il y a aussi en lui une âme qui a des pensées[2], excepté les paroles, ou autres signes faits à propos des sujets qui se présentent, sans se rapporter à aucune passion[3]. Je dis les paroles ou autres signes, parce que les muets se servent de signes en même façon que nous de la voix ; et que ces signes soient à propos, pour exclure le parler des perroquets, sans exclure celui des fous, qui ne laisse pas d'être à propos des sujets qui se présentent, bien qu'il ne suive pas la raison ; et j'ajoute que ces paroles ou signes ne se doivent rapporter à aucune passion, pour exclure non seulement les cris de joie ou de tristesse, et semblables, mais aussi tout ce qui peut être enseigné par artifice aux animaux ; car si on apprend à une pie à dire bonjour à sa maîtresse lorsqu'elle la voit arriver, ce ne peut être qu'en faisant que la prolation[4] de cette parole devienne le mouvement de quelqu'une de ses passions ; à savoir, ce sera un mouvement de l'espérance qu'elle a de manger, si l'on a toujours accoutumé de lui donner quelque friandise lorsqu'elle l'a dit ; et ainsi toutes les choses qu'on fait faire aux chiens, aux chevaux et aux singes, ne sont que des mouvements de leur crainte, de leur espérance, ou de leur joie, en sorte qu'ils les peuvent faire sans aucune pensée. Or il est, ce me semble, fort remarquable que la parole, étant ainsi définie, ne convient qu'à l'homme seul. Car, bien que Montaigne et Charon aient dit qu'il y a plus de différence d'homme à homme, que d'homme à bête, il ne s'est toutefois jamais trouvé aucune bête si parfaite, qu'elle ait usé de quelque signe, pour faire entendre à d'autres animaux quelque chose qui n'eût point de rapport à ses passions ; et il n'y a point d'homme si imparfait, qu'il n'en use ; en sorte que ceux qui sont sourds et muets, inventent des signes particuliers, par lesquels ils expriment leurs pensées. Ce qui me semble un très fort argument pour prouver que ce qui fait que les bêtes ne parlent point comme nous, est qu'elles n'ont aucune pensée, et non point que les organes leur manquent. Et on ne peut dire qu'elles parlent entre elles, mais que nous ne les entendons pas ; car, comme les chiens et quelques autres animaux nous expriment leurs passions, ils nous exprimeraient aussi bien leurs pensées, s'ils en avaient.

DESCARTES, *Lettre au marquis de Newcastle*, du 23 novembre 1646.

1. Descartes envisage les animaux comme des machines sans âmes, sans pensées (théorie des animaux-machines).

2. « Une âme qui a des pensées » : Descartes fait de l'âme le principe de la pensée.

3. Passion : émotions, désirs (par exemple l'espoir ou la crainte impliqués dans le dressage).

4. Prolation : acte de proférer (une parole).

CHAPITRE 8

L'art

Mots clés

■ **Art** : du latin *ars* (« talent », « art », « science ») peut se définir selon Lalande, comme la production de la beauté par l'homme. Cette définition élémentaire, bien sûr, fait problème.

■ **Esthétique** : du grec *aisthêsis* (« sensation »), désigne la théorie de l'art et du beau.

■ **Jugement de goût** : l'expression, aujourd'hui désuète, désigne, notamment chez Kant, le jugement esthétique (c'est beau, c'est laid).

Repères

– Absolu/Relatif ➜ p. 306
– En fait/En droit ➜ p. 310
– Intuitif/Discursif ➜ p. 313
– Objectif/Subjectif ➜ p. 314
– Universel/Général/Particulier/Singulier ➜ p. 317

DE QUOI S'AGIT-IL ?

Les ouvrages consacrés à l'histoire de l'art nous donnent à croire qu'il existe une essence éternelle de l'art. Ils nous montrent certes comment l'art se transforme, mais suppose en même temps que toutes les œuvres présentées sont précisément des œuvres d'art. Or, la définition « classique » de l'art comme production de la beauté est devenue à l'évidence éminemment problématique : qu'est-ce qu'on appelle beau ? L'œuvre d'art doit-elle être belle par définition ? La difficulté, voire l'impossibilité d'exprimer l'essence de l'art peut à la limite nous faire douter que l'art soit quelque chose, ou du moins qu'il soit une seule et même chose en tout temps et en tout lieu. Qu'est-ce que l'art ? Comment même distinguer ce qui est de l'art ou pas ? Qu'est-ce qui donne à une œuvre sa qualité d'œuvre d'art ?

1 Peut-on réduire l'art à la technique ?

A Quel est le problème ?

- L'opposition de l'art et de la technique, si commune aujourd'hui, est pourtant relativement récente à l'échelle de l'Histoire des idées, puisqu'elle apparaît comme un effet de ce que les historiens appellent la première révolution industrielle, amorcée au XVIIIe siècle. La question se pose donc de savoir si l'art doit être distingué, voire opposé, à la technique ou s'ils tendent à se confondre, conformément à ce que l'étymologie suggère.

B *Art* signifie d'abord « technique ».

- *Art* signifie d'abord « technique », comme dans les expressions « arts et métiers » ou « arts martiaux ». Et on admire communément, en effet, la technicité, l'habileté, le savoir-faire de l'artiste : savoir dessiner, peindre, sculpter, chanter, jouer d'un instrument… N'est-ce pas d'abord cela être un artiste ?

- Certes, il nous semble aujourd'hui que l'artiste est plus qu'un artisan, mais au Moyen Âge il n'existait pas de distinction entre **artiste** et **artisan**. L'enlumineur, le tailleur de pierre, le sculpteur, l'architecte (qui est aussi un maître d'œuvre et pas seulement un concepteur) sont d'abord des **professionnels maîtrisant des techniques**. Ils perpétuent un savoir-faire traditionnel transmis de maître en apprentis, souvent appris en famille et ne semblent guère soucieux d'innover ou d'exprimer leur subjectivité dans leurs œuvres.

- Sans réduire l'art à la technique, Hegel souligne que « l'œuvre d'art a un côté purement technique qui confine à l'artisanal, surtout en architecture et en sculpture. » L'artiste doit, en effet, apprendre à maîtriser son matériau, à vaincre sa résistance et cela exige une réflexion, de l'application et une pratique assidue.

> **Citation**
> « L'œuvre d'art a un côté purement technique qui confine à l'artisanal. »
> Hegel

- Aujourd'hui, art, technique et industrie se rejoignent dans le design : le designer est à la fois artiste et technicien. Les objets qu'il dessine doivent être à la fois esthétiques et fonctionnels. D'où l'idée d'un **lien entre beauté et fonctionnalité**. C'est ce qu'on appelle le **fonctionnalisme** : la théorie selon laquelle la beauté d'une chose naîtrait d'un accord parfait entre sa forme et sa fonction (on peut penser par exemple à une voiture de course ou à la morphologie d'un athlète). La forme découle de la fonction et la beauté tient à cette forme expressive de la fonction.

C Distinction entre l'art et la technique

- On refuse pourtant aujourd'hui de réduire l'artiste à l'artisan, l'art à la technique. L'artiste est à nos yeux plus qu'un bon ouvrier ou un technicien habile : il se caractérise par sa créativité, son génie, c'est-à-dire sa capacité à créer une œuvre originale, unique, dans laquelle s'exprime sa **subjectivité**.

- Alain distingue ainsi le travail de l'artiste et celui de l'artisan. L'**artisan** exécute un projet bien défini, il sait ce qu'il fait. L'**artiste**, lui, ne sait pas exactement où il va, il découvre ce qu'il fait en le faisant, il est, selon Alain, « spectateur de son œuvre en train de naître ». Autrement dit, dans la **production technique**, « l'idée précède et règle l'exécution », alors que dans la **création artistique**, l'idée vient à mesure de l'exécution et n'est complètement définie qu'une fois l'œuvre achevée. Ainsi en est-il par exemple du portrait qui « naît sous le pinceau » ou du vers qui naît sous la plume.

- Les techniques, les méthodes et les règles permettent de reproduire des résultats connus. La création, elle, n'obéit à aucune règle. En ce sens on pourrait dire qu'il n'y a pas de « règles de l'art ». C'est pourquoi **Kant** définissait le génie comme « le talent de produire ce dont on ne peut pas donner de règle déterminée. »

Citation

« Le génie est le talent de produire ce dont on ne peut pas donner de règle déterminée ».

Kant

D L'imitation de la nature

- Si l'on ramène parfois l'art à la technique, au savoir-faire, c'est aussi parce qu'on considère que le but de l'art est de produire une représentation illusoire du réel. On pense alors l'art sur le modèle de la peinture. Le but du peintre serait ainsi d'imiter ce qu'il voit aussi fidèlement que possible. C'est ce qui fait dire à Platon que l'art est mensonge et illusion, parce qu'en imitant les apparences, il nous éloigne de la vérité, c'est-à-dire de la réalité de l'Idée ou de l'Essence (voir chap. 17 : La vérité).

- Mais **Hegel** estime que **l'imitation constitue une fin médiocre pour l'art**. À quoi bon reproduire ce qui existe déjà ? C'est un travail superflu ! Et aussi un jeu présomptueux : toute imitation est imparfaite, ce n'est qu'une caricature du réel. Ainsi les raisins peints par Zeuxis, dont on fit un chef-d'œuvre parce qu'ils trompèrent des pigeons, ne représentent qu'un tour de force, un **exploit technique** sans réelle valeur artistique.

2 L'art peut-il se définir comme la production de la beauté ?

A Quel est le problème ?

- En 1926, Lalande peut encore définir l'art comme la production de la beauté. Une dizaine d'années plus tôt, Marcel Duchamp avait pourtant exposé un urinoir baptisé « Fountain », signifiant notamment par ce geste que l'art moderne pouvait se donner un autre but que la beauté. Peut-on encore définir l'art par la beauté ? La notion même de beauté est bien entendu problématique : qu'est-ce que le beau ? Qu'est-ce qui est beau ?

B La conception antique : la beauté est objective.

- L'idée selon laquelle la beauté serait relative et subjective est assez récente et les Anciens concevaient même la beauté comme un fait **objectif** ou une **propriété des choses**. À leurs yeux, la beauté est liée à l'**ordre** et à l'**harmonie** de l'Univers ou du **Cosmos** (*cosmos* signifie « ordre » en grec), dont l'œuvre d'art est comme le reflet. L'artiste, de ce point de vue, peut être défini comme un artisan ou un technicien capable de produire des choses objectivement belles. Notez qu'art se dit *technê* en grec.

- **Platon,** par exemple, fait du **Beau** un **absolu**. La **Beauté absolue,** qui est l'objet de l'Amour, peut être atteinte progressivement. Il faut partir de l'amour de la beauté des corps (beauté physique), pour apprendre à aimer celle des âmes, des belles occupations et des belles règles de conduite (beauté spirituelle ou morale), puis s'élever encore, jusqu'à l'amour de la beauté de la connaissance pour atteindre enfin la Beauté absolue comme dans **une révélation qui donne sens à la vie**.

- Toutefois, Platon, paradoxalement, ne définit pas l'art par la beauté et, réciproquement, ne fait guère allusion à l'art quand il analyse le Beau. Il y a même un antagonisme dans son esprit entre l'aspiration au **Beau** qui est en même temps une aspiration au **Vrai** et au **Bien,** et l'art qui, imitant les **apparences sensibles**, nous éloigne de ces idéaux. C'est la raison pour laquelle le philosophe chasse les poètes (les artistes) hors de la cité (société) idéale qu'il imagine dans *La République*.

C Kant : le beau est à la fois subjectif et universel.

- Pour les Anciens, le beau est donc, on l'a compris, une propriété objective. C'est pourquoi ceux-ci ne semblent pas se poser la question du jugement de goût ou des critères du beau. Ce qui est beau l'est objectivement et pour tout homme.

Mais l'idée va s'imposer à l'âge classique (XVIIe et XVIIIe siècles) que le beau est ce qui plaît à un sujet ou à une subjectivité : « les sources du beau sont en nous-mêmes » écrit **Montesquieu**. Dès lors la question du **jugement de goût**, ou jugement esthétique, va s'imposer comme la question centrale de l'**esthétique** (la philosophie de l'art) : pourquoi quelque chose plaît ou non ? Selon quels **critères** jugeons-nous qu'une œuvre est belle ?

Citation
« Les sources du beau sont en nous-mêmes. »
Montesquieu

- Cependant, pour les philosophes de l'époque, il ne s'agit pas tant de comprendre pourquoi ce qui plaît aux uns ne plaît pas aux autres, que de comprendre au contraire comment nos jugements peuvent s'accorder. Car de fait, il existe des **consensus** : comment sans cela pourrions-nous parler de chef-d'œuvre ou de génie ? Personne ne pense, par exemple, que Mozart est un musicien médiocre ou De Vinci un artiste mineur.

- C'est ce problème du jugement de goût qui amène **Kant** à distinguer l'**agréable** du **beau**. L'**agréable,** c'est ce qui plaît aux **sens**. Par exemple, j'aime tel ou tel vin, c'est indiscutable, car c'est purement subjectif : je suis le seul juge de l'impression qu'il fait à mon palais. En revanche, quand je dis par exemple qu'une musique est belle, je ne veux pas seulement dire qu'elle l'est *pour moi, à mes yeux*. Je voudrais au contraire que les autres partagent mon sentiment ou mon jugement, comme si c'était « logique », bien qu'il n'existe aucune preuve, aucune démonstration du bien-fondé de ce jugement. Le jugement esthétique prétend donc à l'universalité et cette prétention est **légitime**, non parce que le beau serait une propriété objective, mais parce que ce jugement se fonde sur une **universalité subjective.**

Citation
« On peut discuter du goût. »
Kant

- En d'autres termes, c'est parce que tous les hommes sont des hommes, parce qu'ils sont tous « faits de la même façon » qu'ils peuvent s'accorder sur ce qui est beau ou non. Kant en conclut qu'on peut discuter des goûts dans l'espoir de s'accorder, même si personne ne peut faire la preuve du bien-fondé de son jugement.

D La conception relativiste contemporaine : la beauté est relative et subjective.

- Kant suppose qu'on peut être bon ou mauvais juge en matière de goûts. Cette idée est bien entendu aux antipodes du **relativisme contemporain**. Qu'est-ce que le bon ou le mauvais goût ? L'idée semble dépassée parce qu'elle date d'une époque révolue où une élite prétendait détenir le monopole du bon goût !

- D'un point de vue sociologique, le mauvais goût n'est rien d'autre, en effet, que le goût du vulgaire, c'est-à-dire : le goût des classes populaires que la bourgeoisie méprise.
- D'un point de vue psychologique, nos goûts et nos dégoûts sont le résultat d'un conditionnement : on aime ou on déteste ce qu'on a appris à aimer ou à détester. Descartes remarquait qu'un chien battu au son du violon prendrait cet instrument en horreur. Bref, comme l'écrivait Marcel Duchamp, « le goût, bon ou mauvais, c'est de l'habitude. »
- Dans cette perspective **relativiste**, il semble difficile de définir l'art comme la production de la beauté sans beaucoup le dévaloriser : il ne s'agirait alors en effet pour l'artiste que de se conformer, pour plaire, aux **normes** en vigueur de son temps ou, au mieux, d'en imposer de nouvelles, comme peut le faire la mode (ou la « tendance », comme on préfère dire aujourd'hui).
- Ce qui prime dans l'art contemporain, c'est donc le **sens** et non une hypothétique **beauté** jugée parfaitement **relative**, **conventionnelle** et **subjective.** C'est ce que suggère Marcel Duchamp quand il expose son fameux urinoir.
- D'abord, ce n'est pas à proprement parler une **œuvre** faite de ses mains, c'est ce qu'il appelle un **ready made** (tout fait, déjà prêt). Il n'a pas sculpté un urinoir, il a simplement exposé un véritable urinoir. L'habileté technique n'est pas ce qui fait la valeur de ce qui n'est même pas une œuvre. Il ne s'agit pas non plus à proprement parler d'une représentation (l'objet est présenté, non représenté). Enfin et de toute évidence, l'objet n'est pas non plus censé être beau. En quoi s'agit-il encore d'une œuvre d'art ?
- On peut penser que l'urinoir est regardé comme de l'art parce qu'il est installé dans une salle d'exposition. L'artiste suggère par là que l'art, c'est **ce qu'on regarde comme tel**. Il veut dire aussi qu'une œuvre d'art n'a pas à être belle. Ce qui importe (en tout cas dans l'art contemporain) c'est qu'elle ait du sens, qu'elle donne à penser, qu'elle éveille une réflexion. Cela souligne enfin le rôle actif du « spectateur » qui crée l'œuvre lui aussi, par l'interprétation qu'il en fait.
- Mais, dire que l'œuvre d'art vaut par la réflexion qu'elle éveille, cela ne revient-il pas à dire avec Hegel que ce que nous cherchons dans l'art comme dans la pensée n'est autre chose que la vérité ? L'œuvre d'art ne serait donc rien d'autre qu'une manière de saisir et d'exprimer la vérité.

3 L'art est-il un moyen d'accéder à la vérité ?

A Hegel : c'est la vérité que l'on cherche dans l'art.

- **Platon**, on s'en souvient, estime que **l'art est apparence et illusion**, qu'il nous éloigne de la réalité des Idées ou des Essences, en imitant les apparences sensibles. Mais Hegel remarque que « toute essence, toute vérité, pour ne pas rester abstraction pure, *doit* apparaître ». Or, l'œuvre d'art est « la manifestation sensible d'une idée ». Bien que l'art ne permette pas de saisir la vérité aussi clairement que la pensée conceptuelle, **il la manifeste cependant sous une forme intuitive, sensible**, et les apparences de l'art sont plus proches de la vérité que les apparences ordinaires.

- Prenons l'exemple d'une pièce de Molière comme *L'Avare* ou *Le Malade imaginaire*. Ces comédies ne nous apprennent pas ce que sont l'avarice ou l'hypocondrie de manière aussi claire et précise qu'un traité de psychiatrie. Toutefois, par la caricature qui souligne les traits de l'avarice ou de l'hypocondrie, Molière nous fait saisir ce qu'elles sont plus sûrement que ne peut le faire l'observation du réel même. L'avare de Molière est l'incarnation de l'avarice, la **manifestation sensible** de son essence.

> **Citation**
> « Ce que nous recherchons, dans l'art comme dans la pensée, c'est la vérité. »
> Hegel

- Le beau serait donc apparenté au vrai et l'art pourrait se comprendre comme une manière d'appréhender le réel, comme une voie d'accès à la vérité différente de la science ou de la philosophie. Pour **Hegel**, le philosophe aura à **clarifier les intuitions encore confuses de l'artiste** en les reformulant dans le langage du concept.

B Bergson : l'artiste est un homme qui voit mieux que les autres.

- Cependant, pour **Bergson la vérité se situe au-delà des mots**, dans l'inexprimable ou dans ce qu'on ne peut percevoir et exprimer que dans l'art (ou la philosophie) : « L'artiste voit mieux que le commun des mortels, parce qu'il voit la réalité nue et sans voiles », écrit-il. C'est que d'ordinaire, « nous ne voyons pas les choses mêmes, nous nous bornons le plus souvent à lire les étiquettes collées sur elles ». Autrement dit, les mots occultent paradoxalement ce qu'ils désignent, parce qu'ils n'en retiennent que la fonction la plus commune. L'artiste, lui, perçoit la chose même de manière **immédiate** et **intuitive** (voir chap. 7 : Le langage).

Pour résumer

1. Peut-on réduire l'art à la technique ?

- ***Art*** signifie d'abord « **technique** » ; au Moyen Âge, on ne distinguait pas l'artiste de l'artisan.
- Sans réduire l'art à la technique, **Hegel** remarque que « **l'art a un côté purement technique** qui confine à l'artisanal. »
- **Alain** souligne cependant que si l'artisan exécute un projet bien défini, l'**artiste**, au contraire, **découvre ce qu'il fait en le faisant**.
- Dans une perspective voisine, **Kant** définit le **génie** comme « **l'art de produire ce dont on ne peut pas donner de règle déterminée** ».
- **Hegel** souligne que l'habileté dont on peut faire preuve dans l'**imitation de la nature** ne confère pas de valeur artistique à l'œuvre.

2. L'art peut-il se définir comme la production de la beauté ?

- Les **Anciens** considèrent la beauté comme une **propriété objective**.
- **Kant** estime paradoxalement que la beauté est à la fois **universelle** et **subjective**.
- Le **relativisme contemporain** juge la beauté subjective et relative. Il estime que l'art peut se passer de toute référence au beau.

3. L'art est-il un moyen d'accéder à la vérité ?

- **Platon** oppose **l'art** qui **imite les apparences sensibles** à la philosophie qui nous en détourne pour nous élever à la réalité des Idées.
- **Hegel** pense au contraire que **l'art** est « **la manifestation sensible de l'idée** ».
- Enfin, **Bergson** estime que « **l'artiste voit la réalité nue et sans voiles** ».

Chronologie

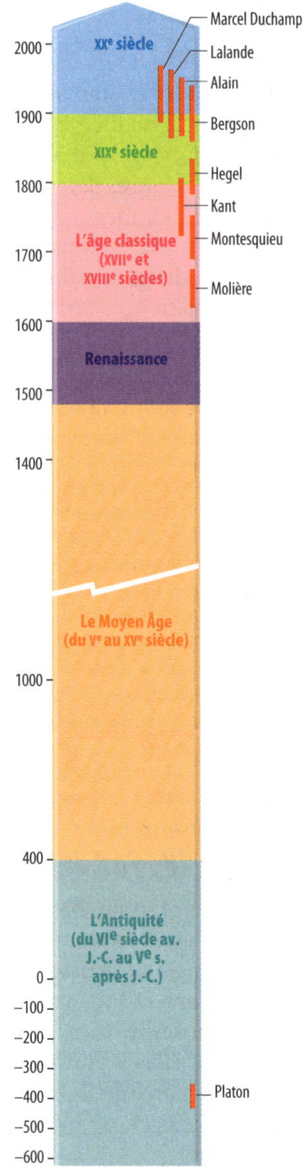

Les incontournables

Kant établit dans ce passage bien connu de la Critique de la faculté de juger, *la distinction de l'agréable et du beau : quand j'affirme qu'une chose est agréable, je ne peux pas légitimement prétendre que tout homme devrait partager mon jugement, parce que celui-ci se fonde sur une impression personnelle. En revanche, quand j'affirme qu'une chose est belle, je prétends légitimement à l'assentiment de tous.*

Lorsqu'il s'agit de ce qui est agréable, chacun consent à ce que son jugement, qu'il fonde sur un sentiment personnel et en fonction duquel il affirme qu'un objet lui plaît, soit restreint à sa seule personne. Aussi bien disant : « Le vin des Canaries est agréable », il admettra volontiers qu'un autre corrige l'expression et lui rappelle qu'il doit dire : cela m'est agréable. Il en est ainsi non seulement pour le goût de la langue, du palais et du gosier, mais aussi pour tout ce qui peut être agréable aux yeux et aux oreilles de chacun. La couleur violette sera douce et aimable pour celui-ci, morte et éteinte pour celui-là. Celui-ci aime le son des instruments à vent, celui-là aime les instruments à corde. Ce serait folie que de discuter à ce propos, afin de réputer erroné[1] le jugement d'autrui, qui diffère du nôtre, comme s'il lui était logiquement opposé ; le principe : « À chacun son goût » (s'agissant des sens) est un principe valable pour ce qui est agréable. Il en va tout autrement du beau. Il serait (tout juste à l'inverse) ridicule que quelqu'un, s'imaginant avoir du goût, songe en faire la preuve en déclarant : cet objet (l'édifice que nous voyons, le vêtement que porte celui-ci, le concert que nous entendons, le poème que l'on soumet à notre appréciation) est beau pour moi. Car il ne doit pas appeler beau, ce qui ne plaît qu'à lui. Beaucoup de choses peuvent avoir pour lui du charme ou de l'agrément ; personne ne s'en soucie ; toutefois lorsqu'il dit qu'une chose est belle, il attribue aux autres la même satisfaction ; il ne juge pas seulement pour lui, mais aussi pour autrui et parle alors de la beauté comme si elle était une propriété des choses[2]. C'est pourquoi il dit : la chose est belle et dans son jugement exprimant sa satisfaction, il exige l'adhésion des autres, loin de compter sur leur adhésion, parce qu'il a constaté maintes fois que leur jugement s'accordait avec le sien[3]. Il les blâme s'ils jugent autrement et leur dénie un goût, qu'ils devraient cependant posséder d'après ses exigences ; et ainsi on ne peut dire : « À chacun son goût ». Cela reviendrait à dire : le goût n'existe pas, il n'existe pas de jugement esthétique qui pourrait légitimement prétendre à l'assentiment[4] de tous.

Emmanuel Kant, *Critique de la faculté de juger* (1790), trad. A. Philonenko, © Vrin, 1993.

1. Réputer erroné : prétendre faux.

2. Les Anciens considéraient la beauté comme une propriété des choses.

3. L'universalité du jugement esthétique est de droit, non de fait.

4. Assentiment : accord.

CHAPITRE 9

Le travail et la technique

Mots clés

Travail : du latin *tripalium* (« instrument de torture »), désigne l'action par laquelle l'homme transforme la nature pour l'adapter à ses besoins (ou à ses désirs). L'étymologie suggère que le travail est une contrainte et une souffrance.

Technique : du grec *technè*, désigne dans le contexte de ce chapitre, l'ensemble des procédés inventés par l'homme pour transformer par son travail le donné naturel.

Aliénation : du latin *alienatio* (« aliéner »), le terme est synonyme chez Marx de dépossession et d'asservissement. C'est en particulier l'état du prolétaire dépossédé de son travail et de lui-même dans l'économie capitaliste.

Repères

– En acte/En puissance → p. 307

DE QUOI S'AGIT-IL ?

Les Anciens méprisaient le travail et s'en déchargeaient volontiers sur leurs esclaves. C'est qu'à leurs yeux, on ne pouvait vivre de manière pleinement humaine, qu'à condition d'être libéré de la contrainte du travail et de se consacrer à des activités plus nobles et plus enrichissantes. Pourtant, les Modernes voient en l'homme un animal fabricateur, voué par nature au travail et s'y accomplissant. On peut donc se demander si le travail est un obstacle à l'accomplissement de l'homme, ou s'il en est, au contraire, la condition. La question engage à l'évidence une réflexion sur la technique entendue comme l'ensemble des procédés élaborés par l'homme pour transformer la nature par le travail.

1 Le travail envisagé comme un obstacle à l'accomplissement de l'homme

A Aristote : l'idéal de la vie contemplative

- Les Anciens, les Grecs et les Romains, voyaient dans le travail un fardeau dont il était légitime de se décharger sur des esclaves, pour se consacrer à des activités plus dignes de l'homme. Pour Aristote, par exemple, la **vie heureuse**, celle d'un homme pleinement accompli, est consacrée à la « **contemplation** », c'est-à-dire à la théorie, à la connaissance ou à la philosophie. C'est l'**idéal de la vie contemplative** (ou théorétique).

- L'homme, en effet, est par nature un **animal raisonnable**, c'est-à-dire doué du *logos* (« parole, raison »). Il est donc voué, **par nature**, à la recherche du **savoir** ou à la philosophie, au sens large et étymologique que le terme avait alors (« amour de la sagesse ou du savoir »). C'est donc dans la philosophie que l'homme peut accomplir pleinement sa nature d'animal raisonnable et trouver le bonheur.

Citation

« Le bonheur ne saurait être qu'une forme de contemplation. »

Aristote

- La contemplation est une **fin en soi**, une activité **désintéressée** qui n'a pas d'autre but qu'elle-même et la perfection de celui qui s'y consacre. Elle relève donc de la ***praxis*** (« pratique ») et est en cela supérieure au **travail**, à l'**artisanat** ou à la **technique** qui relèvent au contraire de la ***poiésis*** (« production »). La production n'a en effet qu'une valeur de **moyen**, c'est une action qui vise un but qui lui est extérieur, un **résultat** dans lequel, en quelque sorte, elle s'abolit.

- Par exemple, l'artisan qui fabrique une chaise vise le résultat (la chaise), il ne travaille pas pour travailler. Le philosophe, au contraire, philosophe pour philosopher. Ce n'est pas le résultat qui compte ici, mais l'activité elle-même en tant qu'accomplissement de la nature même de l'homme.

B Hannah Arendt : le travail est un asservissement à la nécessité.

- Hannah Arendt souligne que les Grecs considéraient le travail comme une **activité servile par nature** et que c'est la raison pour laquelle ils s'en déchargeaient sur des esclaves. La nécessité de se libérer du travail pour s'accomplir justifiait même l'esclavage à leurs yeux. Travailler, c'est, en effet, être esclave de ses besoins animaux, de ses besoins vitaux. On travaille pour gagner sa vie, pour gagner son pain. Ainsi, loin de permettre à l'homme de s'accomplir, le travail rabaisse l'homme au rang de l'animal.

- Or, notre société tend à réduire l'homme à son statut de **travailleur** et de **consommateur**. Nous ne savons (presque) plus rien des activités plus **nobles** et plus **enrichissantes** que le travail, cultivées autrefois par l'**aristocratie**. Nous ne savons plus guère que **produire** et **consommer** des biens. Ce qui est d'autant plus terrible que, les progrès de l'automatisation vidant progressivement les usines, nous avons devant nous la perspective d'une « société de travailleurs sans travail ». Paradoxalement, la **technique** pourrait donc nous **libérer** de la contrainte du travail, alors que nous avons perdu le souvenir des activités qui motivaient ce rêve. Quelles activités au juste ?

Citation
« C'est une société de travailleurs que l'on va délivrer des chaînes du travail. »
Hannah Arendt

- Contrairement aux Anciens, Hannah Arendt n'affirme pas la supériorité de la vie contemplative (*vita contemplativa*) sur la vie active (*vita activa*). Elle entend au contraire réhabiliter cette dernière, en distinguant le travail de l'œuvre et de l'action :

– Le **travail** préserve la vie et doit être cantonné dans ce rôle, alors qu'il tend à envahir toute l'existence humaine.

– L'**œuvre** peuple le monde d'objets humains (les œuvres d'art par exemple). Elle procède de la quête d'immortalité, c'est-à-dire de cet effort, qui fait la grandeur de l'homme, pour échapper à sa condition de mortel, en produisant des œuvres, des exploits ou des paroles qui mériteraient de n'être jamais oubliés. Elle s'oppose ainsi au travail qui produit des objets éphémères, détruits par la **consommation**.

– L'**action** (surtout politique) crée un monde commun, un espace public qui permet à l'homme d'échapper au confinement biologique de la famille et à l'isolement du soi.

C Nietzsche : le travail entrave le développement de l'individu.

- Notre société **glorifie** le travail, elle le **survalorise** même de manière suspecte, estime Nietzsche. C'est que « le travail constitue la meilleure des polices », un puissant facteur d'ordre et de sécurité, parce qu'il entrave le développement de l'individualité. Le philosophe suggère donc qu'il existe un antagonisme naturel entre l'individu et la société. Comment le comprendre ?

Citation
« Le travail constitue la meilleure des polices. »
Nietzsche

• D'abord, l'intérêt individuel s'oppose à l'intérêt collectif et encourager l'individu à travailler, c'est l'encourager à **se sacrifier** dans l'intérêt du groupe. Ensuite, la société veut **normaliser** l'individu. Et le travail sert cet objectif parce qu'il épuise l'individu et le détourne de la réflexion, de la méditation, de la rêverie et des passions… bref, de tout ce qui peut contribuer à faire de lui un être unique, différent de tous les autres, un être **original** et **indépendant**.

• Tous les individus sont donc en somme des « individus dangereux », parce que l'indépendance et l'originalité menaçant l'ordre social, l'individu est dangereux par définition.

• Nietzsche défend donc parfois le travailleur contre « la folie des nations […] qui ne pensent qu'à produire le plus possible et à s'enrichir le plus possible », au détriment de l'épanouissement individuel. Il adopte cependant, le plus souvent, une attitude **aristocratique** et défend l'idée que l'élévation de l'humanité est le fait d'une **élite**, qui échappe à la contrainte du travail en asservissant d'autres hommes.

Citation

« Jusqu'ici toute élévation du type humain a été l'œuvre d'une société aristocratique […] qui a besoin d'une forme quelconque d'esclavage. »

Nietzsche

2 Le travail envisagé comme la condition de l'accomplissement de l'homme

A Marx : le travail est le propre de l'homme.

• Marx a dénoncé le **travail aliéné**, celui, surtout, du prolétaire, condamné à vendre sa force de travail pour vivre (ou pour survivre). Le salarié exploité, n'est de ce point de vue, rien de plus qu'un **esclave moderne** qui perd sa vie en la gagnant. **Étranger à ce qu'il fait**, et comme **étranger à lui-même**, il exécute une tâche qui, en raison de la rationalisation des méthodes de travail, va devenir de plus en plus souvent (mais après Marx), mécanique et répétitive. On pense à Charlot, dans *les Temps Modernes*, serrant des boulons sur une chaîne de montage à une cadence infernale et terminant sa journée dans un hôpital psychiatrique.

Citation

« Le travail aliéné […] est mortification. »

Marx

Bien comprendre

Le travail à la chaîne est postérieur à la mort de Marx, qui ignorait à quel point l'avenir allait lui donner raison.

• Mais si l'ouvrier est déshumanisé, ce n'est pas, selon Marx, parce qu'il travaille, c'est parce qu'il est **dépossédé** de son travail. D'abord, le produit du travail du salarié ne lui appartient pas, il appartient à son employeur qui le revend en réalisant de gros bénéfices. Mais le travailleur est aussi dépossédé de la tâche elle-même, qu'il ne peut regarder comme son **œuvre**, parce qu'elle ne lui appartient pas. Il ne s'investit donc pas dans ce qu'il fait, il n'y met rien de lui-même, ne peut s'y reconnaître, l'aimer et en être fier. La séparation de la conception du travail et de son exécution accentue bien entendu ce processus d'**aliénation** (ou de dépossession).

- C'est donc parce que le travail devrait permettre à l'homme d'**accomplir son humanité** au lieu de l'avilir, que Marx dénonce son aliénation. Le prolétaire n'est pas condamné à travailler, il est condamné à **travailler pour un autre**. Il est ainsi privé des bénéfices (matériels et immatériels) qu'on est en droit d'attendre du travail.

Bien comprendre
Parce qu'il dénonce le travail aliéné, Marx est parfois perçu à tort comme un « anti-travail ». C'est un grave contresens.

- Le travail est pour Marx, le **propre de l'homme**. En travaillant, l'homme fait donc ce pour quoi il est fait, il accomplit sa nature, sa fonction propre. En effet, si on peut dire, en un sens, que des animaux comme l'araignée ou l'abeille travaillent, c'est en un sens très différent qu'on le dit de l'homme. Alors que l'**animal** travaille de manière **instinctive** et donc mécanique, l'homme qui travaille agit de manière **consciente** et **volontaire**, il réalise un projet dont il a conscience.

Citation
« Ce qui distingue dès l'abord le plus mauvais architecte de l'abeille la plus experte, c'est qu'il a construit la cellule dans sa tête avant de la construire dans la ruche. »
Marx

- Marx veut donc mettre fin au **capitalisme** et à l'**exploitation de l'homme par l'homme**, en rendant le travail au travailleur, c'est-à-dire en lui permettant de se réapproprier les **outils de production** (terres, usines, entreprises, etc.) et du même coup, les fruits de son travail (abolition de la propriété privée des moyens de production ou collectivisme d'État).

B Hegel : le travail forme.

- En travaillant, l'homme **transforme la nature à son image**, se reconnaît dans son œuvre et atteint ainsi la **conscience de soi**. Hegel illustre sa thèse en analysant le plaisir que les enfants prennent à jeter des cailloux dans l'eau : le petit garçon qui jette des pierres dans le torrent et admire les ronds qui se forment dans l'eau, admire en fait une œuvre où il bénéficie du spectacle de sa propre activité.

- Dans la **dialectique du maître et de l'esclave** (voir chap. 4 : Autrui), il montre comment « l'esclave » (au sens large) apprend, se forme et devient plus fort grâce au travail alors que « le maître » s'affaiblit dans l'oisiveté, jusqu'à ce que, le rapport de force s'inversant, l'esclave devienne finalement le maître du maître.

C Le mythe de Prométhée

- Comme Marx l'a souligné, Hegel tient le travail pour « l'être même de l'homme », c'est-à-dire son essence. Ce point de vue moderne, diamétralement opposé à la vision du monde aristocratique des Anciens, semble pourtant préfiguré dans un mythe dont Platon fait le récit : le **mythe de Prométhée**.

- Deux Titans, **Prométhée** et **Épiméthée**, ont été chargés de répartir parmi les animaux, les atouts grâce auxquels chacun pourrait survivre (sans supplanter les autres). Mais Épiméthée (son nom signifie « l'imprévoyant »), qui a voulu faire le travail seul, a oublié l'homme, et il ne lui reste plus aucun avantage à distribuer. C'est pourquoi, l'**homme** qui naît **nu et sans défense** est le plus **démuni** de tous les animaux. Prométhée se décide alors à voler « la maîtrise des arts d'Héphaïstos et d'Athéna, en même temps que le feu […] et à en faire cadeau à l'homme », raconte Platon. Les **sciences** et les **techniques** sont donc d'abord quelque chose de divin, dont la maîtrise élève l'homme au-dessus des animaux. L'homme n'est pas un animal comme les autres, il est **un être à part dans la nature**, un être voué **par nature** à transformer la nature par son travail, grâce à la science et à la technique.

- La raison, le *logos*, c'est d'abord l'intelligence qui permet à l'homme d'inventer des procédés, des techniques grâce auxquels il parvient à transformer une nature à laquelle il n'est pas adapté.

- Bergson propose d'ailleurs de rebaptiser l'espèce humaine : *homo sapiens* (« homme sage ») pourrait se nommer plus modestement *homo faber* (« homme fabricateur ») et l'intelligence pourrait se définir comme la faculté de fabriquer des outils.

- Georges Bataille définit l'**homme** comme l'**animal qui refuse le donné naturel**, qui le transforme par le **travail** et par l'**éducation** (qui est un travail sur soi). Il crée ainsi un monde nouveau, artificiel, le monde humain : celui de la **culture** par opposition à la **nature**.

> **Citation**
> « L'homme est l'animal qui n'accepte pas simplement le donné naturel, qui le nie. »
> G. Bataille

- Conscient du pouvoir que le progrès des sciences et des techniques confère à l'homme, Descartes estime qu'elles peuvent « nous rendre comme **maîtres et possesseurs de la nature** ». La vocation prométhéenne de l'homme se prolonge ainsi dans les progrès prodigieux accomplis depuis le XVIIe siècle.

- Mais si Prométhée est devenu le symbole du progrès de l'humanité, il figure aussi la témérité de l'homme, démesurément enhardi par la conscience de son pouvoir. Le roman de Mary Shelley, *Frankenstein ou le Prométhée moderne*, nous rappelle ainsi justement, que si la technique est (comme le travail) consubstantielle à l'humanité, cette dernière doit cependant en user avec **prudence**, **mesure** et **sagesse**.

Pour résumer

1. Le travail envisagé comme un obstacle à l'accomplissement de l'homme

■ **Les Anciens** voyaient dans le travail une activité **indigne d'un homme libre**.

■ **Aristote**, par exemple, estime que l'homme n'accomplit pleinement sa nature d'animal raisonnable que dans la **vie contemplative**.

■ Dans une perspective voisine (mais un peu différente), **Hannah Arendt** fait du travail une **activité servile par nature**. Elle le distingue de l'**œuvre** et de l'**action**.

■ **Nietzsche** estime que le travail entravant puissamment le développement de l'individualité, « constitue la meilleure des polices ». Sa glorification serait une ruse de la société.

2. Le travail envisagé comme la condition de l'accomplissement de l'homme

■ **Marx** dénonce l'**aliénation du travail**. Le travail devrait permettre à l'homme d'**accomplir son humanité** au lieu de l'**avilir**. Il est le propre de l'homme.

■ L'abolition de l'économie capitaliste, fondée sur la propriété privée des moyens de production, doit **rendre le travail au travailleur**.

■ **Hegel** affirme que le travail **forme** l'homme, le rend plus **fort** et plus **libre**, qu'il lui permet d'accéder à la **conscience de soi**.

■ Le **mythe de Prométhée** suggère que **l'homme est voué par nature à transformer la nature** grâce à la science et à la technique, pour en faire un monde artificiel : le monde humain. Pour le meilleur et pour le pire…

Chronologie

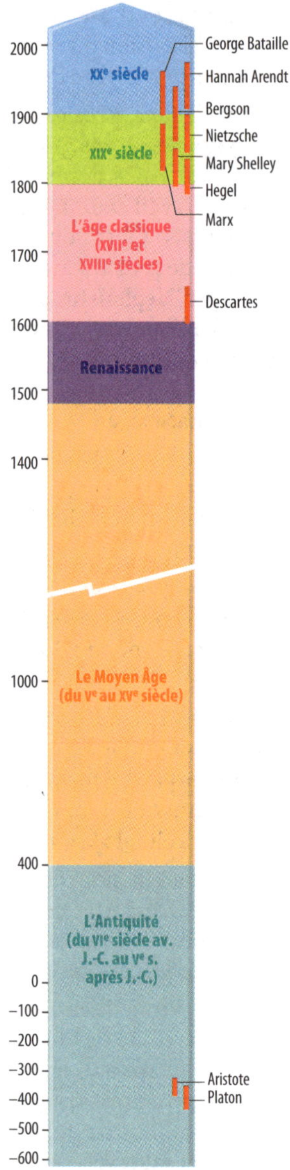

Les incontournables

Dans ce passage des Manuscrits de 1844, *Marx analyse la notion de travail aliéné. La notion d'aliénation entendue au sens marxiste comme un synonyme de dépossession et d'asservissement est entrée dans la pensée et le langage communs.*

En quoi consiste l'aliénation[1] du travail ?

D'abord, dans le fait que le travail est extérieur à l'ouvrier, c'est-à-dire qu'il n'appartient pas à son essence[2], que donc, dans son travail, celui-ci ne s'affirme pas mais se nie, ne se sent pas à l'aise, mais malheureux, ne déploie pas une libre activité physique et intellectuelle, mais mortifie son corps et ruine son esprit. En conséquence, l'ouvrier n'a le sentiment d'être auprès de lui-même qu'en dehors du travail et, dans le travail, il se sent en dehors de soi[3]. Il est comme chez lui, quand il ne travaille pas et, quand il travaille, il ne se sent pas chez lui. Son travail n'est donc pas volontaire, mais contraint, c'est du travail forcé. Il n'est donc pas la satisfaction d'un besoin, mais seulement un moyen de satisfaire des besoins en dehors du travail. Le caractère étranger du travail apparaît nettement dans le fait que, dès qu'il n'existe pas de contrainte physique ou autre, le travail est fui comme la peste. Le travail extérieur, le travail dans lequel l'homme s'aliène, est un travail de sacrifice de soi, de mortification. Enfin, le caractère extérieur à l'ouvrier du travail apparaît dans le fait qu'il n'est pas son bien propre, mais celui d'un autre, qu'il ne lui appartient pas, que dans le travail l'ouvrier ne s'appartient pas lui-même, mais appartient à un autre[4].

Marx, *Manuscrits de 1844*, trad. Jean Salem, © Garnier Flammarion, 1996.

1. **Aliénation :** dépossession.
2. **Essence :** nature.
3. **« Il se sent en dehors de soi » :** c'est ce sentiment d'être comme étranger à soi-même, de ne pas se reconnaître dans le travail.
4. **« Un autre » :** celui qui emploie l'ouvrier, « le bourgeois », en termes marxistes.

CHAPITRE 10

La religion

Mots clés

■ **Religion** : issu, peut-être, du latin *religare* (« relier »). Cette étymologie suggère que la religion est essentiellement une foi commune qui relie ceux qui la partagent.

■ **Foi** : du latin *fides* (« foi, confiance, loyauté »). Désigne une croyance ferme qui ne s'appuie pourtant pas sur des preuves rationnelles. *Foi* s'oppose en cela à *savoir* et à *science*.

■ **Athée** : du grec *atheos* (« sans Dieu »). Désigne au sens propre celui qui ne croit pas en Dieu.

■ **Irrationnel** : désigne péjorativement ce qui est contraire à la raison (*ratio* en latin). Mais on qualifie aussi d'irrationnel ce qui est irréductible à la raison (par exemple, la foi selon Pascal).

Repères

– Absolu/Relatif ➔ p. 306
– Analyse/Synthèse ➔ p. 307
– Objectif/Subjectif ➔ p. 314

DE QUOI S'AGIT-IL ?

La notion de religion nous amène bien entendu à poser la question de l'existence de Dieu et du fondement de la croyance : la foi relève-t-elle de l'irrationnel ou peut-elle s'appuyer sur la raison ? Mais la religion ne se réduit pas au seul fait de croire en Dieu. L'exemple du bouddhisme montre même que, paradoxalement, une religion sans dieu est concevable, et nous oblige ainsi à interroger l'essence même de la religion : qu'est-ce que la religion ?

1 Qu'est-ce que la religion ?

A Quel est le problème ?

- La religion est communément définie comme la croyance en Dieu, ou en des dieux. Mais si une religion sans dieu est concevable, l'idée de religion cesse d'être une évidence, pour devenir un problème : comment définir la religion ? Qu'est-ce qu'une religion ? C'est la nature même de la religion, son **essence**, qui fait problème.

B Durkheim : *religion* est synonyme de *société*.

- « Une religion est un système solidaire de croyances et de pratiques relatives à des choses sacrées, c'est-à-dire séparées, interdites, croyances et pratiques qui unissent en une même communauté morale, appelée Église, tous ceux qui y adhèrent », écrit Émile Durkheim.

- Durkheim envisage donc la religion comme un fait social : les croyances religieuses ne sont pas le fait d'individus isolés, mais sont communes à un groupe dont elle font l'unité. « La religion est une chose éminemment collective » : une foi commune qui relie ceux qui la partagent. C'est d'ailleurs ce que suggère une étymologie possible du mot *religion* : *religare* (« relier »).

Citation
« La religion est une chose éminemment collective. »
Durkheim

- S'il existe des religions sans dieu comme le bouddhisme, la distinction du **sacré** et du **profane** est en revanche une caractéristique universelle de la religion. Le sacré est l'**essence** du religieux. Il représente un ordre de chose séparé, distinct des choses banales, et inspire à la fois la vénération et la crainte.

- Le sacré représente la société elle-même, si bien que ***religion*** et ***société*** sont des **synonymes** : les croyances et les pratiques religieuses, les rites et les traditions transmettent à l'individu une représentation du monde, une manière de penser, une logique et des valeurs qui sont comme l'âme de la société, son identité et son fondement.

- Les éternels débats qui tournent autour de la question de savoir si on peut concilier **science** et **religion** supposent que la religion est avant tout un **système d'idées**, de représentations ou de croyances et sous-estiment l'importance des **rites**. Or, ceux-ci sont **essentiels** puisqu'ils permettent à la religion d'accomplir sa **véritable fonction**, que les croyants, eux, éprouvent

Citation
« La force religieuse n'est que le sentiment que la collectivité inspire à ses membres, mais projeté hors des consciences qui l'éprouvent, et objectivé. »
Durkheim

clairement, qui est de « nous faire vivre et de nous faire agir ». La foi est une **force** : « le fidèle qui a communié avec son dieu [...] sent en lui une force plus grande pour supporter les difficultés de l'existence ou pour les vaincre ».

Bien comprendre
Durkheim est athée. Il n'argumente pas en faveur de la foi religieuse. Il s'efforce de décrire et d'analyser un fait social (la religion) de manière scientifique et objective.

C Kant : la religion se ramène à la morale.

- « Qu'est-ce que la religion ? », demande Kant. La religion, c'est la **loi morale** renforcée par l'idée de Dieu envisagé comme « législateur et juge ». De ce point de vue, les prières, les chants, la messe... doivent être considérés comme des moyens d'encourager les fidèles, de leur donner la **force** de faire leur **devoir**.

- La religion donne donc du poids à la morale, mais **elle ne la fonde pas** : la loi morale n'est pas un **décret divin arbitraire**. La loi divine est en même temps loi naturelle : elle définit des principes de justice universels dont tout être doué de raison connaît ou reconnaît la valeur.

- Par exemple, ce n'est pas parce que Dieu a interdit de voler, qu'il est mal de voler, c'est plutôt parce que c'est mal que Dieu l'a interdit. La morale ne se fonde donc pas sur un texte sacré (la Bible par exemple) qui définirait ce qui est bien ou mal, nous la trouvons en nous-mêmes.

- Ainsi, quand on éduque un enfant, on ne doit pas lui dire qu'une action est bonne ou mauvaise parce que Dieu l'a décrété, ou parce que c'est écrit dans un texte sacré ; on doit lui faire prendre conscience de la **loi qu'il porte en lui**.

Citation
« La religion est la loi présente en nous pour autant qu'elle reçoit son poids d'un législateur et juge au-dessus de nous. »
Kant

- Dostoïevski fait dire à un de ses personnages que si Dieu n'existait pas, tout serait permis. Kant n'aurait pas souscrit à cette thèse. Si Dieu n'existait pas, la loi morale, présente en nous, demeurerait la même et exigerait toujours de nous le respect inconditionnel de la personne humaine. En revanche, d'un point de vue kantien, le croyant et plus encore le pratiquant trouvent dans la religion un soutien et une force qui peuvent les aider à faire leur devoir. La religion n'est rien d'autre que ce soutien.

- Quand, **dans une perspective toute différente de celle de Kant**, Nietzsche affirme que « Dieu est mort », cela signifie en réalité qu'il espère la fin prochaine du règne de la morale judéo-chrétienne qui, procédant à ses yeux de la **haine de la vie**, constitue une entrave à l'épanouissement de l'humanité (voir chap. 5 : Le désir). Cela suggère qu'une religion, même pour ceux qui, comme Nietzsche, la combattent, est surtout une morale.

D Religion naturelle et religion révélée

- Il convient, pour finir, de distinguer la **religion naturelle** de la **religion révélée**. La première prétend accéder à la connaissance de Dieu (et de la morale) par la seule **raison**. La seconde se fonde sur la lecture des textes sacrés (comme la Bible ou le Coran) dans lesquels Dieu se révèlerait aux hommes.
- Pascal distingue ainsi le **Dieu des savants et des philosophes** (celui de la religion naturelle), du **Dieu d'Abraham**, d'Isaac et de Jacob (celui de la Bible).
- On peut se demander comment la croyance peut logiquement reposer sur des textes sacrés : il faut croire les textes parce qu'ils sont inspirés par Dieu, et croire en Dieu parce que c'est écrit dans les textes !
- Faut-il en conclure que la foi n'est justement pas une affaire de **logique**, qu'elle relève de l'**irrationnel** ?

2 La foi relève-t-elle de l'irrationnel ?

A Quel est le problème ?

- Faut-il opposer **foi** et **raison**, **religion** et **science ?** La foi relève-t-elle de l'irrationnel ? Cela peut se comprendre de deux manières : la foi religieuse serait irrationnelle, donc infondée. C'est le point de vue des athées, comme **Freud** par exemple, qui estime que la religion est une **illusion**, voire un délire. Mais on peut aussi estimer que la foi religieuse dépasse les **limites de la raison**. Enfin, la foi religieuse peut sembler compatible avec une conception du monde parfaitement **rationnelle. Descartes**, figure emblématique du **rationalisme,** prétend ainsi **démontrer** l'existence de Dieu. Avant lui, saint Thomas estime déjà qu'il existe des preuves de l'existence de Dieu et que la raison éclaire et conforte la foi.

B Les « preuves » de l'existence de Dieu

- **Kant** a analysé et réfuté trois arguments en faveur de l'hypothèse de l'existence de Dieu, récurrents dans l'histoire des idées. Ces arguments ont été présentés comme des preuves par ceux qui les ont exposés.

Bien comprendre
Kant veut montrer qu'on ne peut pas prouver l'existence de Dieu, mais croit lui-même en Dieu pour des raisons d'ordre moral.

- La **preuve ontologique** (du grec *ontos* : « l'être »). Dieu ne peut pas ne pas exister parce que l'existence fait partie de son essence (ou de son être). Autrement dit : Dieu existe par définition, « on ne peut même pas penser qu'il n'est pas », écrit saint Anselme, son inexistence est **inconcevable** puisqu'elle implique une contradiction : Dieu c'est l'être parfait, l'être tel qu'on ne peut en concevoir de plus grand, l'Infini, l'être qui existe au plus haut degré.

● Descartes, le rationaliste, reprendra cet argument à son compte : « je ne peux pas plus concevoir Dieu sans l'existence qu'un triangle sans ses trois côtés », écrit-il. L'existence est incluse dans l'idée de Dieu, comme le fait d'avoir trois côtés dans celle du triangle.

● Mais, remarque Kant, l'existence n'est justement pas une **idée** ou un **concept**. Ainsi, par exemple, il n'y a aucune différence conceptuelle entre cent thalers (ancienne monnaie allemande) possibles et cent thalers réels. L'existence n'ajoute rien au concept, elle n'est pas de l'ordre du concept. Ainsi, le concept d'une chose ne peut pas inclure son existence. Rien, même pas Dieu, n'existe ***a priori***, c'est-à-dire, par définition.

● On ne peut donc espérer démontrer l'existence de Dieu qu'en s'appuyant sur « l'expérience », c'est-à-dire sur le constat que quelque chose existe qui impliquerait l'existence de Dieu. La **preuve cosmologique** part donc du **constat** que quelque chose existe (moi, mes clés, l'univers en général, peu importe), et en conclut qu'il faut bien admettre l'existence d'un « Créateur » ou d'une **cause première** du monde (qui est aussi cause de soi), sans quoi rien ne pourrait exister. Kant estime que cette seconde démonstration se ramène en réalité à la première et se réfute donc identiquement.

● Cependant, la preuve cosmologique soulève encore la difficulté de concevoir l'idée d'une cause première ou cause de soi : comment comprendre la possibilité d'un commencement absolu, c'est-à-dire d'une origine avant laquelle il n'y avait rien ? Tout bien considéré, l'idée d'un commencement du monde n'est pas plus satisfaisante pour l'esprit que l'idée selon laquelle quelque chose aurait toujours existé.

● La **preuve physico-théologique**, enfin, part du constat qu'il y a de l'**ordre**, de l'**harmonie** et de la **finalité** dans l'univers et conclut à l'existence d'une cause intelligente du monde : c'est le **grand architecte** de Voltaire, Dieu conçu comme le grand ingénieur de l'Univers.

Citation

« L'univers m'embarrasse, et je ne puis songer que cette horloge existe et n'ait pas d'horloger. »

Voltaire

● Kant reconnaît une certaine valeur à cet argument qui « mérite toujours d'être nommé avec respect », parce qu'il est « le plus ancien, le plus clair, le mieux approprié à la commune raison ». Il refuse néanmoins d'en faire une **preuve**, parce que, pour résumer, elle n'établit pas plus que les deux premières (auxquelles elle se ramène) l'existence d'un **Être suprême,** c'est-à-dire **absolument nécessaire**.

● Bref, on ne peut **démontrer** l'existence de Dieu, et c'est précisément pour cela qu'on peut y **croire** : si on **savait** que Dieu existe, si on en avait la **preuve**, Dieu ne serait plus un objet de **croyance**, mais un objet de **science.** Toutefois cette croyance reste aux yeux de Kant parfaitement **rationnelle**.

C Pascal : « C'est le cœur qui sent Dieu. »

Citation

« C'est le cœur qui sent Dieu et non la raison. Voilà ce que c'est que la foi. Dieu sensible au cœur, non à la raison. »

Pascal

- L'auteur des *Pensées* estime au contraire que la foi religieuse, sans être contraire à la raison, repose néanmoins sur une autre faculté : le **cœur**.
- Les démonstrations, qui relèvent de la **raison**, sont des déductions qui s'appuient nécessairement sur des **principes** (points de départ) eux-mêmes **indémontrables**. C'est un argument qu'avancent d'ailleurs les **sceptiques** pour mettre en doute la possibilité d'atteindre une vérité certaine. Mais Pascal estime que ces principes sont saisis de manière **immédiate** et **intuitive** par ce qu'il appelle le **cœur.**
- Ainsi, par exemple, il est vain de chercher à démontrer comme Descartes l'existence du monde (voir chap. 1 : La conscience), ou celle de Dieu. On ne peut pas davantage démontrer les postulats des mathématiques, par exemple que la ligne droite est le chemin le plus court entre deux points. Il y a, en d'autres termes, des vérités qui ne se **prouvent** pas, mais qui s'**éprouvent**. On le sait en amour : « le cœur a ses raisons que la raison ne connaît pas », écrit Pascal.
- Il faut souligner que ce Dieu sensible au cœur n'est pas le « **Dieu des savants et des philosophes** », mais celui « d'Abraham, Isaac et de Jacob », celui de la Bible et des Chrétiens.
- La foi relève donc du cœur, plus que de la raison. Néanmoins, quand il s'adresse au **libertin** (à l'athée), Pascal montre que celui qui n'a pas la foi, s'il calcule bien, doit parier que Dieu existe, parce que le gain qu'il peut espérer en sauvant son âme (le bonheur éternel) est infini, alors que sa mise (sa vie, qu'il devra réformer) est « finie », c'est-à-dire limitée dans le temps (voir chap. 6 : L'existence et le temps). La foi pourrait donc aussi prendre naissance dans un **calcul rationnel**.

D L'athéisme : la religion est une illusion.

- L'**athée** se définit comme un **rationaliste** et estime que la foi religieuse est **irrationnelle** : contraire à la **raison**. Ainsi, une analyse rationnelle des sources affectives de la croyance en Dieu en démontre le caractère illusoire.

Citation

« La religion est l'opium du peuple. »

Marx

- **Marx** estime ainsi que la religion est la consolation du pauvre, qui espère être dédommagé dans l'au-delà des souffrances qu'il endure ici-bas : « la religion est l'opium du peuple. » À la religion qui endort et berce d'illusions, Marx préfère donc la **révolution** par laquelle le peuple exige le bonheur et la justice ici-bas.

• **Freud** fait de la religion une **illusion**, une croyance enracinée dans le désir infantile d'être protégé, rassuré, consolé. Dieu serait donc comme **un père plus puissant** qui nous protègerait d'un monde perçu comme injuste et violent et qui, surtout, apaiserait l'**angoisse** liée à l'idée de la **mort**, en nous promettant l'immortalité. En d'autres termes, les promesses de la religion sont trop belles pour être vraies et on ne peut y croire qu'en étant complice de ses illusions.

• Soulignons qu'aux yeux du père de la psychanalyse, l'illusion n'est pas essentiellement une croyance erronée, mais plutôt une croyance qui satisfait un désir sur le plan imaginaire et que l'on refuse par conséquent de **confronter à la réalité**, de peur de la perdre.

E Si Dieu existe, d'où vient le mal ?

• Dans la *Théodicée*, Leibniz se demande : si Dieu existe, d'où vient le mal ? En effet, l'existence d'un dieu bon et tout puissant semble exclure celle du mal. On peut certes penser que les hommes ayant été créés libres sont responsables du mal qu'ils font. Mais que penser du mal dont les hommes ne sont pas responsables, comme par exemple celui qui frappe les aveugles de naissance ? Diderot pose la question dans la *Lettre sur les aveugles*. Leibniz avait résolu le problème en montrant que Dieu avait créé le meilleur monde possible (ce qui lui valut les railleries de Voltaire dans *Candide*). Diderot estime quant à lui que si le mal existe, c'est que Dieu n'existe pas. Ce raisonnement lui valut quelques semaines de prison.

Pour résumer

1. Qu'est-ce que la religion ?

■ L'exemple du bouddhisme montre que la religion ne peut pas se définir comme la croyance en Dieu ou en des dieux. **Durkheim** observe par contre que la distinction du profane et du sacré se retrouve dans toutes les religions.

■ Il voit dans la religion un phénomène éminemment **social**. Celle-ci peut se définir comme une **foi commune** qui unit ceux qui la partagent.

■ *Religion* est même un synonyme de ***société*** : les croyances, les rites et les traditions transmettent à l'individu une représentation du monde, une logique et des valeurs qui sont comme l'âme de la société, son identité et son socle.

■ **Kant** ramène, lui, la religion à la **morale** : la religion n'est rien d'autre que « la loi morale présente en nous en tant qu'elle reçoit son poids d'un législateur et juge au-dessus de nous » (Dieu).

2. La foi relève-t-elle de l'irrationnel ?

■ **Descartes**, figure emblématique du **rationalisme**, prétend **démontrer** l'existence de Dieu en reprenant notamment la **preuve ontologique** de Saint Anselme : Dieu, défini comme l'être parfait, ne peut pas ne pas exister.

■ **Kant** entend démontrer au contraire qu'on ne peut **prouver** ni l'existence de Dieu, ni son inexistence, de telle sorte que, précisément, on peut y **croire**. La **foi** se distingue donc du **savoir**. Elle reste cependant **rationnelle** à ses yeux.

■ **Pascal** estime au contraire que la foi dépend du **cœur** et non de la **raison.**

■ L'**athéisme** condamne la croyance religieuse au nom de la **rationalité**. **Marx** affirme que la religion est **l'opium du peuple**. **Freud** y voit également une **illusion** par laquelle notre psychisme se protège, notamment, de **l'angoisse de la mort**.

Chronologie

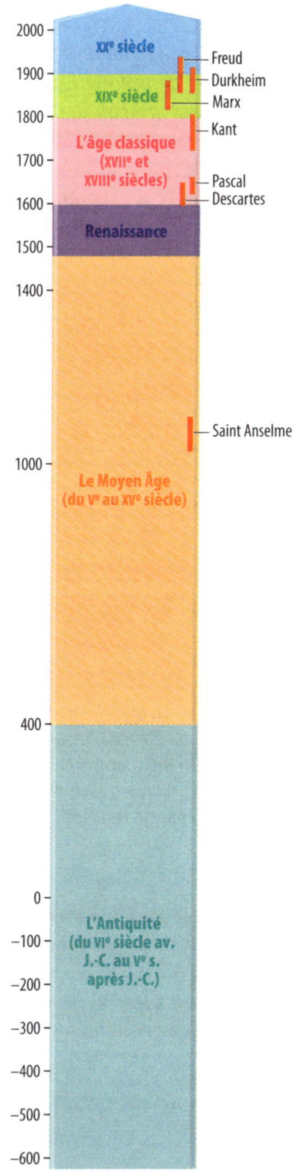

Les incontournables

Le père de la psychanalyse soutient ici contre son contradicteur que bien que la religion soit une illusion consolatrice, elle n'est cependant pas vitale pour l'homme. Comme Marx, il la compare à un narcotique.

Il serait certes absurde de vouloir commencer par supprimer la religion par la violence et d'un seul coup. L'entreprise serait avant tout sans espoir. Le croyant ne se laisse arracher sa foi ni par des arguments ni par des interdictions. Et y réussît-on avec quelques-uns que ce serait une cruauté. Une personne qui, pendant des décennies, a pris des narcotiques ne peut naturellement plus dormir si l'on vient à l'en priver. L'effet des consolations que la religion apporte à l'homme peut être mis en parallèle avec celui des narcotiques : ce qui se passe actuellement en Amérique[1] l'illustre fort joliment. On veut là-bas priver les humains – évidemment sous l'influence du règne des femmes – de tout excitant, de toute boisson enivrante, et on les gave en échange avec de la piété[2]. Voilà encore une expérience dont le résultat ne saurait être douteux.

Ainsi je suis en contradiction avec vous lorsque, poursuivant vos déductions, vous dites que l'homme ne saurait absolument pas se passer de la consolation que lui apporte l'illusion religieuse, que, sans elle, il ne supporterait pas le poids de la vie, la réalité cruelle. Oui, cela est vrai de l'homme à qui vous avez instillé dès l'enfance le doux – ou doux et amer – poison. Mais de l'autre, qui a été élevé dans la sobriété ? Peut-être celui qui ne souffre d'aucune névrose[3] n'a-t-il pas besoin d'ivresse pour étourdir celle-ci. Sans aucun doute l'homme alors se trouvera dans une situation difficile ; il sera contraint de s'avouer toute sa détresse, sa petitesse dans l'ensemble de l'univers ; il ne sera plus le centre de la création, l'objet des tendres soins d'une Providence bénévole[4]. Il se trouvera dans la même situation qu'un enfant qui a quitté la maison paternelle, où il se sentait si bien et où il avait chaud. Mais le stade de l'infantilisme n'est-il pas destiné à être dépassé ? L'homme ne peut pas éternellement demeurer un enfant, il lui faut enfin s'aventurer dans l'univers hostile. On peut appeler cela « l'éducation en vue de la réalité » ; ai-je besoin de vous dire que mon unique dessein[5], en écrivant cette étude, est d'attirer l'attention sur la nécessité qui s'impose de réaliser ce progrès ?

Sigmund Freud, *L'Avenir d'une illusion,* 1932, trad. Marie Bonaparte, édition électronique J.-M. Tremblay, coll. « Les classiques des sciences sociales ».

1. **« Ce qui se passe actuellement en Amérique » :** la prohibition.
2. **Piété :** fervent attachement à la religion.
3. **Névrose :** pathologie psychique (angoisse, phobies, obsessions…).
4. **Providence bénévole :** le secours et la bienveillance désintéressée de Dieu.
5. **Dessein :** intention, but.

CHAPITRE 11

L'histoire

Mots clés

■ **Histoire** : du grec *historia* (« enquête »). Désigne d'abord le récit de l'historien, puis le passé lui-même et enfin le devenir de l'humanité dans son ensemble (passé, présent et avenir), dans des expressions comme « sens de l'histoire » ou « fin de l'histoire »…

■ **Devenir de l'humanité** : l'histoire envisagée dans sa totalité (passé, présent et avenir).

■ **Philosophie de l'histoire** : désigne les philosophies qui comme celles de Kant, Hegel ou Marx, affirment que l'histoire est orientée vers une fin (un but) qui lui donne sens.

Repères

– Expliquer/Comprendre → p. 310
– Idéal/Réel → p. 312
– Objectif/Subjectif → p. 314

DE QUOI S'AGIT-IL ?

L'histoire, c'est le passé ou le récit qu'en fait l'historien. Mais pourquoi s'intéresser au passé ? Faut-il s'appuyer sur le passé pour construire l'avenir ou au contraire en faire table rase ? S'appuyer sur le passé supposerait qu'on puisse en avoir une connaissance exacte. Or, on peut se demander si l'histoire est une science, ou si le récit de l'historien ne demeure pas irrémédiablement subjectif et incertain. Enfin, on peut s'interroger sur la prétention des philosophes à assigner une fin (un but) à l'histoire : le devenir de l'humanité est-il orienté vers une fin qui lui donne sens ?

COURS

1 Pourquoi s'intéresser au passé ?

A Quel est le problème ?

- Le passé (individuel ou collectif) peut être regardé comme une prison qui nous empêcherait de jouir du présent et d'inventer librement l'avenir. D'où la tentation d'en **faire table rase**. Mais peut-on comprendre le présent et construire l'avenir, sans connaître le passé ? S'il y a assurément une **vertu de l'oubli**, il n'y en a pas moins un **devoir de mémoire**…

B Se libérer du passé

1. Il y a une vertu de l'oubli.

- **Nietzsche** souligne l'utilité de l'**oubli**. Celui-ci nous permet d'en finir avec le passé, de le **digérer** et de passer à autre chose. Celui qui perdrait cette précieuse faculté serait semblable à un dyspeptique (quelqu'un qui digère mal), son passé ne voudrait pas passer. Ainsi en serait-il, pour certains, du souvenir du nazisme en Allemagne, par exemple. L'oubli permet de « **faire table rase** dans notre conscience pour qu'il y ait de nouveau de la place pour les choses nouvelles », écrit Nietzsche.

- Nietzsche dénonce également l'idolâtrie des faits historiques instituée selon lui par **Hegel.** Elle conduirait, en effet, à justifier le succès de tout ce qui va dans le sens (supposé) de l'histoire, alors que ce qui **doit être**, doit l'être parfois **contre l'histoire**, c'est-à-dire à la fois **contre le passé** et **contre le sens que l'on prétend assigner à l'histoire** (voir la troisième partie de ce chapitre). Mais peut-on vraiment faire table rase du passé ?

- Nietzsche ne prétend certes pas effacer tout le passé : ce serait à l'évidence absurde ! Mais peut-on même en effacer une quelconque partie ? Comme l'a montré **Freud**, les souvenirs que nous **refoulons** dans l'**inconscient** pour nous en **protéger**, ne sont pas effacés. Ils demeurent au contraire dans l'inconscient et peuvent ressurgir sous une forme pathologique. C'est le **retour du refoulé** (voir chap. 3 : L'inconscient).

> **Citation**
> « Nul bonheur, nulle sérénité, nulle espérance, nulle fierté, nulle jouissance de l'instant présent ne pourrait exister sans faculté d'oubli. »
> Nietzsche

- On peut donc être **malade de son passé**. « Les hystériques souffrent de réminiscence », écrit Freud. Autrement dit, les symptômes qu'on observe dans la névrose (affection psychique) sont des **résidus** et des **symboles** d'événements **traumatiques**. Le père de la psychanalyse donne l'exemple d'une jeune femme qui voyait trouble parce qu'elle s'était retenue de pleurer au chevet de son père, comme si ses yeux étaient encore pleins des larmes qu'elle n'avait pu verser.

- Guérir du passé requiert alors, paradoxalement, un effort pour s'en ressouvenir et le revivre. C'est tout le sens de la cure analytique. Le **passé collectif** n'a pas moins besoin d'être ainsi exorcisé, quand il a été refoulé. En France, par exemple, on a refoulé la collaboration après la Seconde Guerre mondiale. La Guerre d'Algérie, sans être l'objet d'un tabou, reste pourtant un sujet sensible et un souvenir qu'on préfère souvent mettre de côté. Bref, il faudrait se souvenir pour pouvoir enfin « oublier ».

- Guérir du passé et tourner la page, n'exclut pourtant pas qu'on en tire des leçons. « Oublier le passé, c'est se condamner à le revivre », écrivait Primo Lévi. Mais peut-on vraiment tirer des leçons de l'histoire ?

Citation
« Oublier le passé, c'est se condamner à le revivre »
Primo Lévi

2. Les leçons de l'histoire

- **Hegel** estime qu'**il n'y a pas de leçons de l'histoire**. La seule chose que l'histoire nous apprenne, c'est que les peuples et les gouvernements n'ont jamais rien appris de l'histoire ! Non parce qu'ils auraient négligé à tort les enseignements qu'ils auraient pu tirer du passé, mais parce que, chaque situation historique étant **singulière** (unique, originale, différente de toutes les autres), on ne peut jamais appliquer au présent une règle tirée de l'expérience ou de l'histoire. À proprement parler, il n'y a donc pas de **règles**, puisque **l'histoire ne se répète pas**.

- Par exemple, on a conclu de l'expérience de la Première Guerre mondiale, qu'il fallait à tout prix éviter la violence et l'horreur de la guerre. Cette guerre devait donc être la dernière : « la der des ders ». Mais cet enseignement a été rapidement démenti par la nécessité d'entrer une nouvelle fois en guerre contre l'Allemagne, **dans des circonstances et pour des raisons entièrement différentes** en 1939.

- Hegel ajoute que le souvenir du passé et les maximes générales (si tu veux la paix, prépare la guerre, par exemple) sont « sans force dans la tempête qui souffle sur le présent ». Le passé ne peut pas **dicter** nos choix, il n'a aucun pouvoir sur le tumulte de l'**actualité**. Mais si l'histoire ne nous **dicte** pas ce que nous devons faire, n'**éclaire**-t-elle pas cependant nos **choix** ?

Bien comprendre
Hegel n'évoque évidemment pas l'histoire du XXe siècle, il est mort en 1831 !

- **Raymond Aron** souligne la différence entre « les individus et les sociétés qui portent en eux un passé qu'ils ignorent, qu'ils subissent passivement » et ceux qui, ayant connaissance de leur passé, accèdent à « l'existence historique », c'est-à-dire à la possibilité de choisir leur avenir en s'appuyant sur le passé. Les premiers sont **déterminés** par un passé dont ils n'ont pas **conscience**, les seconds sont les **sujets** (les auteurs et les acteurs) de leur histoire. L'oubli n'est donc pas la condition de la **liberté** ; il nous condamne, bien au contraire, à **subir le passé**.

- L'**ambiguïté** du mot *histoire*, qui désigne à la fois le **passé** et la **connaissance du passé**, est donc justifiée : on ne peut pas vraiment avoir un passé sans connaître ce passé, ***avoir*** **une histoire** sans ***faire*** **de l'histoire** : « la conscience du passé est constitutive de l'existence historique. »

Citation
« L'homme n'a vraiment un passé que s'il a conscience d'en avoir un. »
Raymond Aron

C L'histoire nous apprend qui nous sommes.

- **Hume** estime que le principal intérêt de l'histoire est de nous découvrir les principes immuables de la **nature humaine**. Elle nous montre, en effet, combien les hommes sont toujours les mêmes, en tous temps et en tous lieux. Les Grecs et les Romains sont semblables aux Français et aux Anglais, comme à tous les autres hommes. Leurs actions sont toujours et partout motivées par les mêmes causes : l'ambition, l'avarice ou l'orgueil, mais aussi l'amitié, la générosité ou l'intérêt collectif.

- **Schopenhauer** confirme l'existence de ce **fond commun de l'humanité** que doit dégager la philosophie de l'histoire : « elle doit découvrir partout la même humanité. » Il ajoute que seule l'histoire permet à un **peuple** de **se connaître**, d'expliquer son présent et d'anticiper son avenir.

Citation
« Seule l'histoire donne à un peuple une entière conscience de lui-même. »
Schopenhauer

2 La connaissance historique est-elle scientifique et objective ?

A Quel est le problème ?

- Il relève de la **théorie de la connaissance** : peut-on connaître le passé ? Comment ? « Le bon historien n'est d'aucun temps ni d'aucun pays », écrit **Fénelon**. Mais il s'agit à l'évidence d'un idéal. L'historien peut-il être objectif ? L'historien élabore-t-il scientifiquement une représentation fidèle du passé ? L'histoire ne peut-elle au contraire nous offrir que des points de vue variables et relatifs sur le passé ?

B Rousseau : l'histoire est subjective et incertaine.

- « Il s'en faut bien que les faits décrits dans l'Histoire soient la peinture exacte des mêmes faits tels qu'ils sont arrivés », écrit Rousseau. L'historien, en effet, ne perçoit pas les événements de manière objective : ses **intérêts**, ses **préjugés** déterminent sa représentation des faits.

- Tout événement prend sens à l'intérieur d'un contexte que l'historien ne peut jamais décrire intégralement. D'abord parce qu'il ne sait pas tout, ensuite parce qu'il peut omettre volontairement certains détails : « l'ignorance ou la partialité déguise tout ». Le récit de l'historien est **partial** et **lacunaire**, c'est un **point de vue**.

- La connaissance des faits considérés isolément et en eux-mêmes, n'est donc pas suffisante, même quand elle est assurée. D'autant qu'on ne saurait en tirer aucune leçon sans en connaître la cause avec certitude. L'historien, estime Rousseau, est incapable d'établir les causes ; ses explications ne sont donc que des conjectures, des hypothèses. Elles sont vraisemblables, seulement vraisemblables. La méthode critique, qui prétend séparer (*krinein*, en grec) le vrai du faux dans les témoignages historiques, n'est qu'un art de conjecturer : « l'art de choisir entre deux mensonges celui qui ressemble le plus à la vérité ».

- **Paul Valéry** exprime, dans une perspective assez proche de celle de Rousseau, un certain scepticisme à l'égard de la connaissance historique : puisqu'on ne peut évidemment pas tout dire, tout retenir, il faut choisir ce qui est digne d'être évoqué, ce qui doit être souligné, ce qui peut au contraire être omis, négligé. C'est notamment dans ce choix que s'exprime la **subjectivité** de l'historien. Or, si l'histoire ne constitue pas un savoir fiable, elle a en revanche une influence démesurée sur les peuples et leur devenir.

> **Citation**
> « L'Histoire est le produit le plus dangereux que la chimie de l'intellect ait élaboré. »
> Valéry

C Marrou : l'histoire est la connaissance scientifiquement élaborée du passé.

- L'histoire n'est pas à proprement parler une science, estime Marrou : la connaissance historique reposant sur des témoignages et non sur une **expérience directe du réel**, ne peut donc pas être démontrée. C'est « une connaissance de foi », écrit-il, c'est-à-dire qu'elle suppose que l'historien accorde foi (croie) aux témoignages à partir desquels il reconstruit le passé.

- Marrou définit néanmoins l'histoire comme « la connaissance *scientifiquement élaborée* du passé ». La **validité** de la connaissance historique ne fait donc aucun doute à ses yeux.

• Contrairement à ce que l'étymologie suggère, l'histoire n'est pas seulement une enquête (*historia*, en grec), une recherche, puisque cette recherche **aboutit**. Et même si la vérité reste un idéal dont on ne peut que s'approcher, la **rigueur** de la méthode historique est toute **scientifique** et la connaissance qu'elle permet d'élaborer se distingue clairement de la **connaissance vulgaire** (la connaissance commune fondée sur l'expérience quotidienne, le bon sens et la tradition).

• L'histoire n'est donc pas une discipline **littéraire**. Et si le travail de l'historien aboutit à la publication d'une œuvre écrite, c'est seulement parce que celui-ci a une mission sociale (informer ou instruire ses semblables).

• L'histoire s'oppose ainsi au roman historique (l'historien ne raconte pas d'histoires), et plus généralement à toute **représentation imaginaire ou falsifiée du passé** : par exemple aux mythes ou aux légendes pédagogiques censées instruire ou édifier les futurs citoyens (nos ancêtres les Gaulois, Jeanne d'Arc, etc.)

D La méthode historique

• On peut comparer le travail de l'historien à celui d'un juge d'instruction qui recueille des témoignages, y décèle le mensonge, fait surgir la vérité en les confrontant…

• Les principes élémentaires de la méthode historique sont déjà repérables dans l'*Enquête (historia)* d'**Hérodote**, le père de l'histoire, et surtout dans le récit que fait **Thucydide** de la guerre du Péloponnèse (ve siècle av. J.-C.). Celui-ci souligne, en effet, son souci de **vérifier** la crédibilité des témoignages et sa méfiance à l'égard de sa propre **subjectivité**. L'historien remarque que son récit dépourvu de romanesque constitue, en raison de sa fiabilité, un capital précieux pour les générations futures. Bien qu'il doute de la fiabilité du récit des historiens, Rousseau fait de Thucydide un modèle d'objectivité : « il rapporte les faits sans juger, mais il n'omet aucune des circonstances propres à nous en faire juger nous-mêmes. »

Citation
« Thucydide est (…) le vrai modèle des historiens. »
Rousseau

3 L'histoire a-t-elle un sens ?

A Quel est le problème ?

• Si le tumulte des événements peut donner à penser que le cours de l'histoire est absurde et chaotique, une vision plus globale et plus distanciée peut au contraire donner à penser que le devenir de l'humanité est orienté vers une fin (un but) qui lui donne sens. Peut-on assigner un but à l'histoire ? Cette prétention n'est-elle pas démesurée ? N'est-il pas plus prudent de s'en tenir aux faits ?

B Kant : l'histoire réalise un plan de la nature.

- Le triste spectacle qui se joue sur « la grande scène du monde » nous apprend combien les hommes sont dominés par la violence de leurs **pulsions égoïstes**. Chacun ne cherche le plus souvent qu'à réaliser ses désirs personnels au détriment de ses semblables. Pourtant, estime **Kant**, les hommes réalisent de manière inconsciente et involontaire un **plan caché de la nature**.

- La nature qui, comme le disait Aristote, ne fait rien en vain, a doué l'homme de **raison** et a ainsi fait de lui, comme l'avait vu Rousseau, un **animal perfectible**. L'histoire a donc **une fin et un sens** : l'accomplissement de la **nature raisonnabl**e de l'homme.

- Renonçant à la liberté anarchique dont ils jouissaient à l'état de nature, les hommes ont donc institué la société et un **état de droit** qui a mis fin à ce que Hobbes appelait « la guerre perpétuelle de tous contre tous ». Mais les États entre eux ne connaissent encore d'autre loi que celle du plus fort, si bien que, d'une certaine façon, on peut dire qu'ils sont toujours en **guerre** (malgré des trêves qui ne sont pas la paix).

- Kant espère donc qu'en formant une « **société des nations** », les États établiront un jour une « **paix perpétuelle** ». Ce serait, dans les deux sens du terme, **la fin de l'histoire**. Mais comment comprendre que les hommes réalisent un tel projet raisonnable, alors qu'ils n'agissent le plus souvent que de manière égoïste ?

- C'est **l'insociable sociabilité** de l'homme qui est le moteur de son perfectionnement. Kant décèle, en effet, deux tendances opposées en l'homme : un **désir d'entrer en société** (s'associer, coopérer, travailler et vivre ensemble dans un état de droit), paradoxalement doublé du **désir égoïste** d'agir à sa convenance et de réaliser son propre intérêt. Les hommes sont donc **rivaux et concurrents** au sein de la société qui les rassemble, c'est ce qui les **motive** et les fait **progresser**.

C Hegel : la Raison gouverne le monde.

- Dans une perspective voisine, Hegel soutient que « la Raison gouverne le monde ». Cela signifie que l'histoire manifeste un **progrès de la raison**, qu'elle réalise progressivement des idéaux comme la liberté, le bonheur ou la paix. Toutefois, ce progrès se nourrit paradoxalement des **passions** des grands hommes. C'est « **la ruse de la Raison** » qui utilise son contraire (les passions) pour se réaliser.

D Critique des philosophies de l'histoire

- La prétention d'assigner un sens au devenir de l'humanité peut d'abord sembler très imprudente : qui sait ce que nous réserve l'avenir ? Les prévisions optimistes de Kant ou de Hegel ne sont-elles pas, sinon démenties, du moins considérablement fragilisées par les drames du XXe siècle ? Peut-on encore croire après la Seconde Guerre mondiale que la Raison gouverne le monde ? S'il est encore permis d'y croire, il est aussi plus que jamais permis d'en douter.
- Les historiens d'aujourd'hui récusent l'**ambition démesurée** des philosophies de l'histoire et s'en tiennent plus prudemment à des objets d'études plus modestes et bien circonscrits comme, par exemple, l'évolution de la démographie en France depuis 1789.
- Par ailleurs, la philosophie de l'histoire peut, comme le souligne K. Pomian, prendre la forme de **l'idéologie,** entendue comme la croyance en un avenir meilleur, fondée sur une connaissance scientifique de l'histoire et justifiant une action politique visant à en réaliser le but.
- Dans cette perspective, tout ce qui s'oppose au sens supposé de l'histoire peut et doit être combattu par tous les moyens.
- On pense, bien entendu, à l'usage que l'Union soviétique a fait de la philosophie de **Marx,** qui voyait dans le **communisme** la **fin de l'histoire**.

Citation

« La fin de l'histoire [...] est un principe d'arbitraire et de terreur. »

Camus

Pour résumer

1. Pourquoi s'intéresser au passé ?

■ Il y a, comme le souligne **Nietzsche**, une **vertu de l'oubli**, qui fait de la place dans notre conscience pour y accueillir la nouveauté.

■ Celui-ci ne doit cependant pas être confondu avec le refoulement qui nous condamne au contraire à **subir**, voire à **répéter**, comme le montre **Freud**, **un passé qui ne veut pas passer**.

■ Ainsi, même si comme le croit Hegel, il n'y a pas de **leçons de l'histoire**, la connaissance historique nous évite de porter **passivement** en nous un passé que nous subissons sans en avoir conscience (R. Aron).

■ L'histoire permet enfin à l'homme de découvrir sa **nature immuable** (**Hume**) et aux peuples de prendre conscience de leur **identité** (**Schopenhauer**).

2. La connaissance historique est-elle scientifique et objective ?

■ **Rousseau** souligne, comme plus tard **Paul Valéry**, le caractère **subjectif** et **incertain** de l'histoire.

■ Mais les historiens comme **Marrou** affirment au contraire la **rigueur scientifique** de leur démarche. **Thucydide** soulignait d'ailleurs déjà la rigueur de son enquête et son souci d'objectivité.

3. L'histoire a-t-elle un sens ?

■ **Kant** estime que l'histoire réalise un **plan caché de la nature** : l'accomplissement de la nature raisonnable de l'homme et l'unification politique du genre humain.

■ **Hegel** affirme dans une perspective voisine que « **la Raison gouverne le monde.** »

■ **Camus** voit dans l'idée d'une fin de l'histoire un principe d'**arbitraire** et de **terreur**.

Chronologie

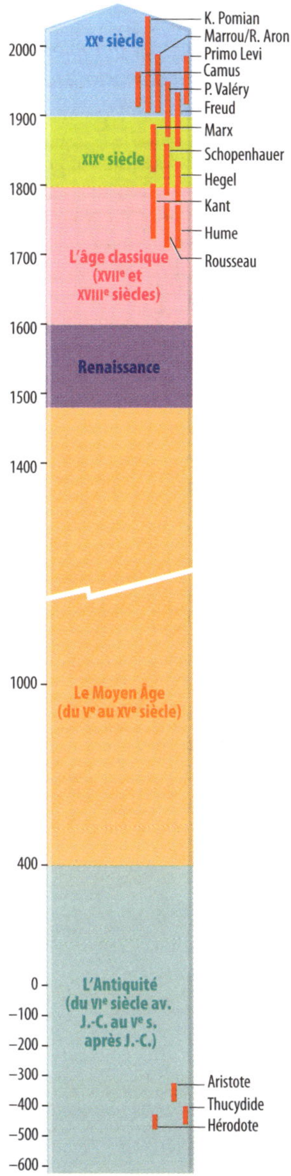

Les incontournables

*Dans ce passage anthologique de l'*Émile, *Rousseau souligne le caractère subjectif et incertain du récit de l'historien. L'histoire est un point de vue, nous dit-il en substance.*

Il s'en faut bien que les faits décrits dans l'histoire soient la peinture exacte des mêmes faits tels qu'ils sont arrivés : ils changent de forme dans la tête de l'historien, ils se moulent sur ses intérêts, ils prennent la teinte de ses préjugés. Qui est-ce qui sait mettre exactement le lecteur au lieu de la scène pour voir un événement tel qu'il s'est passé ? L'ignorance ou la partialité[1] déguise tout. Sans altérer même un trait historique[2], en étendant ou resserrant des circonstances[3] qui s'y rapportent, que de faces différentes on peut lui donner ! Mettez un même objet à divers points de vue, à peine paraîtra-t-il le même, et pourtant rien n'aura changé que l'œil du spectateur. Suffit-il, pour l'honneur de la vérité, de me dire un fait véritable en me le faisant voir tout autrement qu'il n'est arrivé ? Combien de fois un arbre de plus ou de moins, un rocher à droite ou à gauche, un tourbillon de poussière élevé par le vent ont décidé de l'événement[4] d'un combat sans que personne s'en soit aperçu ! Cela empêche-t-il que l'historien ne vous dise la cause de la défaite ou de la victoire avec autant d'assurance que s'il eût été partout ? Or que m'importent les faits en eux-mêmes, quand la raison m'en reste inconnue, et quelles leçons puis-je tirer d'un événement dont j'ignore la vraie cause ? L'historien m'en donne une, mais il la controuve[5] ; et la critique[6] elle-même, dont on fait tant de bruit, n'est qu'un art de conjecturer, l'art de choisir entre plusieurs mensonges celui qui ressemble le mieux à la vérité.

Jean-Jacques Rousseau, *Émile ou de l'éducation*, 1762.

1. **Partialité :** parti pris, manque d'objectivité, d'impartialité.
2. **Trait historique :** fait historique.
3. **« En étendant ou en resserrant certaines circonstances » :** en précisant ou non certains détails.
4. **« ont décidé de l'événement » :** ont décidé de l'issue de l'événement.
5. **« Il la controuve » :** il l'invente.
6. La critique des documents, qui est l'essentiel de la méthode historique.

Sujet de bac 1

Dissertation

L'amour du travail a-t-il un sens ?

Sujet de bac 2

Explication de texte

Bergson, « Conférence de Madrid sur l'âme humaine »

La philosophie n'est pas l'art, mais elle a avec l'art de profondes affinités. Qu'est-ce que l'artiste ? C'est un homme qui voit mieux que les autres, car il regarde la réalité nue et sans voiles. Voir avec des yeux de peintre, c'est voir mieux que le commun des mortels. Lorsque nous regardons un objet, d'habitude, nous ne le voyons pas ; parce que ce que nous voyons, ce sont des conventions interposées entre l'objet et nous ; ce que nous voyons, ce sont des signes conventionnels qui nous permettent de reconnaître l'objet et de le distinguer pratiquement d'un autre, pour la commodité de la vie. Mais celui qui mettra le feu à toutes ces conventions, celui qui méprisera l'usage pratique et les commodités de la vie et s'efforcera de voir directement la réalité même, sans rien interposer entre elle et lui, celui-là sera un artiste. Mais ce sera aussi un philosophe, avec cette différence que la philosophie s'adresse moins aux objets extérieurs qu'à la vie intérieure de l'âme !

in *Mélanges* (PUF).

La connaissance de la doctrine de l'auteur n'est pas requise. Il faut et il suffit que l'explication rende compte, par la compréhension précise du texte, du problème dont il est question.

Sujet de bac 1

Coup de pouce

La question est délibérément provocante. C'est qu'elle est posée pour provoquer la réflexion. Celle-ci doit cependant rester méthodique et s'efforcer notamment de décrire et d'analyser l'amour du travail, afin d'en montrer la valeur et les limites. Il semble donc assez naturel d'envisager un plan en deux parties, la seconde complétant et nuançant la première, sans à proprement parler la contredire.

CORRIGÉ DE LA DISSERTATION

Les titres de parties, indiqués ici en rouge pour vous aider, ne doivent pas apparaître dans votre copie.

Introduction

« Le travail éloigne de nous trois grands maux : l'ennui, le vice et le besoin », écrit Voltaire. Cela explique suffisamment qu'on puisse aimer le travail et l'aimer même parfois passionnément, jusqu'à y consacrer l'essentiel de son temps, de sa vie, de son énergie. Pourtant, les Grecs, on le sait, méprisaient le travail, dans lequel ils voyaient une activité servile, indigne d'un homme libre. De ce point de vue, l'amour du travail apparaît comme un non-sens : aimer le travail, ce serait aimer ses chaînes, aimer la contrainte, la souffrance et la servitude. On peut donc se demander si l'amour du travail a un sens, s'il est sensé et justifié ou s'il procède au contraire d'une forme d'aveuglement, d'illusion, voire de perversion qui, paradoxalement, nous ferait aimer ce que nous devrions mépriser.

I. L'amour du travail, son sens

A. Description et analyse psychologique

Gagnez des points !
Liez autant que possible les arguments entre eux, au lieu de simplement les juxtaposer.

• Certains aiment le travail ou du moins leur travail. Ils ont, à tort ou à raison, le sentiment que travailler leur fait du bien, contribue à leur équilibre, à leur bien-être et à leur épanouissement personnel. Et, en effet, il est indéniable que travailler permet de se sentir utile et compétent, donc, d'être fier de soi. On peut aimer le travail, parce qu'il permet de s'aimer soi-même. Rien n'est plus sensé.

• Mihaly Csikszentmihalyi, un psychologue qui dit avoir consacré sa vie (de chercheur) à découvrir ce qui rend les gens heureux, estime que nos plus grands bonheurs correspondent à un état de concentration ou d'absorption complète dans une activité, qu'il nomme « flow » (flux).

• Cette théorie éclaire d'ailleurs le célèbre jugement de Kant qui affirme que « le Ciel n'aurait pas pris soin de nous avec plus de bienveillance en nous offrant toutes choses déjà préparées ». L'homme, en effet, a besoin d'occupation et de s'oublier lui-même dans une tâche qui l'absorbe.

B. Aimer ce qu'on fait

• « Chaque chose a deux anses : l'une par où l'on peut la porter, l'autre, par où on ne le peut pas », écrit Épictète. Mieux vaut aimer le travail, puisque nous devons travailler. Ce qu'on ne peut changer, ce qui est inscrit dans l'ordre naturel des choses ou dans la condition humaine, il faut l'accepter et même l'aimer, si on le peut. Il faut donc envisager le travail sous son jour le plus favorable et lui rendre justice, si on veut pouvoir l'aimer et être heureux.

• Le sage est libre et heureux, parce qu'il donne son assentiment à l'ordre des choses, affirment les stoïciens. Il est en accord, en harmonie avec ce qui est ou doit être. Mieux vaut en effet aimer ce qu'on a, ce qu'on est et ce qu'on fait, que de se condamner à être éternellement insatisfait. Aimer le travail, c'est aimer la vie, non telle qu'on la rêve, mais telle qu'elle peut être. Rien, encore une fois, ne semble plus sage et plus sensé.

C. Travailler permet de changer ce qui peut l'être.

• « Que la force me soit donnée de supporter ce qui ne peut être changé et le courage de changer ce qui peut l'être, mais aussi la sagesse de distinguer l'un de l'autre », écrit Marc Aurèle. Dans son esprit, il s'agit surtout d'agir à la lumière de l'idée que nous avons davantage de pouvoir sur nos pensées, nos désirs ou nos émotions que sur le cours des choses.

• Mais nous pouvons interpréter la formule autrement : il y a, dans le monde, des choses qu'il est en notre pouvoir de changer et d'autres que nous ne pouvons qu'accepter. Or, on peut aisément les confondre : accepter ce qu'on pourrait changer, ou à l'inverse, s'évertuer à changer ce qui ne peut l'être.

• Dans cette perspective, aimer le travail, c'est accepter sagement ce qui ne peut être changé (l'homme est condamné à travailler pour adapter la nature à ses besoins) et en même tant changer tout ce qui peut l'être par le travail, par l'effort, la volonté et la peine.

• Dès lors, c'est la détestation du travail qui apparaît comme un non-sens, puisqu'elle consiste à refuser ce qu'on ne peut qu'accepter (la nécessité de travailler), tout en s'interdisant de changer ce qui pourrait l'être précisément grâce au travail.

Transition

Mais l'amour du travail a-t-il toujours un sens ? Dans quelle mesure est-il raisonnable de s'investir dans le travail ? Peut-on toujours l'aimer ?

II. L'amour du travail peut ne pas avoir de sens.

A. Travail ou travail aliéné ?

• Le travail est un aspect de ce qu'on peut appeler la négativité humaine : « l'homme est l'animal qui n'accepte pas simplement le donné naturel, qui le nie », écrit G. Bataille. Cela signifie que l'homme ne peut se satisfaire des choses telles qu'elles sont et que, par conséquent, il les transforme par le travail et par l'éducation (qui est un travail sur soi). Il crée ainsi un monde nouveau, artificiel, le monde humain : celui de la culture par opposition à la nature. Le travail est donc le propre de l'homme et lui permet de s'accomplir, comme Marx l'avait déjà souligné. De ce point de vue, l'amour du travail est pleinement sensé et justifié.

• Cependant, Marx a dénoncé le travail aliéné, celui, surtout, du prolétaire qui, condamné à vendre sa force de travail pour vivre, n'est rien de plus qu'un esclave moderne. Étranger à ce qu'il fait, et comme étranger à lui-même, il exécute une tâche qui, en raison de la rationalisation des méthodes de travail, va devenir de plus en plus souvent mécanique et répétitive. On pense à Charlot, dans *Les Temps Modernes*… « Le travail aliéné est mortification », écrit Marx. Comment un individu doué de bon sens pourrait-il aimer ce travail là ?

B. L'amour du travail peut être un amour fou.

• Pourtant, les ouvriers aiment le travail, constate Paul Lafargue (un gendre de Marx). La classe ouvrière est possédée par une étrange folie : « l'amour du travail, la passion moribonde du travail, poussée jusqu'à l'épuisement de l'individu », écrit-il, en 1880, dans un livre au titre évocateur : *Le Droit à la paresse*. Il faut contraindre les ouvriers à travailler moins (tout au plus trois heures par jours) et à consommer les biens qu'ils produisent !

• D'un point de vue psychologique, le surinvestissement dans le travail peut se comprendre comme une forme d'addiction. Les anglophones parlent aujourd'hui de *work addiction* (addiction au travail) et de *workaholics*. Certains sont fiers de « se défoncer au travail », sans remarquer que l'expression relève du vocabulaire de la toxicomanie (addiction à une substance toxique)…

• D'un point de vue existentiel, le travail peut, comme le jeu, les spectacles ou la chasse…, relever de ce que Pascal appelle le divertissement : tout ce qui « fait diversion », occupe notre esprit et nous détourne de la misère et de la fragilité de notre condition de mortel.

• D'un point de vue sociologique et politique, enfin, l'amour excessif du travail peut aussi se comprendre comme relevant de l'idéologie au sens marxiste du terme : une vision des choses illusoire que la classe dominante (la bourgeoisie) impose dans son propre intérêt à la classe dominée (le prolétariat).

• Sans être marxiste, c'est cette idéologie bourgeoise qui glorifie le travail, que Nietzsche dénonce : « le travail constitue la meilleure des polices », écrit-il, un puissant facteur d'ordre et de sécurité, parce qu'il épuise les hommes et entrave le développement de leur individualité.

• De ce point de vue, l'amour du travail, magnifié et idéalisé (comme dans la passion amoureuse) contribuerait à maintenir l'ordre établi à l'avantage des privilégiés. Il faudrait donc dénoncer cette illusion idéologique et faire prendre conscience aux hommes qui en sont victimes, qu'ils sont tombés amoureux de leurs chaînes.

C. Aimer le travail ou n'aimer que le travail ?

• Le travail préserve la vie, c'est une raison suffisante de l'aimer. Ce qui n'aurait guère de sens, ce serait de n'aimer que lui. Si on travaille pour gagner sa vie, comme on dit, c'est-à-dire pour produire les moyens de sa subsistance (nourritures, vêtements, logements, etc.), c'est que le travail est le moyen de la vie, non sa fin. Il faut donc travailler pour vivre et non pas vivre pour travailler. Que le travail, qui n'a qu'une valeur de moyen, devienne une fin en soi, c'est cela qui n'aurait pas de sens. Le travail n'est pas tout.

• Aimer le travail n'empêche pas d'aimer la paresse, les loisirs et plus encore le loisir, le temps libre que l'on peut consacrer à des activités gratuites ou désintéressées qui n'ont pas d'autre but qu'elles-mêmes et la perfection de celui qui s'y adonne. La philosophie en est un exemple. Elle est, aux yeux d'Aristote, une fin en soi et ainsi, d'une certaine façon, le contraire d'un travail : elle relève de la *praxis* (pratique) et non de la *poiésis* (production).

• Par exemple, l'artisan qui fabrique une chaise vise le résultat (la chaise), il ne travaille pas pour travailler. Le philosophe, au contraire, philosophe pour philosopher. Ce n'est pas le résultat qui compte ici, mais l'activité elle-même en tant qu'accomplissement de la nature même de l'homme.

• Sans mépriser le travail à la manière des Anciens, Hannah Arendt entend donc le cantonner à sa dimension vitale (gagner son pain, gagner sa vie), pour conserver une place à l'œuvre et à l'action. Nous ne savons plus rien des activités plus nobles et plus enrichissantes que le travail, cultivées autrefois par l'aristocratie. Nous ne savons plus guère que produire et consommer des biens. Ce qui est d'autant plus absurde que, les progrès de l'automatisation vidant progressivement les usines, nous avons devant nous la perspective d'une « société de travailleurs sans travail ».

Conclusion

Loin d'être absurde et vide de sens, l'amour du travail semble parfaitement fondé : le travail éloigne de nous la misère, il crée des biens et des richesses, qui nous assurent une vie confortable : avoir chaud quand il fait froid, avoir de la lumière quand il fait nuit, avoir à manger quand on a faim… Cet amour, à moins d'être fou, ne peut cependant être ni inconditionnel, ni exclusif. On ne peut aimer le travail quelles qu'en soient les conditions (le travail aliéné), et n'aimer que lui. Ce n'est donc pas l'amour du travail qui n'a pas de sens, mais seulement la passion du travail, puisque – c'est le propre de la passion – elle fait perdre toute mesure, toute sagesse et tout discernement.

Sujet de bac 2

Coup de pouce

Si Bergson s'exprime ici, pour l'essentiel, dans les termes du langage ordinaire, le sens de certaines expressions n'est cependant pas manifeste. Il est indispensable de comprendre que les conventions ou signes conventionnels dont il est question ne sont rien d'autre que les mots, qui, en raison de leur généralité, occultent ce qu'il y a d'unique et d'inexprimable dans les choses. On peut estimer que le texte fait mentir la mention qui l'accompagne : « la connaissance de la doctrine de l'auteur n'est pas requise ». Si celle-ci n'est pas exigible en effet, elle aide tout de même beaucoup à comprendre le passage et à en faire une explication qui ne se borne pas à la paraphrase.

CORRIGÉ DE L'EXPLICATION DE TEXTE

Les titres de parties, indiqués ici en rouge pour vous aider, ne doivent pas apparaître dans votre copie.

Introduction

Qu'est-ce que l'art ? Qu'est-ce qu'un artiste ? En quoi se distingue-t-il du commun des mortels ? Platon fait de l'artiste un technicien habile à imiter les apparences et donc, d'une certaine façon, le contraire du philosophe qui, s'arrachant à la séduction du sensible, tourne son regard vers la réalité des Idées. Mais, dans un passage de la *Conférence de Madrid*, Bergson voit au contraire dans l'artiste un homme qui, tout comme le philosophe, s'efforce de soulever le voile qui cache la réalité au commun des mortels. L'art dévoile-t-il le réel ou nous en détourne-t-il ? S'oppose-t-il à la philosophie ou a-t-il au contraire, comme l'écrit Bergson « de profondes affinités » avec elle ?

Développement de l'explication

A. Les principales étapes du raisonnement

Le passage s'ouvre sur l'affirmation d'une profonde affinité entre l'art et la philosophie. Toute la suite du texte va justifier cette idée en analysant ce qui fait l'artiste. Celui-ci se caractérise pour Bergson par sa faculté de regarder directement la réalité, alors que les hommes ne voient ordinairement que « des signes conventionnels » : les mots qui désignent les choses pour la commodité de la vie. L'artiste est donc celui qui, parvenant à échapper au rapport conventionnel et utilitaire que nous entretenons communément avec le monde, accède aux choses mêmes. Le philosophe ne s'en distingue que dans la mesure où il s'intéresse davantage à la vie intérieure qu'aux choses.

B. Explication détaillée

1. La question du rapport entre art et philosophie.

Le rapprochement de l'art et de la philosophie ne va pas de soi. Platon, on le sait, veut chasser les poètes hors de la Cité idéale qu'il imagine dans *La République*. Bergson, lui, reçoit le prix Nobel de littérature pour récompenser l'ensemble de son œuvre… philosophique. C'est que la philosophie, chez lui, ne se définit pas comme un effort pour échapper aux apparences sensibles (que l'art est censé reproduire pour Platon), mais comme un effort pour échapper aux limites d'une pensée prise au piège des mots et des concepts qui se substituent communément au réel, sans que nous en prenions conscience. Dès lors, l'opposition de l'artiste et du philosophe n'a plus lieu d'être, elle est même quasiment abolie puisqu'ils se distinguent tous deux du commun des mortels par cet effort pour « voir directement la réalité même ».

2. Nous ne voyons pas les choses mêmes.

« Lorsque nous regardons un objet, d'habitude, nous ne le voyons pas », écrit Bergson. Que voyons-nous donc ? « Des conventions interposées entre l'objet et nous », autrement dit nous ne voyons pas les choses mêmes, mais les noms des choses, un peu comme sur le menu d'un restaurant. Bergson compare ailleurs les mots à des étiquettes collées sur les choses. Paradoxalement, les mots occultent donc la réalité qu'ils désignent, ils se substituent à elle. Les mots, c'est-à-dire les idées ou les concepts, car ce n'est pas tant le signifiant (la suite de sons qui constitue le mot *chaise* par exemple), que le signifié (l'idée, le concept de chaise évoqué par cette suite de sons) qui occulte la chose. Or, bien entendu, l'idée n'est pas la chose et Bergson souligne cet écart entre le mot (ou l'idée) et la chose elle-même.

3. Notre relation aux choses est conventionnelle et utilitaire.

Le langage est né des nécessités de l'action. Il est donc utilitaire, sa fonction primitive étant d'établir une communication en vue d'une coopération. Transmettre des ordres, prescrire, décrire une chose, signaler ses propriétés… telles sont les fonctions premières des mots. Les mots et les idées qu'ils expriment sont donc schématiques et ne retiennent des choses que leur utilité ou leurs propriétés. Ils découpent des objets utiles dans la réalité, ils les distinguent et les nomment « pour la commodité de la vie ». Là où nous voyons une chaise, une chose sur laquelle on peut s'asseoir, le peintre, Vermeer ou Van Gogh par exemple, regarde la chaise elle-même dans sa singularité : cette chaise, unique, singulière, différente de toutes les autres chaises.

4. L'artiste saisit le réel de manière immédiate et intuitive.

Cependant, l'esprit est capable de saisir le réel de manière immédiate et intuitive, et cette intuition, que Bergson définit comme ce qui nous transporte à l'intérieur d'un objet et nous fait coïncider avec ce qu'il a d'unique, cette intuition est inexprimable, indicible. Elle l'est du moins dans le langage ordinaire, puisque le « langage de l'art » permet cependant de la « traduire » ou de la suggérer, de la faire naître dans la conscience du spectateur, de l'auditeur, du lecteur… C'est donc en ce sens que l'artiste « voit » mieux que le commun des mortels : son rapport aux choses n'est pas conventionnel et utilitaire, mais immédiat et intuitif (du latin *intueri* : « regarder attentivement »). Rien ne vient s'interposer entre sa conscience et les choses, il est dans la chose même, coïncide avec elle au point qu'on pourrait presque dire qu'il devient la chose même, comme nous devenons autrui quand nous cherchons à le comprendre par sympathie, au-delà des mots et des idées toujours trop schématiques et générales.

5. La violence de l'effort commun de l'artiste et du philosophe.

Mais cette pensée intuitive n'est pas propre à l'artiste puisqu'elle est aussi celle du philosophe qui cherche la vérité comme au-delà des mots et des représentations schématiques et réductrices, au-delà des idées toutes faites (communes, conventionnelles, habituelles) que le langage impose à la pensée commune. Cela suppose, pour l'un et l'autre, un effort violent pour échapper à l'emprise des mots et des concepts, pour y « mettre le feu ». L'expression suggère un renoncement violent à quelque chose à quoi on est attaché, dont on ne peut se libérer que par un geste brutal et irrémédiable (la destruction par le feu) qui est en même temps une catharsis, une crise émotionnelle salutaire et une purification qui permettrait à la conscience de retrouver la pureté de l'intuition : la vérité de ce qui se vit dans un silence apaisé qu'aucun mot, aucune analyse, aucun concept ne viendraient plus troubler.

6. En quoi le philosophe se distingue-t-il de l'artiste ?

Cependant, « la philosophie n'est pas l'art » : Bergson le dit dès la première phrase. En quoi s'en distingue-t-elle donc ? La réponse est livrée dans la dernière phrase : « la philosophie s'adresse moins aux objets extérieurs qu'à la vie intérieure de l'âme », moins aux choses donc qu'à la conscience. Le peintre notamment s'intéresserait aux choses, plus qu'aux états d'âme, aux sentiments... Reste à savoir si on peut les distinguer. Quand Van Gogh par exemple peint sa chambre, sa chaise, sa pipe, on peut avoir le sentiment qu'il se peint lui-même et ce qu'il ressent autant que dans ses autoportraits. D'où probablement la prudence de la formule de Bergson : « la philosophie s'adresse *moins* aux objets qu'à la vie intérieure ». On peut en conclure que l'art se tourne *plus* vers les objets que vers la conscience, sans pourtant s'en détourner.

La philosophie de Bergson, quoi qu'il en soit, est bien en effet une philosophie de la conscience, attentive à la vie intérieure et à la manière dont les mots la déforment, la simplifient et l'occultent. Chacun de nous a sa manière d'aimer et de haïr, écrit par exemple Bergson, son « vécu » de l'amour ou de la haine dirions-nous aujourd'hui, son ressenti. Pourtant, le langage désigne ces états d'âmes par des noms communs qui ne retiennent que l'aspect impersonnel et objectif de ces sentiments et de tous les autres. Ainsi, mettre des mots sur ce que nous vivons nous éloignerait de la réalité de notre vie intérieure. L'écrivain réaliserait le tour de force de rendre leur vérité aux sentiments. Par la multiplication des détails, ils collerait, d'aussi près que le langage le permet, à la réalité de la vie intérieure.

Conclusion : valeur et limites de la thèse

Bergson nous rappelle justement que les mots ne sont pas les choses et nous invite à regarder attentivement les choses-mêmes à la manière de l'artiste et avec l'aide de celui-ci. Il répond ainsi de manière originale et éclairante à la question de savoir ce qu'est l'art et ce qui fait sa valeur. Tout son raisonnement suppose cependant qu'il est possible de saisir la réalité de manière immédiate et intuitive sans recourir aux mots et aux concepts. Hegel avait pourtant récusé par avance cette hypothèse : à ses yeux, l'ineffable n'est rien d'autre qu'une « pensée obscure, à l'état de fermentation ». C'est cette pensée encore confuse qui s'exprimerait dans l'art. La philosophie aurait donc à la traduire dans le langage clair et distinct du concept. « C'est dans les mots que nous pensons », estime Hegel.

PARTIE 3

CHAPITRE 12

Théorie et expérience

Mots clés

■ **Théorie** : du grec *theôria* (« contemplation »). L'étymologie suggère que la théorie est une simple vision du réel, mais le mot évoque plutôt aujourd'hui l'idée d'une construction de l'esprit avec, dans la langue courante, une connotation péjorative qu'on ne retrouve généralement pas dans la philosophie.

■ **Expérience** : du latin *experiri* (« essayer, éprouver »). Dans le vocabulaire de la philosophie, le terme désigne principalement ce qui met le sujet en relation avec le réel. L'expérience s'oppose en cela à la théorie entendue comme une construction de l'esprit. Les deux notions restent cependant indissociables.

Repères

– Absolu/Relatif → p. 306

DE QUOI S'AGIT-IL ?

Le rapprochement des notions de théorie et d'expérience soulève des questions relevant de la théorie de la connaissance, ou plus spécifiquement, de l'épistémologie (philosophie des sciences). Il s'agit pour l'essentiel de comparer la valeur de la théorie et de l'expérience et d'analyser leur relation : l'opinion selon laquelle l'expérience serait supérieure à la théorie est-elle justifiée ? Faut-il opposer théorie et expérience ? Ne se combinent-elles pas plutôt comme dans la démarche scientifique ?

1 L'expérience est-elle supérieure à la théorie ?

A Quel est le problème ?

- La pensée commune privilégie la connaissance par expérience, l'observation des faits et le vécu. Elle regarde la théorie comme une construction intellectuelle abstraite, incertaine et coupée de l'expérience concrète et quotidienne.
- Il s'agit de déterminer si cette idée triviale est justifiée, comme la doctrine empiriste incline à le penser, ou s'il faut au contraire, comme les philosophes rationalistes, la tenir pour un préjugé qui fait obstacle à la connaissance de la vérité (voir chap. 2 : La perception).

B La thèse rationaliste de Platon

- Pour Platon, la philosophie est une **conversion** par laquelle **l'âme se détourne du sensible pour s'orienter vers la réalité des Idées**.
- Ce que la pensée commune nomme **réel** n'est qu'**apparence** : ce que nous voyons, touchons, percevons n'est pas la réalité mais son lointain reflet (voir chap. 2 : La perception). Le **philodoxe** (littéralement : « l'ami de l'opinion »), par opposition au **philosophe** (« ami du savoir ») se laisse tromper par **la fausse évidence de l'expérience sensible** : il croit ce qu'il voit alors qu'on ne peut jamais, à proprement parler, « voir les choses comme elles sont ». Ce que l'homme de l'opinion nomme réel n'est rien d'autre que ce qu'il imagine ou construit à partir des données partielles et partiales de son expérience. Ce qu'il prend pour la réalité, c'est donc, en d'autres termes, son point de vue sur les choses : ce qui lui apparaît, non ce qui est.
- C'est le sens de la fameuse **allégorie de la caverne** qui met en scène des prisonniers, littéralement captifs des apparences sensibles : enchaînés au fond d'une caverne, ils n'ont jamais rien vu que des ombres projetées sur une paroi. Ces ombres mouvantes sont donc à leurs yeux la seule réalité. Le philosophe est celui qui, s'arrachant à **la séduction du sensible**, découvre la réalité au-delà des apparences : délivré, il peut sortir de la caverne et découvrir ce qui est vraiment réel.

> **Citation**
> « L'essence, véritablement existante, qui est sans couleur, sans forme, impalpable, uniquement perceptible au guide de l'âme, l'intelligence, et qui est objet de la véritable science. »
> Platon

- Mais cette réalité est invisible aux yeux, elle ne peut être saisie que par la raison, l'intelligence, ce que Platon nomme le *noûs*, qui est comme « l'œil de l'âme ». Ce que Platon tient pour réalité, ce sont paradoxalement les **Idées** ou les **Essences** : l'Idée de l'Homme, de la Justice, de la table ou du lit. Et la connaissance de cette réalité est une espèce de « vision » : *thêoria*, en grec. Connaître, c'est donc « voir », mais en un sens très particulier. C'est « voir » par l'esprit ce qu'on ne saurait voir avec les yeux : saisir la réalité abstraite (suprasensible) des Idées qui n'ont bien entendu pas de couleur, de forme ou d'odeur, etc.

- Par exemple, l'Idée de lit n'a pas de couleur, ni même de forme déterminée, puisqu'un lit peut-être de n'importe quelle couleur, avoir des formes différentes, etc. De la même façon, l'Idée de triangle ne se confond avec l'image d'aucun triangle particulier. Elle peut être **conçue**, mais non **perçue** ou même **imaginée** : comment pourrait-on imaginer, en effet, un triangle qui ne serait ni isocèle, ni équilatéral, ni rectangle, etc., qui ne serait ni grand, ni petit, ni blanc, ni noir, ni d'aucune autre couleur… bref, un triangle qui ne serait qu'un triangle ?

- Dans le contexte de la philosophie platonicienne, ce n'est donc pas l'**expérience** qui nous met en relation avec le réel, mais paradoxalement, la **théorie** (*thêoria*), qui est une **vision de l'esprit**. Ainsi celui qui, par exemple, peut définir l'homme en général parce qu'il en a saisi l'essence, connaît mieux le réel que celui qui ne peut que donner des **exemples** d'hommes. Connaître Pierre, Paul ou Socrate, ce n'est pas connaître l'Homme. Connaître l'Homme, c'est comprendre ce qui fait que Pierre, Paul ou Socrate sont des hommes, c'est saisir cette **réalité abstraite** de laquelle tout homme « participe » comme dit Platon, réalité qui ne peut être perçue ou imaginée, mais qui peut être conçue par l'esprit et exprimée dans une **définition**.

- Comprendre que la théorie nous fait saisir une réalité dont l'expérience sensible n'est que le lointain reflet, implique pour Platon une véritable **conversion** : l'âme doit se détourner des **apparences sensibles**, pour se tourner vers la **réalité des Idées**. On peut observer une conversion de cette nature dans l'évolution intellectuelle de l'étudiant qui développe progressivement une compétence et un goût pour l'abstraction.

C Critique du rationalisme

- Les Idées existent-elles vraiment, comme l'affirme Platon ? Et d'où naissent-elles ? Peut-on les croire innées ? Dans le système de Platon, l'expérience sensible (la perception) ne participe au processus de la connaissance que dans la mesure où elle réveille le souvenir des Idées que l'âme aurait contemplées avant d'être incarnée. C'est la théorie de la **réminiscence** : connaître, c'est se ressouvenir. Mais les empiristes estiment que les idées ne peuvent naître que de l'expérience.

- C'est notamment la thèse de **Locke** qui compare l'âme (ou l'esprit) à une table rase sur laquelle l'expérience inscrit des idées. L'expression « table rase » (*tabula rasa*) désigne une tablette de cire vierge sur laquelle les Romains écrivaient. Ce que veut dire le philosophe, c'est donc que l'esprit est d'abord comme une page vierge : dépourvu d'**idées innées**, il serait entièrement formé, informé ou instruit par l'**expérience**.

Citation

« L'Expérience : c'est là le fondement de toutes nos connaissances. »

Locke

- **Hume** souligne dans une perspective voisine que « si un homme faisait abstraction de toutes les choses qu'il sait ou qu'il a vues, il serait tout à fait incapable, seulement à partir de ses propres idées, de déterminer quelle sorte de spectacle l'univers doit être ».
- À rebours du rationalisme, Hume veut **retourner à l'expérience sensible**. À ses yeux, aucune philosophie « ne pourra nous mener au-delà des expériences quotidiennes ou nous donner des règles de conduite différentes de celles que la réflexion sur la vie de tous les jours nous permet de trouver ».
- Supposer les idées innées soulève en outre une grave difficulté : comment comprendre que ce qui vient du dedans, de l'esprit (les idées innées) s'accorde miraculeusement avec la réalité extérieure ? Descartes, figure emblématique du **rationalisme**, doit en appeler à l'idée de Dieu pour expliquer cette heureuse concordance entre **la raison et le réel**. Les **idées innées** seraient comme des « **semences de vérité** » que Dieu aurait mises dans notre esprit pour que nous les cultivions. C'est ce qu'on appelle l'**innéisme**.
- La thèse **empiriste,** qui fait dériver les idées de l'expérience, évite cette difficulté. En effet, aux yeux de **Hume** par exemple, les idées ne sont rien d'autre que des impressions (sensations) affaiblies, des images pâlies. Par exemple, je me brûle, c'est une **sensation**. Le souvenir d'une brûlure est une **idée**. Ici, on le voit, la théorie, les idées ne sont pas coupées de l'expérience, puisqu'elles ont été en quelque sorte **imprimées** dans l'esprit par **l'expérience sensible**.
- Dans cette perspective **empiriste**, il ne s'agit plus comme chez Platon ou Descartes de résister à la séduction du sensible, mais à cette propension de l'esprit à s'éloigner de l'expérience et à échafauder des théories invérifiables. « *Hypotheses non fingo* », je ne forge pas d'hypothèses, écrit Newton. Les principes théoriques, par exemple le principe de l'attraction universelle, seraient ainsi déduits des faits eux-mêmes, sans qu'il soit nécessaire de les interpréter à la lumière d'**hypothèses**. La fameuse théorie des tourbillons de Descartes, qui expliquait le

Citation

« Des faits bien observés valent mieux que toutes les hypothèses du monde. »

Magendie

mouvement des planètes par l'existence de grands tourbillons d'éther, théorie invalidée par la mécanique de Newton, illustre bien cette propension de l'esprit à s'éloigner des **faits**. Magendie, un physiologiste français du XVIIIe siècle, a exprimé cette défiance empiriste à l'égard des hypothèses dans une formule devenue célèbre : « Des faits bien observés valent mieux que toutes les hypothèses du monde. »

2 Faut-il opposer théorie et expérience ?

A Quel est le problème ?

• Faut-il vraiment opposer l'expérience, l'observation des faits, à la théorie, aux hypothèses et aux idées ? Ce que l'on appelle « les faits » n'est-il pas déjà une construction théorique ? Et les idées, loin d'être innées et immuables, ne sont-elles pas plutôt des concepts formés (et constamment réformés) à partir de l'expérience ?

B Critique de la théorie des Idées

• Les Idées ou Essences sont aux yeux de Platon comme le modèle éternel des choses. Ainsi, il y aurait par exemple une Idée éternelle de l'homme, du triangle ou du lit, et la connaissance serait, on l'a vu, une intuition intellectuelle ou une vision (*thêoria*) de ces Idées, simplement réveillées ou réactivées par l'expérience sensible. Par exemple, voir des hommes réactiverait en moi l'Idée de l'homme.

• Cette conception platonicienne de la connaissance suggère l'idée d'une coupure entre ce que la tradition a appelé « **le monde des Idées** » et « **le monde sensible** » (ce que nous appelons la réalité concrète), autrement dit entre théorie et expérience.

• On peut douter de l'existence de ces Idées ou Essences, éternelles ou immuables. Les Idées ne sont-elles pas plutôt des **concepts** formés par l'esprit à partir des données de l'observation ? Non certes de simples empreintes de la réalité comme dans la doctrine empiriste, mais des **constructions** de l'esprit fondées sur **l'expérience**, imparfaites et perfectibles, provisoires, réformables à l'infini. Dans cette perspective, nos connaissances ne seraient pas vraies **absolument**, mais n'auraient qu'une valeur **relative** et **provisoire**. C'est du moins ce que suggère une analyse de la formation des **concepts scientifiques**.

COURS

C Le dialogue de la théorie et de l'expérience dans la démarche scientifique

• Les sciences expérimentales comme la physique ou la biologie ne dédaignent ni la théorie, ni l'expérience. La science n'est pas bien entendu une **pure spéculation** indépendante de l'expérience, mais elle ne se borne pas non plus à **enregistrer passivement** des observations. Elle fait en quelque sorte **dialoguer la théorie et l'expérience**.

• Ainsi **Claude Bernard**, un physiologiste du XIXe siècle, a dégagé les étapes de la **méthode expérimentale**. La première étape consiste à **observer** les phénomènes sans idées préconçues. La seconde consiste à **former des hypothèses** ou idées expérimentales capables d'expliquer les faits observés. Ces idées sont, il faut le souligner, suggérées par les faits et demandent à être vérifiées. Elles s'opposent en cela aux spéculations des métaphysiciens (les spéculations des philosophes sur Dieu ou l'âme, par exemple). La troisième étape consiste à **vérifier** les hypothèses au moyen de l'**expérimentation**. Par exemple, l'expérience du Puy-de-Dôme, imaginée par Pascal, a permis de vérifier l'hypothèse de Torricelli et d'établir l'existence de la pression atmosphérique. Mais cette démarche est sans fin car l'expérimentation fait naître de nouveaux phénomènes qu'il faut observer…

> **Citation**
> « Le savant complet est celui qui embrasse à la fois la théorie et la pratique expérimentale. »
> Claude Bernard

• Mais **Karl Popper** montrera que l'expérimentation ne vérifie pas à proprement parler les hypothèses scientifiques. Une théorie scientifique n'est pas une théorie **vérifiable,** mais plutôt une théorie testable ou **falsifiable**. La falsifiabilité (ou la testabilité) est le critère de la scientificité. Les théories non-scientifiques ou les fausses sciences ne sont pas testables, c'est-à-dire qu'elles sont à la fois invérifiables et irréfutables (le marxisme ou la psychanalyse, par exemple). Trop vagues, les énoncés qui constituent ces théories ne peuvent être testés, c'est-à-dire mis à **l'épreuve de l'expérience**.

• Dans cette perspective, la théorie vraie n'est pas à strictement parler une théorie vérifiée par l'expérience, mais plutôt celle que l'on tient provisoirement pour vraie, parce qu'aucune expérience n'a permis jusqu'à présent de la réfuter. On comprend ainsi que les théories scientifiques puissent être à la fois **vraies et provisoires**. La vérité des théories scientifiques n'est pas une **vérité absolue et éternelle**. Elles se forment et se réforment au contraire dans un dialogue constant avec l'expérience.

D Rien n'est donné, tout est construit.

• De ce point de vue, les idées ne sont donc pas données dans une « vision » (*thêoria*), dans une intuition intellectuelle, mais construites. Connaître, ce n'est plus, pour la modernité, **contempler** (*thêorein*) l'univers (le cosmos comme disent les Grecs), mais en **construire** une représentation possible. Einstein compare ainsi le physicien à un horloger qui aurait à expliquer le mécanisme d'une montre sans pouvoir l'ouvrir. **La vérité dite objective** n'est que la théorie qui explique, le plus simplement possible, l'ensemble des phénomènes qu'on a pu observer jusqu'à présent.

- Une théorie est donc une construction, une vue de l'esprit qui rend les phénomènes intelligibles, qui permet de les anticiper et, dans une certaine mesure, de les maîtriser. Une théorie c'est, si on veut, une histoire qu'on se raconte pour expliquer ce qu'on voit. Et la science invente régulièrement de nouvelles histoires qui expliquent mieux. Cela, nous le comprenons assez facilement aujourd'hui.

- Ce qu'il est plus difficile de saisir, c'est l'idée, avancée notamment par **Bachelard**, que **les faits** eux-mêmes sont **construits**. Cela signifie que le phénomène scientifique est une production de l'esprit. Tout d'abord, l'observation n'est pas un phénomène **passif**. Contrairement à Claude Bernard, Bachelard ne dirait pas qu'on doit observer sans idées préconçues. « L'observation scientifique est toujours une observation polémique, elle confirme ou infirme une thèse antérieure », écrit-il. Le rôle des idées, de la théorie est plus manifeste dans l'expérimentation puisque, par définition, elle vise à vérifier une hypothèse. Enfin, les phénomènes scientifiques sont générés aujourd'hui par des machines ou au moins mesurés par des instruments qui sont comme « des **théories matérialisées** », écrit Bachelard, « il en sort des phénomènes qui portent de toutes parts la marque théorique. »

- Alors que l'**empirisme** souligne ce que les idées ou la théorie doivent à l'expérience, Bachelard insiste au contraire en **rationaliste** sur ce que les phénomènes et l'expérience doivent à la théorie et aux idées.

Citation

« La connaissance du réel n'est jamais immédiate [...]. Rien ne va de soi. Rien n'est donné. Tout est construit. »

Bachelard

Pour résumer

1. L'expérience est-elle supérieure à la théorie ?

■ La pensée commune juge l'expérience supérieure à la théorie.

■ Mais pour **Platon**, la philosophie doit combattre ce préjugé naïf, arracher l'esprit à la séduction de l'expérience sensible et le tourner vers la **réalité des Idées** ou des Essences. La connaissance est une contemplation (*thêoria*) de ces Idées.

■ Les **empiristes** estiment au contraire que **les idées dérivent de l'expérience.** Elles ne sont rien d'autre pour **Hume** que des sensations affaiblies.

■ De ce point de vue, il ne faudrait pas tant se méfier des apparences sensibles que de cette propension de l'esprit à échafauder des **théories incertaines et coupées de l'expérience**.

2. Faut-il opposer théorie et expérience ?

■ Si la théorie ne consiste pas à contempler des **Idées innées, éternelles et immuables**, mais à **former** et à **réformer des concepts** à partir des **données de l'expérience**, il n'y a plus lieu d'opposer théorie et expérience.

■ **Claude Bernard** a montré que la science progresse dans un **va et vient** sans fin **entre l'expérience et la théorie** : observer, faire des hypothèses, mettre ces hypothèses à l'épreuve de l'expérience, observer à nouveau, etc.

■ **Karl Popper** souligne que les théories scientifiques ne sont pas des **vérités absolues**, parfaitement certaines et **éternelles**, mais des **vérités** seulement **provisoires** : ce que l'on tient pour vrai jusqu'à preuve éventuelle du contraire.

■ Enfin, **Bachelard** affirme que **rien n'est donné, tout est construit,** jusqu'aux phénomènes eux-mêmes, au point que la distinction entre théorie et expérience semble presque abolie.

Chronologie

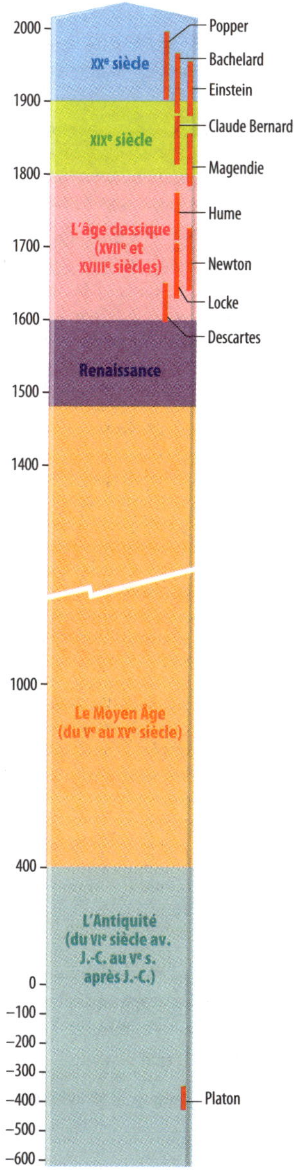

Les incontournables

Karl Popper se pose ici la question de savoir ce qui distingue une théorie scientifique d'une théorie non scientifique. Quel est, autrement dit, le critère de la scientificité ?

C'est en 1919 que j'ai été, pour la première fois, confronté au problème d'avoir à tracer une ligne de démarcation entre les énoncés et systèmes d'énoncés que l'on peut, à bon droit, référer à la science empirique et ceux que l'on pourrait qualifier de « pseudo-scientifiques[1] » ou (dans certains contextes) de « métaphysiques[2] », ou encore qui relèvent éventuellement de la logique et des mathématiques pures [...]. L'idée la plus répandue est que la science se caractérise par son assise observationnelle ou sa méthode inductive[3], alors que les pseudosciences et la métaphysique se définissent par leur méthode spéculative[4] [...]. Je n'ai jamais pu souscrire à une telle représentation. Les théories physiques modernes, notamment celle d'Einstein (que l'on discutait abondamment en 1919), sont extrêmement spéculatives et abstraites, et elles entretiennent un rapport très lointain avec l'« assise observationnelle » qu'on pourrait leur assigner [...].

Il apparaissait donc nécessaire de pouvoir disposer d'un autre critère de démarcation. Et j'ai proposé [...] de prendre pour critère en la matière la possibilité, pour un système théorique, d'être réfuté ou invalidé. Selon cette conception, que je continue toujours de défendre, un système doit être tenu pour scientifique seulement s'il formule des assertions pouvant entrer en conflit avec certaines observations. Les tentatives pour provoquer des conflits de ce type, c'est-à-dire pour réfuter ce système, permettent en fait de le tester. Pouvoir être testé, c'est pouvoir être réfuté, et cette propriété peut donc servir, de la même manière, de critère de démarcation. Cette conception voit dans la démarche critique la caractéristique essentielle de la science. Le savant doit donc étudier les théories sous l'angle de leur aptitude à être examinées de manière critique : il se demande si celles-ci se prêtent à des critiques de toute nature et, lorsque tel est le cas, si elles sont en mesure d'y résister. La théorie de Newton, par exemple, prédisait certains écarts par rapport aux lois de Kepler (en raison des interactions entre planètes), alors que ceux-ci n'avaient pas été observés. Elle s'exposait en conséquence à des tentatives de réfutation dont l'échec allait signifier le succès de cette théorie. La théorie einsteinienne a été testée de manière analogue. Et de fait, tous les tests effectifs constituent des tentatives de réfutation. Ce n'est que lorsqu'une théorie est parvenue à supporter les contraintes de ce genre d'efforts qu'on pourra affirmer qu'elle se trouve confirmée ou corroborée par l'expérience.

Karl Popper, *Conjectures et réfutations,* © Payot.

1. **Système d'énoncés pseudo-scientifiques** : les fausses sciences comme l'astrologie.
2. **Énoncés métaphysiques :** thèses philosophiques sur Dieu ou l'âme par exemple.
3. **Méthode inductive :** méthode qui dégage des lois générales à partir de faits particuliers.
4. **Méthode spéculative :** méthode qui consiste à tirer des idées de son seul esprit sans être attentif aux faits.

CHAPITRE 13

La démonstration

Mots clés

■ **Démonstration** : du latin *demonstrare* (« montrer »), désigne au sens large le raisonnement par lequel on établit une vérité. En un sens plus strict, *démonstration* est presque un synonyme de *déduction*, puisque démontrer consiste à établir une vérité par déduction à partir de prémisses considérées comme vraies.

■ **Principe** : du latin *principium* (« commencement »), proposition initiale d'une déduction, d'une démonstration, qui ne peut être elle-même déduite d'aucune autre.

■ **Déduction** : opération logique qui consiste à tirer les conséquences d'une ou plusieurs propositions supposées vraies. Le syllogisme en est le modèle.

Repères

– Absolu/Relatif ➜ p. 308
– Formel/Matériel ➜ p. 313
– Médiat/Immédiat ➜ p. 315
– Principe/Conséquence ➜ p. 317

DE QUOI S'AGIT-IL ?

Une démonstration est un raisonnement par lequel on établit une vérité. Mais toute démonstration repose sur des principes par définition indémontrables. Faut-il en conclure, avec les sceptiques, qu'aucune démonstration ne saurait établir une vérité certaine ? La question engage une réflexion sur le statut des principes qui fondent toute démonstration. Par ailleurs, une démonstration est une déduction rigoureuse, conforme aux lois logiques. Mais comment démontrer la valeur de ces lois ? Et si on ne peut pas les démontrer, que valent nos « démonstrations » ? Enfin, on peut se demander dans quels domaines cette méthode est applicable ou non : ainsi, les philosophes ou les théologiens ont parfois prétendu démontrer l'existence de Dieu… Mais la philosophie peut-elle imiter le modèle mathématique ?

1 La thèse sceptique : on ne peut rien démontrer.

A Sextus Empiricus : toute démonstration repose sur des principes incertains.

- Le philosophe **sceptique** souligne la diversité des opinions tant dans la vie ordinaire que dans la philosophie (le mot désigne alors la recherche du savoir en général). Or, aucun argument décisif, aucune **preuve**, ne permet jamais de trancher de manière catégorique et définitive en faveur de telle ou telle opinion et de mettre ainsi fin à toute discussion. En effet, ni l'expérience, ni le raisonnement ne peuvent démontrer quoi que ce soit.

> **Citation**
> « À tout argument s'oppose un égal argument. »
> Sextus Empiricus

- Ce que l'on voit n'est pas la chose même, mais la chose telle qu'elle apparaît à chacun. ***Montrer*** n'est donc pas ***démontrer***, l'évidence sensible est une fausse évidence (voir chapitre 2 : La perception, p. 29).
- Toute démonstration requiert en outre un point de départ qui ne peut être démontré. Une démonstration est en effet une déduction qui s'appuie nécessairement sur des **principes** par définition **indémontrables**. Ainsi les mathématiques elles-mêmes reposent-elles sur des **postulats**, des principes tenus pour évidents et admis sans démonstration. « Les dogmatiques prennent un point de départ qu'ils ne prouvent pas, mais auquel ils jugent digne de donner leur assentiment absolument et sans démonstration », écrit Sextus Empiricus.
- Puisqu'on ne peut rien démontrer, il faut **suspendre son jugement,** c'est-à-dire s'abstenir de juger, douter de tout et ne rien tenir pour vrai.

B La sophistique : on peut démontrer tout et son contraire.

- Les sophistes sont des **intellectuels sceptiques et relativistes**. Contrairement à Platon qui est leur grand adversaire, les sophistes ne croient pas que les hommes puissent s'accorder autour d'une **vérité universelle**. Par conséquent, la parole ne peut servir qu'à défendre le point de vue et les intérêts de celui qui parle.
- Les sophistes enseignent donc la **rhétorique**, l'art oratoire, l'art de bien parler et de convaincre. Ils se vantent de pouvoir **démontrer tout et son contraire**. Platon donne l'exemple d'un orateur (Lysias) qui provoque l'admiration d'un jeune homme (Phèdre, dans le dialogue du même nom) en défendant

brillamment un paradoxe : « il faut accorder ses faveurs à celui qui n'aime pas plutôt qu'à celui qui aime ». En d'autres termes, mieux vaudrait avoir une relation avec quelqu'un qui ne vous aime pas, qu'avec quelqu'un qui vous aime ! En effet, les sentiments sont inconstants, notamment parce que l'amant, séduit par l'apparence de l'être aimé, ignore son véritable caractère. De plus, l'amour est une maladie de l'âme, un dérèglement dont on ne peut somme toute rien espérer de bon…

- Platon affirme que les sophistes sont capables de faire paraître grand ce qui est petit et petit ce qui est grand, de donner un air d'antiquité aux choses nouvelles, etc.
- Si « tout est vrai » comme l'affirme le sophiste **Protagoras**, on peut en effet démontrer tout et le contraire. Tout est vrai, rien n'est vrai, **toutes les opinions sont également défendables**.

C Montaigne : on ne peut pas démontrer la valeur de la raison.

- Toute démonstration s'appuie, on l'a vu, sur des principes dont le statut fait problème. **Montaigne** le souligne d'ailleurs lui aussi : « aucune raison ne s'établira sans une autre raison : nous voilà à reculons jusques à l'infini […] ». Ou bien, en effet, on admet des principes indémontrables, ou bien l'esprit **régresse à l'infini** dans la recherche des présupposés de la thèse qu'il veut démontrer.
- Mais les lois logiques auxquelles toute démonstration doit obéir ne sont pas moins problématiques : qu'est-ce qui en garantit la valeur ? Le sentiment d'évidence qui nous les fait tenir pour vraies et indiscutables constitue-t-il une garantie suffisante ? Pourquoi **le réel** devrait-il obéir aux **lois logiques** ? Et comment examiner cette question autrement qu'en admettant la valeur des lois logiques qui président à cet examen ?
- C'est la **raison** elle-même qui est en cause ici. Comment garantir **l'adéquation de la raison au réel**, sinon en s'appuyant sur la raison elle-même ? « Nous voilà au rouet », comme l'écrit Montaigne, nous tournons en rond : la raison est l'instrument qui doit permettre de démontrer ce qui est réel, mais il faudrait pouvoir démontrer la valeur de cet instrument lui-même…
- Montaigne en conclut qu'on ne peut rien savoir avec certitude, autrement dit, **rien démontrer**.

Citation

« La vraie science est une ignorance qui se sait. »

Montaigne

COURS

2 La thèse dogmatique : on peut démontrer la vérité.

A Définition du dogmatisme

- Le **dogmatisme** (au sens philosophique) peut se définir comme la doctrine selon laquelle l'homme a la capacité d'atteindre des vérités certaines et absolues. Il s'oppose donc au **scepticisme** et au **relativisme** (voir chap. 17 : La vérité).

- **Platon** ou **Descartes** par exemple, peuvent être qualifiés de dogmatiques (sans connotation péjorative). Descartes prétend ainsi démontrer l'existence de l'âme ou celle de Dieu (voir chapitre 10 : La religion, p. 112). Aux yeux des dogmatiques, tout ne peut pas être vrai. Par exemple, ou bien Dieu existe, ou bien il n'existe pas. Une des deux hypothèses est vraies et l'autre est nécessairement fausse. En outre, il est possible d'établir cette vérité par une **démonstration rigoureuse et indiscutable**, comme dans les **mathématiques**.

- Dans cette perspective, les *Éléments* d'Euclide constituent un **modèle de démonstration**. Le mathématicien s'appuie sur des définitions, des « demandes » (postulats) et des « notions ordinaires » (axiomes) pour démontrer des théorèmes.

- Descartes rêvait de fonder une science dont la certitude serait égale à celle des mathématiques : la ***mathesis universalis*** (« mathématique universelle »).

B Le statut des principes

- Comme **Pascal** l'a montré, le scepticisme s'appuie sur **l'impossibilité de démontrer les principes** (les postulats par exemple dans les mathématiques) pour nier la possibilité d'établir une **vérité certaine**. Toute démonstration, aussi claire et rigoureuse soit-elle, s'appuie en effet sur des principes par définition indémontrables. Pascal estime que « la connaissance des premiers principes […] est aussi ferme qu'aucune de celles que nos raisonnements nous donnent ».

- **La raison doit reconnaître ses limites**, il y a une infinité de choses qui la surpassent, tout ne peut pas être démontré, établi par le raisonnement. Il faut bien que la raison s'appuie sur des **vérités premières**, des « **connaissances du cœur et de l'instinct** ». Par exemple, Descartes cherche vainement à démontrer l'existence du monde, estime Pascal, alors que nous savons que le

> **Citation**
> « Les principes se sentent, les propositions se concluent ; et le tout avec certitude, quoique par différentes voies. »
> Pascal

monde existe de manière immédiate et intuitive : « nous savons que nous ne rêvons point ; quelque impuissance où nous soyons de le prouver par raison ». Les postulats mathématiques ou la foi en Dieu relèvent également du cœur. **Le cœur éprouve ce que la raison ne peut prouver**, il a ses raisons, « que la raison ne connaît point ».

- Descartes n'a cependant pas ignoré ce problème des principes. Son système repose sur la **certitude du *cogito*** (je pense donc je suis) qui n'est pas comme il le souligne la conclusion d'un **syllogisme** (pour penser il faut être, or je pense, donc je suis), mais l'expression d'une **évidence immédiate et intuitive**.

Bien comprendre
Descartes admet comme Pascal qu'il y a des principes indémontrables, mais indubitables (indiscutables). Toutefois, contrairement à Pascal, il n'en attribue pas la connaissance à une faculté distincte de la raison.

C Descartes : Dieu garant de la raison

- Le **doute cartésien** met en question la **valeur de la raison** elle-même. Mais, contrairement aux sceptiques, Descartes ne doute pas de manière définitive. Le doute cartésien est provisoire, il se change en certitude. Ainsi le philosophe ne doute-t-il de la raison que pour mieux en garantir la valeur. C'est **Dieu** qui dans son système **garantit la valeur de la raison**.

- Ayant entrepris de douter de toutes choses dans l'espoir de rencontrer une vérité certaine, Descartes découvre la certitude du *cogito* : « je pense donc je suis ». Il ne lui en faut pas moins pour démontrer l'existence de Dieu. Je suis, j'existe. Or, j'ai en moi l'idée de Dieu, c'est-à-dire l'idée d'un être parfait, infini, idée dont je ne puis, en tant qu'être imparfait ou fini, être l'auteur. Dieu est donc la seule cause possible de son idée en moi. Il ne reste à Descartes qu'à démontrer que Dieu n'a pas pu douer l'homme d'une faculté de connaître défaillante (la raison). Dieu tout puissant peut certes nous tromper, mais sa bonté ou sa perfection nous interdisent de penser qu'il puisse le vouloir.

- Dès lors, « les choses que nous concevons fort clairement et fort distinctement sont toutes vraies ». **L'évidence rationnelle** ne peut pas nous tromper. Deux et deux font quatre, un carré a quatre côtés. **L'accord entre la raison et le réel** est ainsi garanti.

- Cependant, le système de Descartes souffre d'une grave difficulté : comment démontrer l'existence de Dieu, si c'est Dieu qui doit d'abord garantir la valeur de la raison ? Par ailleurs, la démonstration de l'existence de Dieu nous semble fragile et discutable. C'est que nous ne croyons plus qu'il soit possible d'établir des vérités philosophiques, ou à plus forte raison métaphysiques (l'existence de Dieu ou de l'âme notamment), par des démonstrations comparables à celles des mathématiques.

3 La philosophie peut-elle imiter le modèle mathématique ?

A Quel est le problème ?

• Si l'idée de démonstration semble évidente dans les mathématiques, l'idée d'une démonstration philosophique est à première vue contradictoire. La philosophie ne se définit-elle pas comme un **questionnement** qui ne saurait aboutir à aucune vérité certaine ? « La valeur de la philosophie doit en réalité résider dans son caractère incertain même », écrit Russel. Pourtant certains philosophes comme Descartes ou plus encore Spinoza ont voulu **imiter le modèle mathématique**. Le philosophe peut-il espérer établir une quelconque vérité par des démonstrations semblables à celle des mathématiques ?

B Spinoza : la philosophie peut calquer le modèle mathématique.

• Ce philosophe du XVIIe siècle a composé un livre de philosophie, l'*Éthique*, comme un exposé de **géométrie**. Le titre complet de l'ouvrage l'indique d'ailleurs clairement : *Éthique, démontrée suivant l'ordre géométrique et divisée en cinq parties*. La première partie de l'œuvre (*De Dieu*) s'ouvre sur huit **définitions** (notamment celle de Dieu), complétées par sept **axiomes** sur lesquels prennent appui des **démonstrations** se terminant par la formule **C.Q.F.D.** (ce qu'il fallait démontrer).

C Leibniz : la caractéristique universelle

• **Leibniz** rêvait d'élaborer une **langue universelle** dont les termes, parfaitement clairs, auraient permis d'exprimer les concepts mathématiques, comme les concepts scientifiques ou **métaphysiques**. Cette langue aurait permis de **calculer la vérité** (au sens du calcul logique), c'est-à-dire de la déduire ou de la démontrer. Leibniz imagine ainsi que deux philosophes en désaccord pourraient aisément trancher leur différend grâce à son système, par un calcul logique, c'est-à-dire en déduisant la vérité qu'ils recherchent : « il ne sera plus besoin entre deux philosophes de discussions plus longues qu'entre deux mathématiciens », écrit-il.

Citation

« Il ne sera plus besoin entre deux philosophes de discussions plus longues qu'entre deux mathématiciens. »

Leibniz

D Les difficultés liées à l'imitation du modèle mathématique

1. Les mathématiques établissent des vérités relatives à un système de postulats et de définitions.

● Les démonstrations mathématiques reposent, on l'a vu, sur des principes dont le statut est problématique. Pour Pascal par exemple, ces principes sont certes indémontrables, par définition, mais évidents et indiscutables. On doit donc les admettre sans démonstration.

● Mais, les travaux de **Lobatchevski** puis de **Riemann** (des mathématiciens du XIXe siècle) ont montré qu'il était possible de concevoir des géométries différentes de celle d'Euclide, les **géométries non-euclidiennes**, reposant sur des définitions et des postulats différents et démontrant des théorèmes eux aussi différents. Par exemple, dans la géométrie d'Euclide, la somme des angles d'un triangle est égale à deux angles droits (180°), alors qu'elle peut être supérieure ou inférieure à deux angles droits dans les géométries non-euclidiennes, selon les postulats choisis.

● Les principes sont donc des **hypothèses** qu'on peut parfois changer sans qu'il en résulte aucune contradiction. On parle de système « **hypothético-déductif** ». Cela signifie que « La somme des angles d'un triangle est égale à 180° » n'est pas une vérité absolue.

2. La philosophie ne peut se contenter d'une vérité seulement formelle.

● Les mathématiciens raisonnent sur des **objets idéaux**, des entités abstraites (le cercle, le triangle, les nombres, etc.) qui n'existent que dans l'esprit de celui qui les conçoit (ou dans le ciel des Idées pour Platon). Comme le remarque Descartes, « l'arithmétique, la géométrie, et les autres sciences de cette nature [...] ne traitent que de choses fort simples et fort générales, sans se mettre beaucoup en peine si elles sont dans la nature [...] ». Leurs démonstrations sont donc **vraies formellement**, *vi formae* (par la force de la forme), c'est-à-dire par leur rigueur logique, mais non **matériellement**, *vi materiae* (par la force de la matière), c'est-à-dire parce qu'elles seraient conformes au réel.

● Or, quand Descartes prétend par exemple démontrer l'existence de Dieu ou de l'âme, il n'entend pas seulement raisonner avec rigueur et proposer une théorie cohérente, **logiquement valide**. Il prétend que ses conclusions sont vraies matériellement, c'est-à-dire en accord avec le réel.

3. Nietzsche : la critique de l'esprit de système.

● La réalité se laisse-t-elle d'ailleurs enfermer dans un système de pensée, aussi rigoureux soit-il ? **Nietzsche** a ainsi critiqué **l'esprit de système** : « l'esprit de système est manque de probité », écrit-il. On appelle système une pensée qui, posant quelques principes cohérents entre eux, en déduit un ensemble de propositions qui prétendent expliquer toute la réalité. C'est précisément la forme trop parfaite des systèmes philosophiques (celui de Hegel par exemple) qui doit susciter le doute. La « probité » consisterait à se rendre attentif au « texte du réel », à écouter les choses elles-mêmes.

4. Kant : en philosophie on ne doit pas commencer par les définitions.

- L'imitation du modèle mathématique en philosophie suppose en outre la possibilité de raisonner dans les termes d'un langage parfaitement **univoque** (sans ambigüité, équivocité) et de poser des définitions définitives. Or, on peut considérer l'équivocité comme une richesse (voir chap. 14 : L'interprétation). En outre, **Kant** juge **absurde l'imitation du modèle mathématique en philosophie** en raison de l'impossibilité pour le philosophe de commencer par donner des définitions claires et définitives. La définition mathématique engendre le concept (la définition du triangle par exemple) et est par conséquent un point de départ obligé. Dans la philosophie, les **définitions** viennent plutôt à la fin, elles sont **l'aboutissement de la réflexion**, non son point de départ.

Citation

« En philosophie on ne doit pas imiter la mathématique en commençant par les définitions, à moins que ça ne soit à titre de simples essais. »

Kant

- Par exemple : me demander si je suis libre quand je fais tout ce qu'il me plaît, revient à me demander en quoi consiste la vraie liberté, autrement dit à en chercher la bonne définition. Cette dernière constitue donc le but de la réflexion et non son point de départ.

Pour résumer

1. La thèse sceptique : on ne peut rien démontrer.

■ **Sextus Empiricus** souligne que toute démonstration s'appuie sur des principes par définition **indémontrables**.

■ Les **sophistes** se vantent de pouvoir démontrer tout et le contraire. Tout est défendable.

■ Comme le souligne **Montaigne**, on ne peut pas démontrer **par la raison** la valeur de la raison .

2. La thèse dogmatique : on peut démontrer la vérité.

■ Le **dogmatisme** se caractérise par la conviction qu'il existe des **vérités absolues**.

■ **Descartes** prétend ainsi **démontrer l'existence de Dieu** ou de l'âme.

■ **Pascal** estime que les principes qui fondent les démonstrations de la **raison** sont indiscutables, parce qu'ils sont éprouvés par le **cœur**.

■ **Descartes** estime que l'existence de **Dieu garantit le valeur de la raison**.

3. La philosophie peut-elle imiter le modèle mathématique ?

■ **Leibniz** rêvait d'une **caractéristique universelle** qui aurait permis de **calculer la vérité** dans les sciences comme dans la philosophie.

■ Mais l'exemple des **géométries non-euclidiennes** montre que les vérités mathématiques elles-mêmes n'ont pas un caractère **absolu**.

■ **Nietzsche** a critiqué **l'esprit de système** qui, privilégiant la perfection formelle de la pensée, néglige le réel.

■ **Kant** juge absurde l'imitation du modèle mathématique en philosophie.

Chronologie

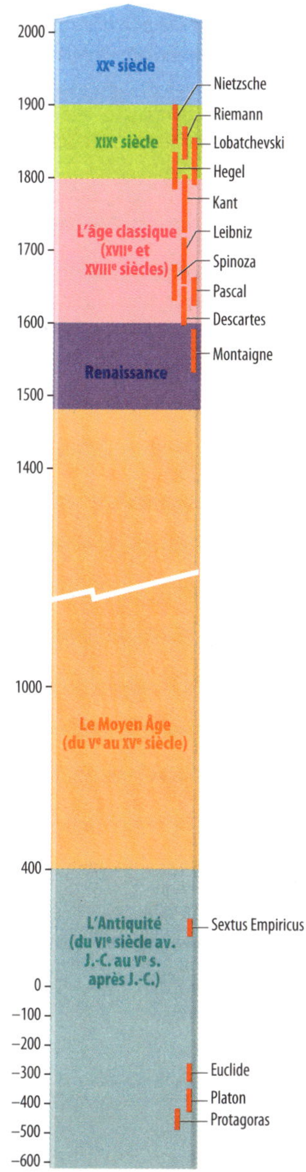

Les incontournables

Pour réfuter le pyrrhonisme (scepticisme), Pascal établit dans ce passage des Pensées *la distinction demeurée célèbre du cœur et de la raison.*

Nous connaissons la vérité, non seulement par la raison[1], mais encore par le cœur[2] ; c'est de cette dernière sorte que nous connaissons les premiers principes[3], et c'est en vain que le raisonnement, qui n'y a point de part, essaye de les combattre. Les pyrrhoniens[4], qui n'ont que cela pour objet, y travaillent inutilement. Nous savons que nous ne rêvons point[5] ; quelque impuissance où nous soyons de le prouver par raison, cette impuissance ne conclut autre chose que la faiblesse de notre raison, mais non pas l'incertitude de toutes nos connaissances, comme ils le prétendent. Car la connaissance des premiers principes, comme qu'il y a espace, temps, mouvements, nombres, est aussi ferme qu'aucune de celles que nos raisonnements nous donnent. Et c'est sur ces connaissances du cœur et de l'instinct qu'il faut que la raison s'appuie, et qu'elle y fonde tout son discours. (Le cœur sent qu'il y a trois dimensions dans l'espace et que les nombres sont infinis ; et la raison démontre ensuite qu'il n'y a point deux nombres carrés dont l'un soit le double de l'autre. Les principes se sentent, les propositions se concluent ; et le tout avec certitude, quoique par différentes voies.) Et il est aussi inutile et ridicule que la raison demande au cœur des preuves de ses premiers principes, pour vouloir y consentir, que le cœur demandât à la raison un sentiment de toutes les propositions qu'elle démontre, pour vouloir les recevoir. Cette impuissance ne doit donc servir qu'à humilier la raison, qui voudrait juger de tout, mais non pas à combattre notre certitude, comme s'il n'y avait que la raison capable de nous instruire. Plût à Dieu que nous n'en eussions au contraire jamais besoin, et que nous connussions toutes choses par instinct et par sentiment. Mais la nature nous a refusé ce bien ; elle ne nous a au contraire donné que très peu de connaissances de cette sorte ; toutes les autres ne peuvent être acquises que par raisonnement.

Pascal, *Pensées* (1669).

1. Raison : faculté de connaître par le raisonnement ou la démonstration, en s'appuyant sur les principes perçus par le cœur.

2. Cœur : faculté d'appréhender les principes de manière immédiate et intuitive (par exemple l'existence de Dieu ou du monde).

3. Les premiers principes : les fondements de toutes nos connaissances, par exemple les postulats des mathématiques.

4. Les pyrrhoniens : les disciples de Pyrrhon (comme Sextus Empiricus), c'est-à-dire les sceptiques.

5. Nous savons que nous ne rêvons point : allusion à l'argument du rêve chez Descartes (voir chap. 1 : La conscience).

CHAPITRE 14

L'interprétation

Mots clés

■ **Interprétation** : du latin *interpretari* (« expliquer, traduire »), désigne le fait de présumer d'un sens, qu'il s'agisse du sens d'un texte, d'une œuvre d'art, d'un comportement ou plus généralement d'un fait humain (fait social ou historique par exemple).

■ **Herméneutique** : du grec *hermeneutikè* (« art d'interpréter ») et de Hermès (« messager des dieux »). Désigne, selon la définition qu'en donne Foucault, « l'ensemble des connaissances qui permettent de faire parler les signes et de découvrir leur sens ».

Repères

– Absolu/Relatif ➜ p. 306
– Cause/Fin ➜ p. 308
– Expliquer/Comprendre ➜ p. 310
– Objectif/Subjectif ➜ p. 314

DE QUOI S'AGIT-IL ?

La signification du mot *interprétation* est assez vague. Aussi est-il nécessaire d'en préciser d'abord le sens : qu'est-ce qu'interpréter ? Est-ce dans le même sens que l'on parle, par exemple, de l'interprétation de la nature ou de l'interprétation d'un texte ? Quand y a-t-il à proprement parler interprétation ? On peut ensuite se demander ce qu'est une bonne interprétation. Une interprétation peut-elle être objective, exacte ou à tout le moins recevable, pertinente ? Peut-on dès lors définir les règles d'un art de comprendre ?

1 Comment circonscrire la notion d'interprétation ?

A Quel est le problème ?

- Comment définir, circonscrire la notion d'interprétation ? L'usage tel qu'il est décrit par les dictionnaires est assez vague : on interprète un texte, un comportement, un fait, une expérience scientifique, un rêve ou une œuvre d'art… On peut se demander si toutes ces « interprétations » ont quelque chose en commun. Qu'est-ce qu'interpréter ? Et qu'est-ce qui peut être, à proprement parler, interprété ? Peut-on interpréter la nature ou l'interprétation ne concerne-t-elle que l'homme et les faits humains ?

B Que signifie *interpréter* dans la langue courante ?

- Interpréter un texte par exemple, c'est en un premier sens, expliquer, commenter, donner une signification claire. C'est en ce sens que l'on parle de **l'interprétation des textes sacrés**, comme la Bible. *Interprétation* est alors synonyme d'***exégèse***.

- On appelle ***herméneutique*** l'art d'interpréter, notamment les textes qui en raison de la distance (historique, culturelle, linguistique) qui nous sépare d'eux, sont devenus difficiles à comprendre. Par exemple les textes de l'Antiquité grecque et latine. Mais, on peut bien entendu interpréter autre chose qu'un texte : une image, une œuvre d'art…

- En un second sens, plus large et sensiblement différent, interpréter signifie « **donner une signification aux faits, aux actes ou paroles de quelqu'un** ». Le terme d'*interprétation* évoque l'idée d'incertitude, de subjectivité : il y a plusieurs interprétations possibles, une interprétation peut être erronée, voire délirante comme celle du paranoïaque par exemple, qui peut interpréter un comportement anodin comme une manifestation d'hostilité.

- On parle enfin de l'**interprétation d'une musique ou d'un rôle**. En ce sens, une interprétation est une manière de jouer, mais c'est peut-être aussi d'abord une manière de comprendre (un personnage, une œuvre dramatique, une musique), donc de l'interpréter aux deux premiers sens.

- Cette description de l'usage suggère que l'interprétation concerne **les faits humains** plutôt que les **phénomènes naturels**. C'est la thèse de **Dilthey**.

C Dilthey : on explique la nature, on comprend le psychisme.

- Les **phénomènes naturels** (par exemple, la chute des corps, la radioactivité, la reproduction ou la digestion, etc.) ne peuvent être saisis de la même manière que la **vie psychique** (autrement dit tout ce qui est le fait de l'homme, par opposition à la nature). « Nous expliquons la nature, nous comprenons la vie psychique », écrit Dilthey. L'idée sera reformulée par **Raymond Aron** : « nous expliquons la nature, nous comprenons l'homme ».

> **Citation**
> « Nous expliquons la nature, nous comprenons la vie psychique. »
> Dilthey

- **Expliquer** un phénomène, c'est le **relier à d'autres phénomènes**, à une cause ou à une loi. Par exemple, expliquer la succession du jour et de la nuit, c'est la relier à la rotation de la Terre, expliquer la chute des corps ou la rotation des planètes, c'est, comme l'a fait Newton, relier ces phénomènes au principe de l'attraction universelle.

- **Comprendre**, c'est **saisir un sens**, donner une signification à un comportement, un texte, un fait historique ou social, etc. Ce que l'on comprend est donc relié à une intention plutôt qu'à une simple cause ou à une loi.

- Il y a donc une **différence de méthode** entre les **sciences de la nature**, comme la physique ou la biologie, et les **sciences de l'homme** (les sciences morales, dit Dilthey), comme la psychologie, l'histoire ou la sociologie. Sauf à supposer qu'une intention soit à l'œuvre dans la nature, on ne peut donc pas la comprendre (parce qu'elle n'a pas de sens) mais seulement l'expliquer. En revanche, on doit comprendre un fait historique, par exemple, comme la manifestation d'une intention, d'une volonté.

- Ce que **Dilthey** nomme *comprendre*, nous pouvons aussi bien le nommer *interpréter* : « Nous appelons compréhension le processus par lequel nous connaissons un « intérieur » à l'aide de signes perçus de l'extérieur par nos sens », écrit-il. Par exemple, on comprend (ou on interprète) une expression faciale comme la manifestation extérieure d'une émotion (intérieure) : colère, joie, tristesse…

D En quel sens peut-on parler de l'interprétation des phénomènes naturels ?

- La notion d'**interprétation** semble donc réservée aux **faits humains**, ceux auxquels on peut donner un **sens** parce qu'ils manifestent une **intention**. Il n'est pourtant pas absurde de parler d'interprétation de la nature, l'expression fait sens et est en usage. Diderot a par exemple écrit des *Pensées sur l'interprétation de la nature*. Dans ce contexte, *interprétation* semble n'être qu'un synonyme de *connaissance*.

COURS

• ***Interprétation*** est parfois aussi utilisé comme un synonyme de ***représentation***, avec l'idée que cette représentation n'est précisément qu'une représentation et n'a par conséquent qu'une **valeur relative**. Nos **connaissances** ne seraient alors qu'une **manière d'interpréter le monde**. C'est la thèse de **Nietzsche** : nous devons admettre, écrit-il que le monde peut « se prêter à une infinité d'interprétations ». Cela signifie que la Vérité, la **vérité absolue**, celle que les dogmatiques comme Platon croient pouvoir établir, est une **chimère** (voir chap. 13 : La démonstration). Il n'existe que des **perspectives** sur le monde, et il en existe une infinité. C'est ce que l'on peut appeler le **perspectivisme** : « l'homme ne peut s'empêcher de se voir selon sa propre perspective et ne peut se voir *que* selon elle ».

Citation

« L'homme ne peut s'empêcher de se voir selon sa propre perspective et ne peut se voir *que* selon elle. »

Nietzsche

• Notons d'abord que le philosophe évoque ici la perception que l'homme a de lui-même, donc semble-t-il, le monde humain (celui que précisément on comprend et interprète, et non les phénomènes naturels). Néanmoins, il compare ailleurs la perception d'un arbre à la **lecture d'un texte** dont on dégage un sens présumé sans en lire tous les mots : nous inventons le monde à la manière de l'artiste, nous l'interprétons, beaucoup plus que nous ne l'observons avec minutie. **Le monde serait donc comme un texte** qui se prêterait à une **infinité de lectures** ou d'interprétations.

• **Au sens large**, une interprétation du monde, n'est donc rien d'autre qu'une vision ou une représentation du monde. **Au sens strict**, une interprétation de la nature consisterait à donner un sens aux phénomènes naturels, c'est-à-dire à les **comprendre par analogie avec les faits humains** comme la manifestation d'une intention. Cela n'est possible qu'à condition de supposer qu'une intention est à l'œuvre dans la nature ou dans l'univers.

• C'est ce qu'ont fait nombre de philosophes, comme **Aristote** par exemple, pour qui il existe une finalité naturelle : « **la nature ne fait rien en vain** », écrit-il. Aux yeux d'Aristote, les corps chutent *pour* retrouver leur lieu naturel (voir chap. 15 : Le vivant). Ainsi donne-t-il **un sens** au phénomène de la chute des corps.

• Lorsque **Kant** croit découvrir dans le cours de l'histoire humaine un **plan caché de la nature** (voir chap. 11 : L'histoire), il **interprète** lui aussi **la nature**, en ce sens qu'il lui **prête une intention**.

• *Mutatis mutandis* (« en changeant ce qui doit être changé »), **Nietzsche** ne fait pas autre chose en interprétant le monde comme la manifestation de ce qu'il appelle la **volonté de puissance** (la volonté de dominer propre à toute vie).

Citation

« Ce monde, c'est le monde de la volonté de puissance. »

Nietzsche

- C'est cette **prétention d'interpréter** la nature que récuse **Descartes** : l'homme ne peut pas savoir pourquoi Dieu a fait les choses comme elles sont : « nous n'avons pas été admis au conseil de la création », nous ne pouvons pas interpréter les phénomènes naturels comme la manifestation de la volonté divine. Dieu a certes voulu que le monde soit ce qu'il est, mais l'homme ne peut pas découvrir les **raisons**, les **intentions** de son créateur **derrière les phénomènes naturels**. En revanche, la science peut **expliquer** ces derniers en établissant entre eux des **relations de cause à effet**.
- La **science moderne** naît donc **en renonçant à l'idée d'interpréter la nature,** c'est-à-dire d'y découvrir du **sens**, des **intentions** ou des **fins**, et **Auguste Comte** soulignera que les explications **finalistes** (par les fins, les buts) relèvent d'une conception **préscientifique** du monde.

2 Comment interpréter ?

A Quel est le problème ?

- Si l'interprète jouit d'une certaine liberté, il ne peut cependant pas dire n'importe quoi. Toutes les interprétations ne sont pas pertinentes, recevables. Il s'agirait donc de définir les règles d'un **art de comprendre** (ou de bien comprendre), en un mot : une **herméneutique**. Mais il s'agit aussi de saisir le processus de la compréhension de manière plus descriptive que normative : que se passe-t-il quand nous comprenons un texte par exemple, ou une œuvre d'art ? Comment la compréhension est-elle simplement possible ?

B Schleiermacher : l'art de l'interprétation

- L'interprétation est un **art** plutôt qu'une **science** parce qu'il est difficile de distinguer une bonne d'une mauvaise compréhension, avec une exactitude scientifique. Le processus de l'interprétation n'est jamais achevé, parfait, assuré.
- Ce qui rend la compréhension difficile, c'est essentiellement la **distance**, l'éloignement, le temps qui nous sépare de ce que nous avons à interpréter. Il arrive même, explique **Schleiermacher**, que nous ayons à traduire, à reformuler ce que nous avons écrit nous-mêmes dans le passé pour le comprendre de nouveau. Ce qui appartient au passé, à une autre époque ou à une autre culture, ce qui est écrit ou pensé dans les mots d'une langue étrangère n'est pas, ou n'est plus, immédiatement intelligible.

Citation

« Il y a herméneutique là où il y a mécompréhension. »

Schleiermacher

• La première « règle » de l'interprétation, ou sa première condition si l'on préfère, est donc de replacer le **texte** (ou plus généralement l'objet interprété) dans son **contexte** (historique, culturel, linguistique…).

• Mais si une œuvre est le produit d'une époque, d'une culture, d'une langue, elle reflète aussi une **sensibilité singulière**, une **individualité** que l'interprète a donc aussi à cerner. C'est donc l'auteur lui-même qu'il s'agit de comprendre, sa psychologie : **revivre et repenser** ses sentiments et ses pensées. Schleiermacher estime même qu'on peut comprendre un auteur mieux qu'il ne s'est compris lui-même.

> **Citation**
> « Il faut comprendre l'auteur mieux qu'il ne s'est lui-même compris. »
> Schleiermacher

• Il y a une tension entre ces deux aspects de l'interprétation : considérer l'œuvre comme le produit d'une langue et d'une culture communes, c'est du même coup négliger sa singularité, et inversement.

• Schleiermacher met aussi en évidence le « **cercle herméneutique** » : on ne peut comprendre un texte que dans le contexte d'une œuvre qui ne peut elle même être comprise qu'à partir des textes qui la constituent. Cela ne signifie pas qu'il soit impossible de comprendre une pensée, mais plutôt que cette compréhension, jamais achevée, s'approfondit en allant des parties au tout et du tout à ses parties, etc.

C Gadamer : un texte se comprend comme une réponse à une question.

• Gadamer souligne qu'un texte ne peut être compris que comme la réponse à une question, une **vraie question**, une question que, par conséquent, nous pourrions nous-mêmes nous poser, parce qu'elle dépasse le contexte dans lequel elle a surgi. On peut noter au passage que c'est ainsi que l'on s'efforce, en effet, de comprendre un **texte philosophique** : à quelle question (souvent récurrente dans l'histoire de la pensée) son auteur s'efforce-t-il de répondre ? À quel problème cherche-t-il une solution ? Or, d'autres réponses sont possibles que celles de l'auteur. Comprendre une thèse signifie donc aussi la comprendre comme une des réponses possibles à une question que nous pouvons nous poser.

> **Citation**
> « On ne peut comprendre une proposition que si on la comprend comme une réponse à une question. »
> Gadamer

• **Ricœur** ajoute que le sens d'un texte se comprend aussi en fonction des questions qu'il soulève ou qu'il engendre (sans y répondre). Par exemple, les questions ou les objections éventuellement soulevées par la réponse à la question initiale.

• L'interprétation est donc pour ainsi dire une **conversation** à laquelle nous prenons part. L'interprète survient en quelque sorte « au beau milieu d'une conversation qui est déjà commencée », pour y apporter sa contribution, pour prolonger le questionnement, faire avancer le débat et en élargir l'horizon.

D Freud : l'interprétation des rêves

- Le père de la psychanalyse (voir chap. 3 : L'inconscient) soutient que **les rêves** (comme les actes manqués ou les symptômes névrotiques) **ont un sens**. Un sens, mais non un sens prémonitoire, comme on le croit depuis l'Antiquité. Les rêves manifestent, mais **de manière obscure**, des **désirs inconscients refoulés**. C'est ce que suggère l'analyse des rêves de type infantile qui expriment, eux, un désir tout à fait clair et explicite, non censuré.
- Interpréter un rêve consiste donc à découvrir des **idées latentes** derrière son **contenu manifeste**. Par exemple une jeune femme rêve qu'elle a acheté des places de théâtre trop tôt parce qu'elle a refoulé l'idée angoissante de s'être mariée trop tôt.
- Cet exemple montre notamment qu'aux yeux de Freud, le rêve, n'ayant pas de signification globale, se distingue de l'**allégorie** et de la **parabole**. Il doit donc être analysé (décomposé) pour être interprété. Par exemple, si je rêve d'un voyage en bateau sur la mer, ce sont ses éléments considérés séparément et en eux-mêmes (le voyage, le bateau, la mer) que je dois interpréter, et non le récit du rêve considéré dans sa globalité.
- Toutefois, et malgré l'existence de symboles, sinon universels, du moins récurrents (notamment dans le domaine de la vie sexuelle), il n'existe pas selon Freud de clés fixes de l'interprétation des rêves : aucun dictionnaire, aucune « **clé des songes** » ne pourrait donc suffire à interpréter nos rêves. L'interprétation des rêves n'est donc pas un simple **décodage**, mais un travail problématique, incertain et toujours inachevé.

> **Citation**
> « Les rêves les mieux interprétés gardent souvent un point obscur, on remarque là un nœud de pensées que l'on ne peut défaire. »
> Freud

- C'est donc au rêveur lui-même qu'il revient en principe d'interpréter son rêve (avec le soutien éventuel du psychanalyste) et selon la méthode de l'**association libre**. Il s'agit de se demander ce qu'évoque spontanément (sans se censurer) tel ou tel élément du rêve. Interpréter les rêves d'autrui, à plus forte raison sans être soi-même psychanalyste, expose l'interprète au risque d'y projeter ses propres désirs inconscients.
- La psychanalyse permet également d'interpréter la mythologie, ainsi que les œuvres littéraires et artistiques, à la lumière de l'hypothèse de l'inconscient. Les **œuvres d'art** manifestent, comme les rêves, des désirs refoulés dans l'inconscient.

Pour résumer

1. Comment circonscrire la notion d'interprétation ?

■ *Interpréter* signifie en un premier sens « **expliquer, clarifier** » ce qui est obscur (spécialement dans un texte).

■ En un second sens, *interpréter* c'est « **donner une signification aux faits, aux actes ou paroles de quelqu'un** ».

■ L'interprétation concerne donc à première vue les faits humains. C'est la thèse de **Dilthey** : **on explique la nature, on comprend l'homme.**

■ Pourtant, l'idée d'interpréter la nature ou le monde fait sens. Cela signifie, ou bien qu'**on ne peut qu'interpréter le monde**, c'est-à-dire se le représenter de son point de vue sans jamais le connaître de manière objective (**Nietzsche**), ou bien qu'on donne un sens et une fin (un but) aux phénomènes naturels (**finalisme**).

■ La **science moderne** récuse cette dernière attitude.

2. Comment interpréter ?

■ On peut chercher à définir, sinon des règles, du moins les conditions de la compréhension, au premier rang desquelles **Schleiermacher** place la contextualisation.

■ Il faut donc **comprendre l'époque, la culture, la langue** qui ont donné naissance à un texte, mais aussi **la sensibilité singulière de son auteur**.

■ Scheiermacher met en évidence le **cercle herméneutique** : on ne peut comprendre un texte qu'en comprenant l'œuvre entière et inversement.

■ **Gadamer** estime qu'un texte se comprend comme une **réponse à une question**.

■ Pour **Freud,** les **rêves** peuvent s'interpréter comme l'expression de **désirs inconscients**.

Chronologie

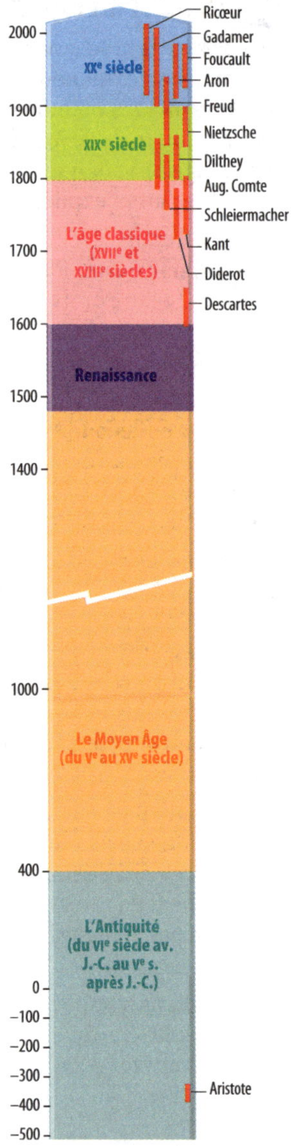

Les incontournables

Dilthey définit ici ce qu'il appelle « comprendre », conformément à l'usage. Il souligne que c'est seulement en un sens figuré que l'on parle de l'interprétation de la nature : on explique la nature, on comprend le psychisme humain.

Nous appelons compréhension le processus par lequel nous connaissons un « intérieur[1] » à l'aide de signes perçus de l'extérieur par nos sens. C'est l'usage de la langue, et la terminologie psychologique fixe dont nous avons tant besoin ne peut être mise sur pied que si tous les auteurs conservent régulièrement toutes les expressions déjà solidement établies, bien délimitées et propres à rendre des services. La compréhension de la nature – *interpretatio naturæ*[2] – est une expression figurée. Mais nous appelons aussi, assez improprement, compréhension l'appréhension de nos états particuliers[3]. Je dis par exemple : « je ne comprends pas comment j'ai pu agir de la sorte » et même : « je ne me comprends plus ». J'entends par là qu'une manifestation de moi-même qui s'est intégrée dans le monde sensible me semble venir d'un étranger et que je ne suis pas capable de l'interpréter en tant que telle, ou, dans le second cas, que je suis entré dans un état que je regarde comme étranger. Ainsi donc, nous appelons compréhension le processus par lequel nous connaissons quelque chose de psychique à l'aide de signes sensibles qui en sont la manifestation.

Wilhelm Dilthey, *Le Monde de l'Esprit*, trad. de M Rémy, © Aubier-Montaigne, 1947.

1. **Un intérieur :** un état intérieur, c'est-à-dire un phénomène psychique (sentiment, pensée…).
2. ***Interpretatio naturæ*** : interprétation de la nature.
3. **L'appréhension de nos états particuliers :** la conscience immédiate de nos états intérieurs, distinguée ici de l'interprétation des signes qui manifestent les états intérieurs d'autrui.

CHAPITRE 15

Le vivant

Mots clés

Vivant : la définition du vivant est bien entendu problématique, elle est d'une certaine façon tout l'objet du chapitre. On peut néanmoins définir le vivant par sa capacité à se reproduire. Il faut souligner que l'expression « être vivant » ne renvoie pas spécifiquement à l'homme, mais à tout ce qui vit.

Mécanisme : doctrine selon laquelle tout dans l'univers s'explique par des relations de cause à effet d'ordre mécanique.

Finalisme : doctrine qui, comme celle d'Aristote, affirme que les phénomènes naturels, la vie notamment, s'expliquent par des fins ou causes finales.

Repères

– En acte/En puissance ➜ p. 307
– Cause/Fin ➜ p. 308

DE QUOI S'AGIT-IL ?

On peut se représenter la vie comme un principe, une force qui anime certains êtres, les distingue des choses inertes et peut les quitter à tout moment. C'est ce que l'on appelle une âme. Mais cette conception est concurrencée, au moins depuis Descartes, par l'idée qu'un être vivant n'est rien d'autre qu'une machine complexe. Toute la question est de savoir si cette conception matérialiste et mécaniste du vivant est suffisante. Les êtres vivants ne sont-ils que des machines ?

1 La conception spiritualiste du vivant

A L'âme est le principe de la vie.

• L'**âme**, du latin *anima* (« vent, air, souffle ») peut se concevoir comme **ce qui anime la matière** (le corps), la met en **vie** et en **mouvement**. De ce point de vue, les êtres vivants ou êtres animés se distinguent des choses inertes parce qu'ils sont « habités » par une âme. La mort surviendrait donc quand l'âme quitte le corps auquel elle donnait vie. Parce qu'elle est conçue comme un **principe de vie**, l'âme est généralement tenue pour immortelle et éventuellement comme susceptible de se réincarner, c'est-à-dire de venir habiter et animer un autre corps (humain ou non). Ces idées sont probablement aussi vieilles que l'homme lui-même, elles se retrouvent dans de nombreuses philosophies ou religions et nous sont encore très familières, comme en témoigne la facilité avec laquelle nous les comprenons (que nous y adhérions ou non).

Citation

« L'âme est ce qui se meut de soi, or ce qui se meut de soi se meut toujours, donc l'âme se meut toujours. »

Platon

B La conception aristotélicienne du vivant

1. Tous les vivants ont une âme.

• Si certaines conceptions réservent l'âme à l'être humain, **Aristote accorde une âme à tous les vivants**. C'est que l'âme est à ses yeux, en accord avec la conception que nous venons de décrire, ce qui confère la vie à la matière. Le philosophe distingue cependant **trois sortes d'âme** :

– L'**âme végétative**, **commune à tous les êtres vivants**, assure les grandes fonctions vitales : la nutrition, la croissance et la reproduction. Ces fonctions sont en effet caractéristiques de la vie, puisque rien, à proprement parler, ne se nourrit, ne croît et ne se reproduit, sinon les êtres vivants.

– L'**âme sensitive** engendre la sensation et la sensibilité, c'est-à-dire, d'une part la faculté de percevoir, et d'autre part, celle de ressentir du plaisir ou de la douleur. Elle est **commune aux animaux et à l'homme**.

– L'**âme raisonnable** (ou intellective) est **propre à l'homme**, elle est le principe de la pensée.

2. L'âme joue pour le vivant le rôle de moteur et de fin.

● « L'âme disparue, il n'y a plus d'animal », écrit Aristote. C'est que l'âme est, on l'a dit, le principe de la vie. Cela signifie plus précisément que l'âme joue à la fois le rôle de **moteur** de l'être vivant (elle l'anime, le met en mouvement ou en fonctionnement) et de **fin** : elle n'est pas seulement une force motrice, mais une force formatrice qui, par exemple, transforme le gland en chêne ou le poulain en cheval.

● L'âme pourrait ainsi être comparée à une main invisible qui modèle la matière en même temps qu'elle l'anime. Les êtres vivants se développent en effet spontanément selon un plan (un programme dirions-nous aujourd'hui), comme s'ils étaient fabriqués par un artisan intérieur. « Si l'art de construire des vaisseaux était dans le bois, il agirait comme la nature », écrit Aristote. Cela signifie que si les bateaux avaient une âme, s'ils étaient vivants, ils pousseraient tout seuls, comme des arbres. **L'âme est la forme du corps**, écrit Aristote, c'est-à-dire qu'elle donne sa forme à l'être vivant.

> **Citation**
> « L'âme est la forme d'un corps naturel ayant la vie en puissance. »
> Aristote

● Kant dira (beaucoup plus tard) que les êtres vivants ne sont pas de simples machines, parce qu'une machine possède seulement une **force motrice**, alors que les êtres vivants possèdent une **force formatrice**.

3. Le finalisme

● La conception aristotélicienne de l'âme s'inscrit dans un contexte **finaliste**. On qualifie de finaliste toute **doctrine qui attribue un rôle majeur à la finalité** dans l'explication de l'univers en général et des êtres vivants en particulier. Il se résume assez bien dans la fameuse formule d'Aristote : « **la nature ne fait rien en vain** ».

● Il y aurait donc partout de la finalité dans la nature, c'est-à-dire que toute chose tendrait vers une fin, un but ou encore « **une cause finale** ». Par exemple, voir est la finalité des yeux, marcher celle des jambes, arroser la terre est le but de la pluie, etc. Le finalisme cherche **la raison d'être** des choses, il répond à la question ***pour-quoi*** ? Il se demande pourquoi ou en vue de quoi les choses sont ce qu'elles sont.

● Par exemple, Aristote interprète la chute des corps comme la manifestation de la tendance spontanée qu'aurait chaque élément (la terre, l'air, l'eau et le feu) à retrouver son « **lieu naturel** » (sa place) : le bas en ce qui concerne la terre.

> **Citation**
> « Il y a davantage de finalité et de beauté dans les œuvres de la nature que dans les fabrications humaines. »
> Aristote

• Or, cette finalité partout à l'œuvre dans la nature (l'univers) est particulièrement manifeste dans **le monde vivant**. Les organes ont par définition une fonction, les êtres vivants sont utiles les uns aux autres (même, nous le savons, quand ils se concurrencent) et l'âme enfin, on l'a dit, joue pour le vivant le rôle de moteur et de fin.

2 La conception matérialiste et mécaniste du vivant

A Descartes : la théorie des animaux-machines

• Est-il vraiment nécessaire de recourir à la notion d'âme pour expliquer la vie ? **Descartes** estime que les animaux sont des **machines créées par Dieu**, infiniment plus complexes que celles que la science et les techniques humaines sont capables de produire. Nul besoin de supposer une âme, un principe de vie pour expliquer le fonctionnement du corps des animaux. « Ceux qui, sachant combien de divers automates, ou machines mouvantes, l'industrie des hommes peut faire [...] considéreront ce corps (celui des animaux) comme une machine qui, ayant été faite des mains de Dieu, est incomparablement mieux ordonnée et a en soi des mouvements plus admirables qu'aucune de celles qui peuvent être inventées par les hommes », écrit-il.

• Le philosophe (et savant) estime même que si on pouvait fabriquer une machine semblable à un singe par exemple, une machine qui aurait à la fois les mêmes organes internes et la même apparence extérieure, rien ne permettrait de distinguer la machine du véritable animal, puisque **l'animal véritable n'est lui-même rien de plus qu'une machine**.

> **Bien comprendre**
> Descartes parle seulement des animaux, il n'évoque pas les végétaux, mais sa théorie peut être étendue à l'ensemble des êtres vivants. Rien ne s'y oppose.

• Toutefois Descartes ne renonce pas entièrement à la notion d'âme. Si les animaux sont des machines sans âmes, le corps de l'homme est en revanche uni à une âme qui est le **principe de la pensée** ou de la conscience (voir chap. 16 : Matière et esprit). Cette âme qui distingue radicalement l'homme de l'animal et fait sa dignité, n'est plus cependant, comme chez Aristote, il faut le souligner, **un principe de vie**. Elle ne confère pas la vie au corps humain qui n'est lui-même qu'une machine.

• Le vivant s'explique donc de manière strictement **matérielle et mécanique**. **Matérielle** parce qu'aucun principe immatériel ne confère la vie ni aux animaux, ni à l'homme, **mécanique** parce que dans un être vivant (un organisme dirions-nous aujourd'hui) tout s'explique par l'agencement et le mouvement des parties : une pièce entraîne une autre pièce, le cœur fait circuler le sang (bien que Descartes ne l'aie pas compris), l'estomac digère les aliments, etc.

> **Bien comprendre**
> Descartes n'est pas matérialiste, puisqu'il attribue une âme à l'être humain. C'est seulement sa conception du vivant qu'on peut qualifier de matérialiste, parce qu'elle ne suppose aucun principe immatériel.

B Le mécanisme cartésien

- La théorie des animaux-machines s'inscrit dans une conception mécaniste de l'ensemble de l'**univers**. Le **mécanisme** peut se définir comme la doctrine selon laquelle **tous les phénomènes s'expliquent par les lois des mouvements matériels**. « Ma philosophie ne considère que des grandeurs, des figures et des mouvements comme fait la mécanique », écrit Descartes. De ce point de vue, **l'univers est donc comparable à une grande machine** à l'intérieur de laquelle on trouve ces machines plus petites que sont les animaux.
- **Le mécanisme de Descartes s'oppose au finalisme d'Aristote**. Alors qu'Aristote privilégie l'explication par les **fins** (ou cause finale), Descartes n'explique les phénomènes que par leurs **causes** (ou cause efficiente). Pour Aristote par exemple, expliquer la pluie consiste surtout à en montrer l'utilité, la fin, le but, alors que pour Descartes la science doit se borner à montrer comment la pluie est engendrée par les nuages.

C Lucrèce : le vivant ne s'explique pas par des causes finales.

- **Lucrèce** est un philosophe **matérialiste**, disciple d'Épicure. À ses yeux, **toute existence est** donc **matérielle** (voir chap. 16 : Matière et esprit). Les épicuriens ne nient pas l'existence de l'âme, mais considèrent qu'elle est de nature matérielle. Tout s'explique donc dans leur système par des **causes matérielles**, c'est-à-dire par **les atomes et leurs mouvements**.
- Cependant, ces mouvements ne sont nullement orientés vers un but ou une fin. **Il n'y a pas de finalité dans la nature**, aucune intention n'est à l'œuvre dans les phénomènes naturels, même pas, malgré l'opinion commune, dans le monde vivant.
- Contre ce qu'il considère comme une fausse évidence, Lucrèce soutient que **nos organes n'ont pas été créés en vue de nos besoins** : nos yeux n'ont pas été créés pour que nous puissions voir, pas plus que nos jambes pour marcher, etc.

> **Bien comprendre**
> On peut éventuellement voir dans cette conception de la nature (l'atomisme), une préfiguration du mécanisme, mais celui-ci ne se confond pas avec le matérialisme comme le montre l'exemple du mécanisme cartésien.

Expliquer l'existence de nos organes par des causes finales, c'est-à-dire par leur fonction (voir, marcher, etc.), c'est commettre une erreur de raisonnement, c'est mettre, **contre toute logique**, la cause après l'effet. Nous avons des yeux et par conséquent nous voyons, nous avons des jambes et donc nous marchons. Mais ce n'est pas parce que nous voyons (ou avons besoin de voir) que nous avons des yeux ou parce que nous marchons (ou avons besoin de marcher) que nous avons des jambes, etc.

Citation

« Tous les organes à mon avis sont antérieurs à l'usage qu'on en a pu faire. Ils n'ont donc pas pu être créés en vue de nos besoins. »

Lucrèce

3 Critique du mécanisme

A Canguilhem : le mécanisme cartésien n'exclut pas le recours à la finalité.

- Le fonctionnement des machines que sont pour Descartes les êtres vivants s'explique, comme on l'a compris, par des relations de cause à effet. Toutefois, **la construction de ces machines ne se conçoit pas sans la notion de finalité** : toute machine est conçue avant d'être réalisée, elle a une fonction et chacun de ses « organes » contribuant au fonctionnement de l'ensemble en a également une.
- Dans le système de Descartes, c'est **Dieu** qui **est l'ingénieur du vivant**, en même temps que de la machinerie universelle : il a créé l'univers et lui a donné des lois si bien faites que la matière s'est organisée spontanément pour donner le monde que nous connaissons. Les animaux sont donc des machines créées par Dieu. Plus exactement, elles seraient apparues « spontanément », c'est-à-dire grâce aux lois établies par Dieu à cet effet, au commencement du monde.
- **La finalité existe** donc bien **au sein du mécanisme cartésien** qui « la rassemble tout entière au point de départ », écrit Canguilhem.

B Kant : un être vivant est plus qu'une machine.

- **Kant** souligne que les êtres vivants se caractérisent par des **propriétés spécifiques, étrangères aux machines**. Dans une montre, par exemple, un rouage entraîne un autre rouage, mais il ne peut pas en produire un autre. Et la montre elle-même peut encore moins se reproduire. En revanche, un arbre produit des feuilles et a la propriété de se reproduire. Si on arrache les feuilles d'un arbre, elles repoussent, alors qu'on n'a jamais vu une machine se réparer toute seule.

Les êtres vivants se caractérisent par leur capacité de **reproduction**, d'**autorégulation** et d'**autoréparation**.

- À la différence des machines qui possèdent seulement une **force motrice**, les êtres vivants possèdent ainsi une **force formatrice** ou organisatrice qui se propage, se communique et « informe » la matière. Les êtres vivants donnent ainsi une réalité objective à l'idée d'une fin de la nature.

> **Citation**
> « Un être organisé n'est pas simplement une machine. »
> Kant

- On peut toutefois se demander (contre Kant) si ces différences interdisent réellement de penser le vivant sur le modèle de la machine, ou s'il reste possible de le penser sur le modèle de machines plus sophistiquées, les machines cybernétiques. La cybernétique étudie les mécanismes d'**autorégulation**, notamment dans les organismes vivants.

C Le vitalisme

- La conception aristotélicienne du vivant relève du **vitalisme**, en ce sens qu'elle affirme qu'on ne peut expliquer le vivant sans faire appel à un **principe de vie immatériel** : l'âme.
- Néanmoins, le terme de *vitalisme* désigne plus spécialement les conceptions développées, surtout au XVIIIe siècle, par des savants ou médecins comme Bichat notamment.
- Le vitalisme affirme que **la vie ne peut être expliquée par les seules lois de la physique et de la chimie**. Le phénomène de la vie ne se réduit pas à des phénomènes physico-chimiques.
- **Bichat** définit la vie comme un principe, une **force spéciale en lutte contre la nature matérielle** qui tend à détruire l'organisme. Il existerait ainsi un conflit entre les propriétés spécifiques de l'être vivant et les lois qui régissent la matière inerte. **La vie est,** autrement dit, **une lutte contre la mort**.
- Le vitalisme trouve une continuation dans la philosophie de **Bergson** qui évoque un « **élan vital** ». La vie est comparable à un courant qui traverse et organise les corps. Son évolution est **imprévisible**. Elle est semblable en cela à la conscience (voir chap. 22 : La liberté).

> **Citation**
> « La vie apparaît comme un courant ».
> Bergson

Pour résumer

1. La conception spiritualiste du vivant

■ **Aristote** regarde les êtres vivants comme des corps animés par un **principe de vie immatériel** nommé *âme*. L'âme est **ce qui confère la vie**. Elle joue le rôle de moteur et de fin pour le vivant : elle l'anime et le forme.

■ Cette conception du vivant s'inscrit dans un **contexte finaliste** : il existe une finalité naturelle, tout a une fin, un but, une raison d'être.

2. La conception matérialiste et mécaniste du vivant

■ **Descartes** s'oppose au finalisme d'Aristote : tout dans l'univers s'explique par des **relations de cause à effet d'ordre mécanique**. Les animaux n'échappent pas à la règle, ils ne sont rien d'autre que des machines (théorie des animaux-machines).

■ **Lucrèce** réfute le finalisme : nos organes n'ont pas été créés en raison de nos besoins. Tout dans la nature s'explique par des **causes matérielles**. L'âme est elle-même matérielle.

3. Critique du mécanisme

■ **Canguilhem** souligne que le mécanisme cartésien reste hanté par la **finalité**.

■ **Kant** affirme que les êtres vivants ne sont pas de simples machines, qu'ils s'en distinguent par des **propriétés spécifiques**, notamment la **capacité de se reproduire.**

■ Le vitalisme estime que la vie ne se réduit pas à des phénomènes physico-chimiques.

■ Dans une perspective voisine, **Bergson** estime que l'évolution du vivant est la manifestation de ce qu'il nomme l'**élan vital**.

Chronologie

Les incontournables

Descartes expose ici sa fameuse théorie des animaux-machines. Il entend montrer que les animaux sont, à la différence de l'homme, des machines sans âme.

Ceux qui, sachant combien de divers automates, ou machines mouvantes, l'industrie des hommes peut faire, sans y employer que fort peu de pièces, à comparaison de la grande multitude des os, des muscles, des nerfs, des artères, des veines, et de toutes les autres parties qui sont dans le corps de chaque animal, considéreront ce corps comme une machine qui, ayant été faite des mains de Dieu, est incomparablement mieux ordonnée et a en soi des mouvements plus admirables qu'aucune de celles qui peuvent être inventées par les hommes.

Et je m'étais ici particulièrement arrêté à faire voir que, s'il y avait de telles machines qui eussent les organes et la figure extérieurs d'un singe ou de quelque autre animal sans raison, nous n'aurions aucun moyen pour reconnaître qu'elles ne seraient pas en tout de même nature que ces animaux ; au lieu que, s'il y en avait qui eussent la ressemblance de nos corps et imitassent autant nos actions que moralement il serait possible, nous aurions toujours deux moyens très certains pour reconnaître qu'elles ne seraient point pour cela des vrais hommes. Dont le premier est que jamais elles ne pourraient user de paroles ni d'autres signes en les composant, comme nous faisons pour déclarer aux autres nos pensées. Car on peut bien concevoir qu'une machine soit tellement faite qu'elle en profère quelques-unes à propos des actions corporelles qui causeront quelques changements en ses organes, comme si on la touche en quelque endroit, qu'elle demande ce qu'on veut lui dire ; si en un autre, qu'elle crie qu'on lui fait mal, et choses semblables ; mais non pas qu'elle les arrange diversement pour répondre au sens de tout ce qui se dira en sa présence, ainsi que les hommes les plus hébétés peuvent faire. Et le second est que, bien qu'elles fissent plusieurs choses aussi bien ou peut-être mieux qu'aucun de nous, elles manqueraient infailliblement en quelques autres, par lesquelles on découvrirait qu'elles n'agiraient pas par connaissance, mais seulement par la disposition de leurs organes[1]. Car, au lieu que la raison est un instrument universel qui peut servir en toutes sortes de rencontres, ces organes ont besoin de quelque particulière disposition pour chaque action particulière[2] ; d'où vient qu'il est moralement impossible[3] qu'il y en ait assez de divers en une machine pour la faire agir en toutes les occurrences de la vie de même façon que notre raison nous fait agir.

DESCARTES, *Discours de la méthode*, 1637.

1. **« Par la disposition de leurs organes » :** de manière simplement mécanique, sans intelligence et sans conscience.

2. L'intelligence permet en effet d'inventer des solutions, des réponses adaptées, pertinentes.

3. **Moralement impossible :** inconcevable.

CHAPITRE 16

La matière et l'esprit

Mots clés

▪ **Matière** : du latin *materia* (« bois dur »). La matière se présente comme ce qui peut être touché ou plus généralement perçu et modelé. Mais sa nature, sa définition et même son existence font problème.

▪ **Esprit** : du latin *spiritus* (« souffle, souffle vital, âme »). Le sens du terme est particulièrement vaste, mais il peut s'entendre ici comme un synonyme d'*âme*. En un sens plus strict, *esprit* est synonyme d'« intelligence ».

▪ **Âme** : du latin *anima* (« âme, souffle, vie »), désigne un principe de vie et/ou de pensée.

▪ **Matérialisme** : doctrine selon laquelle toute réalité est matérielle.

▪ **Spiritualisme** : du latin *spiritus*. Le terme désigne en un premier sens toute doctrine qui affirme l'existence de l'esprit (ou de l'âme) compris comme une réalité distincte de la matière. En ce sens le spiritualisme est un dualisme. En un second sens, *spiritualisme* est synonyme d'*immatérialisme*.

▪ **Immatérialisme** : doctrine de Berkeley niant l'existence de la matière.

Repères

– Principe/Conséquence ➔ p. 315

DE QUOI S'AGIT-IL ?

La matière et l'esprit sont-ils deux réalités distinctes, comme le pense notamment Descartes (spiritualisme dualiste) ? Peut-on au contraire réduire l'esprit à la matière (matérialisme), ou inversement, la matière à l'esprit (immatérialisme) ? Spiritualisme dualiste, matérialisme, immatérialisme, ce sont ces trois doctrines qu'il s'agit de confronter pour en éprouver la valeur. Le problème a aussi, comme on le verra, une dimension morale et théologique.

1 Le spiritualisme dualiste : matière et esprit sont deux réalités distinctes.

A L'esprit (ou l'âme) conçu comme principe immatériel de vie

- ***Esprit*** (du latin *spiritus* : « le souffle, le souffle vital, l'âme ») et ***âme*** (du latin *anima* : « âme, souffle, vie ») sont, on le voit, des **synonymes**. L'esprit peut donc être conçu comme un principe de vie et de mouvement, ce qui **anime** (du latin *anima*) un être vivant, ce qui lui confère la vie. Cet esprit ou cette âme peuvent être considérés soit comme **immatériels**, c'est la thèse de **Platon** et d'**Aristote**, soit comme constitués d'une **matière très subtile**, c'est la thèse d'**Épicure** et de **Lucrèce** (voir chap. 15 : Le vivant).

- Si on tient l'âme pour un principe de vie immatériel, on la jugera aussi **incorruptible**, c'est-à-dire **éternelle**. Dans cette perspective, la **mort** est comprise comme la **séparation de l'âme et du corps**. Elle n'est pas un anéantissement, mais quelque chose comme un passage ou un changement d'état.

B L'affirmation de l'existence de l'âme a une dimension éthique.

- L'âme, ou plus exactement sa partie immortelle, est pour Platon quasi **divine mais déchue** : incarnée, associée à un corps qu'elle aime et dont elle partage la vie, elle est comme souillée et rabaissée, dégradée. Elle est semblable à la statue de Glaucos le marin, défigurée par un long séjour dans la mer, érodée, couverte d'algues et de cailloux.

- La croyance en l'âme a, on le comprend, une dimension morale ou éthique : l'âme, ou plutôt sa partie supérieure, **l'esprit** (*noûs*) est ce qu'il y a de divin, de bon, de noble en l'homme, ce qui l'élève vers le Vrai, le Beau et le Bien. Mais cette aspiration est contrariée par les **penchants sensibles**, les appétits inférieurs comme la faim, la soif ou le désir sexuel (voir chap. 5 : Le désir). L'âme figure ce qu'il y a de meilleur en nous.

- Ainsi le philosophe doit-il s'efforcer de limiter l'influence néfaste que le corps et les penchants sensibles ont sur son âme. C'est en ce sens que Platon définit la philosophie comme un exercice de mort : son but est de **libérer l'âme de la prison du corps**.

> **Citation**
> « Le corps est la prison de l'âme. »
> Platon

- Il existerait ainsi **deux réalités distinctes, opposées et complémentaires** : **l'esprit ou l'âme, immatérielle, imperceptible et incorruptible** et **la matière**

qui peut être touchée, perçue, se corrompre ou se décomposer. On nomme **dualisme** toute doctrine qui affirme ainsi l'existence de deux principes irréductibles.

- Aux yeux des **Anciens**, l'âme (*psukhê* en grec) est à la fois **le principe de la vie et de la pensée**. (voir chap. 15 : Le vivant).

C Descartes : l'âme comme principe de la pensée

- **Descartes** récuse l'idée selon laquelle la vie serait conférée à la matière par un principe immatériel. **La vie s'explique matériellement et mécaniquement**. C'est la **théorie des animaux-machines** : les animaux sont des machines sans âmes (voir chap. 15 : Le vivant). Le corps de l'homme n'est d'ailleurs lui-même qu'une machine. La vie biologique ne requiert donc pas l'existence d'une âme.

- Descartes reste cependant convaincu que l'homme, et l'homme seul, a une âme qui est le **principe de la pensée ou de la conscience**. Le philosophe exclut l'idée selon laquelle la matière pourrait penser ; c'est au contraire l'âme ou l'esprit qui pensent. L'âme n'est d'ailleurs rien d'autre qu'une « chose qui pense », une substance dont toute l'essence n'est que de penser.

> **Citation**
> « L'âme est une substance entièrement distincte du corps. »
> Descartes

- L'âme est donc une substance ***réellement*** distincte du corps. Cela signifie que cette distinction est réelle (distinction réelle), qu'elle n'est pas seulement opérée par l'esprit (distinction de raison). Ce qui le prouve aux yeux de Descartes, c'est qu'il peut douter de l'existence du monde matériel **sans douter de sa propre existence**. C'est la fameuse certitude du *cogito* : « je pense donc je suis » (voir chap. 1 : La conscience). S'il est certain que je serais encore quelque chose, même si le monde matériel n'existait pas, c'est bien que je suis autre chose que de la matière, autre chose qu'un corps, quelque chose qui existe **indépendamment de la matière**. Pour le dire autrement, Descartes pense qu'il a (ou qu'il est) une âme, parce qu'il peut « s'imaginer » qu'il existerait encore, si le monde matériel n'existait pas.

- Descartes distingue donc la **substance pensante** (l'esprit ou l'âme) de la **substance étendue** (la matière). Les corps matériels occupent de l'espace, ont une forme, une « figure », ils peuvent être touchés, sentis, etc. L'âme, elle, ne peut être touchée ou perçue d'aucune façon, elle est inétendue, n'a pas de forme, de couleur, etc. Elle est immatérielle, **elle n'est que pensée**.

- Il faut préciser que Descartes donne un sens très large au mot *pensée* : les sensations, les images mentales, les volontés sont des pensées. « Par le mot de penser, j'entends tout ce qui se fait en nous de telle sorte que nous l'apercevons immédiatement par nous-mêmes ; c'est pourquoi non seulement entendre, vouloir, imaginer, mais aussi sentir, est la même chose ici que penser », écrit-il. L'âme est donc, on le comprend, le principe de la **conscience** : nous sommes conscients parce que nous avons une âme.

- Cette distinction de **l'âme et du corps**, de **l'esprit et de la matière** a un **enjeu moral** : elle fait en effet de l'homme **une exception dans l'univers**. Tout, dans l'univers, peut s'expliquer de manière purement mécanique et matérielle, même le vivant. Tout sauf l'homme. La « machine humaine », si on peut utiliser cette expression, est habitée par un esprit ou une âme. C'est pourquoi **l'homme n'est** justement **pas une machine**, mais un **être conscient, libre et responsable** (voir chap. 22 : La liberté). L'âme est ce qui **distingue l'homme de la bête**, elle lui confère sa **dignité**, sa qualité d'homme : c'est parce qu'il a une âme que l'homme n'est pas, contrairement à l'animal, condamné à être ce qu'il est et à fonctionner de manière **aveugle et mécanique**.

2 Le matérialisme : l'esprit se réduit à la matière.

A Le problème de l'union de l'âme et du corps

- Le **dualisme** pose le problème de **l'union de l'âme et du corps** : comment l'âme, qui est immatérielle, peut-elle être unie, reliée ou « connectée », si l'on peut dire, au corps ? Comment l'esprit peut-il diriger le corps, le piloter en quelque sorte ou plutôt l'habiter ? Car « je ne suis pas seulement logé dans mon corps, ainsi qu'un pilote en son navire », écrit Descartes, « je lui suis conjoint très étroitement et tellement confondu et mêlé, que je compose comme un seul tout avec lui ». Et comment, réciproquement, le corps peut-il affecter l'âme ? Comment peut-il notamment la renseigner sur le monde, lui transmettre ce que perçoivent les organes des sens ? Comment peut-on ressentir la douleur, la faim ou la soif ?

Citation
« Je ne suis pas seulement logé dans mon corps, ainsi qu'un pilote en son navire. »
Descartes

- Descartes donne à ce problème une solution très discutable : la **glande pinéale** (l'épiphyse) serait l'intersection de l'âme et du corps ou leur point de jonction. Mais le problème reste entier : comment une substance immatérielle dont toute l'essence n'est que de pensée peut-elle être en **contact** avec le corps ? Le **matérialisme** peut, on va le voir, tirer parti de cette difficulté.

B Épicure et Lucrèce : l'âme est une partie du corps.

- **Lucrèce** est, comme son maître **Épicure,** un philosophe **matérialiste**. Épicure a lui-même emprunté à **Démocrite** l'idée que l'univers était constitué d'**atomes** et de vide. Aux yeux d'Épicure et des épicuriens, **toute existence est donc matérielle** et **l'âme est elle-même composée d'atomes** simplement plus subtils (plus petits) que ceux qui composent le corps, ce qui explique qu'elle soit imperceptible (invisible, impalpable, etc.).

- Le **matérialisme** est un **monisme** (du grec *monos* : « seul, unique »), puisqu'il explique tout l'univers à partir d'**un seul principe, une seule substance ou réalité** : **la matière**. L'union de l'âme et du corps ne fait donc pas problème pour le matérialisme. Elle constitue même un argument en faveur de la doctrine : si l'âme gouverne le corps, c'est qu'elle est en contact avec lui et **ce contact est par définition quelque chose de matériel**. « L'âme [...] n'est pas moins une partie du corps que les mains, les pieds, les yeux », écrit Lucrèce.

> **Citation**
> « L'esprit et l'âme sont corporels. »
> Lucrèce

- Cette thèse est lourde de conséquences : si l'âme est matérielle, elle est **corruptible**, elle peut se décomposer tout comme le corps dont elle n'est d'ailleurs qu'une partie. L'âme est donc **mortelle** et la mort n'est pas un passage ou un changement d'état, elle n'est pas non plus une libération comme chez Platon, mais un **anéantissement**. C'est d'ailleurs la raison pour laquelle nous ne devons pas la craindre, estime Épicure. « **La mort n'est rien pour nous** », écrit-il. Elle n'est rien, en effet, ni pour les vivants, puisque précisément ils sont vivants, ni pour les morts puisqu'ils ne sont plus rien du tout. Croire que les morts subsistent quelque part, sous une forme ou une autre, est donc une **superstition** dont il faut se délivrer, pour **vaincre la peur de la mort** et jouir pleinement de la vie.

- De plus, si l'âme est une partie du corps, il n'y a plus lieu d'opposer (comme le fait Platon) les penchants sensibles à l'aspiration au Bien. Épicure estime qu'on ne peut concevoir le **bien** sans parler des **plaisirs** du goût ou des plaisirs de Vénus. Les plaisirs spirituels (ceux de l'esprit ou de l'âme) ne sont qu'une des variétés du plaisir. Le rôle de l'âme n'est pas de s'opposer aux penchants sensibles, mais de les contenir dans leurs limites naturelles (voir chap. 5 : Le désir).

C La Mettrie : l'homme est une machine.

- **La Mettrie** (philosophe et médecin) va plus loin et **fait de l'homme une machine**. L'âme n'est pas plus le principe de la pensée qu'elle n'est celui de la vie. Seule existe la matière, par laquelle tout s'explique. L'esprit n'est lui-même qu'un produit de la matière, le produit de l'organisation sophistiquée de la matière dans **le cerveau humain**. Ce n'est donc pas l'âme qui pense, nous ne pensons pas parce que nous avons une âme, mais parce que nous avons un cerveau qui est comme une machine à penser.

- Il y a, on le voit, une évolution (qu'on peut interpréter comme un progrès) entre la conception « vitaliste » d'Aristote (Antiquité), qui fait de l'âme un principe immatériel de vie et de pensée, celle de Descartes pour qui l'âme n'est plus que le principe de la pensée (XVIIe siècle) et celle de La Mettrie (XVIIIe), qui abandonne tout à fait l'idée d'une âme immatérielle.

Citation

« Je crois la pensée si peu incompatible avec la matière organisée, qu'elle semble en être une propriété, telle que l'électricité, la faculté motrice, l'impénétrabilité, l'étendue, etc. »

La Mettrie

- Ce progrès se prolonge aujourd'hui dans les **neurosciences,** qui considèrent le cerveau comme un ordinateur plus sophistiqué dont émerge le phénomène de la pensée ou de la conscience. La découverte des **zones du cerveau impliquées dans les différentes facultés de l'esprit** étaye à l'évidence la thèse matérialiste de La Mettrie. Par exemple, **Broca** a découvert une des principales zones du cerveau responsables du traitement du **langage**, en autopsiant au XIXe siècle un patient **aphasique** (l'aphasie est une perte de la parole ou un trouble du langage). Une lésion cérébrale bien observable était en effet responsable de la maladie.
- Le progrès scientifique semble donc reléguer l'idée d'un principe immatériel de la pensée au rang des explications préscientifiques. Néanmoins le matérialisme soulève encore plusieurs difficultés.

3 Les difficultés du matérialisme

A Une objection morale : le matérialisme rabaisserait l'homme.

- La première objection communément adressée au matérialisme est d'ordre moral : celui-ci **rabaisserait l'homme**. L'âme, entendue comme principe de la pensée ou de la conscience, comme chez Descartes, mais également le *noûs* de Platon, l'âme intellective d'Aristote, ou encore l'âme dans la pensée chrétienne, ont en commun d'être regardés comme la part la plus noble de l'homme, celle qui le distingue de la bête et lui confère sa dignité d'être humain. Nier que l'homme soit autre chose que de la matière, autre chose que des atomes, ce serait donc le rabaisser, lui ôter ce qui fait sa **dignité**.

- Le matérialisme serait par conséquent à l'origine d'un **relâchement moral**, d'une **soumission aux valeurs du corps**, c'est-à-dire aux plaisirs des sens. On a ainsi parlé des « **pourceaux d'Épicure** » (l'expression est d'Horace), alors que celui-ci cherchait le bonheur dans une sage modération des désirs et menait une existence presque ascétique (voir chap. 5 : Le désir).
- Pourtant, affirmer que l'esprit n'est pas un principe, mais qu'il est le produit de l'activité cérébrale, ce n'est pas nécessairement le **dévaluer** (lui accorder moins de valeur). « L'esprit n'est lui-même que le produit le plus élevé de la matière », écrit **Engels**. Il n'est donc pas un principe, il n'est pas premier, il dérive de la matière, mais il n'en est pas moins son produit le plus **noble**.
- Il faut donc distinguer deux matérialismes : le **matérialisme vulgaire** qui survalorise les biens matériels et le plaisir des sens au détriment des « choses de l'esprit », comme la culture, l'art ou la philosophie, au détriment aussi des exigences morales et de la spiritualité, et le **matérialisme philosophique** qui s'élève de la matière à l'esprit.

B Le problème de l'émergence de la pensée ou de la conscience

- La seconde objection qu'on peut adresser à la conception matérialiste de l'esprit, c'est qu'il reste difficile (malgré ce qu'en dit La Mettrie) de comprendre **comment la matière peut penser**, comment des atomes peuvent penser ou engendrer la conscience. Le cerveau est certes une machine hyper sophistiquée, mais l'idée qu'un organe puisse produire des pensées demeure mystérieuse : le cerveau sécrète-t-il la pensée comme les reins sécrètent l'urine, comme l'affirmait Carl Vogt, dès le XIXe siècle ?
- La difficulté de le comprendre pourrait tenir aux limites mêmes du cerveau humain.

C L'existence et la nature de la matière restent problématiques.

- On peut enfin adresser au matérialisme deux objections qui portent sur la notion même de matière. La première porte sur la nature de ce que l'on appelle matière, la seconde sur son existence même.
- Les données de la science actuelle bouleversent en effet l'idée que nous nous faisons communément de la matière. Nous avons hérité de Démocrite, Épicure et Lucrèce l'idée que la matière était constituée d'atomes diversement assemblés en molécules. À nos yeux, l'univers est donc fait d'atomes, que nous nous représentons comme des poussières très petites, et de vide.

• Mais la **physique quantique** a mis en évidence des particules plus petites que l'atome et a finalement identifié **matière et énergie**. La matière telle que nous nous la représentons communément n'existe pas. C'est en ce sens que **Poincaré** affirme que « la matière n'existe pas ».

Citation
« La matière n'existe pas. »
Poincaré

• Mais la formule pourrait s'entendre littéralement. Qu'est-ce qui prouve en effet l'existence d'un **monde d'objets matériels extérieurs à l'esprit** ? Descartes souligne que l'existence du monde n'est pas une évidence immédiate. La vie pourrait n'être qu'un songe. Il rejette néanmoins finalement ce doute qu'il juge lui-même « hyperbolique (exagéré) et ridicule » (voir chap. 1 : La conscience).

• **Berkeley,** lui, nie définitivement l'existence d'un monde d'objets matériels extérieurs à l'esprit. Comprenons-nous bien : le philosophe ne doute pas de la réalité du monde, mais de sa **matérialité**. « Que les choses que je vois de mes yeux et celles que je touche de mes mains existent bien, qu'elles existent réellement, je ne soulève aucune question à ce sujet », écrit-il. « La seule chose dont nous nions l'existence, est **celle que les philosophes appellent matière** ou substance corporelle ».

• La matière est une **hypothèse superflue,** estime Berkeley. Pourquoi supposer derrière nos perceptions cette réalité matérielle, somme toute assez énigmatique ? Car contrairement à ce que l'on pense communément, la matière n'est pas perçue par les sens : nous avons des sensations, et leur réalité n'est pas discutable parce qu'elles s'imposent à nous avec force et distinction, et forment un monde cohérent obéissant à des lois régulières ; mais nous **supposons** seulement l'existence d'objets matériels **cachés** derrière ces sensations. Or, on peut considérer que ces sensations ou perceptions **sont la réalité même** : « être c'est percevoir ou être perçu ». « **Percevoir** » quand on est un homme, un esprit ; « **être perçu** » quand on est une « chose ».

• Pour Berkeley, tout est donc spirituel, **tout est esprit ou dans l'esprit, la matière n'existe pas**. C'est ce qu'on appelle l'**immatérialisme** qui est un spiritualisme absolu. Cela ne signifie pas que mes sensations soient produites par mon propre esprit : elles ne sont pas imaginaires, elles sont réelles. Toutefois elles ne sont pas causées par des choses matérielles, mais par un esprit différent du mien : **Dieu** « qui agit en toute chose et **en quoi toute chose consiste** ».

• Contre **le matérialisme** qui **menace la foi,** Berkeley, évêque et philosophe, nie l'existence de la matière et fait de Dieu **l'essence même de la réalité**.

Citation
« La doctrine de la matière ou substance corporelle n'a pas été seulement [...] le principal pilier et soutien du scepticisme, c'est sur cette même base que se sont élevés tous les systèmes impies d'athéisme et d'irréligion. »
Berkeley

Pour résumer

1. Le spiritualisme dualiste : matière et esprit sont deux réalités distinctes.

■ L'esprit (ou l'âme) peut être conçu comme un **principe immatériel de vie et/ou de pensée**.

■ L'âme est aux yeux de **Platon la part divine de l'homme**, ce qui l'élève et le grandit. Le corps au contraire nous tirerait vers le bas, c'est-à-dire vers les apparences et les appétits sensibles.

■ Pour **Descartes,** la vie biologique s'explique matériellement et mécaniquement, mais **l'esprit, réalité distincte de la matière**, distingue l'homme de la bête et lui confère sa dignité.

2. Le matérialisme : l'esprit se réduit à la matière.

■ Le **dualisme** pose l'épineux **problème de l'union de l'âme et du corps**.

■ **Lucrèce** souligne que l'idée même d'un contact entre l'**âme** et le corps implique que celle-ci soit **matérielle** ou corporelle.

■ **La Mettrie fait de l'homme une machine**. Ce n'est pas l'âme qui pense, mais le cerveau, qui n'est rien d'autre qu'une machine à penser. Les **neurosciences** confirment cette hypothèse.

3. Les difficultés du matérialisme

■ Le matérialisme est accusé de **rabaisser l'homme**.

■ Le matérialisme se heurte à la difficulté de comprendre **comment la matière peut penser** et devenir consciente.

■ La nature et l'existence même de la matière restent en outre problématiques. **Berkeley fait de la matière une hypothèse superflue**.

Chronologie

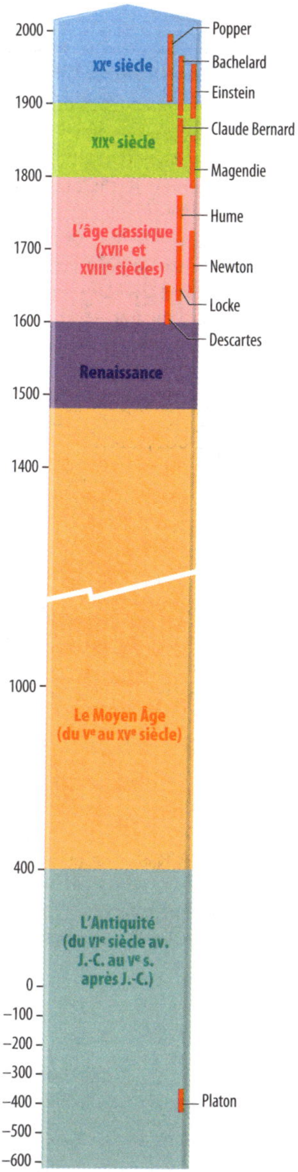

Les incontournables

Lucrèce montre dans ce passage du De rerum natura *(littéralement : « De la nature des choses »), que l'esprit et l'âme étant unis au corps ne peuvent être que de nature matérielle. Ils sont donc des parties du corps, des organes, au même titre que le pied ou l'œil.*

Maintenant je dis que l'esprit et l'âme[1] se tiennent conjoints et ne forment qu'une seule nature ; mais ce conseil que nous nommons esprit, intelligence, en est comme le chef et règne sur tout le corps. Son siège est fixé au centre de la poitrine ; c'est la région où tressaillent l'effroi et la peur, où la joie nous caresse, où règne donc l'esprit. L'autre partie de l'âme éparse dans tout le corps obéit, se mouvant par l'impulsion de l'esprit. Lui raisonne tout seul, et se réjouit tout seul, sans que rien n'émeuve ni l'âme ni le corps. De même que la tête, ou l'œil de douleur assailli, peut souffrir en nous sans que tout notre corps partage ce tourment, de même l'esprit peut être seul à souffrir, à s'épanouir de joie, quand l'autre partie de l'âme dans tout le corps ne subit aucune impulsion nouvelle. Mais quand l'esprit est agité d'une crainte plus vive, nous voyons toute l'âme compatir dans les membres, les sueurs et la pâleur sortent sur tout le corps, la langue s'embarrasse et la voix disparaît, les yeux se voilent, les oreilles sifflent, les membres défaillent ; souvent enfin nous voyons des hommes succomber à leur terreur mentale, preuve accessible à tous de l'union de l'âme avec l'esprit puisque par l'esprit l'âme frappée pousse le corps et le meut à son tour. La même raison prouve la nature corporelle[2] de l'âme et de l'esprit: ils poussent nos membres, les arrachent au sommeil, changent notre expression, bref, c'est l'homme tout entier qu'ils paraissent régir. On le voit, sans contact rien de tel n'est possible, et sans corps nul contact. Ne faut-il pas admettre la nature corporelle de l'âme et de l'esprit ? Et puis, tu le vois bien : l'esprit avec le corps pâtit[3], à l'intérieur du corps il partage nos sensations. Que s'abatte la force horrible d'une arme, brisant os et tendons, même sans atteinte à la vie, s'ensuit une langueur, une douce attirance de la terre, puis un trouble submerge l'esprit, et parfois naît un vague désir de ressurgir. Il faut donc que l'esprit soit de nature corporelle puisqu'il souffre des coups et blessures du corps.

LUCRÈCE, *De rerum natura*, trad. José Kany-Turpin, © Garnier-Flammarion.

1. **L'esprit et l'âme :** « esprit » désigne l'intelligence, il siège dans la poitrine et gouverne le corps. L'âme répandue dans tout le corps relie celui-ci à l'esprit. Esprit et âme forment un tout.

2. **Corporelle :** matérielle.

3. **« L'esprit avec le corps pâtit » :** il souffre avec lui.

CHAPITRE 17

La vérité

Mots clés

▪ **Vérité** : du latin *veritas*, désigne l'accord de la pensée avec le réel.

▪ **Scepticisme** : du grec *skeptesthai* (« examiner », « réfléchir »), désigne la doctrine selon laquelle l'homme ne peut établir aucune vérité certaine.

▪ **Relativisme** : doctrine selon laquelle l'homme ne peut atteindre aucune vérité absolue. Toute vérité serait donc relative.

▪ **Dogmatisme** : du grec *dogma* (« opinion », « croyance »), désigne la doctrine selon laquelle il est possible d'atteindre une vérité certaine et absolue.

Repères

– Absolu/Relatif → p. 306
– Abstrait/Concret → p. 307
– Objectif/Subjectif → p. 314

DE QUOI S'AGIT-IL ?

La notion de vérité est au centre des principales questions examinées par la théorie de la connaissance : peut-on établir une vérité certaine, objective et universelle, une vérité absolue ? Faut-il au contraire renoncer à l'idée d'atteindre une quelconque vérité et s'abstenir de tout jugement ? À défaut d'une vérité absolue, ne peut-on pas espérer atteindre une vérité relative ? Bref, quelle vérité peut-on espérer atteindre ? Mais on peut aussi s'interroger sur le désir de vérité lui-même : pourquoi désirons-nous la vérité ? Est-elle toujours et à tous égards préférable à l'ignorance, à l'illusion et au mensonge ?

COURS

1 Quelle vérité peut-on atteindre ?

A Quel est le problème ?

- Il s'agit d'examiner la question de savoir si l'on peut espérer atteindre la vérité ou si l'on doit y renoncer, comme le veulent les **sceptiques**. Faut-il douter de tout et s'abstenir de tout jugement ? Le problème a aussi une dimension morale : tous les points de vue sont-ils également défendables, tolérables ? À défaut d'une **vérité absolue**, c'est-à-dire certaine, objective et universelle, peut-on se contenter d'une vérité seulement **relative** ?

B Le scepticisme : on ne peut établir aucune vérité certaine.

1. Pyrrhon : douter de toutes choses et suspendre son jugement

- Le scepticisme nie la possibilité d'atteindre une quelconque certitude. On considère **Pyrrhon**, un philosophe grec de l'Antiquité, comme le fondateur de cette doctrine (on parle aussi de pyrrhonisme). Celui-ci estime que rien n'est beau ou laid, juste ou injuste, vrai ou faux. Les hommes se gouvernent selon la coutume et la loi, c'est-à-dire qu'ils tiennent pour beau, juste ou vrai ce qui est communément considéré comme tel dans la société où ils vivent.

> **Citation**
> « En toute chose les hommes se gouvernent selon la coutume et la loi. »
> Diogène Laërce (rapportant la doctrine de Pyrrhon)

- Pyrrhon estime que puisqu'on ne peut atteindre aucune vérité certaine, il faut **suspendre son jugement** (*épochè*), douter de toutes choses et apprendre à goûter le bonheur de n'avoir aucune certitude. Le doute conduirait paradoxalement à l'**ataraxie**, c'est-à-dire à l'absence de trouble, car si rien n'est certain, tout devient indifférent, l'esprit peut se détacher de toutes choses et trouver la paix.

- On dit que la vie du philosophe justifiait ses théories, qu'il supportait tout : être heurté par un char, tomber dans un trou, être mordu par des chiens. Tout lui était égal, rien ne semblait l'affecter.

- Mais Pyrrhon prônait aussi **l'indifférence à l'égard d'autrui** et aurait laissé un ami se noyer sous ses yeux. Quelle que soit la crédibilité de ces anecdotes, elles illustrent la thèse de Pyrrhon et en montrent aussi les limites : si le détachement peut être regardé d'un point de vue psychologique comme un facteur de bien-être, l'indifférence à autrui (comme d'ailleurs à soi-même) est, d'un point de vue moral, difficilement défendable. Cela pose bien entendu la question de savoir s'il y a des « **vérités morales** » et comment on peut les connaître (voir chap. 21 : La justice et le droit).

2. Sextus Empiricus : tous les points de vue sont également défendables.

- Héritier de Pyrrhon, **Sextus Empiricus** a notamment développé une argumentation en faveur de la suspension du jugement qu'on peut résumer comme suit : d'abord, chaque question qu'on peut se poser, dans la vie quotidienne comme dans le domaine de la pensée, est susceptible de recevoir des réponses diverses et contradictoires entre lesquelles il est impossible de trancher. Ensuite, toute démonstration repose sur des **principes indémontrables** ou des présupposés discutables (voir chap. 13 : La démonstration). Enfin, chacun voit les choses comme elles lui apparaissent de son point de vue et personne ne peut jamais les voir comme elles sont (objectivement).

> **Citation**
> « À tout argument s'oppose un égal argument. »
> Sextus Empiricus

- « Le scepticisme est la faculté de mettre face à face les choses qui apparaissent aussi bien que celles qui sont pensées, de quelque manière que ce soit, capacité par laquelle, du fait de la force égale qu'il y a dans les objets et les raisonnements opposés, nous arriverons d'abord à la suspension de l'assentiment, et après cela à la tranquillité », écrit Sextus Empiricus. Autrement dit, la confrontation des opinions contradictoires doit conduire à la suspension du jugement puis à l'ataraxie.

3. Le probabilisme de Carnéade

- **Carnéade** est un lointain successeur de Platon à la tête de l'École que ce dernier avait fondée à Athènes : l'Académie. Mais les successeurs de Platon ne sont pas restés fidèles à sa doctrine. Alors que Platon croyait pouvoir atteindre une vérité absolue (dogmatisme), l'Académie finit par devenir un bastion du scepticisme. D'une certaine manière, cette « trahison » peut s'interpréter comme un **retour à la pensée de Socrate,** le maître de Platon, qui prétendait ne rien savoir, ne défendait aucune doctrine et se bornait à poser des questions. On lui attribue d'ailleurs cette formule célébrissime : « Je ne sais qu'une chose, c'est que je ne sais rien. »
- Carnéade, quant à lui, estime que bien qu'on ne puisse avoir aucune certitude absolue, certaines opinions sont plus **vraisemblables** ou probables que d'autres. Ce « probabilisme » constitue une solution moyenne entre le scepticisme de Sextus Empiricus, qui estime toutes les opinions également défendables, et le dogmatisme de Platon, qui prétend pouvoir atteindre une vérité absolue.

4. Montaigne : que sais-je ?

- **Montaigne** a lu Sextus Empiricus et adopté son scepticisme sans toutefois en faire un système ou une doctrine. Montaigne, en effet, n'est pas de ces philosophes qui construisent des systèmes, c'est-à-dire des théories qui reposent sur des principes bien définis, cohérents entre eux et établis une fois pour toutes.

Sa manière de penser et d'écrire est plus libre et plus littéraire. Il a fait graver sur les poutres de sa bibliothèque la fameuse formule de Sextus Empiricus : « À tout argument (*logos* : « raison », « discours ») s'oppose un argument égal » ainsi que cette non moins célèbre question : « Que sais-je ? ».

- S'il se montre prudent dans ses jugements et rejette le dogmatisme, parce qu'il a conscience que les hommes sont prisonniers des habitudes de pensée du pays et de l'époque dans lesquels ils vivent, Montaigne ne s'interdit pourtant pas d'avoir des opinions ou de défendre des thèses (voir chap. 7 : Le langage). Il n'applique pas de manière systématique le principe de la suspension du jugement. Son scepticisme est donc plus **modéré et moins systématique** que celui de Pyrrhon ou de Sextus Empiricus.

Citation

« Nous n'avons d'autre mire de la vérité et de la raison que l'exemple et idée des opinions et usances du pays où nous sommes. »

Montaigne

C Le relativisme

- On nomme **relativistes** les penseurs qui, récusant toute **vérité absolue,** estiment qu'il n'existe que des opinions, des points de vue ou des **vérités relatives**.
- Ainsi le sophiste **Protagoras** peut-il être qualifié de **relativiste**. « L'homme est la mesure de toutes choses », disait-il. Cette formule, à première vue énigmatique, signifie que chacun a sa vérité reposant sur des impressions subjectives qui n'ont pas de meilleur juge que lui-même. Par exemple, dans les mêmes conditions, l'un a froid, l'autre non, personne n'a raison ou tort, tout est vrai : pour l'un qu'il fait froid et pour l'autre qu'il ne fait pas froid.
- **Gorgias** nie l'existence même de **l'être** : il n'y a que des **apparences**. Le discours ne peut donc pas être vrai, dire les choses telles qu'elles sont, objectivement. Cette **ontologie** (conception de l'être) fonde la **rhétorique** : l'art oratoire, l'art de bien parler et de convaincre. En effet, si on ne peut pas dire ce qui est, la parole doit servir à défendre le point de vue et les intérêts de celui qui parle.
- Les sceptiques sont d'une certaine façon relativistes eux aussi dans la mesure où ils estiment que chacun voit les choses de son point de vue et que personne ne peut les voir comme elles sont : « l'objet apparaît tel ou tel selon celui qui juge », écrit Sextus Empiricus. On remarque cependant qu'ici l'objet existe bel et bien, même s'il est inconnaissable. À la différence de Gorgias, Sextus Empiricus suppose un objet, **une réalité derrière les apparences**.

D Le dogmatisme

- Le dogmatisme suppose, au contraire du scepticisme et du relativisme, qu'il est possible d'atteindre une **vérité absolue**. La vérité absolue, c'est ce qui est (ou serait) vrai absolument, c'est-à-dire entièrement, parfaitement et à tous points de vue. C'est donc exactement le contraire d'une **vérité relative**, qui ne serait valable que pour les uns, mais pas pour les autres, ou seulement en certains lieux ou milieux, à certaines époques, dans certaines sociétés, une vérité qui ne serait donc qu'en partie vraie, qu'il ne faudrait envisager que comme un éclairage, une perspective, un point de vue sur les choses.

- Bref, l'idée d'une vérité absolue c'est l'idée d'une **vérité certaine et universelle**, valable en tous temps, en tous lieux et pour tous les hommes, parce qu'elle dirait les choses telles qu'elles sont, objectivement, et non telles qu'elles apparaissent à chacun dans des perspectives toujours partielles et partiales.

- **Platon** estime ainsi que les hommes peuvent s'accorder autour d'une **vérité objective** qui se distingue des opinions changeantes et contradictoires. Ce qui apparaît spontanément à la conscience de chacun n'est pas la vérité. Celle-ci doit être recherchée au-delà des **opinions** et des **apparences sensibles,** grâce au dialogue philosophique qui permet d'échanger et de confronter rationnellement les points de vue. Elle est scellée par l'accord des esprits au terme d'une discussion bien menée.

- Le discours vrai ne porte donc pas sur les **apparences changeantes et contradictoires** que nous livrent nos sens et qui nourrissent nos **opinions** ou nos **croyances** (*doxa* en grec), mais sur les **Idées** (essences ou formes) qui sont comme les modèles des choses (voir chap. 12 : Théorie et expérience). L'homme de l'opinion (le philodoxe) est comme prisonnier des apparences sensibles, il croit (à tort) ce qu'il voit, il ne peut s'arracher à la **séduction du sensible** et saisir la **réalité suprasensible** (métaphysique, imperceptible et abstraite) **de l'Idée** (voir l'allégorie de la caverne dans « les incontournables », à la fin de ce chapitre).

- Cette vérité, Platon estime qu'elle ***doit*** exister, parce qu'il faut que les hommes puissent s'entendre et vivre dans la paix et la **Justice**. Si rien n'est vrai ou faux, juste ou injuste, bien ou mal, alors il n'y a pas d'alternative à la **violence**, physique ou verbale, des hommes qui se battent pour défendre leur point de vue et leurs intérêts. Si rien n'est vrai, les sophistes ont raison et il faut qu'ils aient tort. Si chacun a sa vérité, tous les points de vues se valent, il n'y a plus de différence entre **savoir et ignorer,** et ni l'enseignement ni le dialogue (qui visent la connaissances de la vérité) n'ont plus de valeur ni de sens.

E La solution kantienne

- Mais en admettant même que par un effort d'**objectivité,** la conscience parvienne à échapper au point de vue singulier qu'elle a sur le monde, pourra-t-elle se représenter les choses telles qu'elles sont en elles-mêmes ou ne pourra-t-elle jamais se les représenter qu'à la manière d'un esprit (seulement) humain ?

- **Kant** estime que **les choses en soi (noumènes)** sont inconnaissables. Nous ne pouvons connaître que les **phénomènes** : les choses telles qu'elles nous apparaissent, c'est-à-dire telles qu'un esprit humain est condamné à se les représenter.
- Par exemple, la conscience ne peut se représenter les choses que dans un cadre spatio-temporel (dans le temps et dans l'espace), mais cela ne prouve pas que les **choses en soi** existent en effet dans le temps ou dans l'espace.
- Kant estime donc qu'il faut distinguer le monde tel que nous le connaissons, du monde tel qu'il existe en dehors de nous (en dehors de notre conscience) et que nous ne pouvons pas connaître. C'est ce qu'on appelle **l'idéalisme transcendantal.** La vérité que l'esprit humain peut atteindre serait donc **relative** : relative à l'esprit humain et à ses « cadres ».
- Kant retient donc du scepticisme, celui de **Hume** qui l'a, dit-il, « réveillé de son sommeil dogmatique », l'idée qu'on ne peut rien dire des objets tels qu'ils sont en soi. Cela n'interdit pourtant pas à l'esprit d'élaborer une **vérité universelle** (réalisant l'accord des esprits) mais en même temps **relative à l'esprit humain**. Une vérité (celle des sciences) qui est donc bien plus que le **point de vue d'un homme** (ou de certains hommes), mais qui en même temps, ne peut être rien de plus que le **point de vue de l'homme**.

Citation
« Hume m'a réveillé de mon sommeil dogmatique. »
Kant

2 La vérité est-elle désirable ?

A Quel est le problème ?

- Nous nous sommes demandé s'il était possible d'atteindre la vérité ou s'il fallait y renoncer, comme le croient les sceptiques. Mais pourquoi désirons-nous la vérité ? Est-elle toujours et à tous égards préférable à l'**ignorance**, à l'**illusion** et au **mensonge** ?

B Le désir de savoir

1. Aristote : le désir de savoir est inhérent à la nature humaine.

- « Tous les hommes désirent naturellement savoir », écrit Aristote. Or, ce désir se manifeste notamment dans **le plaisir causé par les sensations** : nous aimons voir, sentir, généralement percevoir, parce que nous aimons savoir. Et par dessus tout, ce sont nos yeux qui satisfont cette **curiosité naturelle**, parce que ce sont eux qui nous apprennent le plus de choses, qui « nous découvrent le plus de différences » : par exemple, nos yeux perçoivent bien plus de nuances de gris entre le noir et le blanc que nos mains ne peuvent distinguer de degrés entre ce qui est mouillé et ce qui est sec. Aussi préférons-nous la vue aux autre sens : elle nous apprend plus de choses.

● Or, c'est autant pour son utilité, quand nous devons agir, que pour elle-même, quand nous n'avons rien à faire, que nous préférons la vue à tout le reste. C'est que l'homme est un animal raisonnable (doué de raison) et qu'il est ainsi fait pour connaître. La **vie contemplative** (ou théorétique), celle qui est consacrée à la connaissance, permet à l'homme d'accomplir au mieux sa fonction propre et d'atteindre le bonheur (voir chap. 9 : Le travail et la technique). « Le bonheur ne saurait être qu'une forme de contemplation (*theôria*) », écrit Aristote.

Citation
« Tous les hommes désirent naturellement savoir. »
Aristote

2. Rousseau : connaître pour jouir

● Pourquoi un homme qui n'aurait aucun besoin, aucun désir ni aucune crainte se donnerait-il la peine de raisonner ? Rousseau estime que l'homme étant naturellement paresseux ne fait l'effort de réfléchir et de comprendre que dans l'espoir de satisfaire ses besoins et ses désirs : « nous ne cherchons à connaître que parce que nous désirons de jouir », écrit-il. Les premiers hommes auraient-ils cherché à savoir comment faire du feu s'ils n'avaient espéré se réchauffer, s'éclairer ou cuire leurs aliments ?

● Nos « passions » (nos désirs et nos émotions) nous poussent donc à réfléchir, à apprendre et à découvrir. Mais ce que nous découvrons fait naître de nouveaux désirs (se chauffer mieux, s'éclairer mieux, cuisiner mieux par exemple) qui motivent de nouveaux efforts pour découvrir les moyens de les satisfaire. Et nous voilà pris dans le **cercle vertueux** qui mène du désir à la découverte et de la découverte au désir.

3. Bacon : savoir c'est pouvoir

● Si le savoir est préférable à l'ignorance, c'est donc en raison de son utilité et du **pouvoir** qu'il donne sur les choses. « On ne commande à la nature qu'en lui obéissant », écrit Bacon : on ne peut obtenir ce que l'on désire de la nature qu'en **comprenant ses lois et en les utilisant**. Et Descartes confirme que c'est bien, en effet, le progrès des sciences et des techniques qui peut nous faire espérer de devenir un jour « comme **maîtres et possesseurs de la nature** ».

4. Descartes : bien penser pour bien faire

● Descartes achève le bilan (mitigé) de ses études en évoquant son désir de savoir demeuré intact : « j'avais toujours un extrême désir d'apprendre à distinguer le

COURS

vrai d'avec le faux, pour voir clair en mes actions et marcher avec assurance en cette vie ». Fidèle en cela à l'esprit de la **philosophie antique**, il donne ainsi à la recherche du savoir une **visée pratique** : **la philosophie doit nous aider à vivre et à agir**, elle doit guider nos choix et orienter notre vie vers ce qui lui donne de la valeur et du sens. Bref, ce que le désir de savoir vise *in fine*, c'est **une éthique ou une sagesse**, un « savoir-vivre » (voir chap. 24 : Le bonheur).

C La vérité redoutée

1. Kant : la haine de la raison

• Les hommes qui ont beaucoup cultivé leur raison finissent par la haïr (misologie), estime **Kant**. C'est qu'ils constatent que **la connaissance de la vérité est un obstacle au bonheur**. La lucidité, la conscience nous révèlent en effet les aspects les plus sombres de l'existence ou nous les font ressentir de manière plus aiguë.

• **Pascal** notait déjà que le « **divertissement** » avait pour fonction de détourner notre esprit de la misère de la condition humaine (voir chap. 6 : L'existence et le temps). Il y aurait donc un antagonisme entre le bonheur et la connaissance de la vérité. Toutefois, ni Kant, ni Pascal n'en concluent qu'il faut s'aveugler ou chercher refuge dans l'illusion. Pour Kant, le fait que la nature nous ait doté de raison suggère que nous ne sommes pas faits pour le bonheur, mais pour une fin plus noble.

2. Science sans conscience

• « Science sans conscience n'est que ruine de l'âme », écrit **Rabelais**. La science et la technique augmentent en effet notre pouvoir. Mais c'est ce pouvoir même que confère le savoir qui est redoutable. Le progrès rend l'homme plus ***savant*** et plus puissant, mais le rend-il plus ***sage*** ? Faut-il donc redouter le progrès scientifique, voire interdire certaines recherches ? La vérité est si redoutable que la loi interdit parfois de la chercher !

• On peut quoiqu'il en soit souhaiter que le progrès scientifique et technique s'accompagne d'une **réflexion éthique** qui vise à cerner dans le champ toujours plus vaste des possibles, celui plus restreint de ce qui est moralement souhaitable.

> **Citation**
> « Science sans conscience n'est que ruine de l'âme. »
> Rabelais

3. Nietzsche : nous avons un besoin vital d'illusion.

• Quelle vérité pouvons-nous supporter, endurer ? Pouvons-nous vivre de manière parfaitement lucide, sans nous faire aucune illusion ? **Nietzsche estime**

que nous avons un besoin vital d'illusion. Ce que l'on nomme communément « vérité » n'est d'ailleurs rien d'autre qu'**une illusion utile à la vie**. Tout bien considéré, la valeur d'une idée ne dépend-elle pas moins, en effet, de sa vérité que de la réponse qu'elle apporte à nos besoins vitaux ?
« « Vouloir le vrai » ce pourrait être, secrètement, vouloir la mort », écrit Nietzsche.

Citation
« L'illusion sur soi-même est un besoin vital et une tendance naturelle de l'homme. »
Nietzsche

4. Kant : l'interdit du mensonge

- Nous savons que la vérité peut blesser, humilier. Nietzsche estime même qu'elle peut être mortifère. Dans ces conditions on peut douter que toutes les vérités soient bonnes à dire. Cela peut-il justifier un **droit de mentir** ? La question a opposé Kant à Benjamin Constant.

- « Le principe moral que dire la vérité est un devoir, s'il était pris de manière absolue et isolée, rendrait toute société impossible », écrit **Benjamin Constant**. Autrement dit, la règle morale qui nous enjoint de dire la vérité n'a pas une valeur absolue, elle admet de nombreuses exceptions. Nous admettons d'ailleurs volontiers qu'il est permis de **mentir par humanité**, ou pour éviter des tensions inutiles et apaiser les liens sociaux.

- Kant réfute ce droit de mentir : dire la vérité est un devoir formel, une règle qui n'admet aucune exception « quelque grave inconvénient qu'il puisse en résulter », pour moi comme pour autrui. Au point qu'il ne faudrait pas même cacher la vérité à des assassins qui vous demanderaient si votre ami, qu'ils poursuivent, n'est pas réfugié dans votre maison.

- La thèse, certes peut convaincante, repose sur l'idée (intéressante en elle-même) que **l'interdit du mensonge fonde la possibilité de la confiance entre les hommes**. S'il était permis de mentir, souligne Kant, nous ne pourrions plus accorder aucun crédit à la parole d'autrui, nous ne pourrions plus nous engager, passer des contrats et nous faire mutuellement confiance. À la limite, c'est la possibilité même de la communication et de la vie en commun qui est en jeu.

COURS

Pour résumer

1. Quelle vérité pouvons-nous atteindre ?

■ Les **sceptiques** (**Pyrrhon, Sextus Empiricus**) estiment qu'on ne peut atteindre aucune vérité certaine : il faut douter de tout et **suspendre son jugement**.

■ Les **sophistes,** estimant qu'**il n'y a pas de vérité objective,** font de la parole une arme au service du point de vue et des intérêts de celui qui parle.

■ **Platon** récuse le scepticisme et le relativisme des sophistes et défend l'idée d'une **vérité absolue**, objective et universelle (**dogmatisme**). Il entend rendre la parole à son droit usage : chercher la vérité par le dialogue, au-delà des apparences et des opinions contradictoires, pour atteindre finalement la **réalité des Idées.**

■ Kant dépasse l'opposition du scepticisme et du dogmatisme, en affirmant la possibilité d'atteindre une **vérité universelle** et néanmoins **relative à l'esprit humain.**

2. La vérité est-elle désirable ?

■ **Aristote** souligne que **le désir de savoir** est inhérent à la nature même de l'homme.

■ Mais **Rousseau** estime que nous ne faisons l'effort de raisonner que dans l'espoir de satisfaire nos **désirs.**

■ Le savoir augmente en effet notre pouvoir sur les choses et tend à faire de **l'homme le maître de la nature,** comme l'écrit **Descartes**.

■ Mais ce pouvoir que confère la science est redoutable : **« Science sans conscience n'est que ruine de l'âme** » (**Rabelais**).

■ **Nietzsche** estime que nous avons un **besoin vital d'illusion.**

■ **Dire la vérité** apparaît cependant à **Kant** comme un **devoir formel** qui fonde la possibilité même de la **confiance** entre les hommes.

Chronologie

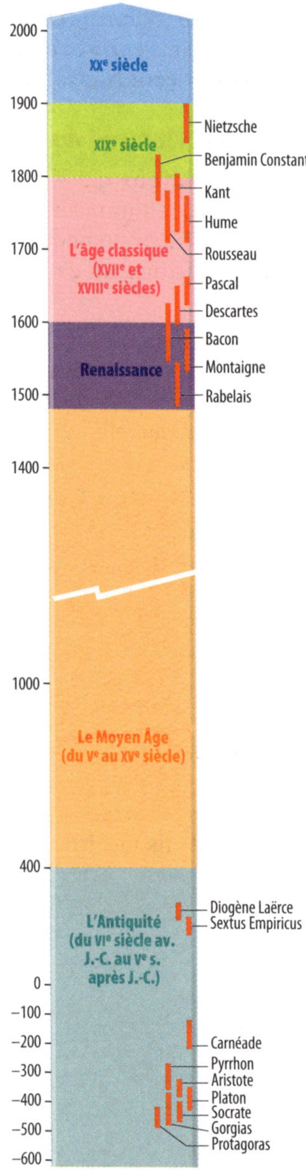

Les incontournables

Platon illustre par la fameuse allégorie de la caverne, l'idée que la philosophie arrache l'homme à la séduction des apparences sensibles pour l'élever jusqu'à la réalité des Idées. Les interlocuteurs sont Socrate (qui mène la discussion) et Glaucon (élève de Socrate et frère de Platon).

– Eh bien après cela, dis-je, compare notre nature, considérée sous le rapport de l'éducation et du manque d'éducation, à la situation suivante. Voici des hommes dans une habitation souterraine en forme de grotte, qui a son entrée en longueur, ouvrant à la lumière du jour l'ensemble de la grotte ; ils y sont depuis leur enfance, les jambes et la nuque pris dans des liens qui les obligent à rester sur place et à ne regarder que vers l'avant, incapables qu'ils sont, à cause du lien, de tourner la tête ; leur parvient la lumière d'un feu qui brûle en haut et au loin, derrière eux ; et entre le feu et les hommes enchaînés, une route dans la hauteur, le long de laquelle voici qu'un muret a été élevé, de la même façon que les démonstrateurs de marionnettes disposent de cloisons qui les séparent des gens ; c'est par-dessus qu'ils montrent leurs merveilles.

– Je vois, dit-il.

– Vois aussi, le long de ce muret, des hommes qui portent des objets fabriqués de toute sorte qui dépassent du muret, des statues d'hommes et d'autres êtres vivants, façonnées en pierre, en bois, et en toutes matières ; parmi ces porteurs, comme il est normal, les uns parlent, et les autres se taisent.

– C'est une image étrange que tu décris là, dit-il, et d'étranges prisonniers.

– Semblables à nous[1], dis-je. Pour commencer, en effet, crois-tu que de tels hommes auraient pu voir quoi que ce soit d'autre, d'eux-mêmes et les uns des autres, que les ombres qui, sous l'effet du feu, se projettent sur la paroi de la grotte en face d'eux ?

– Comment auraient-ils fait, dit-il, puisqu'ils ont été contraints, tout au long de leur vie, de garder la tête immobile ?

– Et en ce qui concerne les objets transportés, n'est-ce pas la même chose ?

– Bien sûr que si.

– Alors, s'ils étaient à même de parler les uns avec les autres, ne crois-tu pas qu'ils considéreraient ce qu'ils verraient comme ce qui est réellement ?

– Si, nécessairement.

– Et que se passerait-il si la prison comportait aussi un écho venant de la paroi d'en face ? Chaque fois que l'un de ceux qui passent émettrait un son, crois-tu qu'ils penseraient que ce qui l'émet est autre chose que l'ombre qui passe ?

– Non, par Zeus, je ne le crois pas, dit-il.

– Dès lors, dis-je, de tels hommes considéreraient que le vrai n'est absolument rien d'autre que l'ensemble des ombres des objets fabriqués.

Platon, *République,* livre VII, trad. Émile Chambry, © Garnier-Flammarion.

1. Semblables à nous : nous sommes prisonniers des apparences sensibles que nous prenons pour la réalité.

Sujet de bac 1

Dissertation

Le doute est-il une force ou une faiblesse ?

Sujet de bac 2

Explication de texte

Alain, *Idées* (1932)

Nos idées, par exemple de mathématique, d'astronomie, de physique, sont vraies en deux sens. Elles sont vraies par le succès ; elles donnent puissance dans ce monde des apparences. Elles nous y font maîtres, soit dans d'art d'annoncer, soit dans l'art de modifier selon nos besoins ces redoutables ombres au milieu desquelles nous sommes jetés. Mais, si l'on a bien compris par quels chemins se fait le détour mathématique, il s'en faut de beaucoup que ce rapport à l'objet soit la règle suffisante du bien penser. La preuve selon Euclide n'est jamais d'expérience ; elle ne veut point l'être. Ce qui fait notre géométrie, notre arithmétique, notre analyse, ce n'est pas premièrement qu'elles s'accordent avec l'expérience, mais c'est que notre esprit s'y accorde avec lui-même, selon cet ordre du simple au complexe qui veut que les premières définitions, toujours maintenues, commandent toute la suite de nos pensées. Et c'est ce qui étonne d'abord le disciple, que ce qui est le premier à comprendre ne soit jamais le plus urgent ni le plus avantageux. L'expérience avait fait découvrir ce qu'il faut de calcul et de géométrie pour vivre, bien avant que la réflexion se fût mise en quête de ces preuves subtiles qui refusent le plus possible l'expérience, et mettent en lumière cet ordre selon l'esprit qui veut se suffire à lui-même. Il faut arriver à dire que ce genre de recherches ne vise point d'abord à cette vérité que le monde confirme, mais à une vérité plus pure, toute d'esprit, ou qui s'efforce d'être telle, et qui dépend seulement du bien penser.

Idées, © Gallimard.

La connaissance de la doctrine de l'auteur n'est pas requise. Il faut et il suffit que l'explication rende compte, par la compréhension précise du texte, du problème dont il est question.

Sujet de bac 1

Coup de pouce

Ce sujet renvoie notamment aux notions de vérité et de démonstration. La notion de doute évoque le scepticisme, mais aussi la philosophie de Descartes qui a fait du doute une méthode pour chercher la vérité. Il s'agit de déterminer en quoi le doute peut être regardé comme une force ou comme une faiblesse. L'analyse de ces deux dernières notions ne doit pas être négligée.

CORRIGÉ DE LA DISSERTATION

Les titres de parties, indiqués ici en rouge pour vous aider, ne doivent pas apparaître dans votre copie.

Introduction

Le doute peut apparaître comme une faiblesse, spécialement au plan pratique : agir, oser, entreprendre requiert qu'on croie en soi, en la valeur de ce qu'on fait et en ses chances de succès. Dans cette perspective, le doute apparaît comme une faiblesse, c'est-à-dire comme un amoindrissement de notre capacité à agir et à réaliser nos désirs. Il peut cependant être envisagé aussi comme une force capable de nous libérer de nos fausses certitudes, comme un remède puissant contre la naïveté, la crédulité et l'aveuglement, comme un outil critique indispensable à la pensée comme à l'action. On peut donc se demander s'il faut voir le doute comme la faiblesse d'un esprit incapable d'arrêter un jugement, de décider et d'agir ou, au contraire, comme la force d'un esprit critique et lucide, armé contre la fausse évidence des apparences et des a priori.

Gagnez des points !
L'introduction doit montrer qu'on peut légitimement se poser la question et non faire apparaître celle-ci comme un sujet qui « tombe » arbitrairement dans le cadre d'un examen. Bannissez par conséquent les formules comme : « la question posée », « le sujet proposé », etc.

I. La force du doute

A. Le doute sceptique

• Rien ne peut être tenu pour vrai ou faux, beau ou laid, juste ou injuste. On ne peut atteindre aucune vérité certaine. Il faut donc douter de toutes choses et suspendre son jugement. Questionner, examiner, chercher toujours mais ne s'arrêter jamais à aucune conclusion. Car à tout argument, comme l'écrit Sextus Empiricus, s'oppose un égal argument.

• Mais peut-on vivre dans l'incertitude, le doute et l'incrédulité ? Le scepticisme nous invite à expérimenter le bonheur de n'avoir aucune certitude ; le bonheur et la paix, la tranquillité et la force que confèrent l'indifférence et le détachement. Pyrrhon, que l'on tient pour le père du scepticisme, était, à en croire Diogène Laërce, indifférent à tout ce qui pouvait lui arriver. Rien ne le touchait, ne l'affectait, il supportait tout sans se plaindre : être renversé par un char ou mordu par un chien, tomber dans un trou… Le doute apparaît bien ici comme une force, non celle qui permet de surmonter l'adversité et les obstacles pour faire coûte que coûte sa volonté, mais tout au contraire, celle qui permet de tout supporter sans trouble. La force dont il est question ici, c'est donc l'impassibilité, presque l'invulnérabilité du « sage » que rien ne peut perturber : l'ataraxie, littéralement l'absence de trouble, la sérénité.

B. Le doute cartésien

• Mais, paradoxalement, le doute sceptique peut sembler dogmatique : est-il certain que rien n'est certain ? Le doute ne devient-il pas dans le scepticisme une sorte d'a priori ? Toutes choses ne sont-elles pas d'avance réputées douteuses ? Or, Descartes en a fait l'expérience, le doute, quand on cherche à l'étendre à toutes choses, se heurte au moins à une certitude : celle de l'existence de l'esprit qui doute, la certitude du cogito : « je pense donc je suis », je doute donc je suis. Le doute ne saurait donc aller jusqu'au bout de lui-même sans se changer en son contraire, sans se changer en certitude.

> **Conseil**
> Efforcez-vous d'amener les références. Elles doivent autant que possible être appelées naturellement par votre raisonnement. Évitez ainsi de commencer chaque paragraphe par des formules comme « pour Descartes », « selon Kant », etc.

• Alors que le doute sceptique est définitif, le doute cartésien n'est que provisoire, il n'est pas une fin en soi mais un moyen, un outil, une méthode pour atteindre une vérité certaine. C'est la raison pour laquelle le doute cartésien est aussi délibérément exagéré, « hyperbolique » comme dit Descartes. Le doute permet en effet d'écarter l'incertitude ; ce qui lui résiste, ce dont on ne peut en rien douter peut être tenu assurément pour vrai. Le doute cartésien est une arme redoutable contre l'erreur, l'illusion, le préjugé, contre la fausse évidence des apparences et des idées toutes faites ou mal faites. Le doute apparaît donc comme la force d'un esprit armé contre l'erreur.

C. Doute et philosophie

• Le doute semble donc inséparable de la démarche philosophique elle-même. Il fait sa force, son intérêt et sa valeur. Bertrand Russel souligne ainsi que la philosophie vaut par le doute qu'elle éveille dans l'esprit de celui qui la découvre. Celui qui n'a jamais fait de philosophie traverse la vie sans jamais douter des habitudes de pensée de l'époque et du pays dans lesquels il vit. La philosophie vaut avant tout par son incertitude, écrit Russel. La formule éclaire (rétrospectivement) le célèbre jugement de Kant : on ne peut pas apprendre la philosophie. Si on ne peut apprendre la philosophie, c'est qu'elle n'est pas une science, mais un non-savoir, un questionnement. C'est ce qui en fait, estime Kant, une activité réservée à l'adulte : l'enfant, l'écolier sont capables d'apprendre et de réciter, mais l'adulte seul peut s'interroger, douter et penser par lui-même.

• Le doute apparaît dès lors comme le propre d'un esprit adulte, critique et autonome, assez fort pour oser la liberté de penser. Il est l'arme de ceux qu'on a appelés sceptiques et libres penseurs parce qu'ils osaient douter de l'existence de Dieu et des Écritures comme de toute autorité morale ou intellectuelle : la force de ceux qui refusent de recevoir la vérité d'en haut.

Gagnez des points !
Ménagez des transitions. Ne donnez pas le sentiment de passer de manière brutale et sans justification d'un point de vue à son contraire.

Transition : mais jusqu'où peut-on douter ? Peut-on vraiment penser, vivre et agir sans ne rien croire jamais ?

II. Limites du doute…

A. Au plan pratique

• Peut-on vivre et agir sans rien croire et surtout sans croire en rien ? Sans valeurs ? Pyrrhon prônait l'indifférence à autrui et aurait laissé un ami se noyer sous ses yeux. Et pourquoi agir autrement si l'on n'estime pas davantage la vie, l'amitié ou le courage que leur contraire ? Si Descartes doute de toutes choses, c'est seulement au plan théorique. Il se donne d'ailleurs une morale provisoire dans le *Discours de la méthode* : trois ou quatre maximes qui guideront sa conduite en attendant de pouvoir fonder une morale définitive sur des principes métaphysiques indubitables. Une de ces maximes prescrit d'être aussi ferme et résolu que possible dans l'action. Un voyageur perdu en forêt doit choisir une direction et marcher en ligne droite, s'il veut sortir de la forêt et non tourner en rond. L'urgence de l'action nous contraint à faire des choix que l'on ne peut entièrement fonder et à nous y tenir, parce qu'aucune action ne peut aboutir sans un minimum de constance, de cohérence et de persévérance. Si le doute est une force au plan théorique, il est en revanche préjudiciable à l'action.

B. Au plan théorique

• Savoir implique de douter. C'est la leçon de Descartes. Mais tant qu'on doute, on ne sait rien. Ce que l'on sait, par définition, on le tient pour vrai et assuré. Ainsi en est-il dans les sciences : le chercheur doit douter, tester ses hypothèses, c'est-à-dire essayer de les réfuter ou de les falsifier, comme dit Karl Popper. Mais il tiendra pour vraie (jusqu'à preuve éventuelle du contraire) la théorie qui aura résisté à toutes ses tentatives de réfutation. S'il n'y a pas de vérité absolue, certaine et éternelle, cela ne nous condamne pourtant pas à suspendre notre jugement et à ne jamais rien tenir pour vrai. Le doute serait une faiblesse s'il devait nous interdire tout jugement. Oser penser, c'est aussi prendre le risque de se tromper pour avancer. « On découvre la vérité en revenant sur un passé d'erreur, dans un véritable repentir intellectuel », estime Bachelard.

• « Que sais-je ? » demande Montaigne, conscient qu'on ne peut rien démontrer puisqu'il faudrait notamment démontrer d'abord la valeur de la raison elle-même. Comment un quelconque raisonnement pourrait-il établir la valeur de la raison ? Mais le scepticisme de Montaigne se traduit plus par une prudence et une circonspection à l'égard des habitudes de pensée de son temps et de son pays que par la volonté systématique de suspendre son jugement. Les *Essais* sont des essais de son jugement, des tentatives pour penser qui font bien plus et bien mieux que d'établir l'impossibilité de la certitude. La force du doute dépend donc de sa mesure. Érigé en doctrine ou en système, le scepticisme se contredit et s'annule, c'est sa limite et sa faiblesse. La force et l'habileté de Montaigne est d'en faire une question.

Conclusion

Le doute est un outil indispensable dans la recherche de la vérité, une arme dans la lutte contre la fausse évidence des apparences et des idées reçues. Connaître implique de douter. Pourtant, nous sommes condamnés à tenir pour vrai ce que nous croyons savoir. Encore faut-il demeurer conscient que ce qu'on a les meilleures raisons de croire n'est cependant jamais parfaitement assuré. Savoir qu'on croit et non croire qu'on sait. Et croire cependant, parce que douter toujours serait une faiblesse et une sorte de lâcheté. Douter est donc une force et une faiblesse : une force quand il libère l'esprit des fausses évidences pour faire place à la vérité (fût-elle relative et provisoire), une faiblesse quand il nourrit une indécision définitive de la pensée et de l'action.

Gagnez des points !

Bannissez le scepticisme paresseux qui conclut systématiquement que « toutes les opinions se valent » ou que « chacun a sa vérité », etc. C'est une erreur commune et réellement pénalisante.

Sujet de bac 2

Coup de pouce

Il s'agit d'un extrait d'un livre d'Alain intitulé *Idées* et paru en 1932. L'auteur s'exprime dans une langue qui est (encore) la nôtre, sans employer aucun terme technique. Toutefois, on ne peut comprendre ce passage sans maîtriser quelques notions élémentaires comme celles de vérité formelle et matérielle. D'une manière générale, le propos relève de la théorie de la connaissance et renvoie aux notions de vérité, de démonstration, de théorie et d'expérience. Ce sujet montre que l'explication de texte ne requiert pas forcément moins de connaissances que la dissertation.

CORRIGÉ DE L'EXPLICATION DE TEXTE

Les titres de parties, indiqués ici en rouge pour vous aider, ne doivent pas apparaître dans votre copie.

Introduction

• Si l'on s'interroge communément sur ce qui est vrai, on ne se demande jamais ce que cela veut dire. Qu'est-ce qu'une idée vraie ? Qu'est-ce qu'on appelle « vrai » ? C'est la question que se pose Alain dans un passage d'*Idées*. Sa réponse se fonde sur l'exemple des idées scientifiques, qui peuvent être vraies en deux sens. En un premier sens, les idées peuvent être vraies par leur succès, par leur efficacité. Mais les idées mathématiques sont également vraies en ce sens qu'elles sont rigoureusement démontrées par l'esprit seul, *a priori* et sans référence à l'expérience. Cette thèse soulève une difficulté : comment ce que l'esprit construit *a priori* (sans s'appuyer sur l'expérience) peut-il s'accorder avec le réel, l'éclairer et nous permettre d'agir sur lui ? D'une manière plus générale, la thèse amène à se poser la question des limites de « la raison pure » comme dit Kant : que peut la raison toute seule, privée de tout secours venant de l'expérience ?

Développement de l'explication

A. Composition du passage

• Le passage s'ouvre sur une affirmation : une idée peut être vraie en deux sens. Le texte tout entier vise à préciser, développer et justifier cette affirmation initiale. En un premier sens, une idée peut être vraie par son efficacité, c'est-à-dire par le pouvoir qu'elle nous donne sur les choses : pouvoir de prédire leur cours ou de le modifier pour satisfaire nos besoins. Mais Alain souligne ensuite que l'efficacité des idées ne suffit pas à les justifier : l'esprit réclame une démonstration indépendante de l'expérience, comme celles de la géométrie (voir chap. 13 : La démonstration). Cette seconde forme de vérité, inconnue de la pensée commune, est finalement présentée comme la plus satisfaisante pour l'esprit « qui veut se suffire à lui-même » et en quelque sorte, ne rien devoir à l'expérience.

> **Conseil**
> Évitez d'en dire trop dans cette première partie, afin de vous répéter le moins possible ensuite. Il s'agit seulement de mettre en évidence la construction du passage.

B. Explication détaillée

• Les idées sont donc d'abord vraies par leur succès, par leur efficacité : parce qu'elles « marchent ». Les idées mathématiques le montrent parfaitement : la règle de trois, le nombre Pi, le théorème de Thalès, etc., sont utiles, ils permettent de résoudre des problèmes concrets. Si j'ai besoin de 500 g de farine, d'un litre de lait et de 6 œufs pour faire des crêpes pour 6 personnes, de quelle quantité de chaque ingrédient ai-je besoin si je n'ai que 4 personnes à nourrir ? La règle de trois est la clef du problème. Les vérités mathématiques sont d'abord vraies à titre d'outils intellectuels, d'instruments, elles sont vraies d'une « vérité instrumentale », dirait William James. Cette

> **Gagnez des points !**
> N'oubliez pas de structurer votre développement en paragraphes marqués par des alinéas. Bien que cet usage se perde, il reste préférable de le conserver dans les textes manuscrits par souci de clarté, à plus forte raison dans une copie d'examen.

première vérité, c'est donc celle du pragmatisme[1] qui n'en connaît pas d'autres. Les idées sont vraies parce qu'elles éclairent les phénomènes, parce qu'elles les rendent intelligibles, prévisibles et maîtrisables. Thalès avait, dit-on, fait l'admiration de ses contemporains en prédisant une éclipse du soleil. La météorologie permet de prévoir le temps, de se munir d'un parapluie en quittant sa maison ou de moissonner le blé avant l'orage. « Science, d'où prévoyance ; prévoyance, d'où action », écrit Auguste Comte. La science permet de prévoir et d'expliquer (au moins partiellement) le réchauffement climatique et ainsi de prendre les mesures nécessaires pour le combattre (réduire les émissions de gaz à effet de serre).

• Nous sommes jetés « au milieu d'ombres redoutables », écrit Alain. Cela signifie que les phénomènes (les ombres) sont d'abord inexplicables et imprévisibles, donc redoutables. Qu'on imagine le monde tel qu'un tout petit enfant peut le percevoir : les événements se succèdent sans raison, il fait jour, mais la nuit survient, imprévisible, inexplicable, mystérieuse et redoutable, la nuit ou la faim, les êtres, qui vont et viennent, apparaissent ou disparaissent… Les idées mettront progressivement de l'ordre dans les choses : les phénomènes se succèdent selon des lois, la cause précède l'effet, tout s'éclaire, prend sens, devient prévisible et donc maîtrisable. La rotation de la Terre explique la succession régulière et prévisible du jour et de la nuit, le jeûne provoque la faim, les êtres ont un visage, un nom et un caractère, ils sont identifiables et prévisibles, la peur recule à mesure que la lumière dissipe les ombres. La vérité des idées est à la mesure de leur succès, c'est-à-dire de leur capacité à transformer un chaos confus et obscur en un univers intelligible, ordonné, prévisible et maîtrisable. On le sait depuis Bacon : savoir, c'est pouvoir (voir chap. 17 : La vérité).

• Mais les « ombres au milieu desquelles nous sommes jetés » ne sont peut-être pas seulement des objets jetés dans la pénombre qui attendraient la lumière de la raison. Si les phénomènes sont désignés comme des « ombres », c'est très vraisemblablement en référence aux ombres de l'allégorie de la caverne de Platon (voir chap. 17 : La vérité). Essayons d'interpréter le passage à la lumière de cette hypothèse. Envisagés sous cet angle platonicien, les phénomènes (ce que nous voyons, touchons, ce que généralement nous percevons) ne sont que des apparences et non la réalité même, ce qui est vraiment réel. La vérité ne serait donc pas visible, perceptible par les sens, mais seulement concevable par l'esprit, la raison ou l'intelligence (voir chap. 2 : La perception). Ainsi formulée, la thèse peut aussi bien renvoyer à Descartes qu'à Platon. Elle est rationaliste en ce sens qu'elle affirme que « nos sens nous trompent », comme l'écrit Descartes, et que nos

Conseil

Ne vous référez à d'autres auteurs que pour éclairer le passage. Expliquez le texte, tout le texte, rien que le texte.

1. **Pragmatisme :** W. James est le principal représentant de cette doctrine philosophique selon laquelle la valeur des idées réside dans leur efficacité.

connaissances valides sont principalement fondées sur la raison, comme le suggère l'expérience du morceau de cire.

• Ce détour par l'histoire de la philosophie, suggéré par la référence implicite aux ombres de la caverne, éclaire également la suite du texte : si les idées sont vraies, ce n'est pas seulement parce qu'elle nous rendent « comme maîtres et possesseurs de la nature », comme le souligne Descartes (voir chap. 9 : Le travail et la technique), par ce succès ou ce pouvoir qui semble attester de leur conformité aux choses, de leur vérité matérielle, mais c'est aussi et surtout parce qu'elles sont démontrées, c'est-à-dire rigoureusement établies par un raisonnement qui, comme dans la géométrie d'Euclide, ne s'appuie pas sur l'expérience : « la preuve selon Euclide n'est jamais d'expérience », écrit Alain (voir chap. 12 : Théorie et expérience, et chap. 13 : La démonstration). Les idées, par exemple mathématiques, sont donc vraies formellement, par la force de la forme (*vi formae*), « avant » de l'être matériellement, par la force de la matière (*vi materiae*). Autrement dit, ce n'est pas tant parce qu'elles s'accordent avec l'expérience et permettent de comprendre et de maîtriser le cours des choses que les idées mathématiques sont vraies, c'est surtout parce qu'elles sont cohérentes : « ce qui fait notre géométrie, notre arithmétique, notre analyse, ce n'est pas premièrement qu'elles s'accordent avec l'expérience, mais c'est que notre esprit s'y accorde avec lui-même. »

• On pourrait ajouter que les mathématiques ne sont même rigoureusement vraies que par la forme, puisqu'elles n'examinent que des idéalités, des entités abstraites comme les nombres et les figures : le segment de droite qui n'est qu'une longueur (sans largeur ni profondeur), le point mathématique, lieu idéalement précis (sans extension), n'existent que dans l'esprit qui le conçoit ou dans le ciel des Idées de Platon.

• Alain estime donc que l'esprit ne peut se satisfaire de la vérité d'expérience, celle que le succès confirme. L'exemple de la géométrie d'Euclide le montre bien : « la preuve selon Euclide n'est jamais d'expérience », écrit Alain et il ajoute : « elle ne veut point l'être ». Et il confirme plus loin que l'accord des mathématiques avec l'expérience et leur efficacité ne sont pas « la règle suffisante du bien penser ». L'esprit ne cherche pas « cette vérité que le monde confirme », mais une vérité reposant sur des « preuves subtiles qui refusent le plus possible l'expérience », une vérité « plus pure », une vérité sans mélange, « toute d'esprit ».

• Et ce sont bien sûr les mathématiques qui réalisent au mieux cet idéal de pureté théorique : elles engendrent d'abord leurs objets en les définissant de manière claire et distincte : la droite, le cercle, le triangle, etc. Ces définitions idéales sont donc « toujours maintenues », définitives. Elles se distinguent en cela des définitions de la philosophie qui sont d'abord données à titre de « simples essais » que la réflexion corrigera inévitablement jusqu'à aboutir peut-être à une définition définitive, comme le souligne Kant. La géométrie d'Euclide, par exemple, offre ainsi à l'esprit un modèle parfaitement satisfaisant. Partant de définitions, de postulats et d'axiomes, Euclide démontre toute la géométrie. Tout son raisonnement n'est que la suite logique de ce qu'il a posé au départ, la conséquence de ses principes (*principium* : « commencement »). C'est en ce sens qu'on peut dire en effet avec Alain que les définitions « commandent toute la suite [...] ». C'est ce qu'on appelle la méthode hypothético-déductive, qui déduit méthodiquement tout ce qui découle logiquement des hypothèses admises au commencement. Si un triangle est un triangle, un angle un angle, si par un point pris hors d'une droite, etc. alors, la somme des angles d'un triangle est égale à deux angles droits. CQFD, ce qu'il fallait démontrer.

C. Approfondissement critique

• Mais comment comprendre que ce qui est construit du dedans, par l'esprit seul, s'accorde si merveilleusement avec le monde des choses matérielles extérieures à l'esprit ? Si l'esprit était informé par l'expérience, comme dans la théorie empiriste, le problème ne se poserait pas ou il se poserait de manière moins aiguë : on pourrait supposer par exemple que les définitions ou les principes sur lesquels s'appuient les démonstrations mathématiques sont au moins suggérés par l'expérience, par l'observation des choses (des triangles, etc.). Cette difficulté pose plus généralement la question des « limites de la raison pure » pour le dire en termes kantiens. Que peut la raison toute seule, quand elle est privée de tout secours venant de l'expérience ? Comment les mathématiques sont-elles possibles *a priori* ? Et que dire des autres sciences évoquées par Alain : l'astronomie et la physique ? Elles utilisent bien sûr très largement les mathématiques, mais sont bien loin d'être construites *a priori* et on peut se demander si on peut partager l'opinion d'Alain, selon laquelle l'astronomie ou la physique refuseraient le plus possible l'expérience. N'est-ce pas ce refus de l'expérience qui conduit Descartes à forger des théories parfois très fragiles comme sa fameuse théorie des tourbillons ?

Conseil
Ce prolongement critique vise plus à approfondir la compréhension du problème qu'à réfuter la thèse de l'auteur. Soyez brefs et mesurez votre propos.

Conclusion

Quoi qu'il en soit de ces difficultés, le texte que nous avons évoqué vaut d'abord au moins par la question qu'il pose : en quel sens peut-on dire qu'une idée est vraie ? Il vaut aussi par la réponse qu'il propose. Celle-ci a l'intérêt, en effet, de souligner la valeur de la conception commune de la vérité, qui est empiriste et pragmatique : une idée vraie, c'est une idée qui a fait la preuve de son efficacité, une idée qui marche. Mais cette vérité qui est « la plus urgente et la plus avantageuse » cette vérité matérielle, empirique et pragmatique, Alain montre aussi qu'elle n'est pas forcément toute la vérité ou la seule concevable, puisque, comme le montre l'exemple des mathématiques, ce qui est vrai peut l'être aussi sans référence à l'objet : dans et par l'esprit seul.

PARTIE 4

CHAPITRE 18

La société

Mots clés

Société : du latin *socius* (« associé », « allié »). Le terme désigne ici la société humaine ou l'état civil, comme disent les philosophes, par opposition à l'état de nature.

État de nature : état dans lequel les hommes auraient vécu avant la naissance de la société. Il ne s'agit pas d'une réalité historique mais d'une fiction qui vise, notamment, à distinguer ce qu'il y a d'originaire en l'homme, de ce que la vie sociale a fait de lui.

Repères

En acte/En puissance ➜ p. 307
Idéal/Réel ➜ p. 312

DE QUOI S'AGIT-IL ?

La notion de société nous introduit au cœur de la philosophie politique. Comment vivre ensemble ? Comment organiser la Cité (*polis*) ? Les maux dont souffre la société inclinent à la fuir et à chercher son salut à l'écart du monde. Mais l'individu isolé n'est-il pas un mythe ? Si on peut à la rigueur survivre seul, peut-on s'accomplir et vivre d'une vie proprement humaine hors de toute société ? Enfin, s'il faut accepter l'idée que la vie humaine est par définition une vie sociale, peut-on espérer changer la société ? Peut-on s'entendre et vivre en paix, dans un monde juste et pacifié ? Que peut-on attendre de la société ? Que nous est-il permis d'espérer ?

1 De la critique de la société à la tentation de l'isolement

A Rousseau : la société corrompt l'homme.

Citation
« La nature a fait l'homme heureux et bon, mais [...] la société le déprave et le rend misérable. »
Rousseau

- L'auteur des *Rêveries du promeneur solitaire* aime marcher, observer la nature et herboriser. Il préfère les jardins « naturels » aux jardins à la française et la campagne aux villes. Ce goût pour la nature est la conséquence du dégoût que lui inspire cette société qui pervertit l'homme.
- L'homme, en effet, est **naturellement bon**, mais **corrompu par la société**. Ceux qui, comme Hobbes, estiment que « l'homme est un loup pour l'homme », ont tort d'attribuer à l'homme naturel les traits de l'homme civilisé. C'est qu'il n'est pas facile de distinguer ce qu'il y a d'originaire en l'homme de ce que la vie en société a fait de lui.

Citation
« La pitié est un sentiment naturel, qui, modérant dans chaque individu l'activité de l'amour de soi-même, concourt à la conservation mutuelle de toute l'espèce. »
Rousseau

- Rousseau décrit **l'homme à l'état de nature** (avant la naissance de la société) comme **un animal paisible, inoffensif et innocent**. Libre, indépendant et solitaire, il n'a guère de raisons d'entrer en conflit avec ses semblables. Ses désirs ne dépassent pas ses besoins, il se suffit à lui-même et est guidé par deux tendances qui s'équilibrent : **l'amour de soi** (qui n'est pas l'orgueil ou l'amour-propre) et **la pitié**, qui le porte à secourir ceux qu'il voit souffrir.
- Mais la société va transformer **l'amour de soi** en **amour-propre**, multiplier les **désirs** de l'homme et développer son esprit, pour le meilleur, mais surtout pour le pire : il apprendra à mentir, à paraître, à dissimuler, apprendra la méchanceté et la violence, abusera de sa force pour dominer ses semblables et deviendra, en effet, un loup.
- La **naissance de la société** est marquée par celle de la **propriété** : « Le premier qui ayant enclos un terrain, s'avisa de dire : *ceci est à moi*, et trouva des gens assez simples pour le croire, fut le véritable fondateur de la société civile », écrit Rousseau. « Que de crimes, de guerres, de meurtres, que de misères et d'horreurs n'eût point épargnés au genre humain celui qui arrachant les pieux ou comblant le fossé, eût crié à ses semblables : Gardez-vous d'écouter cet imposteur ; vous êtes perdus si vous oubliez que les fruits sont à tous, et que la terre n'est à personne », ajoute-t-il.

- Il ne s'agit pourtant pas de retourner à l'état de nature. D'abord parce que celui-ci n'a jamais existé : **l'état de nature n'est pas une réalité historique**, mais une vue de l'esprit qui permet de se figurer ce que serait l'homme si on retranchait tout ce que la vie en société a ajouté à sa nature. Ensuite, parce que l'homme naturel est « **un animal stupide et borné** », alors que la vie sociale fait de lui « **un être intelligent et un homme** ». Un homme qui use souvent bien mal de ses nouvelles capacités et s'abaisse ainsi en dessous de la condition animale dont la société l'a fait sortir : en devenant **humains**, nous devenons aussi capables d'**inhumanité**.

Citation

« On façonne les plantes par la culture et les hommes par l'éducation. »

Rousseau

- Si les maux dont souffre l'homme civilisé peuvent incliner à fuir la société, il faut donc rester conscient de ce que **l'homme, pour être pleinement humain, doit développer ses facultés morales et intellectuelles au sein de la société**.
- Rousseau ne prône donc pas un retour à la nature, mais une **réforme de la société**. Puisque les qualités naturelles de l'homme sont dégradées par une mauvaise socialisation, il faut jeter les bases théoriques d'une société qui permettrait à l'homme de retrouver ses qualités naturelles. Tel est le but de *Du Contrat social* qui définit les conditions d'association qui peuvent seules permettre aux hommes de s'unir et de vivre ensemble sans renoncer à leur **liberté** (voir chap. 22 : La liberté).

B Thoreau : chercher refuge dans la nature, contre la société

- **Henri David Thoreau** est un Rousseau américain, mais contrairement au penseur français, il ne propose aucune solution politique aux maux de la société. Le « salut » relève davantage à ses yeux d'une éthique que d'une politique, il est plus individuel que social ou collectif.
- Le philosophe vit un peu plus de deux ans dans une cabane construite de ses mains, dans les bois, sur les rives du lac Walden, pour mener **une vie simple, libre et indépendante**, « n'affronter que les faits essentiels de la vie ». Il cultive son potager le matin, lit, écrit et se promène l'après-midi, contemple la nature. « Je vais et je viens avec une singulière liberté dans la Nature, dont je fais partie », écrit-il.

Citation

« Simplifier, simplifier. »

Thoreau

- Son rapport à la nature est **spirituel**, presque mystique : « Ce qui chez les autres est religion, est chez moi amour de la nature », écrit Thoreau. La vie, le divin et la Nature fusionnent dans son esprit. La nature lui est un **refuge contre l'homme, le monde moderne, sa folie et ses excès**.

• Mais l'isolement est aussi un moyen de se trouver ou de **retrouver son moi véritable sous les couches accumulées par l'éducation**. Être soi-même, donc, et penser par soi-même, contre la pensée commune et le conformisme social, contre « la vase de l'opinion, les préjugés et la tradition », par conséquent aussi, contre la loi et contre l'État quand ils sont injustes : « Nous devons d'abord être des hommes avant d'être des sujets ».

C Épicure : vivre caché

• **Épicure** fonde une école de philosophie à Athènes : **le Jardin**. Ses « cours » y prennent la forme de la conversation. Il s'agit donc davantage d'une communauté d'amis que d'une école proprement dite. Le Jardin est une enceinte fermée, symbole, non bien sûr du repli sur soi, mais du repli sur la sphère privée. « Cache ta vie », conseille Épicure : le bonheur, la sérénité (ataraxie) supposent de **« vivre en accord avec la nature », et à l'écart des troubles de la Cité**. Épicure vit une époque de crise politique et cherche le salut dans une éthique de vie, à l'abri de la société et de ses maux : « Bien qu'on puisse jusqu'à un certain point se mettre en sûreté contre les hommes au moyen de la force et de la richesse, on obtient cependant une sécurité plus complète en vivant tranquille et loin de la foule », écrit-il.

• Le potager de l'école fournit à la communauté une partie de sa nourriture, en accord avec l'idéal d'autarcie du sage : « C'est un grand bien à notre avis que de se suffire à soi-même ».

> **Citation**
> « Cache ta vie. »
> Épicure

2 Que devons-nous à la société ?

A Quel est le problème ?

• Si l'individu peut critiquer la société, peut-il tout à fait s'en affranchir ? Peut-on vivre en dehors de toute société ? Une existence indépendante et solitaire, quand bien même elle serait possible, serait-elle une existence pleinement humaine ? Ces questions nous obligent à nous demander ce que nous devons à la société et ce que nous serions sans elle.

B Aristote : l'homme est un animal social.

• Aristote estime que **l'homme, étant par nature un animal politique** (*zôon politikon* : « animal citoyen »)**, ne peut s'accomplir et trouver le bonheur qu'au sein de la vie sociale**, ou plus exactement, au sein de la Cité (*polis*).

• L'homme est donc un animal social, fait pour vivre en société. En effet, la nature, qui ne fait rien en vain (sans raison), lui a donné la faculté de parler et de raisonner : le *logos* qui appartient à l'homme seul et lui permet de définir ce qui est juste ou injuste, bien ou mal (voir chap. 7 : Le langage). Or, c'est ce sentiment du bien et du mal qui fonde la société. L'homme est ainsi voué à la vie sociale par sa nature d'animal doué de parole ou de raison, il est un **animal politique** parce qu'il est un **animal raisonnable** (*zôon logikon*).

• Contrairement à **Rousseau**, qui envisage la société comme **une association d'individus originellement libres et indépendants, Aristote** estime donc que **l'individu ne peut se concevoir indépendamment de la société** ou avant elle : l'individu suppose la société. « Celui qui est sans cité, naturellement et non par suite des circonstances, est ou un être dégradé ou au-dessus de l'humanité », écrit Aristote. En d'autres termes, un être que sa nature voue à vivre hors de toute cité est une bête, une brute (un animal sans raison) ou au contraire un dieu (un être surhumain et autosuffisant), mais pas un être humain.

• **La société est donc, selon Aristote, une réalité naturelle**, et non une institution humaine fondée sur un contrat, comme le soutiendront notamment Rousseau ou Hobbes (voir chap. 20 : L'État) : la société ne peut pas naître de l'association d'individus, puisque ceux-ci ne peuvent pas exister avant elle.

C Auguste Comte : tout en nous appartient à la société.

• « Tout en nous appartient à la société ; car tout nous vient d'elle », écrit **Auguste Comte.** Cela ne signifie pas seulement que l'individu est marqué par son environnement social, mais que **l'individu ne peut exister que dans et par la société**, ou même qu'il se confond avec elle, comme l'affirme **Durkheim** : « en même temps qu'elle nous dépasse, la société nous est intérieure, puisqu'elle ne peut vivre qu'en nous et par nous. Ou plutôt elle est nous-même, en un sens, et la meilleure partie de nous-même, puisque l'homme n'est homme que dans la mesure où il est civilisé. »

• Tout en nous n'est donc pas social ou culturel, nous sommes aussi des êtres naturels, des animaux, mais **nous ne sommes proprement humains que par la société, la culture ou la civilisation** : « Rousseau l'a démontré : si l'on retire de l'homme tout ce qui vient de la société, il ne reste qu'un être réduit à la sensation, et plus ou moins indistinct de l'animal », écrit Durkheim.

> **Citation**
> « L'homme n'est homme que dans la mesure où il est civilisé. »
> Émile Durkheim

• C'est ce que montre, peut-être, l'exemple de **Victor de l'Aveyron**, « l'enfant sauvage ». Découvert par des chasseurs à la fin du XVIIIe siècle alors qu'il a probablement 11 ou 12 ans, l'enfant ne parle pas, est animé de mouvements convulsifs, mord et égratigne ceux qui l'approchent, il n'est attentif à rien. Pour les uns, il s'agit d'un « arriéré mental », pour les autres, l'enfant ne s'est pas développé normalement, parce qu'il a été abandonné très tôt et a survécu seul, à l'état sauvage. Malgré les efforts de Jean Itard, qui le recueille et tente de l'éduquer, **Victor ne parvient pas à apprendre à parler et demeure socialement inadapté**.

Citation

« Réduit à lui-même, l'homme est beaucoup moins que lui-même. »

Georges Gusdorf

3 Que peut-on attendre de la société ?

A Quel est le problème ?

- S'il n'y a pas d'alternative à la vie en société, peut-on du moins espérer changer la société ? Que peut-on attendre, espérer, voire exiger d'elle ? Les hommes peuvent-ils s'entendre et vivre en paix ? Faut-il, au contraire, **rejeter l'idéalisme et l'utopie au nom du réalisme anthropologique et politique** ?

B Platon : la Cité idéale serait gouvernée par des rois philosophes.

- **Socrate a été condamné à mort** par le tribunal d'Athènes, parce qu'il se faisait un devoir de réveiller les consciences et d'exhorter ses concitoyens à la vertu, estime **Platon**, son disciple. Si la Cité condamne le juste, c'est qu'elle est injuste et corrompue.
- Mais ce n'est pas seulement la société athénienne qui est corrompue : « tous les états de notre temps sont mal gouvernés, […] leurs lois sont tellement vicieuses qu'elles ne subsistent que par une sorte de prodige », écrit Platon. **Il revient donc à la philosophie de « tracer les limites du juste et de l'injuste » et aux philosophes de gouverner** : « on ne peut espérer de voir la fin des misères humaines avant que les vrais philosophes n'arrivent à la tête des gouvernements ou que, par une providence toute divine, ceux qui ont le pouvoir dans les États ne deviennent eux-mêmes philosophes ».

C Kant : vers la paix perpétuelle

- Si Kant est d'une certaine façon habité lui aussi par l'idéal de la justice, il se montre surtout soucieux de pacifier les relations internationales. C'est ce qui le conduit à imaginer une **société des nations** (*Völkerbund*). En effet, les États ne connaissent entre eux que la loi du plus fort, comme les individus à l'état de nature. Ils sont donc en ce sens en guerre perpétuelle : les périodes de paix ne sont que des trêves qui suspendent les hostilités, sans changer foncièrement la nature violente des relations internationales. **La paix véritable requiert** au contraire **des relations fondées sur le droit**. Elle implique donc aussi que les États sortent de leur **état de nature**, qu'ils fassent société et acceptent que leurs relations soient régies par un droit « cosmopolitique » (international).

- Il est donc permis d'espérer qu'un jour, dans un avenir indéterminé, mais vers lequel nous nous acheminons par un progrès nécessaire, le processus de civilisation de l'espèce humaine arrivera à son terme et à sa perfection. C'est, pour Kant, la **fin** (le but) **de l'histoire** (voir chap. 11 : L'histoire).
- Il souligne toutefois que l'opposition entre les hommes (la discorde) est le moyen dont la nature se sert pour les faire progresser. « L'homme a un penchant à s'associer », mais il « manifeste aussi une propension à s'isoler ». C'est ce que Kant nomme **l'insociable sociabilité. Sans la rivalité et l'égoïsme, l'ambition, l'instinct de domination et la cupidité, les hommes ne développeraient pas leurs talents**.
- Bien qu'ils ne soient pas très sympathiques en eux-mêmes, il faut donc accepter comme des bienfaits les penchants insociables et égoïstes que l'homme manifeste au sein de la vie sociale.

D Marx : la société sans classes

- Constatant que « l'histoire de toute société jusqu'à nos jours n'a été que l'histoire de luttes de classes », c'est-à-dire l'histoire d'une guerre perpétuelle entre maîtres et esclaves, dominants et dominés, exploiteurs et exploités, l'auteur du *Manifeste du parti communiste* n'en reste pas moins convaincu que **l'histoire s'achèvera par l'abolition des classes et de l'État** (voir chap. 20 : L'État).

E Machiavel : le réalisme politique

- **Machiavel incarne le pessimisme anthropologique** (la nature humaine est mauvaise) **et le réalisme politique**. « Quiconque veut fonder un État et lui donner des lois, doit supposer d'avance les hommes méchants », écrit-il. Dans cette perspective, le rôle de l'État ne peut être que de **garantir l'ordre et la sécurité par la force ou la ruse** (voir chap. 20). Il ne s'agit donc pas ici de réformer (voire de révolutionner) l'homme ou la société, mais, de manière infiniment moins ambitieuse, de maintenir l'ordre établi, parce qu'il serait en soi toujours préférable au désordre, à l'insécurité et à l'anarchie.

Pour résumer

1. De la critique de la société à la tentation de l'isolement

■ **Rousseau** estime que l'homme est bon par nature, mais corrompu par la société.

■ **Thoreau** cherche dans la nature un refuge contre les maux de la société moderne.

■ **Épicure** cherche le bonheur dans son « Jardin », à l'écart des troubles de la Cité.

2. Que devons-nous à la société ?

■ L'homme est un **animal politique**, écrit **Aristote**. Parce qu'il est fait pour vivre en société, l'homme ne peut s'accomplir et être heureux hors de la Cité.

■ Tout en nous vient de la société, estime **Auguste Comte**.

■ **Durkheim** souligne, après Rousseau, que l'homme n'est humain que parce qu'il est civilisé. C'est ce que semble montrer **l'exemple de l'enfant sauvage**.

3. Que peut-on attendre de la société ?

■ **Platon** estime que les rois philosophes pourraient seuls faire régner la justice dans la Cité.

■ Pour **Kant**, le **progrès historique** doit conduire à l'unification politique du genre humain, au sein d'une **société des nations**.

■ **Marx** estime quant à lui que la **société sans classes** constitue la fin de l'histoire.

■ Loin de ces conceptions généreuses, **Machiavel** assigne à l'État la fonction de **maintenir l'ordre et la paix sociale.**

Chronologie

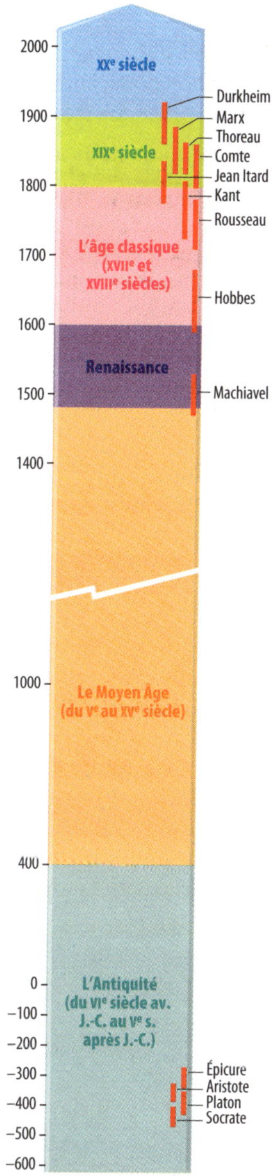

Les incontournables

*Aristote définit l'homme comme un animal politique, ou, littéralement, comme un animal citoyen (*zôon politikon*). Cela signifie que l'homme est voué à la vie sociale par sa nature d'animal raisonnable (*zôon logikon*).*

Il est évident que l'homme est un animal politique plus que n'importe quelle abeille et que n'importe quel animal grégaire. Car, comme nous le disons, la nature ne fait rien en vain ; or seul parmi les animaux l'homme a un langage. Certes la voix est le signe du douloureux et de l'agréable[1], aussi la rencontre-t-on chez les animaux ; leur nature, en effet, est parvenue jusqu'au point d'éprouver la sensation du douloureux et de l'agréable et de se les signifier mutuellement. Mais le langage existe en vue de manifester l'avantageux et le nuisible, et par suite aussi le juste et l'injuste. Il n'y a en effet qu'une chose qui soit propre aux hommes par rapport aux autres animaux : le fait que seuls ils aient la perception du bien, du mal, du juste, de l'injuste et des autres notions de ce genre. Or avoir de telles notions en commun, c'est ce qui fait une famille et une cité[2].

Aristote, *Les Politiques*, trad. P. Pellegrin, © Garnier-Flammarion, 1990.

1. Les animaux possèdent la voix (*phonè*) par laquelle ils expriment des sensations de plaisir et de douleur, mais l'homme seul possède le langage, la parole ou la raison (*logos*) qui lui permet de distinguer le juste de l'injuste.

2. La famille est une microsociété.

CHAPITRE 19

Les échanges

Mots clés

■ **Échanges :** Échanger, c'est donner pour recevoir. Le terme renvoie surtout dans ce chapitre aux échanges économiques ou marchands.

■ **Division du travail** : répartition des activités économiques entre des entités spécialisées et complémentaires.

■ **Libéralisme économique :** doctrine prônant la liberté du travail et des échanges, et opposée à l'intervention de l'État dans l'économie.

Repères

– Origine/Fondement ➜ p. 314

DE QUOI S'AGIT-IL ?

La notion d'échanges invite notamment à une réflexion sur l'économie et le commerce. On se posera principalement trois questions. D'abord, parce qu'il ne peut se suffire à lui-même, l'individu échange le produit de son travail avec ses concitoyens. Mais faut-il en conclure que les échanges fondent la société ? On peut se demander ensuite si les échanges économiques, étant motivés par un calcul d'intérêt, doivent être opposés à la morale, ou s'ils peuvent au contraire être créateurs de valeurs. Enfin, on s'interrogera sur les limites de l'échange : que peut-on échanger ? Tout peut-il s'échanger, s'acheter ou se vendre ?

1 Les échanges fondent-ils la société ?

A Quel est le problème ?

• L'utilité, voire la nécessité d'échanger pour vivre, ou pour survivre, motive à l'évidence la vie sociale. Mais en est-elle l'unique fondement ? La société ne dépend-elle pas d'abord de l'existence d'une autorité politique (l'État), seule capable de garantir la paix civile ? Dans cette perspective, le rôle de l'État se limite-t-il à garantir l'ordre et la sécurité sans lesquels l'activité économique serait compromise (libéralisme), ou doit-il aussi réguler les échanges et en garantir l'équité ?

B Le principe de la division du travail et des échanges

• **Platon** souligne « l'impuissance où se trouve chaque individu de se suffire à lui-même » et en fait l'origine de la Cité. Il expose **le principe de la division sociale du travail** et en souligne **les avantages** : « On produit toutes choses en grand nombre, mieux et plus facilement, lorsque chacun, selon ses aptitudes et dans le temps convenable, se livre à un seul travail, étant dispensé de tous les autres ». C'est la raison pour laquelle il y a des laboureurs, des cordonniers, des tisserands, des maçons, qui échangent le produit de leur travail.

• **Rousseau** expose très clairement les avantages de la division du travail : « Supposons dix hommes, dont chacun a dix sortes de besoins. […] Formons une société de ces dix hommes, et que chacun s'applique, pour lui seul et pour les neuf autres, au genre d'occupation qui lui convient le mieux ; chacun profitera des talents des autres comme si lui seul les avait tous ; chacun perfectionnera le sien par un continuel exercice ; et il arrivera que tous les dix, parfaitement bien pourvus, auront encore du surabondant pour d'autres. »

• **Adam Smith souligne le rôle paradoxal de l'égoïsme dans la société** : « L'homme a continuellement besoin du secours de ses semblables. » Or, si nous pouvons espérer que les autres nous portent secours spontanément, par bienveillance, il est plus prudent de se fier à leur égoïsme et d'obtenir par un échange ce que l'on attend d'eux : « Donnez-moi ce dont j'ai besoin, et vous aurez de moi ce dont vous avez besoin vous-même. »

Citation

« Ce n'est pas de la bienveillance du boucher, du marchand de bière et du boulanger que nous attendons notre dîner. »

Adam Smith

C Quel est le rôle de l'État ?

1. Hobbes : l'État est la condition de la paix et de la prospérité.

• **L'état de nature** (voir chap. 18 : La société) **est un état de guerre perpétuelle** de chacun contre chacun, estime **Hobbes**. Les hommes y vivent dans la brutalité et la peur, la misère et l'ignorance, en un mot dans la barbarie. La paix, la sécurité, la prospérité et le bien-être ne peuvent naître qu'à la faveur de la société et de l'État. C'est en un mot, ce que l'on nomme la civilisation.

• Or, **l'État tient son pouvoir du contrat par lequel les individus renoncent à leur liberté naturelle au bénéfice de leur sécurité**, et des avantages qu'elle apporte avec elle : « Hors de la société civile, chacun jouit d'une liberté très entière, mais qui est infructueuse », écrit Hobbes. Ce contrat social qui est au fondement de la société est donc bien une sorte d'échange qui, engendrant l'ordre, la paix et la sécurité rend possible l'industrie, le commerce et la prospérité. Toutefois, on voit que **les échanges marchands**, loin d'être le seul fondement de la société, **ne sont eux-mêmes possibles qu'à la faveur de l'ordre établi par l'État**. Dans cette perspective, on pourrait dire que les échanges économiques motivent la vie en société plus qu'ils ne la fondent.

> **Citation**
> « Hors de la société civile, l'adresse et l'industrie sont de nul fruit : mais dans un État, rien ne manque à ceux qui s'évertuent. »
> Thomas Hobbes

2. Adam Smith : le rôle de l'État doit rester limité.

• On retient communément de la pensée d'Adam Smith, l'idée que **le libre jeu des intérêts égoïstes est la condition de la prospérité économique**. Par exemple les prix doivent être déterminés par le marché (conformément à la loi de l'offre et de la demande) plutôt que fixés par l'État. Le boulanger, libre de vendre son pain au prix qui lui convient, cherchera, en raison de la concurrence, à faire le meilleur pain possible au prix le plus bas. Toutes les énergies sont mobilisées par la recherche égoïste du profit et les prix s'autorégulent sans intervention de l'État, de sorte que les **échanges sont équitables et profitables à tous**. Tout se passe comme si une « **grande main invisible** » régulait les échanges économiques.

• L'idée selon laquelle **les vices privés font la prospérité collective** était déjà présente dans ***La Fable des abeilles* de Mandeville**. Celui-ci raconte l'histoire d'une ruche pleine de vices mais prospère, qui fait le vœu de devenir honnête. Ce vœu étant exaucé par Jupiter, la ruche

> **Citation**
> « Tout en ne cherchant que son intérêt personnel, chaque individu travaille souvent d'une manière bien plus efficace pour l'intérêt de la société que s'il avait réellement pour but d'y travailler. »
> Adam Smith

périclite. Kant soutient à peu près à la même époque (au XVIIIe siècle) que sans la rivalité et l'égoïsme, l'ambition, l'instinct de domination et la cupidité, les hommes ne développeraient pas leurs talents.

● Dans cette **perspective libérale**, le rôle de l'État est essentiellement de **protéger les libertés individuelles et la sécurité des citoyens**. Toutefois, Smith assigne aussi à l'État le rôle de financer des infrastructures et des institutions publiques profitables à la société, mais qu'un entrepreneur privé ne pourrait financer **profitablement**. Il ne s'oppose donc pas à toute intervention économique de l'État.

3. Marx : critique de « la religion du libre-échange »

● « Les économistes prennent toujours le prix du travail au moment où il s'échange contre d'autres marchandises. Mais ils laissent tout à fait de côté le moment où le travail opère son échange contre le capital », écrit Marx. Ce que Marx dénonce, c'est donc essentiellement **la marchandisation de la force de travail**. Le prolétaire se trouve contraint de vendre sa force de travail au bourgeois qui possède les instruments de production (usines, machines, terres…). Or, le salaire qu'il reçoit en échange de son travail est injustement bas (voir chap. 9 : le travail et la technique). Dans cette perspective, **l'économie libérale est responsable de « l'exploitation de l'homme par l'homme »**, de la concentration des richesses dans la classe dominante (la bourgeoisie) et de la misère du prolétariat.

● De ce point de vue, l'État devrait réguler les échanges et assurer l'équité (par l'impôt par exemple), voire, dans la société communiste, devenir l'unique entrepreneur et s'approprier la totalité des moyens de production.

2 Faut-il opposer l'économie et la morale ?

A Quel est le problème ?

● Les échanges marchands reposent sur un **calcul d'intérêt égoïste**. Faut-il en conclure que l'économie est par définition contraire à la morale ? La question engage une réflexion sur la nature de la morale ? Celle-ci est-elle étrangère à tout calcul comme le soutient Kant ?

B Kant : vertu est synonyme de désintéressement.

● **Kant estime que la moralité consiste dans le désintéressement de l'action accomplie par devoir**. Seul ce que nous faisons **parce que nous devons le faire**, par obligation morale et **en dehors de tout calcul d'intérêt** est vertueux (voir chap. 23 : Le devoir).

● De ce point de vue, la sphère de l'économie serait, non pas **immorale** (il n'est pas contraire à la morale de gagner sa vie), mais **amorale**, c'est-à-dire étrangère à la morale. Ce que l'on fait **par intérêt** (acheter, vendre, échanger des biens et des services, travailler en échange d'un salaire…), on ne le fait pas **par devoir**. C'est ce qui fait dire à André Comte-Sponville que **le capitalisme est amoral**. La recherche du profit n'est pas moralement condamnable (à certaines conditions comme celle du respect de la personne humaine, de sa dignité et de ses droits), elle n'est pas non plus moralement estimable, puisque par définition, elle est intéressée, elle est amorale.

C L'utilitarisme : la morale n'est pas étrangère à tout calcul.

● Mais **la morale utilitariste** (voir chap. 23 : Le devoir), celle de **Bentham** et **Stuart Mill**, affirme que l'action morale n'est pas étrangère à tout calcul. Le valeur morale d'une action tiendrait en effet à son utilité entendue comme « la tendance de quelque chose à engendrer bien-être, avantages, joie, biens ou bonheur », écrit Bentham.

● Dans cette perspective, une action est moralement bonne dans la mesure où elle tend à **augmenter le bien-être de l'humanité** et sa valeur morale doit ainsi être estimée en fonction de ses conséquences (conséquentialisme), ce qui implique une anticipation et un calcul. Non, certes, un **calcul d'intérêt égoïste et à courte vue**, mais un **calcul d'intérêt bien compris intégrant l'idée que mon bonheur dépend aussi de celui des autres**. Aussi Stuart Mill s'est-il battu pour l'amélioration de la condition des ouvriers, alors qu'il appartenait lui-même à un milieu privilégié.

● L'utilitarisme permet donc d'intégrer l'économie dans la sphère de la morale : **la recherche du profit est moralement estimable si elle participe, comme l'affirment les libéraux, à la maximisation du bien-être global de l'humanité.**

D Montesquieu : le commerce est créateur de valeurs.

● Comme le note déjà Hobbes, l'industrie, le commerce, la prospérité ne se conçoivent pas dans la violence et l'anarchie de l'état de nature. **Le commerce semble donc requérir la paix civile, l'ordre, la sécurité et le respect de la propriété**. Acheter, ce n'est pas prendre ou voler, c'est échanger un bien contre un bien supposé d'égale valeur, soit directement (c'est le troc), soit par

Citation

« L'effet naturel du commerce est de porter à la paix. »

Montesquieu

l'intermédiaire d'une monnaie. « L'effet naturel du commerce est de porter à la paix », écrit Montesquieu. Ainsi, deux États qui ont des relations commerciales ont besoin l'un de l'autre et n'ont guère intérêt à se faire la guerre.

- Toutefois, le commerce n'unit pas les individus comme il unit les nations. « L'esprit de commerce » est moralement ambivalent : il est en effet inséparable d'un « sentiment de justice exacte » qui est à la fois contraire au vol et à la générosité. Chacun réclame son dû, redoute d'être lésé et tout se monnaye, jusqu'aux plus petites choses. Autrement dit, **si l'échange s'oppose au vol, il s'oppose aussi au don et au désintéressement.**

3 Que peut-on échanger ?

A Quel est le problème ?

- Il s'agit de définir les **limites morales de l'échange**. Tout peut-il s'échanger, les personnes comme les biens ? Qu'est-ce qui devrait être **excepté de la logique marchande ?**

B Kant : les personnes et les choses

- La **distinction des personnes et des choses**, thématisée par Kant, semble éclairer le problème : à la différence des choses, **les personnes doivent toujours être envisagées comme des fins en soi** et non pas seulement comme **des moyens** ou des instruments. C'est, tout bien considéré, l'exigence fondamentale de la morale. Elle interdit du même coup de **traiter les êtres humains comme des marchandises** ou des biens.
- Cet interdit de faire commerce des êtres humains semble s'étendre à leurs organes comme le suggère la loi française, par exemple, qui, interdisant le **trafic des organes**, limite leur transfert au principe du **don**. L'exemple soulève la question de savoir si le don authentique est concevable ou si on ne donne jamais que dans l'espoir de recevoir, quelle que soit la nature de ce qui est attendu en retour (de la gratitude par exemple).
- On pourrait s'interroger, dans une perspective plus marxisante que kantienne, sur le commerce de la force de travail. **À quelles conditions celui qui vend sa force de travail ne se vend-il pas lui-même ?** Le prolétaire est-il autre chose qu'un esclave ? Dans quelle mesure s'appartient-il encore ? (voir chap. 9 : Le travail et la technique).

C Rousseau : la liberté est un bien inaliénable.

- Rousseau fait de la liberté un bien inaliénable. « Renoncer à sa liberté, c'est renoncer à sa qualité d'homme », écrit-il, c'est donc tout perdre et « il n'y a nul dédommagement possible pour quiconque renonce à tout ». **La liberté n'a pas de prix**.

- **Aldous Huxley** imagine, dans une perspective voisine, un monde, « le meilleur des mondes », dans lequel les hommes ont **renoncé à leur liberté au profit du bonheur**. Cela pose la question de la hiérarchie des biens (voir chap. 24 : Le bonheur).

Citation

« Renoncer à sa liberté, c'est renoncer à sa qualité d'homme. »

Rousseau

D Claude Lévi-Strauss : l'échange des hommes et des femmes

- **Lévi-Strauss** montre que **la société ne repose** pas seulement sur des échanges économiques, elle est aussi fondée sur **l'échange ou la « circulation » des femmes qui unissent les différents groupes sociaux**. La **prohibition de l'inceste**, comme le principe d'exogamie (règle ou tendance à se marier hors du groupe) implique l'échange des femmes et l'ouverture des groupes les uns sur les autres. La femme qu'un homme « se refuse » en vertu de l'interdit de l'inceste (la fille ou la sœur) est de ce fait « offerte » dans l'espoir qu'une autre lui sera donnée en contrepartie.

Bien comprendre

Lévi-Strauss décrit le fonctionnement de la société. Son point de vue est celui de l'anthropologie. Son analyse fait donc abstraction, comme on peut le voir, de toute considération morale.

Pour résumer

1. Les échanges fondent-ils la société ?

■ La division du travail et des échanges **motive** la vie en société comme l'ont montré **Platon** ou **Rousseau**.

■ **Adam Smith** souligne que l'échange permet d'obtenir d'autrui **l'aide qu'on attendrait souvent vainement de sa bienveillance.**

■ C'est toutefois **l'État qui apparaît comme le premier fondement de la société**, puisque comme le souligne **Hobbes**, l'industrie et le commerce requièrent l'ordre, la sécurité et le respect de la propriété.

■ Adam Smith voit également dans l'État le garant **de l'ordre et de la sécurité**, mais lui confère aussi la fonction de financer des infrastructures et des institutions publiques.

2. Faut-il opposer l'économie et la morale ?

■ **Kant estime que la moralité suppose le désintéressement**. De ce point de vue, la sphère économique est au mieux amorale.

■ Mais **du point de vue utilitariste, la recherche du profit est morale** dans la mesure où elle contribue à la prospérité et au bien-être de la société.

■ **Montesquieu estime que le commerce favorise la justice et la paix.**

3. Que peut-on échanger ?

■ **Kant** souligne la **distinction des personnes et des choses**. Les personnes ne sont ni des outils, ni des marchandises.

■ **Rousseau** estime que **la liberté est inaliénable**.

■ **Lévi-Strauss** montre que la société repose aussi sur **l'échange des femmes**.

Chronologie

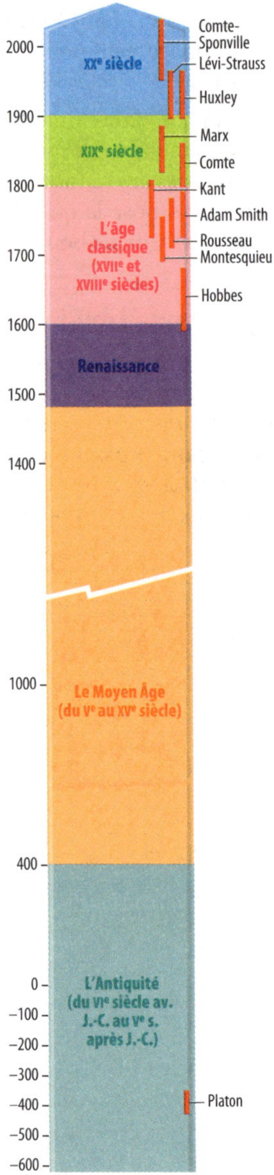

Les incontournables

Adam Smith expose dans ce passage de ses Recherches sur la nature et les causes de la richesse des nations, *le principe de la division sociale du travail et des échanges. Il en fait un fondement de la vie sociale.*

L'homme a presque continuellement besoin du secours de ses semblables, et c'est en vain qu'il l'attendrait de leur seule bienveillance. Il sera bien plus sûr de réussir, s'il s'adresse à leur intérêt personnel et s'il leur persuade que leur propre avantage leur commande de faire ce qu'il souhaite d'eux. C'est ce que fait celui qui propose à un autre un marché quelconque; le sens de sa proposition est ceci : *Donnez-moi ce dont j'ai besoin, et vous aurez de moi ce dont vous avez besoin vous-mêmes;* et la plus grande partie de ces bons offices qui nous sont nécessaires s'obtiennent de cette façon. Ce n'est pas de la bienveillance du boucher, du marchand de bière et du boulanger, que nous attendons notre dîner, mais bien du soin qu'ils apportent à leurs intérêts. Nous ne nous adressons pas à leur humanité, mais à leur égoïsme; et ce n'est jamais de nos besoins que nous leur parlons, c'est toujours de leur avantage [...].

Comme c'est ainsi par traité, par troc et par achat que nous obtenons des autres la plupart de ces bons offices qui nous sont mutuellement nécessaires, c'est cette même disposition à trafiquer qui a dans l'origine donné lieu à la *division du travail*[1].

Adam Smith, *De la richesse des nations* (1776), trad. de Germain Garnier (1805).

1. Division du travail : répartition des activités de production entre des entités spécialisées et complémentaires (par exemple, le maçon, le tisserand, le cordonnier ou la laboureur évoqués par Platon).

CHAPITRE 20

L'État

Mots clés

▪ **État** : instance gouvernante de la société.

▪ **Anarchisme** : du grec *anarkhia* : absence de chef. Doctrine politique rejetant l'autorité de l'État.

▪ **Société sans État** : dans la doctrine anarchiste, société organisée librement en communautés plus ou moins vastes, sur le principe de l'entraide et de la coopération.

▪ **Démocratie** : du grec *demos* (peuple) et *kratos* (pouvoir). Régime politique dans lequel la souveraineté appartient au peuple.

Repères

– Idéal/Réel → p. 312
– Légal/Légitime → p. 313
– Obligation/Contrainte → p. 314

DE QUOI S'AGIT-IL ?

La notion d'État suggère principalement deux questions. La première met en doute la valeur même de l'État. Celui-ci se présente comme le garant de l'ordre, de la sécurité et des libertés individuelles, mais n'est-il pas en réalité un instrument de domination imposant par la force un ordre injuste, établi à l'avantage des privilégiés ? Dans ce cas, on peut souhaiter une société sans État. Mais si on estime au contraire que l'État joue un rôle positif, une seconde question se pose, récurrente dans l'histoire de la philosophie : celle du meilleur régime politique. Si la démocratie nous apparaît aujourd'hui comme le seul régime légitime, elle n'en reste pas moins critiquable.

1 Quelle est la fonction réelle de l'État ?

A Quel est le problème ?

● L'État se présente comme le garant de la sécurité, de la liberté et de la justice. Mais est-ce bien là sa **fonction réelle** ? Ne sert-il pas plutôt à imposer un ordre établi à la faveur de la classe dominante, comme le soutiennent les marxistes et les anarchistes ? Faut-il donc vouloir une société sans État ? Est-ce concevable ?

B Les critiques de l'État

1. Marx : l'État sert les intérêts de la classe dominante.

● « L'histoire de toute société jusqu'à nos jours n'a été que l'histoire de luttes de classes », écrit **Marx** dans le *Manifeste du parti communiste*. À ses yeux, toutes les sociétés sont donc depuis l'Antiquité divisées en **classes**, c'est-à-dire en groupes d'intérêts opposés. Par exemple, dans la Grèce antique, les intérêts des esclaves sont à l'évidence opposés à ceux de leurs maîtres (quoiqu'Aristote prétende le contraire). Mais l'abolition de l'esclavage et des privilèges de la noblesse n'ont pas mis fin à la lutte des classes : le prolétaire est un esclave moderne et la lutte des classes oppose désormais la **bourgeoisie** au **prolétariat** (voir chap. 9 : Le travail et la technique).

● Dans cette perspective, l'État apparaît comme **un instrument au service de la classe sociale dominante**. L'ordre qu'il maintient par la force est, en effet, établi à l'avantage de la bourgeoisie, qui exploite ceux qu'elle emploie. C'est « l'exploitation de l'homme par l'homme ». L'État serait donc en réalité **un appareil répressif** permettant à la classe dominante de conserver ses privilèges.

● On trouve une préfiguration de cette hypothèse dans l'opinion exprimée par **Thrasymaque** dans la *République* de **Platon** : « **le juste est l'avantage du plus fort** ». Autrement dit, le plus fort (le gouvernement) déclare juste ce qui sert son intérêt (voir chap. 21 : La justice et le droit). En faisant respecter la justice et le droit, l'État imposerait donc en réalité « l'avantage du plus fort », soit, en termes marxistes, les intérêts de la classe dominante.

● **Engels** (qui a écrit le *Manifeste du parti communiste* avec Marx) précise que **l'État apparaît à un stade de l'histoire où la lutte des classes menace l'existence même de la société**, pour donner à la classe dominante de « nouveaux moyens pour mater et exploiter la classe

> **Citation**
> « L'État […] est, dans la règle, l'État de la classe la plus puissante, de celle qui domine au point de vue économique. »
> Engels

opprimée. » Ainsi, grâce à l'État, la classe économiquement dominante devient aussi politiquement dominante.

- Si l'État est un instrument répressif qui sert à asseoir la domination de la bourgeoisie, ne faut-il pas le détruire ? La liberté et la justice ne semblent en effet pouvoir régner que dans une **société sans classes et sans État**. Celle-ci serait l'aboutissement de la lutte des classes et la fin de l'histoire. Mais cette fin heureuse de l'histoire passe par la **révolution prolétarienne**, l'abolition de la propriété privée des moyens de production et la création d'un **État communiste**. Avant d'être aboli, l'État doit donc devenir l'instrument de la domination du prolétariat (dictature du prolétariat). C'est ce dernier point qui sépare le **communisme** de l'**anarchisme**.

2. Bakounine : détruire l'État.

- « Nous pensons que la politique, nécessairement révolutionnaire, du prolétariat, doit avoir pour objet immédiat et unique la destruction des États », écrit **Bakounine.** On ne peut difficilement être plus clair ou plus radical. C'est que l'État est en effet à ses yeux l'ennemi juré de la justice, de la liberté et même de la paix, puisque les conflits d'intérêts qui opposent les États sont une cause permanente de guerre.

- L'opposition entre État et liberté, si marquée dans l'esprit des anarchistes, tient à la conception qu'ils se font de l'un et de l'autre. **L'État** d'abord, **impose par la force un ordre injuste**. Le constat est le même que chez Marx. Bakounine a d'ailleurs adhéré à l'Internationale ouvrière avant d'en être exclu. La liberté ensuite, ne s'accommode pas de l'autorité étatique. **L'État et les lois anéantissent la liberté en la restreignant au profit de la sécurité**. « La liberté est indivisible », écrit Bakounine. Autrement dit : on ne peut pas en retrancher une partie sans l'anéantir. Ou on est libre, ou on ne l'est pas. On ne peut pas l'être à moitié, c'est-à-dire en se soumettant à une quelconque autorité, *a fortiori* à celle d'un État injuste et violent.

> **Citation**
> « Ni Dieu, ni maître »
> Devise anarchiste

- **L'anarchisme défend donc l'individu, libre, indépendant, singulier, contre l'État** qui veut le soumettre. Dans cette perspective, il existerait un antagonisme radical entre la liberté individuelle et l'ordre établi, et l'État serait autant une menace pour l'individu, que l'individu une menace pour l'État.

3. Kropotkine : le rêve d'une société sans État

- La conviction anarchiste selon laquelle une société sans État est possible repose sur un **optimisme anthropologique** : l'homme serait naturellement bon, sociable, enclin à l'**entraide** et à la **coopération**. C'est notamment la conviction de Pierre **Kropotkine** : « Nous sommes persuadés que l'immense masse des hommes, à mesure qu'ils seront de plus en plus éclairés et se débarrasseront des entraves actuelles, fera et agira toujours dans une direction utile à la société », écrit-il.

- De ce point de vue, **l'égoïsme, la violence et la méchanceté que les hommes manifestent ne serait pas spontanées, naturelles, mais devraient être comprises comme une réaction à l'oppression et à l'exploitation**. C'est paradoxalement le maintien de l'ordre et à plus forte raison, d'un ordre injuste et liberticide, qui engendrerait le désordre.

- Pour les libertaires comme Kropotkine, il faut donc renoncer aux juges, aux sanctions et même aux obligations morales qui seraient, paradoxalement, la cause même des maux qu'elles prétendent combattre.

Citation

« Nous ne craignons pas de dire : " Fais ce que tu veux, fais comme tu veux. " »

Kropotkine

- **Pierre Clastres**, un anthropologue proche du mouvement libertaire, a étudié certaines sociétés dites primitives (les Guarani, par exemple), qui ne sont pas seulement des sociétés sans État, mais ce qu'il appelle des **« sociétés contre l'État »**, parce qu'elles sont organisées de manière à éviter toute forme de prise de pouvoir. Par exemple, leur « chef » n'est qu'un beau parleur qui n'exerce paradoxalement aucun pouvoir réel.

C L'apologie de l'État

1. Hobbes : il ne peut y avoir de société sans État.

- Loin de l'optimisme anthropologique des anarchistes libertaires, **Hobbes** affirme après Plaute que « **l'homme est un loup pour l'homme** ». C'est aussi l'opinion de **Freud** qui estime que **l'homme est habité par des pulsions agressives et destructrices**, comme semblent l'enseigner l'histoire et l'expérience de la vie.

- Toutefois Hobbes n'impute pas l'agressivité naturelle de l'homme à des pulsions inconscientes, mais à la **compétition**, à la **défiance** et à la **gloire**. Les hommes sont concurrents, rivaux, ils convoitent les mêmes choses, ils se craignent et se méfient les uns des autres, enfin, ils sont orgueilleux et vaniteux. Comment, dans ces conditions, l'état de nature pourrait-il être autre chose qu'un **état de guerre perpétuelle** ?

- Aussi l'État apparaît-il à Hobbes comme la condition de la paix, de l'ordre et de la sécurité. « Tant que les

Citation

« Tant que les hommes ne sont pas tenus en respect par un pouvoir commun, ils vivent dans cet état qu'on nomme la guerre. »

Hobbes

COURS

hommes ne sont pas tenus en respect par un pouvoir commun, ils vivent dans cet état qu'on nomme la guerre », écrit-il.

- **Les hommes doivent donc renoncer à leur liberté pour échapper à la misère, à la violence et à l'insécurité qui caractérisent la vie à l'état de nature**. Ils s'engagent les uns envers les autres à « confier tout leur pouvoir et toute leur force à un seul homme ou à une seule assemblée », écrit Hobbes. Ce contrat social confère à l'État un **pouvoir absolu**. Le philosophe justifie ainsi l'absolutisme.

- Mais vivre en société sous l'autorité de l'État implique-t-il vraiment de renoncer à la liberté ? Cela dépend à l'évidence de la manière dont on conçoit l'État et la liberté.

2. Montesquieu : L'État bien constitué ne s'oppose pas à la liberté bien comprise.

- Si la liberté était le droit de tout faire, sans limite (la licence), elle serait en effet incompatible avec la soumission à une quelconque autorité ou règle. Il faudrait donc choisir entre la liberté et l'État. Les anarchistes choisissent la liberté, Hobbes choisit l'État.

- Mais si on admet avec **Montesquieu** que « **la liberté est le droit de faire tout ce que les lois permettent** », alors l'État n'apparaît plus comme un obstacle à la liberté. De ce point de vue, il en est même au contraire la condition. Car si les citoyens pouvaient faire ce que la loi défend, il n'y aurait pas davantage de liberté, il n'y en aurait plus du tout. L'État garantit la liberté de tous en limitant celle de chacun (voir chap. 22 : La liberté).

- L'État peut néanmoins représenter, en effet, une menace pour la liberté quand il **abuse de son pouvoir**. Or, « c'est une loi éternelle que tout homme qui a du pouvoir est porté à en abuser ». Le pouvoir de l'État doit donc être limité, modéré. « La liberté politique ne se trouve que dans les gouvernements modérés », écrit Montesquieu.

- Mais comment limiter le pouvoir de l'État ? Il ne peut que se limiter lui même : « Il faut que le pouvoir arrête le pouvoir », écrit Montesquieu. C'est ce que permet la séparation des trois pouvoirs de l'État : législatif, exécutif et judiciaire.

> **Citation**
> « Il faut que le pouvoir arrête le pouvoir. »
> Montesquieu

- La question n'est plus, on le voit, de savoir s'il faut ou non accepter l'autorité de l'État, mais plutôt de déterminer les conditions requises pour qu'il serve la justice et la liberté. On ne voit pas bien du reste comment nos grandes sociétés modernes pourraient se passer de toute organisation étatique.

2 La question du meilleur régime politique

A Quel est le problème ?

- Si on ne rejette pas l'État purement et simplement, comme les anarchistes, et si on y voit autre chose qu'un instrument répressif au service de la classe sociale économiquement dominante, comme les marxistes, la question se pose de savoir **quel type d'État est souhaitable**. Un large consensus existe aujourd'hui autour de l'idée selon laquelle la démocratie serait, non pas seulement le meilleur régime politique, mais **le seul légitime**. C'est donc surtout sous cet angle que se pose désormais la question du meilleur régime politique : la démocratie est-elle le meilleur régime, voire le seul légitime ? En quoi peut-elle être critiquée ?

B Rousseau : « Le peuple soumis aux lois doit en être l'auteur. »

- Qu'est-ce qui justifie l'ordre social et l'autorité politique ? Qu'est-ce qui justifie que la liberté naturelle des hommes soit limitée par l'État et la loi ? Qu'est-ce qui fonde l'autorité ? De quel droit un homme peut-il exercer une autorité sur son semblable ? Rousseau pose et résout ces questions dans son œuvre politique majeure : *Du contrat social.*

- ***Première hypothèse***, celle d'**Aristote** : **l'ordre social et l'autorité politique sont naturels**. L'autorité politique est comparable à celle que le père exerce sur la microsociété qu'est la famille. Rousseau réfute cette hypothèse : l'homme est libre et indépendant dès qu'il est adulte, le roi n'est pas un père pour son peuple et l'autorité politique n'est en rien comparable à l'autorité paternelle.

- ***Deuxième hypothèse*** : l'autorité politique et l'ordre social sont fondés sur la force. C'est ce qu'on appelle : « le droit du plus fort ». Cette seconde hypothèse est également rejetée : « **force ne fait pas droit** ». La force peut me **contraindre** à me soumettre, non m'y **obliger moralement**, elle ne donne aucune **légitimité** à celui qui l'utilise pour me contraindre.

- Ainsi, **l'autorité ne peut être fondée que sur une convention ou un contrat** par lequel le peuple se soumet volontairement. Toutefois le contrat par lequel un peuple se soumettrait à un despote en échange de sa sécurité est illégitime, puisque **la liberté est inaliénable** (voir chap. 19 : Les échanges).

- Le contrat social, pour être légitime, doit donc conserver à l'homme sa liberté. Rousseau résout ce

> **Citation**
> « Le peuple soumis aux lois doit en être l'auteur. »
> Rousseau

problème en imaginant que chacun, du seul fait qu'il vit en société, s'engage tacitement à se soumettre à **la volonté générale**. Celle-ci s'exprime dans **la loi votée par tous et applicable à tous**.

C Les critiques de la démocratie

1. Platon critique le principe même de la démocratie.

- Confier le pouvoir au peuple c'est faire marcher la Cité sur la tête. De même que le *noûs* (l'intelligence) doit gouverner dans l'âme et dominer les passions (voir chap. 5 : Le désir), **les philosophes rois doivent gouverner la Cité** (voir chap. 18 : La société). Gouverner est une science que seul un petit nombre d'hommes peut posséder.
- Confier le pouvoir au peuple, c'est en réalité le confier **à l'opinion et à ceux qui la manipulent** : les orateurs, les sophistes, les démagogues.
- La démocratie, parce qu'elle accorde **trop de libertés**, ruine toute autorité, laisse s'installer le désordre et l'anarchie, et fait ainsi le lit de la tyrannie.

2. La critique marxiste de la démocratie

- **L'État démocratique est un État bourgeois**, il sert les intérêts de la classe dominante (voir le début de ce chapitre).

3. Critiques des démocraties au nom de l'idéal démocratique

- On peut estimer que les démocraties existantes ne donnent pas réellement ou pas suffisamment de pouvoir au peuple. Le pouvoir est confisqué par une élite, les représentants du peuple ne sont pas représentatifs, la démocratie n'existe que pour la forme. C'est la **critique du caractère formel de la démocratie**.

> **Citation**
> « La démocratie est le pire des régimes à l'exception de tous les autres. »
> Churchill

- Ces critiques amènent à poser la question de savoir si la démocratie représentative est **réellement** démocratique ou si la démocratie ne peut qu'être directe. Rousseau estime que le Peuple ne peut pas être représenté : « à l'instant qu'un Peuple se donne des Représentants, il n'est plus libre ; il n'est plus ». La loi n'est légitime que parce qu'elle exprime la volonté générale et doit par conséquent être ratifiée directement par le Peuple : « toute loi que le Peuple n'a pas ratifiée en personne est nulle ; ce n'est point une loi », écrit l'auteur du *Contrat social*.

Pour résumer

1. Quelle est la fonction réelle de l'État ?

■ **Marx** voit dans l'État un **appareil répressif au service de la classe dominante**. Il espère que les classes sociales disparaîtront un jour et l'État avec elle.

■ Plus radicaux, **les anarchistes visent la destruction immédiate de l'État** qu'ils perçoivent comme l'ennemi de la liberté individuelle.

■ Mais **Hobbes estime qu'il ne peut y avoir de société sans État**, parce que « l'homme est un loup pour l'homme ».

■ **Montesquieu soutient que l'État n'est pas un obstacle à la liberté, mais sa condition**. Il prône néanmoins la **séparation des pouvoirs** pour éviter les abus du pouvoir.

2. La question du meilleur régime politique

■ La **démocratie** est aujourd'hui considérée comme le seul régime légitime.

■ **Rousseau** montre que **l'autorité politique n'est légitime que si elle appartient au peuple**. Celui-ci n'est obligé d'obéir aux lois que **parce qu'il en est l'auteur**.

■ La démocratie n'en reste pas moins critiquable, notamment parce qu'**on peut craindre que le peuple ne se laisse manipuler par les sophistes et les démagogues**, comme Platon le regrettait déjà.

Chronologie

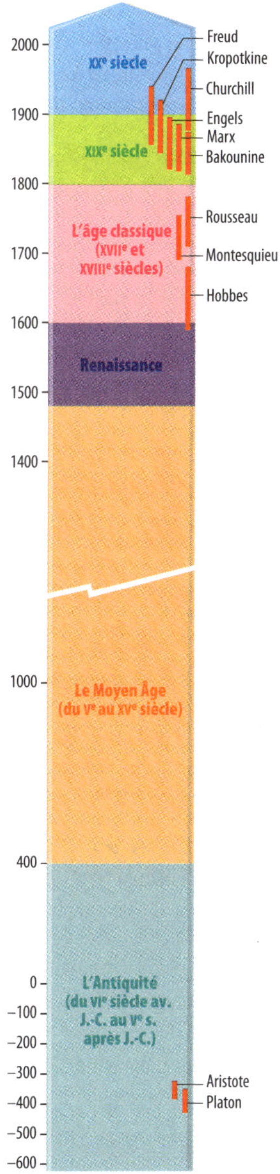

Les incontournables

Montesquieu présente ici sa théorie de la séparation des pouvoirs. Pour qu'on ne puisse abuser du pouvoir, « il faut que par la disposition des choses le pouvoir arrête le pouvoir », écrit-il. Cette séparation des pouvoirs existe, en droit, dans les démocraties modernes.

Il y a dans chaque État trois sortes de pouvoirs : la puissance législative, la puissance exécutrice des choses qui dépendent du droit des gens[1], et la puissance exécutrice de celles qui dépendent du droit civil[2].

Par la première, le prince ou le magistrat fait des lois pour un temps ou pour toujours, et corrige ou abroge celles qui sont faites. Par la seconde, il fait la paix ou la guerre, envoie ou reçoit des ambassades, établit la sûreté, prévient les invasions. Par la troisième, il punit les crimes, ou juge les différends des particuliers. On appellera cette dernière la puissance de juger, et l'autre simplement la puissance exécutrice de l'État.

La liberté politique dans un citoyen est cette tranquillité d'esprit qui provient de l'opinion que chacun a de sa sûreté ; et pour qu'on ait cette liberté, il faut que le gouvernement soit tel qu'un citoyen ne puisse pas craindre un autre citoyen.

Lorsque, dans la même personne ou dans le même corps de magistrature, la puissance législative est réunie à la puissance exécutrice, il n'y a point de liberté ; parce qu'on peut craindre que le même monarque ou le même sénat ne fasse des lois tyranniques pour les exécuter tyranniquement.

Il n'y a point encore de liberté si la puissance de juger n'est pas séparée de la puissance législative et de l'exécutrice. Si elle était jointe à la puissance législative, le pouvoir sur la vie et la liberté des citoyens serait arbitraire : car le juge serait législateur. Si elle était jointe à la puissance exécutrice, le juge pourrait avoir la force d'un oppresseur.

Tout serait perdu, si le même homme, ou le même corps des principaux, ou des nobles, ou du peuple, exerçaient ces trois pouvoirs : celui de faire des lois, celui d'exécuter les résolutions publiques, et celui de juger les crimes ou les différends des particuliers.

MONTESQUIEU, *De l'esprit des lois* (1748).

1. **« La puissance exécutrice des choses qui dépendent du droit des gens » :** le pouvoir exécutif.
2. **« La puissance exécutrice de celles qui dépendent du droit civil » :** le pouvoir judiciaire.

CHAPITRE 21

La justice et le droit

Mots clés

- **Justice** : du latin *jus* (droit, justice). Désigne ici le principe supérieur au nom duquel on peut juger un fait légitime ou illégitime. Il est à noter que les lois font partie de ces faits.
- **Droit positif** : le droit tout court, c'est-à-dire les lois en vigueur dans un État.
- **Droit naturel** : la justice considérée comme éternelle et universelle, par opposition au droit positif, changeant et relatif.

Repères

Absolu/Relatif ➔ p. 306
Essentiel/Accidentel ➔ p. 309
Idéal/Réel ➔ p. 312
Légal/Légitime ➔ p. 313
Obligation/Contrainte ➔ p. 314

DE QUOI S'AGIT-IL ?

Le mot *droit* évoque l'ensemble des règles juridiques en vigueur dans un État (droit positif). Ce droit est censé être écrit en fonction de principes de justice considérés comme existants en dehors de toute formulation (droit naturel). C'est au nom de cette justice supérieure au droit que nous pouvons déclarer la loi injuste. Mais ce décalage entre la justice et le droit fait problème : existe-t-il vraiment une justice en dehors du droit ? Le droit dit « naturel » n'est-il pas en réalité culturel ?

1 La thèse conventionnaliste : rien n'est juste en dehors de ce que le droit définit comme tel.

A Le droit est changeant et relatif.

- On peut douter que les notions de bien et de mal, de justice et d'injustice signifient quelque chose **dans l'absolu**. Comment ignorer en effet que les mœurs et les lois sont relatives aux temps et aux lieux ? Dans la Rome antique, le père avait (à certaines conditions) droit de vie et de mort sur ses enfants, sa femme et ses esclaves. Les Aztèques faisaient couramment des sacrifices humains. La conception de la justice de certaines civilisations nous est tellement étrangère, que nous pouvons à peine la comprendre.

- Ainsi, le code d'Hammourabi (roi de Babylone vers 1750 av. J.-C.) prévoyait qu'un architecte responsable de l'effondrement d'une maison verrait ses enfants mourir, si ceux de la maisonnée perdaient eux-mêmes la vie dans l'accident. Le droit était donc fondé sur le principe d'une **stricte équivalence entre le dommage subi par la victime et la peine infligée au coupable**, comme dans la loi du Talion : « Œil pour œil, dent pour dent ». Cela nous pouvons le comprendre. Mais comment comprendre que nos « semblables » aient pu penser que la justice impliquait le meurtre d'enfants innocents ? On peut résoudre le problème en qualifiant les Babyloniens de barbares, mais comme on le sait depuis **Montaigne** : « Chacun nomme barbarie ce qui n'est pas de son usage. »

> **Citation**
> « Chacun nomme barbarie ce qui n'est pas de son usage. »
> Montaigne

- L'ethnologie et la sociologie confirment ce premier constat historique : les Inuits pratiquent l'hospitalité conjugale, les musulmans proscrivent la consommation d'alcool, les partisans de la *deep ecology* (écologie profonde ou radicale), par exemple le philosophe Michel Serres, en France, entendent accorder aux animaux, aux arbres et, plus fondamentalement, à la Terre elle-même, le statut de sujets (et leur donner ainsi des droits), tandis que la corrida vient d'être déclarée « Bien d'intérêt culturel » par le Parlement espagnol. « **Vérité en deçà des Pyrénées, erreur au-delà** », écrit **Pascal**.

> **Bien comprendre**
> Pascal estime que les lois ne sont que des coutumes sans fondement rationnel. Toutefois, les notions de bien et mal, de justice et d'injustice conservent un sens à ses yeux. Il n'est donc pas relativiste.

B Le relativisme moral : rien n'est juste ou injuste.

● Ce constat que les lois, les mœurs et les coutumes dépendent des époques et des lieux fonde le **relativisme moral** : **il n'y a pas de vérité morale**, rien ne peut être dit bien ou mal, juste ou injuste dans l'absolu. La doctrine sceptique de **Pyrrhon**, telle que le témoignage de Diogène Laërce nous la laisse entrevoir (voir chap. 17 : La vérité), préfigure ce relativisme éthique : « Rien n'est honnête ou honteux, juste ni injuste [...] **en toutes choses les hommes se gouvernent d'après la loi et la coutume**. »

● Les lois peuvent donc apparaître comme de simples **conventions**, des règles arbitraires qui ne tirent leur force que de l'habitude et de la **coutume**. Mais pourquoi telle coutume s'est-elle établie plutôt qu'une autre ? Plusieurs hypothèses sont concevables.

C *Première hypothèse* : Les lois sont des conventions adoptées dans l'intérêt de la vie en commun.

1. Glaucon : la justice a une origine conventionnelle.

● **Glaucon** est un personnage de *La République* de Platon. Il y expose la thèse des sophistes sur l'origine de la justice et des lois. À l'origine, les hommes vivant sans lois sont perpétuellement en conflit et se font du tort réciproquement. Nul ne tire avantage de cette liberté anarchique, car chacun souffre davantage des torts qu'il subit, qu'il ne tire profit de ceux qu'il peut infliger aux autres. Mais parce qu'ils sont des êtres rationnels, les hommes finissent par convenir entre eux de ne plus se faire de tort, adoptent des règles et échappent ainsi à la violence. Depuis, **on appelle juste ce qui est conforme à ces règles admises par convention** et injuste tout ce qui s'en écarte.

● De ce point de vue, les règles qui régissent la vie en société seraient donc adoptées parce qu'elles sont de nature à pacifier les relations entre les hommes. On trouve chez Freud une illustration de cette idée.

2. Freud : pourquoi est-il interdit de tuer son voisin ?

● « Si la culture a établi le commandement de ne pas tuer le voisin que l'on hait, qui nous fait obstacle et dont on convoite les biens, cela fut manifestement dans l'intérêt de la vie en commun des hommes qui, autrement serait **impraticable** », écrit-il.

● Les lois ne seraient donc que des **règles conventionnelles utiles à la vie en commun**. Mais n'est-ce pas en réalité le plus fort qui impose ses règles ?

D *Deuxième hypothèse* : le plus fort fait la loi.

1. Thrasymaque : le juste est l'avantage du plus fort.

• **Thrasymaque** est un sophiste mis en scène par Platon dans *La République*. « **Le juste est l'avantage du plus fort** », déclare-t-il. Cela signifie que le gouvernement déclare juste ce qui sert son intérêt. Pourquoi cette ruse ? Parce que, comme le souligne **Rousseau**, « **le plus fort n'est jamais assez fort pour être toujours le maître, s'il ne transforme sa force en droit et l'obéissance en devoir**. » Le plus fort cache donc son intérêt derrière le masque de la justice, afin que ceux qu'il domine se sentent, non pas seulement contraints d'obéir, mais moralement obligés.

2. Marx : la justice reflète les intérêts de la classe dominante.

• **Marx** nomme « **idéologie** » **la représentation du monde que la classe dominante impose dans son propre intérêt à la classe dominée**. La justice et le droit relèvent de cette idéologie. « Votre droit n'est que la volonté de votre classe érigée en loi », écrit-il.

Citation

« Les pensées de la classe dominante sont aussi, à toutes les époques, les pensées dominantes. »

Karl Marx

E *Troisième hypothèse* : la loi est faite par les faibles et à leur avantage.

1. Calliclès : les lois sont des conventions contre nature.

• Calliclès est un sophiste, mis en scène par Platon dans le *Gorgias*. « **Ce sont les faibles, la masse des gens qui établissent les lois** [...] en fonction d'eux-mêmes et de leur intérêt personnel », affirme-t-il. Ainsi, les faibles prônent-il l'égalité parce qu'elle les avantage : les forts intériorisent au cours de leur éducation les valeurs égalitaristes imposées par la masse et sont transformés en esclaves.

Bien comprendre

Notez que pour Calliclès, il existe une vraie « justice » : la loi de la nature, la loi du plus fort.

2. Nietzsche : la morale naît du ressentiment.

• La thèse de Calliclès préfigure celle de Nietzsche : **la morale naît du ressentiment**, c'est-à-dire de la rancune ou de l'amertume des faibles. Du point de vue du faible, de l'esclave, le mal c'est ce que fait le fort. Par contraste, le faible croit incarner le bien. La force, la puissance, la vie même sont donc condamnées par la morale qui fait de l'impuissance une vertu.

2 La thèse naturaliste : il y a des principes de justice supérieurs au droit.

A Droit naturel et droit positif

• Le droit positif, c'est le droit tout court, au sens qu'a ce mot dans la langue courante : l'ensemble des lois en vigueur dans un État ou dans une société. **Le droit positif est variable et relatif.** Mais les lois sont censées être justes, c'est-à-dire que nous croyons qu'elles sont (plus ou moins) conformes à des principes de justice éternels. Ceux-ci constituent (s'ils existent) ce que les philosophes appellent le **droit naturel** (naturel parce qu'il n'est pas conventionnel, c'est-à-dire institué par l'homme). « Il y a une loi vraie, droite raison, conforme à la nature, diffuse en tous, constante, éternelle [...] elle n'est pas autre à Rome ou à Athènes ; elle n'est pas autre aujourd'hui que demain ; mais **loi une, et éternelle, et immuable, elle sera pour toutes nations et de tout temps** », écrit Cicéron. C'est au nom de cette loi d'origine divine qu'**Antigone**, désobéissant à Créon, offre une sépulture à son frère.

> **Bien comprendre**
> Si le droit positif est un fait, le droit naturel n'est qu'une hypothèse.

B Léo Strauss : le droit naturel est nécessaire.

• **Léo Strauss** défend l'hypothèse du droit naturel contre ceux qui prétendent en faire une idée périmée, dépassée : « **Le besoin du droit naturel est aussi manifeste aujourd'hui qu'il l'a été durant des siècles et même des millénaires** », écrit-il en 1953 (dans *Droit naturel et histoire*).

• *Premier argument* : nier le droit naturel revient à dire que le droit n'est déterminé que par les législateurs et les tribunaux. Or, **il est parfaitement sensé et légitime de parler de lois injustes**. Et comment déclarer la loi injuste sinon au nom de principes de justice supérieurs aux lois ?

• *Deuxième argument* : ces principes ne se réduisent pas à un idéal de justice lui-même variable et relatif. Si les mœurs des cannibales n'étaient pas moins bonnes que les nôtres, nous n'aurions aucune raison valable de nous opposer à une lente évolution de nos mœurs vers le cannibalisme. Autrement dit, le relativisme n'est pas tenable : **on ne peut pas tout tolérer**, tout accepter : l'esclavage, la discrimination, l'intolérance... Si rien n'est juste ou injuste, pourquoi combattre l'injustice ?

- *Troisième argument* : le simple fait que nous puissions nous demander ce que vaut notre conception de la justice, montre qu'**il y a en l'homme quelque chose qui n'est pas totalement conditionné par la société** (la raison).
- *Quatrième argument* : les conflits sociaux sont insolubles si on ne peut pas décider de ce qui est juste.

COURS

C On peut dire en quoi consiste la justice.

1. L'hypothèse du progrès de la conscience morale

- On peut estimer que le temps, l'expérience et la réflexion ont permis aux hommes de mieux cerner l'essence de la justice. En d'autres termes, il y aurait un **progrès de la conscience morale de l'humanité**, comme il y a un progrès des sciences ou des techniques.

2. Kant : le respect de la personne humaine est l'exigence fondamentale de la morale.

- «Agis de telle sorte que tu traites l'humanité, aussi bien dans ta personne que dans la personne de tout autre, toujours en même temps comme **une fin** et jamais simplement comme **un moyen**», écrit **Kant**. De ce point de vue, le mal et l'injustice consiste toujours à traiter une personne comme une chose, à l'utiliser sans égards pour sa dignité d'être humain : esclavage, exploitation, viol, harcèlement, maltraitance… Il n'est pas si difficile de définir ce qui est juste et encore moins ce qui est injuste.

3. John Rawls : qu'est-ce qu'une société juste ?

- Une société juste serait fondée sur des principes choisis par ses futurs membres, dans l'ignorance de la position qu'ils y occuperont, estime John Rawls (c'est ce qu'il appelle le « voile d'ignorance »). Une telle société accorderait à ses membres le **maximum de liberté compatible avec l'égalité effective des chances**.

Citation

« La justice est la première vertu des institutions sociales comme la vérité est celle des systèmes de pensée. »

John Rawls

COURS

3 Pour exister, la justice doit s'incarner dans le droit.

A Pascal : les lois n'incarnent pas la justice.

- « Plaisante justice qu'une rivière borne », écrit Pascal. Comment ce qui est juste dans un État peut-il devenir injuste une fois franchie la frontière (la rivière) ? Les lois, **changeantes et contradictoires**, ne peuvent incarner la justice. La loi n'a pas de fondement moral, elle n'est pas juste, « elle est loi et rien davantage », écrit Pascal. De ce point de vue, **les lois ne serviraient qu'à maintenir la paix sociale** et il serait donc heureux que le peuple les croie justes. Mais ne peut-on pas attendre des lois qu'elles incarnent la justice ?

Citation

« Plaisante justice qu'une rivière borne. »

Pascal

B Rousseau : le droit positif traduit l'idéal du droit naturel en exigences effectives.

- « Ce qui est bien et conforme à l'ordre est tel par la **nature des choses** et indépendamment des **conventions humaines** », écrit **Rousseau**. Mais la justice pour être respectée doit s'exprimer dans des conventions capables d'en rendre l'usage réciproque.
- De plus, le droit naturel n'apparaît pas spontanément à la conscience de manière explicite. Il est découvert par la réflexion et traduit en lois par le débat public.
- La justice resterait **un idéal** si elle ne se traduisait pas par des **exigences concrètes et effectives**. Par exemple, l'idéal de la liberté s'incarne dans la multitude des lois qui la garantissent dans des situations concrètes : droit de vote, liberté d'expression, droit du travail, etc.

C La déclaration des droits de l'homme

- La **Déclaration *universelle* des droits de l'homme** constitue une tentative pour donner une formulation aux exigences idéales de justice du droit naturel. Elle définit **les droits que tout homme possède par nature, du seul fait qu'il est homme**, sans distinctions culturelles ou ethniques. La justice des droits de l'homme n'est donc, elle, bornée par aucune rivière. Elle souligne que **la justice implique l'équité** qui consiste à traiter de la même façon des êtres qui, au-delà de leurs **différences accidentelles**, doivent être considérés comme **essentiellement** semblables.

Pour résumer

1. La thèse conventionnaliste : rien n'est juste en dehors de ce que le droit définit comme tel.

■ Constater que le droit change selon les époques et les lieux incline au **relativisme** : les termes de bien et de mal, de justice et d'injustice ne signifient rien dans l'absolu.

■ De ce point de vue, les lois seraient seulement des **conventions**.

■ Mais ces conventions sont-elles **nécessaires à la vie en commun** (**Glaucon**, **Freud**) ? Établies à l'**avantage des plus forts** (**Thrasymaque**, **Marx**) ? À l'avantage **des plus faibles** (**Calliclès**, **Nietzsche**) ?

2. La thèse naturaliste : il y a des principes de justice supérieurs au droit.

■ **Léo Strauss** souligne les limites du relativisme : on ne peut pas tout accepter, tout tolérer. **Ce qui est juste ou injuste ne l'est pas seulement au regard des lois** qui peuvent elles-mêmes être jugées au nom du droit naturel.

■ On peut estimer que le progrès de la conscience morale de l'humanité nous a permis de comprendre avec **Kant** que le **respect de la personne humaine** était **l'exigence fondamentale de la morale**.

3. Pour exister, la justice doit s'incarner dans le droit.

■ Si la justice est donc bien quelque chose en dehors du droit, elle doit s'incarner en lui pour exister réellement.

Chronologie

REPÈRES

Les incontournables

Pascal expose dans ce passage bien connu des Pensées, sa conception du rapport entre la justice et le droit. Il ne nie pas l'existence du droit naturel, mais estime que les lois, changeantes et contradictoires, sont sans rapport avec lui.

On ne voit rien de juste ou d'injuste qui ne change de qualité en changeant de climat, trois degrés d'élévation du pôle renversent toute la jurisprudence[1]. Un méridien décide de la vérité, en peu d'années de possession les lois fondamentales changent. Le droit a ses époques, l'entrée de Saturne au Lion nous marque l'origine d'un tel crime. Plaisante justice qu'une rivière borne[2] ! Vérité au-deçà des Pyrénées, erreur au-delà.

Ils confessent que la justice n'est pas dans ces coutumes, mais qu'elle réside dans les lois naturelles communes en tout pays[3]. Certainement ils le soutiendraient opiniâtrement si la témérité du hasard qui a semé les lois humaines en avait rencontré au moins une qui fût universelle. Mais la plaisanterie est telle que le caprice des hommes s'est si bien diversifié qu'il n'y en a point.

Le larcin, l'inceste, le meurtre des enfants et des pères, tout a eu sa place entre les actions vertueuses[4]. Se peut-il rien de plus plaisant qu'un homme ait droit de me tuer parce qu'il demeure au-delà de l'eau et que son prince a querelle contre le mien, quoique je n'en aie aucune avec lui ?

Il y a sans doute des lois naturelles, mais cette belle raison corrompue a tout corrompu […][5].

De cette confusion arrive que l'un dit que l'essence de la justice est l'autorité du législateur, l'autre la commodité du souverain, l'autre la coutume présente. Et c'est le plus sûr. Rien, suivant la seule raison, n'est juste de soi, tout branle avec le temps. La coutume fait toute l'équité, par cette seule raison qu'elle est reçue. C'est le fondement mystique de son autorité, qui la ramènera à son principe l'anéantit. Rien n'est si fautif que ces lois qui redressent les fautes. Qui leur obéit parce qu'elles sont justes, obéit à la justice qu'il imagine, mais non pas à l'essence de la loi, elle est toute ramassée en soi. Elle est loi et rien davantage.

PASCAL, *Pensée* (Agora, édition établie par Philippe Sellier).

1. Jurisprudence : décisions de justice.

2. On comprend que la rivière en question marque une frontière entre deux États.

3. Les lois naturelles : le droit naturel.

4. Tout ce que nous jugeons criminel a pu être jugé légitime.

5. Pascal ne nie donc pas l'existence d'un droit naturel : celui qu'enseigne la religion chrétienne.

Sujet de bac 1

Dissertation

Puis-je, au nom de ma conscience, refuser de me soumettre aux lois ?

Sujet de bac 2

Explication de texte

Rousseau, *Du Contrat social* (1762)

Ce passage de l'état de nature à l'état civil produit dans l'homme un changement très remarquable, en substituant dans sa conduite la justice à l'instinct, et donnant à ses actions la moralité qui leur manquait auparavant. C'est alors seulement que, la voix du devoir succédant à l'impulsion physique et le droit à l'appétit[1], l'homme, qui jusque-là n'avait regardé que lui-même, se voit forcé d'agir sur d'autres principes, et de consulter sa raison avant d'écouter ses penchants. Quoiqu'il se prive dans cet état de plusieurs avantages qu'il tient de la nature, il en regagne de si grands, ses facultés s'exercent et se développent, ses idées s'étendent, ses sentiments s'ennoblissent, son âme tout entière s'élève à tel point que, si les abus de cette nouvelle condition ne le dégradaient souvent au-dessous de celle dont il est sorti, il devrait bénir sans cesse l'instant heureux qui l'en arracha pour jamais et qui, d'un animal stupide et borné, fit un être intelligent et un homme.

Réduisons toute cette balance à des termes faciles à comparer ; ce que l'homme perd par le contrat social, c'est sa liberté naturelle et un droit illimité à tout ce qui le tente et qu'il peut atteindre ; ce qu'il gagne, c'est la liberté civile et la propriété de tout ce qu'il possède. Pour ne pas se tromper dans ces compensations, il faut bien distinguer la liberté naturelle, qui n'a pour bornes que les forces de l'individu, de la liberté civile, qui est limitée par la volonté générale ; et la possession, qui n'est que l'effet de la force ou le droit du premier occupant, de la propriété, qui ne peut être fondée que sur un titre positif.

On pourrait, sur ce qui précède, ajouter à l'acquis de l'état civil la liberté morale qui seule rend l'homme vraiment maître de lui ; car l'impulsion du seul appétit est esclavage, et l'obéissance à la loi qu'on s'est prescrite est liberté. Mais je n'en ai déjà que trop dit sur cet article, et le sens philosophique du mot liberté n'est pas ici de mon sujet.

1. **Appétit** : désir.

La connaissance de la doctrine de l'auteur n'est pas requise. Il faut et il suffit que l'explication rende compte, par la compréhension précise du texte, du problème dont il est question.

Sujet de bac 1

Coup de pouce

Ce sujet classique qui invite à mettre en évidence la valeur et les limites de la loi, appelle assez « naturellement » un plan dialectique (thèse, antithèse, synthèse). Ce type de plan permet de traiter bien des sujets et donne de bons résultats, à condition de ne pas être appliqué de manière mécanique et caricaturale.

CORRIGÉ DE LA DISSERTATION

Les titres de parties, indiqués ici en rouge pour vous aider, ne doivent pas apparaître dans votre copie.

Introduction

Quand l'*Antigone* d'Anouilh fut représentée pour la première fois en 1944 sous l'occupation allemande, Antigone fut perçue comme représentant la Résistance, et Créon le gouvernement de Vichy. Antigone est, en effet, le symbole de la révolte et de la liberté, de la rébellion contre les décrets d'un pouvoir injuste et arbitraire. Évidemment, nous nous rangeons spontanément du côté d'Antigone qui refuse, au nom de sa conscience, de se soumettre à la loi qui lui interdit d'offrir les rites funéraires à son frère. Pourtant, ce droit, voire ce devoir, de désobéissance fait problème. Ainsi Kant estime-t-il que « toute révolte [...], tout soulèvement qui éclate en rébellion est, dans une république, le crime le plus grave et le plus condamnable ». On est dès lors en droit de se demander s'il est légitime de refuser de se soumettre aux lois au nom de sa conscience, ou s'il faut au contraire regarder le respect des lois et de l'ordre social comme un devoir sacré.

Gagnez des points !
Évitez d'annoncer votre plan de manière lourdement explicite. La formulation du problème suggère parfois suffisamment le plan, comme c'est le cas ici.

I. Thèse : il est parfaitement légitime de refuser de se soumettre à une loi injuste. Plus qu'un droit, c'est un devoir et un acte courageux.

A. La désobéissance civile

Chacun connaît l'histoire de Rosa Parks, cette femme noire qui devint une figure emblématique de la lutte contre la ségrégation raciale aux États-Unis en refusant de céder sa place dans un bus à un passager blanc. Son geste conduisit la Cour suprême à déclarer anticonstitutionnelles les lois ségrégationnistes dans les bus.

Le geste de Rosa Parks (quoique spontané et probablement sans dimension politique consciente au moment où il est accompli) s'apparente à la désobéissance civile : le refus assumé et public de se soumettre à une loi ou à un pouvoir inique, utilisé comme une arme de combat pacifique. L'idée est associée notamment aux noms de Gandhi et de Martin Luther King, qui en ont montré l'efficacité, mais l'expression a été formée par le philosophe américain Henry David Thoreau dans son essai *La Désobéissance civile* (1849).

Le philosophe refuse de payer ses impôts pour signifier son refus de cautionner un État qui tolère l'esclavagisme et mène une guerre injuste contre le Mexique. « Le respect de la loi vient après celui du droit », écrit-il. En d'autres termes, il existe des principes de justice supérieurs aux lois. C'est au nom de ces principes qui relèvent du droit naturel que nous sommes fondés à refuser de nous soumettre à la loi.

Conseil
Analysez (expliquez) les exemples.

Le respect aveugle et inconditionnel de l'autorité et de la loi nous fait agir contre notre volonté, contre notre conscience et contre tout bon sens. C'est ainsi que des régiments d'hommes paisibles marchent à la guerre, pour servir, au péril de leur vie et la peur au ventre, la volonté de quelque puissant sans scrupule.

Bien comprendre
Votre dissertation ne doit comporter aucun titre. Le plan du corrigé n'apparaît ici que pour vous aider à le comprendre.

La loi ne rend pas les hommes plus justes, et nous ne sommes tenus d'obéir qu'à la voix de notre conscience, estime Thoreau : « Agir à tout moment selon ce qui me paraît juste. »

B. La Boétie : « Soyez résolus de ne plus servir, et vous voilà libres. »

L'efficacité de la désobéissance civile peut se comprendre à la lumière de la thèse de La Boétie selon laquelle le pouvoir ne peut se maintenir qu'avec le consentement de ceux sur lesquels il s'exerce. Comment un homme qui n'a que deux yeux et que deux mains pourrait-il maîtriser tout un peuple sans sa coopération ? Il suffirait donc, pour abattre le pouvoir, de cesser de le soutenir : « Soyez résolus de ne plus servir, et vous voilà libres. »

C. Pascal : « Plaisante justice qu'une rivière borne. »

Quel respect devons-nous du reste à une législation capricieuse, changeante et contradictoire ? « Plaisante justice qu'une rivière borne », écrit Pascal. Les lois n'ont pas de fondement moral, elles ne sont ni justes, ni fondées en raison, ce ne sont que des coutumes qui ne tirent leur force que d'être établies. Pascal en conclut qu'il faut préserver l'illusion que les lois sont justes afin de maintenir la paix sociale. Mais nous pouvons en tirer une conséquence différente : une règle injuste qui ne se maintient que par la force de son ancienneté ne mérite en rien notre respect.

D. Saint Thomas d'Aquin : « Transgresser la lettre de la loi pour rester fidèle à l'esprit de justice. »

Outre que la loi peut être injuste dans son principe même (les lois ségrégationnistes par exemple), l'application d'une bonne loi peut aussi devenir contraire au bien commun qu'elle vise. Il est impossible d'instituer une loi qui ne serait jamais prise en défaut, parce que comme le souligne Thomas d'Aquin, le législateur ne peut tenir compte de toutes les situations possibles. Le bien consiste alors à « transgresser la lettre de la loi pour rester fidèle à l'esprit de la justice. »

Transition

Pour toutes ces raisons, l'idée d'agir selon ce qui nous paraît juste plutôt que de respecter les lois sans discernement, semble parfaitement sensée et légitime. Pour autant, peut-on soutenir l'idée selon laquelle nous ne serions tenus de respecter la loi que si elle nous semble juste ? Qu'est-ce qu'une loi à laquelle on peut désobéir ? Est-ce encore une loi ? Et ne voit-on pas, même intuitivement, que le respect de la loi est ce qui distingue la vie en société de l'état de nature ?

> **Gagnez des points !**
> Donnez plus d'unité et de clarté à votre raisonnement en rédigeant des transitions.

II. Antithèse : le respect des lois est la condition de la vie en société.

A. Hobbes : le pouvoir de l'État est absolu.

« Tant que les hommes ne sont pas tenus en respect par un pouvoir commun, ils vivent dans cet état qu'on nomme la guerre », écrit Hobbes. En effet, « l'homme est un loup pour l'homme » et s'il ne renonçait pas à sa liberté naturelle pour se soumettre à l'État et aux lois, la vie en société serait tout simplement impossible, ce serait « la guerre de tous contre tous ». On ne peut espérer échapper à la violence de l'état de nature et vivre dans un état de droit que par une soumission inconditionnelle au pouvoir absolu de l'État.

B. Kant : la paix est synonyme d'état de droit. La révolte y met fin.

On peut considérer, en effet, que toute révolte ruine le fondement même de la société, à savoir le contrat qui institue ce que Kant appelle, à la suite des Anciens : la république (du latin *res publica* : la chose publique). C'est pourquoi, aux yeux de Kant, l'interdiction de s'opposer au pouvoir et aux lois est inconditionnelle. Cela signifie que, même quand le pouvoir viole le contrat social, en agissant de manière tyrannique et sans respect pour la volonté du peuple, la révolte n'en demeure pas moins condamnable. En effet, contester la décision du chef de l'État constitue *ipso facto*, un retour à l'état de nature : on ne sait plus de quel côté est le droit, c'est la loi du plus fort ou la guerre.

C. Socrate : les lois sont l'âme de la Cité.

Socrate n'est pas aussi radical que Kant. Son attitude témoigne pourtant d'un profond respect pour la loi. Socrate aurait pu en effet échapper à la mort en s'enfuyant de sa prison. Son disciple Criton essaye d'ailleurs de l'en convaincre dans le dialogue du même nom. Mais Socrate imagine les reproches que pourrait lui faire la Loi s'il ne la respectait pas. La Loi est comme l'âme de la Cité, ce qui la fait vivre. Socrate la compare à un parent à qui on doit respect et soumission parce qu'on lui doit la vie. Être fidèle aux lois, c'est respecter la Cité sans laquelle nous n'existerions pas. C'est donc d'une certaine façon rester fidèle à soi-même. Socrate préfère mourir en restant cohérent, plutôt que de sauver sa vie au prix de ce qu'il considère comme une incohérence et une trahison.

D. Le sentiment d'injustice peut être très subjectif.

Si chacun pouvait faire ce que bon lui semble, son comportement serait dicté par un calcul d'intérêt égoïste et à courte vue. L'État impose au contraire le respect de lois rationnelles, utiles et légitimes. Il nous contraint à être raisonnables, il incarne la Raison comme le soutient Hegel.

De ce point de vue, on peut remarquer que ce qui nous révolte ne fait souvent que contrarier nos désirs et nos intérêts. Thoreau revendique d'agir selon ce qui lui semble juste. Mais, à l'évidence, ce qui me semble juste ne l'est pas forcément. La loi n'est-elle pas souvent plus juste que mon sentiment ? Il y a une grande subjectivité dans nos jugements, spécialement dans nos jugements moraux. Ce qui apparaît à ma conscience comme juste ou injuste, parfois dans un grand sentiment d'évidence, peut être cependant très subjectif. Par exemple, certains se sont battus en faveur du mariage pour tous, parce qu'ils jugeaient la loi discriminatoire. Mais c'est aussi au nom de leur conscience que certains maires refuseront d'unir des personnes du même sexe. L'objection de conscience n'est pas toujours là où on l'attend.

Transition

Le respect des lois apparaît donc comme la condition de la vie sociale et on peut difficilement accorder à chacun le droit d'agir en toute circonstance en fonction de ce qui lui paraît juste. Faut-il pour autant respecter toute loi comme une chose sacrée et inviolable ? Ce serait oublier ce que la loi même doit à ceux qui l'ont fait changer en la transgressant.

III. Synthèse : à quelles conditions puis-je refuser de me soumettre aux lois ?

A. Qu'appelle-t-on « loi » au juste ?

Conseil
La synthèse ne résume pas les deux premières parties, elle propose une solution au problème souvent fondée sur un éclaircissement des termes de la question.

Le décret arbitraire d'un tyran ne mérite pas le nom de *loi*. On ne doit le respect qu'aux lois dignes de ce nom. Par exemple, le décret de Créon dans *Antigone* est-il à proprement parler une loi ? Aux yeux de Rousseau, une loi, pour mériter son nom, doit être adoptée par le peuple et s'appliquer à tout le peuple. La loi est donc une règle votée par tous et applicable à tous. C'est le principe de la double universalité de la loi. Or, le décret de Créon ne réalise aucune de ces deux conditions. D'abord, il concerne Polynice, le frère d'Antigone, et non le peuple dans son ensemble. Ensuite, il n'exprime que la volonté particulière de Créon. À strictement parler, ce n'est même pas à une loi, mais seulement à un décret arbitraire qu'Antigone refuse de se soumettre. « Ce qu'un homme, quel qu'il puisse être, ordonne de son chef n'est point une loi », écrit Rousseau.

Si donc, la question est : peut-on refuser de se soumettre à un décret arbitraire au nom de sa conscience ? La réponse est dans la question. Quant à la loi proprement dite, elle est, en droit, toujours juste : le peuple ne peut pas, en principe, se traiter lui-même injustement. Le peuple veut son propre bien. En revanche, il ne le voit pas toujours et a donc besoin d'être éclairé par le Législateur. C'est pourquoi il peut être légitime de refuser de se soumettre à une loi, mais d'une certaine façon, il faut le faire au nom de la loi même, c'est-à-dire pour qu'elle atteigne le bien commun qui est son but.

B. On peut le plus souvent s'opposer aux lois sans leur désobéir.

Dans une démocratie, on peut toutefois s'opposer aux lois, sans avoir à les enfreindre : la loi donne le droit de s'opposer à la loi, le droit d'exprimer ses opinions, de manifester, le droit de grève et avant tout le droit de vote ! De ce point de vue, la désobéissance civile devrait être considérée comme un ultime recours. Dans une situation d'urgence, parce qu'on estime que des êtres humains sont maltraités en toute légalité ou parce que les autres formes d'action n'ont pu aboutir, on peut estimer que le refus de se soumettre est un droit et même un devoir. Tirant la leçon de l'Occupation, le projet de Constitution de la IVe République faisait de la résistance à un gouvernement qui viole les libertés et les droits garantis par la Constitution « le plus sacré des droits et le plus impérieux des devoirs ».

Conclusion : on ne peut refuser de se soumettre qu'à la seule condition d'en avoir le courage.

Plus qu'un droit, la désobéissance peut donc être un devoir. Encore faut-il avoir le courage de désobéir. Car nous sommes plus soumis et obéissants que nous ne le croyons communément. C'est ce qu'a montré l'expérience de Milgram sur la soumission à l'autorité : la plupart d'entre nous se révèle incapable de désobéir à une autorité supposée légitime, même quand la désobéissance n'aurait aucune conséquence fâcheuse. Nous sommes souvent dociles et bien moins enclins à nous révolter que nous ne nous plaisons à l'imaginer. Peut-être faut-il alors cultiver notre faculté de nous indigner et nous rebeller, comme nous y invitait Stéphane Hessel dans un essai intitulé : *Indignez-vous !*

Sujet de bac 2

Coup de pouce

Il s'agit d'un passage du *Contrat social* de Rousseau. Le philosophe y compare la vie à l'état de nature, à la vie en société (l'état civil). Le jugement que Rousseau porte sur la société se révèle bien plus complexe et nuancé qu'on le croit quand on ne retient que les thèses du *Discours sur les sciences et les arts* et de *L'Origine de l'inégalité*. Attention donc au contresens ! Ne plaquez pas sur le texte ce que vous pouvez savoir de la pensée de l'auteur (l'homme est bon par nature, mais corrompu par la vie en société).

CORRIGÉ DE L'EXPLICATION DE TEXTE

Les titres de parties, indiqués ici en rouge pour vous aider, ne doivent pas apparaître dans votre copie.

Introduction

Gagnez des points !
Dégagez clairement le problème dont il est question.

Les contraintes et les maux de la vie en société peuvent nous faire rêver d'une vie indépendante et solitaire. Celle de Robinson sur son île ou du « bon sauvage » de Rousseau. Mais n'est-ce pas oublier un peu vite ce que nous apporte la vie en société ? Que perdons-nous ? Que gagnons-nous à vivre ensemble ? Pourquoi s'associer et vivre ensemble ? Faut-il bénir ou maudire l'instant qui vit naître la société ? Rousseau se pose ces questions dans un passage du *Contrat Social*. Sa réponse est nuancée : la naissance de la société est une véritable nouvelle naissance pour l'homme qui réalise sa nature d'être libre et raisonnable. Néanmoins, la vie sociale rend aussi l'homme capable du pire et le rabaisse souvent au dessous de la condition animale dont elle l'a fait sortir. Tout le raisonnement de Rousseau repose sur l'idée que la société n'est pas une réalité naturelle, comme le soutenait Aristote, mais une institution humaine, fondée sur un pacte d'association : le contrat social. Ce présupposé est bien entendu discutable.

Développement

Composition du passage

Rousseau décrit d'abord la transformation morale et intellectuelle que la vie sociale opère en l'homme (1er paragraphe). Alors que l'homme à l'état de nature était gouverné par ses désirs ou ses instincts, l'homme « civilisé » devient un être raisonnable, capable d'agir par devoir. L'homme « sauvage » n'était qu'un animal « stupide et borné », la société fait de lui « un être intelligent et un homme ».

Mais la naissance de la société comporte aussi des inconvénients qu'il faut mettre en balance avec ce qu'elle fait gagner à l'homme : le gain de la liberté civile et de la propriété fait plus que compenser la perte de la liberté et de la possession naturelles. D'autant que, comme le précise Rousseau dans un dernier paragraphe, il faut, pour faire juste mesure, ajouter aux gains de la vie sociale, celui de la liberté morale définie comme autonomie : obéissance à la loi qu'on s'est prescrite.

Explication détaillée

Rousseau décrit donc les effets, nuisibles ou bénéfiques du « passage de l'état de nature à l'état civil ». Mais qu'est-ce au juste que cet état de nature ? L'état dans lequel les hommes auraient vécu avant la naissance de la société ? Mais cet état de nature a-t-il jamais existé ? Rousseau, on le sait, en fait une hypothèse, une fiction ou une vue de l'esprit, un outil intellectuel qui sert à comprendre la nature de l'homme et le fondement de la société. Le philosophe ne décrit donc pas des faits réels ou historiques : la naissance de la société est une fiction, tout comme l'état de nature lui-même. L'état de nature peut se définir comme ce qui reste en l'homme, après qu'on en a retranché ce que la société semble lui avoir apporté. Il s'agit autrement dit de révéler la véritable nature humaine et de la distinguer des apports de la vie sociale.

Le premier apport de la société qu'évoque Rousseau, c'est la moralité. Mais l'homme n'est-il pas naturellement bon selon Rousseau et perverti par la société ? Il y a ici une difficulté. La solution de cette contradiction apparente suppose que l'on distingue la bonté naturelle de la moralité de l'homme civilisé. La bonté naturelle de l'homme consiste en deux sentiments qui s'équilibrent pour assurer la conservation de l'espèce humaine : l'amour de soi-même et la pitié. Le premier est un instinct de conservation, le second nous pousse à secourir ceux qui souffrent. Cette bonté instinctive ne doit pas être confondue avec la moralité. Ainsi, secourir son semblable

> **Conseil**
> Reliez les paragraphes entre eux, au moyen d'une question, par exemple.

parce que le spectacle de sa souffrance nous répugne n'est pas encore une action morale, car c'est une action intéressée. J'aide mon semblable parce que je souffre (de sa souffrance) et non par obligation morale, par devoir, parce que je dois le faire. L'homme naturel, quoiqu'il soit capable de pitié, ne regarde que lui-même et agit par une « impulsion physique », comme l'écrit Rousseau. Mais comment la vie sociale opère-t-elle en l'homme cette transformation ?

L'homme social « se voit forcé d'agir sur d'autres principes, et de consulter sa raison avant d'écouter ses penchants », écrit Rousseau. C'est l'effet de la cohabitation : l'homme doit désormais tenir compte de ses « associés », ceux qui ont passé avec lui le pacte social. La loi qui exprime la volonté générale le lui impose d'ailleurs. Mais comment, si elle le contraint, peut-il agir moralement, par devoir et non par intérêt ? Faut-il comprendre que l'obligation légale préforme en quelque sorte l'obligation morale ?

Quoi qu'il en soit, Rousseau ne renie pas ses thèses antérieures : la société est bien en effet corrompue et corruptrice puisqu'elle dégrade souvent l'homme au-dessous de la condition quasi animale dont elle le fait pourtant sortir. L'homme est un animal perfectible, la société met en œuvre cette capacité pour le meilleur et pour le pire : elle exerce ses facultés, étend ses idées, ennoblit ses sentiments, élève son âme, mais elle le rabaisse aussi et le rend capable du pire. Seul l'homme est capable de moralité… et d'immoralité, d'humanité et d'inhumanité. L'animal est amoral, étranger aux notions de bien et de mal. Que faut-il en conclure ? L'homme gagne-t-il, au total, à vivre en société ? Rousseau répond clairement à cette question dans un deuxième temps en synthétisant les gains et les pertes liés à la naissance de la vie sociale sous des concepts « faciles à comparer ».

Si l'homme perd sa liberté naturelle, il gagne la liberté civile et la propriété de ce qu'il possède. La liberté naturelle, c'est la liberté de l'homme à l'état de nature. Elle n'a pas d'autres limites que les forces de l'individu qui l'exerce. La vie en société à l'évidence oblige à y renoncer. C'est même ce renoncement qui est au fondement de la société, puisque nous nous engageons (tacitement) par le contrat social à obéir à la volonté générale telle qu'elle s'exprime dans la loi votée par tous et applicable à tous. Mais comment comprendre que ce renoncement ne nous prive pas de toute liberté ? Que signifie la liberté civile ? En quel sens le citoyen soumis aux lois peut-il être dit *libre* ?

La liberté civile est celle qui s'exerce dans les limites de la loi, qui la garantit en même temps qu'elle la limite. La loi ne s'oppose pas à la liberté si on ne confond pas la première avec le décret arbitraire d'un tyran et la seconde avec une indépendance sans règle. Celui qui obéit à la loi n'obéit à personne, il ne sert pas. Il est libre au contraire, parce qu'il se conforme à l'engagement

Conseil
Pensez à exploiter vos connaissances pour éclairer le texte.

qu'il a pris de se soumettre à la volonté générale. D'une certaine façon, il n'obéit qu'à lui-même, à « la loi qu'il s'est prescrite ».

Mais à ce gain de la liberté civile, il faut ajouter celui de la propriété. Celle-ci naît en effet avec la société, et encore une fois pour le meilleur et pour le pire. La propriété doit, en effet, être distinguée de la possession. C'est une possession légitime, garantie par le droit et protégée par la force publique. L'état civil est synonyme d'état de droit : il protège les libertés et les biens des citoyens. La possession est fragile, instable, la propriété est au contraire solide et stable, parce qu'elle est défendue par toute la force commune.

Mais si ces avantages ne montrent pas suffisamment quels bénéfices l'homme peut retirer de la vie sociale, on peut y ajouter celui de la liberté morale qui est la vraie liberté : « l'obéissance à la loi qu'on s'est prescrite », par opposition à « l'impulsion du seul appétit ». Rousseau ne s'explique pas, parce que son sujet relève de la philosophie politique et non de la philosophie morale. Mais Kant, qui a lu Rousseau, développera cette conception de la liberté comme autonomie. Être libre, ce n'est pas céder à l'impulsion du désir, mais choisir la loi de la raison.

Conclusion : valeur et limites de la thèse

Rousseau met en évidence ce que nous gagnons à vivre en société : rien moins que notre humanité. Il nous permet ainsi de comprendre combien il est vain de regretter un état de nature qui n'a d'ailleurs jamais existé. C'est dans la société que nous avons à vivre, en compagnie de nos semblables. Nous y gagnons notre statut d'êtres libres et raisonnables. La thèse est d'autant plus convaincante qu'elle émane de celui qui n'a pas cessé de critiquer l'homme et la société tels qu'ils sont : mauvais et corrompus. Cependant, on ne peut ignorer que toute la pensée de Rousseau repose sur l'idée selon laquelle la société serait une institution humaine et non une réalité naturelle comme l'avait soutenu Aristote.

PARTIE 5

CHAPITRE 22

La liberté

Mots clés

■ **Liberté** : du latin *libertas* qui désigne la condition de l'homme libre par opposition à l'esclave. *Liberté* désigne donc d'abord le pouvoir d'agir conformément à sa volonté. C'est la liberté d'action.

■ **Liberté civile** : c'est la liberté d'action du citoyen, à la fois limitée et garantie par la loi (la liberté au sens politique). Elle s'oppose à la licence.

■ **Licence** : du latin *licentia* (permission) : liberté excessive, sans limites et sans règles.

■ **Libre arbitre** : la faculté qu'aurait l'homme de se déterminer à faire une chose (plutôt qu'une autre) sans que sa volonté soit elle-même déterminée par rien (liberté de la volonté).

■ **Liberté rationnelle** : liberté éclairée par la raison. Par exemple, la liberté du sage qui, délivré des passions, agit à la lumière de la raison.

Repères

Contingent/Nécessaire/Possible → p. 308
En fait/En droit → p. 310

DE QUOI S'AGIT-IL ?

Être libre, c'est faire ce qu'il me plaît. Mais une liberté sans limites est incompatible avec la vie sociale. Cela signifie-t-il qu'on renonce à sa liberté en obéissant aux lois qui organisent la vie sociale ? Par ailleurs, chacun sait par expérience qu'il peut être dominé par son désir. On peut donc se demander si la liberté implique qu'on libère ses désirs, ou qu'on s'en libère, au contraire. Elle semble supposer en tout cas la capacité de choisir de faire *ou de ne pas faire* (par exemple, de fumer ou pas) sans que le désir ne me l'impose. Mais cette liberté de choix (les philosophes parlent de libre arbitre) fait elle-même problème : n'est-elle pas une illusion liée à l'ignorance des causes qui déterminent nos choix ?

1 La loi est-elle l'ennemie de la liberté ?

A Quel est le problème ?

- La loi est souvent vécue comme une contrainte **liberticide** (ennemie de la liberté). Elle interdit, oblige, sanctionne, elle limite, elle enferme. C'est donc au nom de la liberté que les révolutionnaires de mai 68 voulaient « interdire d'interdire ». Mais obéir à la loi signifie-t-il renoncer à sa liberté ?

B La liberté contre la loi

- À première vue, l'obéissance est le contraire de la liberté. Être libre, c'est **pouvoir faire sa volonté**. Obéir, c'est au contraire, **faire la volonté d'un autre**. *Liberté* dérive d'ailleurs du latin *libertas* qui désigne la condition de l'homme libre (*liber*), par opposition à l'esclave (*servus*). On pourrait en conclure que pour être parfaitement libre, il faudrait s'affranchir de toute autorité : commander à tous sans jamais obéir à rien ni à personne.
- C'est l'idée que le sophiste **Calliclès** (personnage d'un dialogue de **Platon**) se fait de la liberté. Pour être libre, il faut être fort et imposer sa loi, au lieu de se soumettre aux lois égalitaristes que la masse des faibles a établies à son avantage. Or, la rhétorique (l'art oratoire) est la technique la plus puissante, celle qui permet de prendre le pouvoir et **faire** ainsi **triompher son désir et sa volonté**.

C La loi envisagée comme la condition de la liberté

- Ainsi pour le fort, la loi serait l'ennemie de la liberté. Mais sans loi, les forts opprimeraient les faibles. Comme l'écrit **Henri Lacordaire** : « Entre le fort et le faible, entre le riche et le pauvre, entre le maître et le serviteur, c'est la liberté qui opprime et la loi qui affranchit ». La liberté anarchique, sans règles et sans justice, permet en effet aux plus puissants (physiquement, mentalement, économiquement…), ou aux plus violents, d'abuser de leur force pour soumettre les plus faibles. La loi donne au contraire les mêmes droits à tous. Elle partage la liberté de manière équitable. Pour le faible, la liberté, c'est donc la loi qui lui donne des droits et le protège.

> **Citation**
> « Entre le faible et le fort […], c'est la liberté qui opprime et c'est la loi qui affranchit. »
> Lacordaire

- Et pour le plus fort lui-même, la liberté consiste-t-elle vraiment à pouvoir faire pleinement usage de sa force ? Il faut déjà remarquer avec **Rousseau** que **« nul n'est jamais assez fort pour être toujours le maître »** ! Ensuite, il se pourrait que la vraie liberté réside plus dans le **pouvoir qu'on a sur soi-même** que dans le **pouvoir qu'on a sur les autres**. Le tyran (politique ou domestique), le caïd qui fait sa loi, l'enfant roi (qui fait aussi la sienne) sont-ils vraiment libres parce qu'ils commandent à tous sans obéir à personne ? Et sont-ils heureux ? Ne sont-ils pas plutôt **esclaves de leurs désirs** et de leurs caprices ? Quel empire (pouvoir, maîtrise) ont-ils sur eux-mêmes ? Qui dirait d'un enfant capricieux, jamais satisfait, toujours en colère ou en pleurs qu'il est libre et heureux ? Pour lui, la liberté et le bonheur commenceraient paradoxalement par l'obéissance.

- Suis-je donc libre quand j'obéis à la loi ? Oui, si derrière le nom de liberté je ne réclame pas la **licence**, c'est-à-dire le **droit de tout faire**, sans limites. Oui, si le mot *loi* désigne une règle adoptée démocratiquement dans l'intérêt de tous et non le décret arbitraire d'un tyran ou d'un dictateur. Oui enfin, si l'obéissance désigne le respect d'une règle qu'on comprend et qu'on approuve et non une docilité passive ou craintive obtenue par la violence, la répression et la terreur.

- « La liberté est le droit de faire tout ce que les lois permettent ; et si un citoyen pouvait faire ce qu'elles défendent, il n'aurait plus de liberté, parce que les autres auraient tout de même ce pouvoir », écrit **Montesquieu**. Cette **liberté** à la fois **limitée et garantie par la loi**, c'est ce que les philosophes appellent la **liberté civile**, la liberté du citoyen qui vit dans un **état de droit** et non dans un monde violent et anarchique où tout serait permis.

- Cette conclusion suppose toutefois, on l'a bien compris, que la loi soit digne de son nom, c'est-à-dire qu'elle vise bien, en effet, à organiser la coexistence équitable des libertés et non à asseoir le pouvoir des puissants. Parce qu'elle donne le pouvoir au peuple, la démocratie empêche, **en droit**, les plus forts de faire les lois à leur avantage.

> **Citation**
> « La liberté est le droit de faire tout ce que les lois permettent. »
> Montesquieu

2 Faut-il libérer le désir ou se libérer du désir ?

A Quel est le problème ?

- Mon désir peut me sembler entravé (prisonnier, enchaîné) par une multitude de contraintes, de règles supposées liberticides : lois (on l'a vu), normes sociales, principes moraux... De ce point de vue, on peut souhaiter libérer le désir, au nom du bonheur et de la liberté.

- C'est, par exemple, l'esprit de mai 68 : la jeunesse se rebelle contre une société excessivement normative, qui laisse peu de place à la liberté, notamment sexuelle. Sait-on que tout a commencé à Nanterre (une université parisienne) où les garçons revendiquaient… l'accès au dortoir des filles ! Une revendication très printanière… Mais « la liberté de jouir » n'est pas seulement entravée par des obstacles extérieurs (comme une porte fermée), elle rencontre aussi des obstacles intérieurs : des **interdits intériorisés** (adoptés) au cours de l'éducation.

- **Freud** a ainsi montré qu'une éducation trop sévère et trop répressive pouvait nuire à l'épanouissement personnel et engendrer certains troubles du comportement (névroses). Il nomme « ***surmoi*** » ce **gendarme intérieur** gardien de l'ordre et de la morale, qui interdit, exige, condamne et culpabilise quand nous franchissons la ligne blanche (quand nous transgressons l'interdit). Cela signifie-t-il qu'il faille s'affranchir (se libérer) de toute règle pour s'épanouir librement ?

B La tyrannie du désir

- Ce serait probablement méconnaître la nature du désir. Libérer le désir de toute règle, c'est devenir l'esclave volontaire d'un tyran capricieux et éternellement insatisfait qui veut toujours plus, mieux, ou autre chose. C'est pourquoi, on l'a dit, l'enfant roi n'est ni libre, ni heureux. Paradoxalement **la liberté semble impliquer au contraire qu'on s'affranchisse de la tyrannie du désir**.
- On peut noter au passage que la société de consommation ne nous y invite guère puisqu'en nous conditionnant à désirer ce que nous n'avons pas encore, elle ne nous aide guère à nous satisfaire de ce que nous avons déjà.

C La liberté morale

- Ainsi la vraie liberté (et le vrai bonheur) tend à se confondre avec la sagesse et la maîtrise de soi, c'est-à-dire le pouvoir de penser et d'agir en fonction de principes raisonnables au lieu d'être dominé par des désirs et des impulsions irrationnels et incontrôlables. « L'impulsion du seul appétit (désir) est esclavage, et l'obéissance à la loi qu'on s'est prescrite est liberté », écrit Rousseau. Cette **liberté éclairée par la raison**, c'est ce que les philosophes appellent la **liberté morale** (Rousseau) ou **rationnelle**.
- Ainsi la vraie liberté ne consiste pas tant à faire ce qu'il me plaît, qu'à faire ce que je crois juste ou raisonnable sans me laisser aveugler et gouverner par mon désir.

> **Citation**
> « L'impulsion du seul appétit est esclavage, et l'obéissance à la loi qu'on s'est prescrite est liberté. »
> Rousseau

- Quoi qu'il en soit, la liberté semble impliquer qu'on puisse **choisir**, choisir par exemple entre l'impulsion du désir et l'action raisonnable et réfléchie. Mais avons-nous réellement le choix ?

3 La liberté n'est-elle qu'une illusion ?

A Quel est le problème ?

• On condamne moralement (et pénalement) celui qui a mal agi : il aurait pu et dû agir autrement, il était libre, il est donc responsable de ses actes et de leurs conséquences. De même, quand on loue (louer : féliciter, encourager) le comportement de quelqu'un, c'est parce qu'on suppose qu'étant libre, il aurait pu faire d'autres choix. Mais avons-nous réellement le choix ou nos décisions sont-elles **conditionnées par notre éducation, nos expériences, les circonstances** (voire par nos gènes)… bref par une multitude de facteurs qui ne laisseraient aucune place à la liberté. Ce débat oppose les partisans du déterminisme aux partisans du libre arbitre.

B La thèse déterministe

• Partons d'un exemple : c'est le second tour des élections présidentielles[1], je suis dans l'isoloir et j'ai trois choix possibles : je peux voter pour un candidat de droite, pour un candidat de gauche ou voter blanc. Mettons que je choisisse le candidat de droite. Je pense avoir agi librement parce que j'aurais pu faire un autre choix. Et j'ai même pu sentir au moment où je délibérais intérieurement (dans l'isoloir ou avant) une **hésitation** qu'on peut prendre pour le **signe de la liberté**.

• Mais décomposons **le mécanisme de ma prise de décision** : j'ai choisi en fonction de mes convictions politiques, lesquelles dépendent notamment des valeurs auxquelles je crois. Par exemple, si je suis très fortement attaché à l'idée de la liberté et de la responsabilité individuelle et, par suite, à la liberté d'entreprendre, je serais *a priori* plutôt enclin à voter à droite. Si au contraire, je suis plus sensible à l'idée de la responsabilité collective (la responsabilité de la société dans son ensemble), et par conséquent, au thème de la justice sociale, je serais plutôt sensible aux arguments traditionnels de la gauche. Ces convictions peuvent elles-mêmes être liées à mon éducation (même si je me suis rebellé contre elle), et/ou à mon parcours personnel, à mon expérience et aux leçons (bonnes ou mauvaises) que j'en ai tirées (consciemment ou non). J'ai aussi choisi en fonction de l'idée que je me faisais des deux candidats, de leurs compétences (ou incompétences), de leur personnalité, etc. En fonction aussi de mes intérêts (bien ou mal compris)… Bref, quelles que soient les raisons qui ont déterminé mon choix, elles existent, car **rien n'arrive sans causes**.

---

1. L'exemple est librement emprunté à André Comte-Sponville dans *Présentations de la philosophie.*

- Tout événement s'explique par des causes antérieures qui le déterminent. Or, il n'y a aucune raison de penser que cet événement intérieur que constitue mon choix échappe à cette règle ! Et même si j'ai « choisi au hasard » comme on dit, il faut bien qu'une cause, même si elle est absurde, infime ou **inconsciente** (voir chap. 3 : L'inconscient) ait déterminé mon choix. Je ne pouvais donc pas en faire d'autre puisque la même cause produit toujours le même effet. C'est ce qu'on appelle le **déterminisme**.

- **La liberté** n'est donc de ce point de vue qu'une **illusion** qui naît de **l'ignorance des causes** qui déterminent nos désirs. C'est la thèse de **Spinoza** : « Les hommes se figurent être libres, parce qu'ils ont conscience de leurs volitions et de leur appétit (volontés et désir) et ne pensent pas, même en rêve, aux causes par lesquelles ils sont disposés à appéter (désirer) et à vouloir, n'en ayant aucune connaissance », écrit-il.

> **Citation**
> « Les hommes se figurent être libres [...]. »
> Spinoza

- La thèse soulève cependant une **objection d'ordre moral** : si notre volonté n'est pas libre, nous ne sommes pas **responsables** de nos actes. Le déterminisme ne ruine-t-il pas l'idée d'un **sujet moral**, libre et responsable de ses actes ?

C Les partisans de la liberté

- Les partisans de la liberté refusent de renoncer à l'idée d'un sujet moral, libre et responsable de ses actes. « Si rien ne vient de nous, mais si nous sommes poussés à vouloir par nécessité, la délibération, le conseil et le précepte, la punition, la louange et le blâme, sur lesquels porte la philosophie morale, sont supprimés », écrit par exemple **saint Thomas d'Aquin** qui considère « l'opinion de la nécessité », c'est-à-dire le déterminisme, comme « hérétique ».

- Dans une perspective voisine, **Kant** fait de la **liberté** un **« postulat de la raison pratique »**, en d'autres termes une idée qu'il faut admettre pour des raisons morales (pratiques), quoiqu'on ne puisse pas démontrer qu'elle est vraie.

- Cet attachement à l'idée de liberté, perçue comme ce qui fait la grandeur de l'homme, oblige les adversaires du déterminisme à expliquer comment celle-ci peut se concevoir malgré le **principe de causalité** : comment puis-je me déterminer (me décider) sans être moi-même déterminé par rien ? Le **libre arbitre** semble contredire le principe qui veut que rien n'arrive sans cause. Ainsi, pour **Kant**, la liberté devient concevable, dès lors que l'on distingue les **phénomènes** (les choses telles qu'elles nous apparaissent dans le temps et l'espace), des **noumènes** (les choses en soi). Le principe de causalité ne s'applique, en effet, qu'aux phénomènes, ce qui permet de considérer que la liberté reste concevable dans l'ordre des choses en soi (voir chap. 1 : La conscience).

- **Bergson** estime, dans une perspective voisine, que c'est seulement la manière dont nous nous représentons communément le temps qui rend la liberté impensable : nous ne devons pas nous représenter **le passé** comme extérieur au présent, il **ne pèse pas sur nous et sur nos choix**, mais se confond pour ainsi dire avec nous, de sorte que ce qui émane de lui, émane de nous et peut ainsi être considéré comme libre.

Citation

« Si l'on convient d'appeler libre tout acte qui émane du moi, et du moi seulement, l'acte qui porte la marque de notre personne est véritablement libre. »

Bergson

- Pour autant, **tous nos actes ne sont pas libres**. En effet, la plupart des actes quotidiens sont accomplis de manière automatique. Par exemple, quand mon réveil sonne, je réagis comme « un automate conscient », écrit Bergson. Mais nous renonçons souvent à notre liberté dans des circonstances plus graves, par exemple quand nous prenons une décision importante sous l'influence de nos amis sans que notre choix procède vraiment de notre personnalité.

- L'acte libre émane au contraire des « profondeurs obscures de notre être », il n'est pas justifié par une raison clairement identifiable, mais il exprime cependant **notre personnalité tout entière**, il nous ressemble, comme l'œuvre peut ressembler à l'artiste, il répond à « cette conception particulière de la vie qui est **l'équivalent de toute notre expérience passée** », écrit Bergson.

Pour résumer

1. La loi est-elle l'ennemie de la liberté ?

■ On envisage communément la liberté comme le pouvoir de faire ce qu'il nous plaît. De ce point de vue, elle semble supposer qu'on s'affranchisse de toute autorité.

■ C'est la conception de **Calliclès** qui voudrait **s'affranchir des lois et agir selon son bon plaisir**, grâce au pouvoir de la rhétorique.

■ Mais la loi peut apparaître au contraire comme **la condition de la liberté**, tant pour le faible qu'elle protège, que pour le fort auquel elle apprend à maîtriser ses désirs.

2. Faut-il libérer le désir ou se libérer du désir ?

■ Ma liberté peut paraître entravée par une multitude de normes **liberticides**.

■ **Freud** montre comment nous intégrons ces normes au cours de notre éducation, au détriment, quand elles sont **trop rigides et restrictives**, de notre épanouissement.

■ Toutefois, **Rousseau** souligne que « l'impulsion du seul appétit est esclavage », et que la **vraie liberté** consiste à **obéir à la loi que l'on se donne à soi-même** (autonomie).

3. La liberté n'est-elle qu'une illusion ?

■ **Les déterministes** comme **Spinoza** font de **la liberté une illusion** : notre volonté est nécessairement déterminée par une multitude de facteurs (biologiques, psychologiques et sociaux) qui ne laissent aucune place à la liberté.

■ Mais les **partisans du libre arbitre** estiment que le déterminisme est inacceptable, parce qu'il ruine l'idée d'un **sujet moral, libre et responsable (saint Thomas d'Aquin, Kant)**.

Chronologie

Les incontournables

Spinoza illustre, dans cette fameuse lettre, la thèse selon laquelle le libre arbitre n'est qu'une illusion engendrée par l'ignorance des causes qui nous font agir.

Une pierre par exemple reçoit d'une cause extérieure qui la pousse, une certaine quantité de mouvement et, l'impulsion de la cause extérieure venant à cesser, elle continuera à se mouvoir nécessairement. Cette persistance de la pierre dans le mouvement est une contrainte, non parce qu'elle est nécessaire[1], mais parce qu'elle doit être définie par l'impulsion d'une cause extérieure. Et ce qui est vrai de la pierre il faut l'entendre de toute chose singulière, quelle que soit la complexité qu'il vous plaise de lui attribuer, si nombreuses que puissent être ses aptitudes[2], parce que toute chose singulière est nécessairement déterminée par une cause extérieure à exister et à agir d'une certaine manière déterminée.

Concevez maintenant, si vous voulez bien, que la pierre, tandis qu'elle continue de se mouvoir, pense et sache qu'elle fait effort, autant qu'elle peut, pour se mouvoir. Cette pierre assurément, puisqu'elle a conscience de son effort seulement et qu'elle n'est en aucune façon indifférente, croira qu'elle est très libre et qu'elle ne persévère dans son mouvement que parce qu'elle le veut. Telle est cette liberté humaine que tous se vantent de posséder et qui consiste en cela seul que les hommes ont conscience de leurs appétits et ignorent les causes qui les déterminent. Un enfant croit librement appéter le lait, un jeune garçon irrité vouloir se venger et, s'il est poltron, vouloir fuir. Un ivrogne croit dire par un libre décret de son âme ce qu'ensuite, revenu à la sobriété, il aurait voulu taire. De même un délirant, un bavard, et bien d'autres de même farine, croient agir par un libre décret de l'âme et non se laisser contraindre. Ce préjugé étant naturel, congénital parmi tous les hommes, ils ne s'en libèrent pas aisément.

SPINOZA, *Lettre à Schuller* (Trad. Ch. Appuhn).

1. Non parce qu'elle est nécessaire : ce n'est pas parce que la pierre est nécessairement en mouvement dès qu'elle a reçu une impulsion qu'elle n'est pas libre, mais parce que cette nécessité est liée à une cause extérieure. Spinoza définit comme libre « la chose qui existe par la seule nécessité de sa nature et est déterminée par soi seule à agir ». Dieu est dit libre en ce sens.

2. L'homme, malgré sa complexité et ses aptitudes, est donc déterminé, au même titre que la pierre et que toute chose créée. Il ne fait pas exception : « L'homme n'est pas un empire dans un empire », écrit Spinoza.

CHAPITRE 23

Le devoir

Mots clés

■ **Devoir** : ce qui doit être, ce qu'il faut faire, l'obligation morale envisagée comme une loi que l'on se donne à soi-même, et non comme une contrainte extérieure.

■ **Utilitarisme** : doctrine selon laquelle une action morale n'est rien d'autre qu'une action utile au bonheur de l'humanité.

■ **Norme sociale** : valeur, idéal, modèle de comportement définis par la société.

Repères

– Absolu/Relatif → p. 306
– En fait/En droit → p. 310
– Obligation/Contrainte → p. 314

DE QUOI S'AGIT-IL ?

Le devoir, c'est ce que nous devons faire, ce que la morale exige que nous fassions. Mais quel est le fondement de la morale et des obligations qu'elle nous impose ? Qu'est-ce qui détermine ce que nous devons faire (ou pas) ? Notre conscience ? Sans doute, mais n'est-elle pas elle-même le produit de notre éducation ? Nos devoirs sont-ils donc autre chose que des normes sociales que nous avons intériorisées ? Dans ce cas, sont-ils encore des devoirs ? Pourquoi serions-nous tenus de les accomplir ? Cela revient à se demander si nous avons vraiment des devoirs ou si nous sommes seulement soumis à des contraintes exogènes (qui viennent de l'extérieur) dont la valeur serait toute relative.

1 Première hypothèse : nos devoirs sont des normes sociales intériorisées.

A Glaucon : l'anneau de Gygès

• L'histoire de Gygès est racontée par Glaucon dans *La République* de **Platon**. Un berger nommé Gygès découvre un anneau ayant le pouvoir de le rendre invisible, qu'il utilise pour pénétrer dans le palais royal, séduire la reine, assassiner le roi et s'emparer du pouvoir. Glaucon défend (sans être lui-même convaincu) l'hypothèse selon laquelle ceux qui pratiquent la justice « agissent par impuissance de commettre l'injustice ». S'il peut agir impunément, celui qui commet l'injustice est plus heureux que celui qui s'en abstient. Par conséquent, « personne n'est juste volontairement » et **on ne s'abstient de commettre l'injustice que par peur d'être jugé et sanctionné**. Ainsi, celui qui pourrait, comme Gygès, échapper au regard et au jugement de ses semblables, réaliserait tous ses désirs, sans plus se soucier de la morale et du devoir.

> **Citation**
> « Personne n'est juste volontairement. »
> Glaucon, dans la *République* de Platon

• La justice, en effet, n'est pas un bien individuel, mais collectif, social ou politique : les lois sont de simples conventions par lesquelles les hommes s'engagent à ne plus se faire de torts mutuellement (voir chap. 21 : La justice et le droit). Si on pouvait commettre l'injustice sans jamais la subir, on le ferait. Mais en l'absence de lois, tous les hommes commettent et subissent l'injustice. C'est donc seulement **pour éviter de la subir**, que les hommes renoncent à la commettre.

• De ce point de vue la morale, ses interdits et ses obligations, seraient une illusion et nous ne les respecterions que par calcul, par prudence ou par hypocrisie, pour ne pas être jugés ou sanctionnés. **Nous n'aurions ainsi aucun vrai devoir**, mais nous subirions seulement des contraintes socialement utiles.

• Mais est-il vrai que nous poursuivrions nos désirs égoïstes sans aucune limite, si nous possédions l'anneau de Gygès ? Le sentiment de pouvoir agir en toute impunité, sans être vu, jugé, sanctionné, nous ferait assurément faire beaucoup de choses dont nous nous abstenons d'ordinaire, mais n'y aurait-il pas encore bien des choses que nous nous interdirions, ou que nous nous sentirions moralement obligés de faire ? N'est-ce pas alors que nous agirions vraiment par devoir, c'est-à-dire parce qu'il le faut ? Mais, ce que nous nous interdirions alors, ou ce à quoi nous nous obligerions, pourrait n'être encore qu'une **norme sociale intériorisée**.

B Durkheim : la voix de la conscience est celle de la société.

- Quand nous nous demandons comment nous devons agir, explique **Durkheim, la voix qui nous dit : « Voilà ton devoir », est celle de la société**. « Quand notre conscience parle, c'est la société qui parle en nous, écrit-il. Autrement dit, **nos devoirs ne sont rien d'autre que des normes sociales intériorisées**. Qu'est-ce qui détermine, en effet, la manière dont nous devons nous comporter, sinon la société ? « Un homme ne doit pas pleurer », « une mère doit être bonne pour son enfant, prendre soin de lui, être attentive, douce et aimante », etc. : qui ne voit que ces injonctions émanent de la société ? Elles diffèrent d'ailleurs selon les cultures, comme l'ethnologie l'a bien montré. Toutes les sociétés n'imposent pas à leurs membres les mêmes modèles de comportement (voir chap. 21 : La justice et le droit). Margareth Mead montre, par exemple, comment la société propose des modèles comportementaux différents dans trois ethnies océaniennes. Chez les Arapesh, les hommes et les femmes sont doux et sensibles, alors qu'ils ont chez les Mundugumor un comportement viril et agressif. Enfin, chez les Chambuli, par une curieuse inversion des valeurs et des normes (par rapport à notre société), les hommes sont sensibles et introvertis, alors que les femmes sont, au contraire, entreprenantes et extraverties.

> **Citation**
> « Quand notre conscience parle, c'est la société qui parle en nous. »
> Émile Durkheim

- Ce serait donc la société qui nous dicterait nos devoirs, sans que nous en ayons conscience. Mais pourquoi prescrirait-elle une action plutôt qu'une autre ?

C La thèse utilitariste : la société érige en devoirs les actions utiles au plus grand nombre.

- Pourquoi la société érigerait-elle une action en devoir, sinon parce qu'elle lui est utile ? Est bon, juste, ce qui est utile à la communauté ; mal ou injuste ce qui lui nuit.

- **Pour les utilitaristes comme Bentham ou Stuart Mill, une action est morale ou vertueuse si elle tend à maximiser le bonheur de l'humanité** (voir chap. 19 : Les échanges). Dans cette perspective, faire son devoir, c'est agir « utilement ». L'utilité devant être entendue selon Bentham comme « la tendance de quelque chose à engendrer bien-être, avantages, joie, biens ou bonheur ».

- Or, il ne s'agit nullement de sacrifier son intérêt personnel au profit de l'intérêt collectif, mais de **bien comprendre son propre intérêt**. Si je calcule bien toutes les conséquences de mes actes à long terme, je comprends que ce qui est utile à la communauté à laquelle j'appartiens, et au-delà, à la communauté des hommes, m'est aussi utile personnellement. En d'autres termes, **quand je fais mon devoir, je ne fais rien d'autre en réalité qu'agir en raison de mon intérêt bien compris**.

• Par exemple, je n'ai pas intérêt, si je calcule bien, à polluer ou à rester indifférent au sort des pays pauvres, parce que nous vivons, et de plus en plus, dans un même monde, décloisonné, où tout a des répercussions sur tout. Ainsi, il y a dans les hôpitaux français, des gens atteints par des virus ou des bactéries qui ont pu se développer à la faveur de la misère des *favelas* du Brésil. En agissant pour l'environnement, ou contre la misère, j'agis aussi pour moi-même. L'égoïsme bien compris est le principe du devoir.

Bien comprendre
Notez la différence entre la thèse de Glaucon et celle de Bentham : pour le second, je n'ai pas intérêt à commettre l'injustice, quand bien même je pourrais échapper à toute sanction.

D Freud : le surmoi

• La conscience morale ne semble pas innée. Elle apparaît bien plutôt comme le fruit de l'éducation. Ainsi, pour **Freud** par exemple, **l'enfant intériorise les interdits et les injonctions parentaux** qui constituent ce qu'il appelle le Surmoi. Les valeurs, les interdits ou les devoirs que nous dicte notre conscience morale sont donc relatifs à une culture, à une époque, à un milieu, voire à une histoire familiale et n'ont ainsi qu'une valeur relative.

• La voix de **la conscience doit donc être écoutée de manière critique** comme l'a aussi souligné **Nietzsche**. Pourquoi écoutons-nous la voix de notre conscience ? Pourquoi serait-elle infaillible ? Comment les jugements qu'elle porte sont-ils nés ?

• Toutefois, la civilisation ne pourrait exister sans les interdits et les injonctions du Surmoi. « Si la culture a établi le commandement de ne pas tuer le voisin que l'on hait, qui nous fait obstacle et dont on convoite les biens, cela fut manifestement dans l'intérêt de la vie en commun des hommes qui, autrement serait **impraticable** », écrit Freud. **La civilisation exige de l'homme qu'il apprenne à maîtriser son agressivité naturelle**. « L'homme est un loup pour l'homme », l'éducation en fait un être civilisé en posant **des règles, des interdits et des devoirs**. « La civilisation doit tout mettre en œuvre pour limiter l'agressivité humaine et pour en réduire les manifestations à l'aide de réactions psychiques d'ordre **éthique** », écrit le père de la psychanalyse.

• Ainsi par exemple, **le devoir d'aimer son prochain est tout à fait contraire à la nature humaine primitive**. Si la société doit exiger l'amour du prochain, c'est précisément parce qu'il ne s'agit pas d'une tendance naturelle. La société civilisée est constamment menacée

Citation
« La civilisation doit tout mettre en œuvre pour limiter l'agressivité humaine et pour en réduire les manifestations à l'aide de réactions psychiques d'ordre éthique. »
Freud

par les pulsions violentes et agressives inhérentes à la nature de l'homme. Elle doit donc les combattre en imposant des idéaux qui, comme celui de l'amour du prochain, **contrarient la nature humaine**.

2 Seconde hypothèse : le devoir est une norme de la raison (non de la société).

A Malebranche : il faut préférer son ami à son chien.

- « Je vois que deux fois deux font quatre, et qu'il faut préférer son ami à son chien », écrit Malebranche. Mon devoir se présente donc comme une évidence rationnelle, au même titre qu'une vérité mathématique : *je sais* ce que je dois faire, comme *je sais* que deux et deux font quatre. S'agit-il seulement d'une norme comportementale dictée par la société à laquelle j'appartiens et intériorisée au cours de mon éducation ? Malebranche est convaincu de l'universalité de cette évidence morale. Il s'agit d'une vérité, d'une **vérité morale** et je ne peux pas douter qu'elle apparaisse avec la même évidence à tout être doué de raison. Je sais ***a priori*** que les Chinois (pas plus que les Arapesh, les Mundugumor ou les Chambulis pourrait-on ajouter) ne peuvent pas penser autrement. La morale (la vraie), n'est pas moins universelle (ou plus subjective) que les mathématiques !

Citation

« Je vois, par exemple, que deux fois deux font quatre, et qu'il faut préférer son ami à son chien, et je suis certain qu'il n'y a point d'homme au monde qui ne le puisse voir aussi bien que moi. »

Malebranche

- Sans doute un homme peut-il préférer, par exemple, la vie de son cheval à celle de son cocher. Mais cette préférence ne lui est pas dictée par la **raison**. Son jugement est altéré par ses **passions**, c'est-à-dire par ses sentiments et ses émotions. Il a certes ses raisons, mais « ce sont des raisons qui dans le fond ne sont pas raisonnables », écrit Malebranche.

- De ce point de vue, **nos devoirs nous seraient donc dictés par la raison universelle**, et non par les valeurs particulières établies dans notre société. Il existerait une vérité morale universelle et fondée en raison. Que tous les hommes ne reconnaissent pas toujours cette vérité ne suffit pas à en réfuter l'existence. Tous les hommes ne savent pas que la Terre tourne. Ça ne l'empêche pas de tourner !

B Kant : le devoir est une norme de la raison.

- « La raison commande par elle-même, et indépendamment de tous les faits donnés, ce qui doit avoir lieu », écrit Kant. C'est donc **la raison qui détermine**

nos devoirs. Et elle le fait *a priori*, **indépendamment de l'expérience**, c'est-à-dire de l'observation du réel (de la réalité des mœurs). Le devoir ne nous dit pas comment les hommes se comportent (à la manière de la psychologie, de la sociologie et de l'ethnologie), mais **comment ils doivent se conduire**, il ne nous dit pas ce qui est (en fait), mais ce qui doit être (en droit).

Citation

« La raison commande [...] ce qui doit avoir lieu. »

Kant

- Et ce que la raison exige, elle l'exige **catégoriquement**, c'est-à-dire sans conditions : « Tu dois ». Le devoir, c'est ce que nous devons faire, ce que nous sommes tenus de faire. C'est ce que **Kant** appelle **l'impératif catégorique**, par opposition à **l'impératif hypothétique**.
- Si je veux être élu à la présidence de la République, il faudra que je fasse des compromis, si je veux être aimable, je devrai parfois taire la vérité, si je veux toujours gagner, il me faudra parfois tricher... Les impératifs hypothétiques ou conditionnels ne relèvent pas de la morale. **L'obligation morale est, elle, sans conditions**.
- Ni les Anciens, ni les utilitaristes n'ont donc saisi la véritable nature de la morale : celle-ci ne nous dit pas ce que nous devons faire si nous voulons être heureux, elle nous dit ce que nous devons faire. Que cela doive ou non faire notre bonheur ne regarde pas la morale (voir chap. 24 : Le bonheur). **Le devoir est le concept central de la morale** bien comprise, et non le bonheur.
- Ce serait donc la raison et non la société qui déterminerait nos devoirs. Mais que commande-t-elle au juste ? Qu'exige-t-elle de nous ? Autrement dit : en quoi consiste l'impératif catégorique ?

C Kant : en quoi consiste l'impératif catégorique ?

- Kant donne plusieurs formulations de l'impératif catégorique. Retenons-en deux : d'abord, notre devoir est de nous déterminer à agir d'après **une maxime qui puisse être universalisée sans contradiction** : « Agis comme si la maxime de ton action devait être érigée par ta volonté en loi universelle de la nature ». Par exemple, la maxime qui prétendrait qu'il est permis de mentir pour se tirer d'embarras n'est pas universalisable. Les hommes ne pourraient plus communiquer et se faire confiance si le mensonge était permis (voir chap. 17 : La vérité).
- La seconde formulation exprime l'exigence du **respect inconditionnel de la personne humaine** : « Agis de telle sorte que tu traites l'humanité aussi bien dans ta personne que dans la personne de tout autre toujours en même temps comme une fin et jamais simplement comme un moyen. » De ce point de vue, le mal consiste toujours à traiter une personne comme une chose, à l'utiliser sans égards pour sa dignité d'être humain : esclavage, exploitation, viol, harcèlement, maltraitance...

D Le devoir ne peut pas s'imposer du dehors.

- Puisque l'homme doit être considéré comme une fin en soi, il ne peut être un simple moyen au service d'un devoir qui s'imposerait à lui de l'extérieur. L'homme est donc **l'auteur de la loi morale à laquelle il obéit**. Faire son devoir (par devoir), ce n'est donc pas se plier à une **contrainte extérieure**, mais **obéir librement à la loi qu'on s'est prescrite**. C'est ce que Kant nomme l'*autonomie* (du grec *nomos*, « loi »).

- De ce point de vue, **le devoir ne peut pas se ramener à une contrainte sociale**, pas plus d'ailleurs qu'à l'observation d'une loi divine regardée comme un décret arbitraire. Aux yeux de Kant, la religion donne du poids à la morale, mais **elle ne la fonde pas** (voir chap. 10 : La religion).

- Cela signifie donc qu'aux yeux de Kant, la loi morale, celle qui, par exemple, interdit de tuer ou de voler, est d'abord **une loi que l'homme porte en lui**. C'est la raison pour laquelle il ne faut pas présenter la règle morale à l'enfant qu'on éduque comme un décret divin, mais plutôt comme une loi qu'il peut trouver en lui-même : « il faut commencer auprès de l'enfant par la loi qu'il porte en lui ». De même, « l'homme perdu de vices est méprisable à ses propres yeux. Ce mépris a **son fondement en l'homme même**, et il n'en est nullement ainsi parce que Dieu a interdit le mal ».

Pour résumer

1. Première hypothèse : nos devoirs sont des normes sociales intériorisées.

■ **Glaucon** estime que la justice consiste en des **conventions sociales** que nous ne respectons que par crainte d'être punis.

■ **Durkheim** estime que nos devoirs sont des **normes sociales intériorisées.**

■ Les **utilitaristes** soulignent dans une perspective voisine que **la société érige en devoirs les actions utiles au plus grand nombre.**

■ **Freud** explique que nous intériorisons au cours de notre éducation des interdits et des injonctions par lesquelles **la civilisation combat notre agressivité naturelle**.

2. Seconde hypothèse : le devoir est une norme de la raison (non de la société).

■ C'est la **raison universelle** et non la société qui, selon **Malebranche**, nous dicte notre devoir.

■ **Kant** soutient dans une perspective voisine que **la raison détermine *a priori* ce qui doit être**. Ainsi le devoir ne s'impose-t-il pas à l'être raisonnable du dehors : agir par devoir, c'est **obéir librement à la loi qu'on s'est prescrite (autonomie)**.

Chronologie

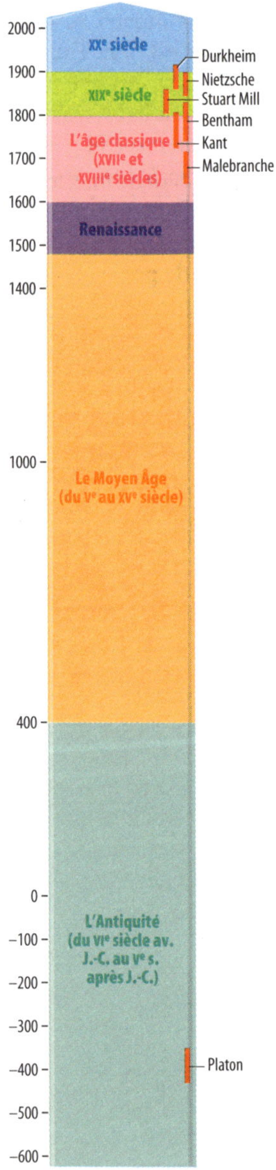

Les incontournables

Malebranche soutient la thèse, devenue surprenante, selon laquelle il existerait une vérité morale universelle et fondée en raison. Il y aurait ainsi des vérités morales aussi évidentes et indiscutables que certaines vérités mathématiques. Par exemple : il faut préférer son ami à son chien.

Je vois par exemple que deux fois deux font quatre, et qu'il faut préférer son ami à son chien ; et je suis certain qu'il n'y a point d'homme au monde qui ne le puisse voir aussi bien que moi. Or je ne vois point ces vérités dans l'esprit des autres, comme les autres ne les voient point dans le mien. Il est donc nécessaire qu'il y ait une Raison universelle[1] qui m'éclaire, et tout ce qu'il y a d'intelligences. Car si la raison que je consulte, n'était pas la même qui répond aux Chinois, il est évident que je ne pourrais pas être aussi assuré que je le suis, que les Chinois voient les mêmes vérités que je vois. Ainsi la raison que nous consultons quand nous rentrons dans nous-mêmes[2], est une raison universelle. Je dis : quand nous rentrons dans nous-mêmes, car je ne parle pas ici de la raison que suit un homme passionné[3]. Lorsqu'un homme préfère la vie de son cheval à celle de son cocher, il a ses raisons, mais ce sont des raisons particulières dont tout homme raisonnable a horreur. Ce sont des raisons qui dans le fond ne sont pas raisonnables, parce qu'elles ne sont pas conformes à la souveraine raison, ou à la raison universelle que tous les hommes consultent.

Nicolas Malebranche, *De la Recherche de la vérité* (1674).

1. **Universel :** est universel ce qui vaut en tous temps, en tous lieux et pour tous les hommes.
2. **Quand nous rentrons en nous-mêmes :** quand nous réfléchissons.
3. **Un homme passionné :** esclave de ses « passions », c'est-à-dire de ses désirs et de ses sentiments considérés comme excessifs, contraires à la raison et à la liberté.

CHAPITRE 24

Le bonheur

Mots clés

■ **Bonheur** : de *bon* et *heur* (chance). Bonheur est synonyme de chance et de satisfaction. Distingué de la joie (éphémère), le terme évoque un état de contentement durable.

■ **Hédonisme** : du grec *hêdonê* (plaisir). Doctrine philosophique selon laquelle le bonheur réside dans le plaisir.

■ **Eudémonisme** : du grec *eudaimonia* (bonheur). Doctrine qui fait du bonheur le but de la vie et le souverain bien.

■ **Souverain bien** : bien suprême et fin ultime de l'action humaine.

Repères

Contingent/Nécessaire/Possible → p. 308

Idéal/Réel → p. 312

DE QUOI S'AGIT-IL ?

L'étymologie suggère que le bonheur est pour l'essentiel, un phénomène aléatoire, une question de chance ou de malchance : nous serions heureux ou malheureux au gré des circonstances. Mais pour les Anciens, le bonheur dépend de nous : de la manière dont nous menons notre vie, ainsi que de la manière dont nous regardons les choses. Pour être heureux, il faudrait donc posséder la sagesse entendue comme une « science du bonheur ». On se demandera donc d'abord si on peut faire du bonheur une « science ». Peut-on savoir comment être heureux ? Mais cette question en suggère une autre : le bonheur est-il vraiment, comme le pensaient les Anciens, le souverain bien et le but de la vie ? Autrement dit, quelle importance faut-il accorder à l'idéal du bonheur ? Quelle place doit-il occuper dans la hiérarchie des biens ?

1 Peut-on faire du bonheur une « science » ?

A Quel est le problème ?

● Il s'agit de savoir si on peut déterminer ce qu'est le bonheur et comment l'atteindre. Peut-on prendre le bonheur dans les filets de la raison, le comprendre et le maîtriser comme le croient les philosophes de l'Antiquité ? S'agit-il au contraire d'une notion vague et insaisissable, d'un phénomène aléatoire échappant à toute science et à toute maîtrise, ou même d'une chimère qu'il faudrait renoncer à poursuivre ?

B La sagesse comme « science du bonheur »

1. Le bonheur, c'est la sérénité du sage.

● Notre bonheur dépend communément des aléas de l'existence. Mais les philosophes de l'Antiquité, notamment les stoïciens et les épicuriens, ont imaginé un bonheur qui ne dépendrait pas des circonstances de l'existence, mais de nous-mêmes, **de la manière dont nous menons notre vie et de la manière dont nous la regardons**.

Citation

« La sagesse n'est autre chose que la science du bonheur. »

Diderot

● Ce bonheur, loin d'être instable et aléatoire, fragile et soumis aux aléas de la vie, serait au contraire **solide et stable**. Les stoïciens affirment ainsi que le sage serait heureux même dans le taureau de Phalaris : un taureau de bronze creux dans lequel le tyran faisait rôtir ses victimes ! Le bonheur du sage serait donc un bonheur à toute épreuve, il résisterait aux pires circonstances. Ce bonheur stable, serein, assuré, qui semble si improbable, n'est-il pas pourtant le seul qui mériterait vraiment son nom ?

● Peut-être faut-il en effet distinguer le **bonheur** de la **joie**. Le mot « bonheur » suggère le calme et la stabilité, c'est un état de contentement durable. La joie est au contraire intense et de courte durée. On saute de joie, on ne saute pas de bonheur. **Pour les stoïciens ou les épicuriens, le bonheur se confond avec la sérénité du sage, la paix intérieure : l'ataraxie** (du grec *ataraxia* : absence de trouble).

2. Le stoïcisme : le sage est heureux parce qu'il accepte l'ordre des choses.

● Nous sommes heureux quand les choses arrivent conformément à nos désirs, malheureux quand elles les contrarient. Les stoïciens nous invitent au contraire à **accepter l'ordre des choses** : « Ne demande pas que ce qui arrive arrive comme tu désires ; mais désire que les choses arrivent comme elles arrivent, et tu seras heureux », dit **Épictète**. **Descartes**, s'inspirant du stoïcisme, le dira autrement : « Tâcher toujours plutôt à me vaincre que la fortune, et à **changer mes désirs** que l'ordre du monde. »

- S'il faut accepter l'ordre des choses, c'est qu'il n'est pas en notre pouvoir de les changer. Qu'est-ce qui dépend vraiment de nous ? Quel pouvoir avons-nous sur le cours des choses, sur l'ordre du monde ? Que pouvons-nous changer ? Que devons-nous accepter, au contraire ? Si nous voulons changer ce qui ne peut l'être, nous serons nécessairement malheureux.

Citation
« Désire que les choses arrivent comme elles arrivent, et tu seras heureux. »
Épictète

- Il faut donc apprendre à **distinguer**, comme l'affirme **Épictète, les choses qui dépendent de nous, de celles qui n'en dépendent pas**. Or, seules nos pensées (nos représentations, nos désirs, nos émotions) dépendent de nous : nous pouvons apprendre à devenir maîtres de nous-mêmes, mais nous ne sommes pas maîtres du monde. Le monde tourne comme il tourne, la condition humaine est immuable, personne n'échappe au temps et à la mort, personne n'a le pouvoir de changer fondamentalement l'ordre naturel des choses. On peut s'entêter et refuser l'ordre des choses, le subir et en souffrir, ou **s'accorder** à lui et être heureux : vivre en paix.

Citation
« Il n'y a rien qui soit entièrement en notre pouvoir que nos pensées. »
Descartes

- « Que la force me soit donnée de supporter ce qui ne peut être changé et le courage de changer ce qui peut l'être, mais aussi **la sagesse de distinguer l'un de l'autre** », écrit **Marc Aurèle**. La mort par exemple est inéluctable. Vouloir être immortel est **folie**. C'est se condamner à souffrir, gâcher le présent par la **peur de l'avenir**, dans l'anticipation anxieuse de l'inéluctable. La sagesse serait au contraire d'**accepter la mort, parce qu'elle est dans l'ordre des choses** (voir chap. 6 : L'existence et le temps).

- Car si nous ne pouvons pas échapper à la mort, nous pouvons en revanche changer l'idée que nous nous en faisons. Ce n'est pas la mort qui est à craindre, ce qui est à craindre, c'est plutôt l'opinion que la mort est à craindre. Ce n'est pas la mort, mais la manière dont nous l'envisageons qui nous rend malheureux. « Ce ne sont pas les choses qui troublent les hommes, mais **l'opinion qu'ils en ont** », enseigne **Épictète**.

- S'il faut accepter l'ordre des choses, c'est donc que nous ne pouvons guère le changer. Mais c'est aussi parce qu'il est **rationnel**. Les stoïciens se représentent l'univers, le **cosmos,** comme un grand organisme dans lequel chaque chose est à sa place et joue son rôle. L'homme doit comprendre, accepter et jouer son rôle dans cet **univers ordonné et harmonieux où tout est justifié**. Être heureux n'implique donc pas de changer l'ordre des choses, mais d'en **comprendre la perfection**. Comprendre, admirer et aimer la perfection du cosmos, c'est du même coup, « **vivre en accord avec la nature** », être en phase, en harmonie avec l'univers.

- Le **stoïcisme** est donc une **philosophie de l'acceptation** (non de la résignation) : être heureux, ce n'est pas plier le monde à ses désirs, mais au contraire plier son désir au monde. À la limite, c'est même ne plus désirer du tout, mais aimer ce qui est, ou ce qui doit être. C'est l'amour du destin : « ***amor fati*** ». « Le bonheur ne consiste pas à acquérir et à jouir, mais à **ne rien désirer**, car il consiste à être libre », écrit Épictète (voir chap. 5 : Le désir).

3. L'épicurisme : le sage est heureux, parce qu'il sait limiter ses désirs et a vaincu la peur.

- Épicure nie l'existence du destin et l'idée d'un cosmos où tout serait justifié. En revanche, il estime que le bonheur suppose qu'on sache **contenir le désir dans ses limites naturelles**. Il s'agit donc encore de « vivre en accord avec la nature », mais dans un sens très différent de celui des stoïciens.

- Épicure met l'intelligence au service de la vie et du bonheur : il faut réfléchir, peser ses actes, en anticiper les conséquences. Ainsi, satisfaire tous ses désirs sans discernement, c'est, forcément, faire son propre malheur. Être heureux suppose au contraire que l'on **anticipe les joies et les peines liées à la satisfaction d'un désir**.

- Le plaisir lié à la satisfaction d'un désir est certes toujours un bien en lui-même. C'est ce qu'on appelle l'**hédonisme** : **le bonheur consiste dans le plaisir** (*hêdonê*). « Le plaisir est le commencement et la fin de la vie heureuse » (son principe et son but), écrit Épicure. Mais la satisfaction d'un désir peut aussi engendrer beaucoup de souffrances. Or, nous privilégions souvent à tort le plaisir immédiat, sans avoir clairement conscience des souffrances à venir.

- Ce calcul des plaisirs et des peines est éclairé par une **classification des désirs**. Il faut apprendre à distinguer trois catégories de désirs. Certains **désirs** sont **vains, insatiables** : le désir de possession ou de gloire. Ceux qui les poursuivent sont malheureux, parce qu'ils ne peuvent jamais être satisfaits, atteindre la satiété : on n'est jamais assez riche, assez connu, reconnu, aimé. La société de consommation le montre clairement : on désire toujours plus, ce qu'on n'a pas encore, la énième version d'un objet, qui n'est mise sur le marché que dans le but de périmer la précédente et de renouveler ainsi le désir d'acheter (voir chap. 5 : Le désir). Nous devons au contraire apprendre à reconnaître et à privilégier nos **désirs naturels et nécessaires**, c'est-à-dire nos vrais besoins (boire ou manger par exemple). Enfin, certains désirs, sans être vraiment nécessaires ni à la vie, ni à la santé, ni à la paix de l'esprit (*ataraxie*), sont néanmoins acceptables, si du moins, l'habitude de les satisfaire n'en fait pas des besoins artificiels (bien manger, boire de bons vins, le désir sexuel…).

- Mais le bonheur implique aussi que nous nous débarrassions des peurs qui empoisonnent l'existence, comme la peur des dieux ou de la mort. C'est ce que doit permettre une juste conception de l'un et de l'autre. Les dieux sont des êtres parfaits et autosuffisants qui ne se soucient pas des affaires humaines. Quant à la mort, **elle n'est rien pour nous** : tant que nous sommes vivants, la mort n'est pas là, quand elle est là, nous n'existons plus (voir chap. 6 : L'existence et le temps).

> **Citation**
> « La mort n'est pas à craindre. »
> Épicure

- On le voit, Épicure est un philosophe optimiste : le bonheur est à portée de main. Suivre ses conseils de sagesse doit permettre de « **vivre comme un Dieu parmi les hommes** », c'est-à-dire avec une sérénité égale à celle d'un immortel. Mais peut-on vraiment savoir en quoi consiste le bonheur ? La pluralité des sagesses incline à en douter. « Nous cherchons tous le bonheur, mais sans savoir où, comme des ivrognes cherchent leur maison, sachant confusément qu'ils en ont une », écrit **Voltaire**.

C Kant : personne ne sait en quoi consiste le bonheur.

- Nous cherchons le bonheur, mais que cherchons-nous au juste quand nous le cherchons ? Qui peut dire précisément en quoi consiste le bonheur ? **Kant** estime que **le bonheur est un concept indéterminé**, c'est-à-dire sans contenu précis. Nous voulons être heureux, pourtant nous ne savons pas ce que nous voulons, parce que nous ne savons pas de quoi le bonheur est fait. « Le concept du bonheur est un concept si indéterminé, que malgré le désir qu'a tout homme d'arriver à être heureux, personne ne peut jamais dire en termes précis et cohérents ce que véritablement il désire et il veut », écrit Kant.

- **La question de savoir comment être heureux est insoluble** : aucun homme aussi intelligent qu'il soit, ne peut savoir à l'avance et à coup sûr ce qui le rendra heureux. Les biens communément recherchés comme des conditions du bonheur (la richesse, la connaissance, la santé, une longue vie…) peuvent paradoxalement faire notre malheur. Nous ne sommes pas omniscients, nous ne savons pas tout, nous ne pouvons pas anticiper la série infinie des conséquences de nos choix.

- L'idée du bonheur, c'est l'idée d'un parfait bien-être présent et futur. Tout le monde peut comprendre qu'il

> **Citation**
> « Le problème qui consiste à déterminer d'une façon sûre et générale quelle action peut favoriser le bonheur […] est un problème tout à fait insoluble. »
> Kant

s'agit d'une chimère, d'un **idéal de notre imagination** dont la réalisation est manifestement impossible. **La raison ne peut « se figurer le plan du bonheur »**. Du reste, ceux qui ont le plus cultivé leur raison peuvent en arriver à haïr cette faculté, parce qu'elle les rend malheureux (misologie : haine de la raison). **L'homme**, parce qu'il est un être doué de raison, **n'est pas fait pour le bonheur**.

2 Le bonheur est-il le souverain bien ?

A Quel est le problème ?

- Quelle importance accorder à l'idéal du bonheur ? On s'accorde communément à penser que le bonheur est le but de la vie, c'était déjà l'opinion des Anciens, mais peut-on vraiment considérer le bonheur comme le souverain bien, c'est-à-dire comme le bien suprême, celui qui surpasse tous les autres ? Rien n'est-il plus important que le bonheur ? La vérité, la justice, le devoir ou la vertu, l'amour… ne peuvent-ils pas constituer des valeurs plus hautes ?

B Aristote : le bonheur est le souverain bien.

- Nous recherchons une multitude de biens, mais le seul bien qui soit toujours recherché pour lui-même, comme une fin en soi et non comme le moyen d'autre chose, c'est le bonheur. « Le bonheur n'est jamais choisi […] en vue d'autre chose que lui-même, écrit **Aristote**, il est la fin de nos actions. » **Tout ce que nous faisons, c'est en vue du bonheur que nous le faisons**. Il est le bien suprême, la fin ultime de toute activité humaine.

> **Citation**
> « Le bonheur n'est jamais choisi […] en vue d'autre chose que lui-même. »
> Aristote

- On nomme **eudémonisme** (du grec *eudaimonia* : bonheur) toute philosophie qui, comme celle d'Aristote, fait du bonheur le **souverain bien** et le but (légitime) de l'action humaine. Pour Aristote, c'est dans la vie contemplative (ou théorétique), c'est-à-dire vouée à la connaissance, que l'homme peut trouver pleinement le bonheur (voir chap. 9 : Le travail). Le stoïcisme et l'épicurisme sont également des doctrines eudémonistes.

C Kant : le souverain bien est dans la volonté de bien agir.

- L'eudémonisme confond **le bonheur et la vertu**, soutient **Kant**. Agir en vue du bonheur, ce n'est pas agir vertueusement. La vertu (la moralité) réside dans le désintéressement. Une action est vertueuse, c'est-à-dire moralement bonne, quand elle est accomplie **par devoir, de manière désintéressée, sans calcul** (voir chap. 23 : Le devoir). Ce qui fait la valeur morale d'une action, ce n'est pas **son but** (le bonheur) mais **son principe**, la volonté qui la motive. « Il n'est rien qui puisse sans restriction être tenu pour bon, si ce n'est seulement **une bonne volonté** », écrit Kant.

- Qui ne voit d'ailleurs qu'on peut être heureux et égoïste, heureux et immoral, peut-être plus facilement d'ailleurs que dans la vertu (c'est-à-dire quand on sacrifie son intérêt par devoir) ?

D Descartes : faut-il être heureux à tout prix ?

- Si la joie ou la gaieté, le contentement (la satisfaction) étaient le souverain bien, il serait légitime de **tout faire pour les obtenir** : se mentir à soi-même, s'illusionner, s'enivrer ou fumer au point de s'étourdir. Or, ces conduites à l'évidence ne sont pas bonnes. On ne peut donc pas vouloir être « heureux », c'est-à-dire content, par tous les moyens et à n'importe quel prix. La connaissance de la **vérité**, la lucidité, la conscience valent mieux qu'un bonheur qui reposerait sur le mensonge et l'illusion, l'ignorance et la naïveté. Du reste, ajoute Descartes, on ne peut pas vraiment se mentir sans savoir qu'on se ment et **l'illusion du bonheur** est toujours mêlée d'amertume.

E Nietzsche : l'homme ne cherche pas le bonheur mais la puissance.

- De fait, l'homme cherche-t-il vraiment le bonheur ? Nietzsche estime que l'homme, comme tout ce qui vit, **ne cherche pas une augmentation de son bonheur, mais de sa puissance**, laquelle doit aussi se servir de l'adversité, des épreuves et du malheur pour croître : « ce qui ne me tue pas me rend plus fort. »

Pour résumer

1. Peut-on faire du bonheur une « science »?

■ Pour les **stoïciens** ou les **épicuriens**, le bonheur se confond avec la sérénité du sage, la paix intérieure : l'**ataraxie**.

■ Les **stoïciens** estiment que le bonheur est lié à **l'acceptation de l'ordre des choses**.

■ Mais, pour **Épicure**, il s'agit surtout d'apprendre à reconnaître et à **privilégier nos vrais besoins** (désirs naturels et nécessaires).

2. Le bonheur est-il le souverain bien ?

■ On qualifie d'**eudémonistes** les philosophes qui, comme Aristote, Épicure ou les stoïciens, font du bonheur le but de la vie et le **souverain bien**.

■ Cependant, **Kant** estime que le souverain bien ne réside pas dans le bonheur, mais dans la **volonté de bien agir** (la bonne volonté).

■ **Descartes** remarque que si le bonheur (au sens de la satisfaction) était le souverain bien, il serait légitime de se rendre heureux **à n'importe quel prix**.

Chronologie

REPÈRES

Les incontournables

Épicure établit ici sa fameuse classification des désirs. Il justifie aussi l'idée selon laquelle le bonheur consiste dans le plaisir (hédonisme).

Il faut se rendre compte que parmi nos désirs les uns sont naturels, les autres vains[1], et que, parmi les désirs naturels, les uns sont nécessaires et les autres naturels seulement. Parmi les désirs nécessaires, les uns sont nécessaires pour le bonheur, les autres pour la tranquillité du corps, les autres pour la vie même. Et en effet une théorie non erronée des désirs doit rapporter tout choix et toute aversion[2] à la santé du corps et à l'ataraxie[3] de l'âme, puisque c'est là la perfection même de la vie heureuse. Car nous faisons tout afin d'éviter la douleur physique et le trouble de l'âme. Lorsqu'une fois nous y avons réussi, toute l'agitation de l'âme tombe, l'être vivant n'ayant plus à s'acheminer vers quelque chose qui lui manque, ni à chercher autre chose pour parfaire le bien-être de l'âme et celui du corps. Nous n'avons en effet besoin du plaisir que quand, par suite de son absence, nous éprouvons de la douleur ; et quand nous n'éprouvons pas de douleur, nous n'avons plus besoin du plaisir[4]. C'est pourquoi nous disons que le plaisir est le commencement et la fin de la vie heureuse.

Épicure, *Lettre à Ménécée*, trad. Octave Hamelin (1910).

1. Vain : inutile.

2. Aversion : rejet, répulsion.

3. Ataraxie : absence de trouble, sérénité, quiétude.

4. Par exemple, la faim est une douleur à laquelle met fin le plaisir de manger.

Sujet de bac 1

Dissertation

De quoi sommes-nous responsables ?

Sujet de bac 2

Explication de texte

Diderot, *Jacques le fataliste* (1796)

Tout ce que je vous débite là, lecteur, je le tiens de Jacques, je vous l'avoue, parce que je n'aime pas à me faire honneur de l'esprit d'autrui. Jacques ne connaissait ni le nom de vice, ni le nom de vertu. Il prétendait qu'on était heureusement ou malheureusement né. Quand il entendait prononcer les mots récompenses et châtiments, il haussait les épaules. Selon lui la récompense était l'encouragement des bons, le châtiment, l'effroi des méchants. « Qu'est-ce autre chose, disait-il, s'il n'y a point de liberté et que notre destinée soit écrite là-haut ? » Il croyait qu'un homme s'acheminait aussi nécessairement à la gloire ou à l'ignominie qu'une boule qui aurait la conscience d'elle-même suit la pente d'une montagne, et que, si l'enchaînement des causes et des effets qui forment la vie d'un homme depuis le premier instant de sa naissance jusqu'à son dernier soupir nous était connu, nous resterions convaincus qu'il n'a fait que ce qu'il était nécessaire de faire. Je l'ai plusieurs fois contredit, mais sans avantage et sans fruit. En effet que répliquer à celui qui vous dit : « Quelle que soit la somme des éléments dont je suis composé, je suis un ; or une cause une n'a qu'un effet ; j'ai toujours été une cause une, je n'ai jamais eu qu'un effet à produire ; ma durée n'est donc qu'une suite d'effets nécessaires. » C'est ainsi que Jacques raisonnait d'après son capitaine. La distinction d'un monde physique et d'un monde moral lui semblait vide de sens. Son capitaine lui avait fourré dans la tête toutes ces opinions qu'il avait puisées, lui, dans son Spinoza qu'il savait par cœur. D'après ce système, on pourrait s'imaginer que Jacques ne se réjouissait, ne s'affligeait de rien ; cela n'était pourtant pas vrai. Il se conduisait à peu près comme vous et moi. Il remerciait son bienfaiteur, pour qu'il lui fît encore du bien ; il se mettait en colère contre l'homme injuste, et quand on lui objectait qu'il ressemblait alors au chien qui mord la pierre qui l'a frappé : « Nenni, disait-il, la pierre mordue par le chien ne se corrige pas, l'homme injuste est modifié par le bâton. » Souvent il était inconséquent comme vous et moi et sujet à oublier ses principes, excepté dans quelques circonstances où sa philosophie le dominait évidemment ; c'était alors qu'il disait : « Il fallait que cela fût, car cela était écrit là-haut. » Il tâchait à prévenir le mal, il était prudent avec le plus grand mépris pour la prudence. Lorsque l'accident était arrivé, il en revenait à son refrain et il était consolé.

Sujet de bac 1

Coup de pouce

Le sujet renvoie pour l'essentiel à la notion de liberté. À première vue, en effet, nous ne pouvons être responsables que de ce que nous choisissons librement. Or, c'est justement ce qui fait problème : notre volonté peut-elle se déterminer sans être elle-même déterminée par rien ? Par suite, sommes-nous responsables de quoi que ce soit ?

CORRIGÉ DE LA DISSERTATION

Les titres de parties, indiqués ici en rouge pour vous aider, ne doivent pas apparaître dans votre copie.

Introduction

Dans son acception la plus familière, la notion de responsabilité tend à se confondre avec celle de culpabilité. Le responsable n'est autre, en effet, que le coupable qu'il faut châtier. Pourquoi est-il coupable ? Parce qu'il a commis une faute, parce qu'il a choisi le mal au lieu du bien, et parce qu'il aurait pu (et dû) agir autrement. Or, c'est ce dernier point qui fait problème : quand je fais un choix, peut-on vraiment dire que j'aurais pu en faire un autre ? Je choisis en effet en fonction de mes goûts, de mes désirs, de mes convictions, de mes « principes »… Or, ai-je choisi tout cela ? Et plus radicalement : ai-je choisi d'être celui que je suis ? Pour être responsable, il faudrait que je sois libre et non déterminé par l'histoire qui a fait de moi ce que je suis. Le libre arbitre, dit Nietzsche, est une invention des théologiens : « Le tour de passe-passe théologique le plus suspect pour rendre l'humanité "*responsable*" […] » Dès lors, on est en droit de s'interroger sur cette notion de responsabilité, si familière, si « évidente » et pourtant éminemment problématique pour la philosophie. De quoi sommes-nous responsables au juste ? Qu'est-ce qui dépend vraiment de nous, de nos choix et de notre liberté ? Si tout ce qui arrive, arrive nécessairement, si tout s'enchaîne inéluctablement en vertu du principe du déterminisme, la notion de responsabilité conserve-t-elle un sens ?

Conseil

Analysez les termes de la question pour dégager la problématique. À l'évidence, l'analyse doit porter ici sur la notion de responsabilité, mais aussi sur celle de liberté, quoique le terme ne figure pas explicitement dans l'énoncé du sujet.

I. Thèse : nous ne sommes responsables de rien.

A. On n'est pas responsable de ce qu'on est.

Être ou ne pas être, telle *n'est pas* la question, puisque nous n'avons pas choisi de naître. Nous n'avons pas choisi d'être et nous n'avons pas non plus choisi d'être ce *que nous sommes* : la condition humaine, notre nature d'homme (hérédité spécifique), la combinaison singulière de gènes qui fait de chacun de nous un individu unique, notre sexe, la couleur de nos yeux ou de nos cheveux… Même notre caractère est en partie déterminé par nos gènes. Mais nous n'avons pas choisi davantage la date et le lieu de notre naissance, ni donc notre héritage et notre identité culturelle. « On ne choisit pas ses amis, on ne choisit pas sa famille », dit la chanson, « on ne choisit pas non plus les trottoirs de Manille, de Paris ou d'Alger pour apprendre à marcher… ». On ne choisit pas son passé, son histoire, les expériences de vie qui font de nous ce que nous sommes. Bref, on ne choisit donc pas d'être celui qu'on est. Mais choisit-on au moins *ce qu'on fait* ? Et par conséquent, en est-on responsable ?

B. Si on n'est pas responsable de ce qu'on est, on ne l'est pas non plus de ce qu'on fait.

On choisit ce qu'on fait (la liberté d'action n'est jamais totale ni jamais nulle), mais nos choix résultent de ce que nous sommes et que nous n'avons pas choisi d'être. Suis-je responsable de mes goûts, de mes désirs, de mes croyances, de mes convictions ? Ma personnalité est le résultat de déterminismes biologiques, psychologiques et sociaux. J'ai intériorisé au cours de mon éducation des interdits et des injonctions, des normes sociales qui constituent ma conscience morale. Pourtant, ce processus de « normalisation » ne suffit pas toujours à empêcher toute déviance, tout écart par rapport à la norme. À qui la faute ? La faute n'est à personne. « Ce que l'homme va faire est toujours une suite de ce qu'il a été […] » écrit le baron d'Holbach. Par conséquent, « il n'est pas maître d'agir autrement qu'il ne fait au moment où sa volonté est déterminée par son choix. »

> **Conseil**
> Les citations sont un plus, elles ne sont nullement indispensables. En revanche, votre réflexion doit être soutenue par des références philosophiques.

C. Le libre arbitre est une illusion.

Nous ne sommes responsables de rien parce que le libre arbitre est une illusion. « Telle est cette liberté humaine que tous les hommes se vantent d'avoir et qui consiste en cela seul que les hommes sont conscients de leurs désirs et ignorants des causes qui les déterminent », écrit Spinoza. Le criminel a-t-il choisi le crime ? Certes, mais il était déterminé par son passé à faire ce choix. Penser qu'il aurait pu en faire un autre est proprement absurde : il faudrait admettre que la même cause (lui-même) puisse produire des effets différents ! « Notre vie est une suite d'instants nécessaires et notre conduite bonne ou mauvaise, vicieuse ou vertueuse [...] est un enchaînement d'actions aussi nécessaires que les instants de notre durée », écrit d'Holbach. « Choisit-on d'être bien fait ou d'être bossu ? » demande Sade.

Transition

Mais peut-on en conclure avec ce dernier qu'il n'y a rien au monde de plus ridicule que de vouloir contrarier, punir ou corriger l'homme dont le comportement n'est pas conforme aux lois ou à la morale ?

II. Antithèse : nous sommes responsables de ce que nous choisissons librement.

A. Le déterminisme ruine la morale.

La conséquence est inacceptable. Peut-on exonérer l'individu de toute responsabilité au prétexte qu'il n'a pas choisi d'être l'homme qu'il est ? Saint Thomas d'Aquin soulignait que nier le libre arbitre ruinerait la morale. La thèse selon laquelle chacun agit toujours de manière nécessaire supprime les notions de mérite et de démérite. « Car si rien ne vient de nous, mais si nous sommes poussés à vouloir par nécessité, la délibération, le conseil et le précepte, la punition, la louange et le blâme, sur lesquels porte la philosophie morale, sont supprimés. » C'est *mutatis mutandis*, le même raisonnement qui conduit Kant à faire de la morale un postulat de la raison pratique. Quelque intérêt que je puisse avoir à faire une chose, je dois reconnaître qu'il m'est possible d'agir autrement si tel est mon devoir. Si on veut me contraindre, en me menaçant de mort, de porter un faux témoignage contre un honnête homme, je dois reconnaître qu'il m'est possible de vaincre ma peur et de faire mon devoir. Je sais ainsi que je suis libre, c'est-à-dire que *je peux* faire une chose parce que *je le dois*.

B. Nous choisissons de nous laisser déterminer au non.

Hegel va dans le même sens : « Les circonstances ou mobiles n'ont jamais sur l'homme que le pouvoir qu'il leur accorde lui-même », écrit-il. Un homme dira pour s'exonérer de responsabilité que sa volonté a été déterminée par tel ou tel mobile, mais en réalité, il a choisi de se laisser déterminer par ces mobiles. Le même argument se trouve déjà chez Malebranche : il est vrai que nous sommes toujours agis par certains motifs, parfois cachés (inconscients), mais c'est que nous avons aussi donné notre consentement. Et nous le sentons bien, au moment même où nous prenons notre décision : « Nous avons le sentiment intérieur de notre liberté ». Si par exemple je suis tenté de voler un objet que je désire, mais que je ne peux pas acheter, je passerai à l'acte, si et seulement si j'accepte de me laisser déterminer par mon désir. Et je sens intérieurement que je donne mon consentement, au moment où je le donne.

Transition

Mais ce consentement est-il alors vraiment donné librement ? Ce que je choisis, il est vrai que je le choisis, mais est-ce que je le choisis librement ou nécessairement ? Et par conséquent, est-ce que j'en suis vraiment responsable ? Nous voilà revenus au commencement !

III. Synthèse : nous sommes responsables de ce que nous choisissons nécessairement.

A. Redéfinition de la notion de responsabilité

On ne peut, on le voit, ni admettre la notion de libre arbitre (parce qu'elle est impensable), ni renoncer à la notion de responsabilité. Il faudrait donc redéfinir les notions de liberté et de responsabilité.

> **Conseil**
> La solution d'un problème dépend souvent de la manière dont on en définit les termes. La synthèse, pour apporter une véritable solution à la contradiction, doit donc souvent redéfinir les termes de la question.

Je suis responsable de ce qui advient par moi, non parce que cela aurait pu ne pas advenir, mais parce que cela devait advenir par moi, nécessairement. Le criminel est responsable de son crime, non parce qu'il aurait pu ne pas le commettre, mais parce que c'est son choix, c'est-à-dire un choix qui émane de sa personnalité. C'est aussi la raison pour laquelle il doit être puni, c'est-à-dire corrigé, non parce qu'il aurait pu et dû faire autrement, mais plutôt *parce qu'il n'aurait pas pu faire autrement*, parce qu'il est ce qu'il est. Il s'agit donc de le punir pour le changer, afin qu'il ne puisse plus commettre d'autres crimes. C'est ce que suggère Diderot dans *Jacques le fataliste*. Jacques « croyait qu'un homme s'acheminait aussi nécessairement à la gloire ou à l'ignominie qu'une boule qui aurait la conscience d'elle-même suit la pente d'une montagne » et pourtant, poursuit Diderot, « il se mettait en colère contre l'homme injuste » parce que celui-ci « est modifié par le bâton ». Qu'elle prenne la figure de la culpabilité ou celle du mérite, la responsabilité est donc bien là, dans ce qui procède de moi et porte la marque de ma personnalité. Être responsable c'est avoir fait un choix qu'on doit pouvoir expliquer, justifier, c'est « avoir des comptes à rendre », c'est comme l'étymologie le suggère, *répondre* de ses actes (*respondere* : « répondre » en latin). De quoi sommes-nous donc responsables au juste ? On ne saurait définir l'ensemble de nos responsabilités en extension, la tâche serait infinie. On ne peut le définir qu'en compréhension : nous sommes responsables de ce que nous avons voulu, même si notre volonté n'est pas libre, même si le libre arbitre est une illusion, même si nous ne nous sommes pas choisis nous-mêmes. Nous sommes responsables de ce qui arrive par nous, par notre volonté, par notre choix. Mais qu'est-ce qui réellement dépend de nous ?

B. Qu'est-ce qui dépend de nous ?

Il faudrait sans doute toujours le savoir, pour trouver le courage de changer ce qui peut l'être et la force d'accepter ce qui ne le peut pas. C'est ce que voulaient les stoïciens, dont Descartes s'inspire dans le *Discours de la méthode*, au moment de se donner une morale provisoire : « Il n'y a rien qui soit réellement en notre pouvoir que nos pensées, en sorte qu'après que nous avons fait notre mieux touchant les choses qui nous sont extérieures tout ce qui manque de nous réussir est au regard de nous absolument impossible. » Épicure, *mutatis mutandis*, va dans le même sens : l'avenir n'est jamais tout à fait en notre pouvoir, ni jamais tout à fait hors de notre pouvoir. Si nos pensées dépendent de nous, ce qui arrive, le cours des choses dépend d'un grand nombre de causes. Notre responsabilité n'est donc peut-être jamais totale ni jamais nulle, mais toujours partielle. Or, c'est cette *part* de responsabilité qu'il faudrait pouvoir définir, comme on cherche à le faire lors d'un accident de la route, par exemple.

C. Responsabilité individuelle et responsabilité collective

C'est alors en raison d'une simplification pratiquement nécessaire, qu'on déclare parfois que quelqu'un est responsable d'un accident et à cent pour cent. Car en réalité, chacun l'est toujours au moins un peu, du seul fait qu'il a choisi de prendre la route. Il n'y aurait donc jamais que des degrés de responsabilité. Et beaucoup de responsabilités collectives, diffuses et partagées. Ainsi la responsabilité politique n'est-elle pas réservée à ceux qui gouvernent. Ainsi sommes-nous tous conjointement responsables de notre environnement, de la société ou de l'éducation de la jeunesse par exemple… Un proverbe africain dit qu'il faut tout un village pour élever un enfant. Un enfant n'est pas éduqué seulement par ses parents, c'est aussi d'une certaine façon, la société tout entière qui le forme. *Nous* sommes donc parfois *collectivement* responsables de ce qui apparaît pourtant à première vue comme relevant de la seule responsabilité individuelle.

Conclusion

La conception commune de la notion de responsabilité nous est apparue comme mal fondée, car fondée sur une notion impensable, celle du libre arbitre. Mais on ne pouvait cependant y renoncer : l'idée que nul n'est responsable de rien est en effet inacceptable. Il nous a alors fallu redéfinir la notion de responsabilité. Le responsable n'est pas celui qui aurait pu agir autrement, puisqu'il a agi en raison des nécessités de sa nature. Il est celui qui a voulu ce qui est arrivé et qui ne pouvait pas vouloir autre chose parce qu'il est ce qu'il est. Il est celui qu'on doit louer si ce qui est advenu par sa volonté est bon et blâmer si cela est mauvais. Nous sommes donc responsables de ce qui dépend de nous, de notre volonté et de nos choix. Mais qu'est-ce qui dépend réellement de nous et de nous seuls ? Qu'est-ce qui n'en dépend absolument pas ? Rien peut-être… C'est probablement toujours « nous » qui sommes responsables et jamais seulement l'individu pris isolément et en lui-même. Parce que l'individu isolé est un mythe, parce que je ne suis ce que je suis que par les autres… Il faudrait donc s'interroger sur la part de responsabilité de la société dans la genèse du crime par exemple. Comment une société injuste pourrait-elle engendrer des individus vertueux ?

Sujet de bac 2

Coup de pouce

Ces lignes sont extraites de *Jacques le fataliste,* de Diderot. Le terme « fataliste » peut être trompeur, car Jacques ne l'est pas au sens ordinaire du terme : il ne se montre pas résigné. Le mot *destin* ne doit pas non plus vous tromper : Jacques ne l'envisage pas comme procédant de la volonté de Dieu. Comme Spinoza ou Diderot, il est *déterministe* plutôt que *fataliste* au sens qu'a ce mot dans le langage ordinaire.

CORRIGÉ DE L'EXPLICATION DE TEXTE

Les titres de parties, indiqués ici en rouge pour vous aider, ne doivent pas apparaître dans votre copie.

Introduction

La connaissance des déterminismes biologiques, psychologiques et sociaux qui expliquent le caractère d'un homme et son comportement, peut nous faire douter qu'il soit plus libre qu'une boule suivant la pente d'une montagne. Mais si la liberté n'est qu'une illusion, si notre destinée est écrite là-haut, la morale n'est-elle pas ruinée ? Les notions de vice et de vertu, de récompense et de châtiment, de gloire et d'ignominie conservent-elles le moindre sens ? En d'autres termes, l'idée d'un sujet moral responsable de ses actes perd-elle tout sens et toute valeur dans une perspective déterministe ? C'est la question que se pose Diderot dans un passage de *Jacques le fataliste*.

Développement

Composition du passage

On ne choisit pas le vice ou la vertu, on accomplit son destin, soutient Jacques, le personnage principal du roman de Diderot. Les récompenses et les châtiments n'ont donc pas d'autre sens que d'encourager à faire le bien ou de dissuader de faire le mal. La thèse est illustrée par l'image d'une boule qui suit la pente d'une montagne : elle ne choisit pas librement sa trajectoire. Tous les événements d'une vie s'enchaînent avec la même nécessité, conformément au principe de causalité. Ce « fatalisme » ne conduit pourtant pas Jacques à accueillir indifféremment tous les comportements : il remercie ceux qui lui font du bien et se fâche contre l'homme injuste. Car si nos actes ont des causes, ils ont aussi des effets : « l'homme injuste est corrigé par le bâton ». Aux yeux de Jacques, la morale n'est donc pas ruinée par le déterminisme.

> **Gagnez des points !**
> Souvenez-vous de vos cours de littérature : ne confondez pas l'auteur (Diderot) et le narrateur.

Explication détaillée

« Tout ce que je vous débite là lecteur, je le tiens de Jacques », affirme le narrateur. Or, Jacques « raisonnait d'après son capitaine », c'est-à-dire qu'il avait adopté les opinions de ce dernier qui les avait puisées chez Spinoza. Jacques, comme son capitaine, comme Spinoza et peut-être comme le narrateur lui-même (qui n'a jamais pu réfuter Jacques) sont donc « fatalistes », c'est-à-dire déterministes. La manière dont la pensée de Spinoza détermine celle du capitaine, puis celle de Jacques, est d'ailleurs une illustration parfaite de cette philosophie. L'enchaînement nécessaire des causes et des effets ne laisse aucune place à la liberté, en l'occurrence à la liberté de pensée de Jacques, qui est fatalement fataliste ! On voit que le déterminisme s'applique aussi bien aux choses qu'aux idées et que « la distinction d'un monde physique et d'un monde moral » peut ainsi sembler « vide de sens ». La matière (le monde physique) et l'esprit (le monde moral) obéissent à la même nécessité et ne constituent pas deux réalités distinctes. Diderot est matérialiste, c'est-à-dire que toute existence est à ses yeux matérielle.

> **Conseil**
> Ce passage est difficile à comprendre. Mais ne renoncez pas trop vite. Ce sont justement les points obscurs qui appellent une interprétation. D'ailleurs les textes trop clairs sont souvent paraphrasés, puisqu'à l'évidence, on ne peut guère expliquer ce qui est déjà limpide.

Mais « s'il n'y a point de liberté », comme l'enseigne Spinoza, que faut-il penser du vice et de la vertu ? Quel tort a celui qui a mal agi, s'il ne pouvait agir autrement, et en quoi celui qui a bien agi est-il méritant ? Pourquoi punir le vice et récompenser la vertu ? Jacques hausse les épaules quand il entend parler de récompenses ou de châtiments. Cela signifie-t-il que ces idées n'ont aucune valeur ni aucun sens pour lui ? Non, car il remercie celui qui lui fait du bien, se fâche contre l'homme injuste et soutient qu'on peut le corriger au double sens qu'a ce mot en français : infliger un châtiment corporel et redresser moralement. Le « fatalisme » de Jacques n'est donc pas synonyme d'indifférence et de résignation : « Il tâchait à prévenir le mal » et « il était prudent ». C'est que le principe de causalité, qui fonde le déterminisme, implique aussi que nos actes ont des effets. Le destin n'est pas ce qui doit arriver quoi que nous fassions ou pas. Il est ce qui arrivera en raison de ce que nous choisissons nécessairement de faire. Ainsi, la boule qui dégringole ne choisit pas sa trajectoire, mais sa chute n'est pas sans effets.

La vie d'un homme est donc comparable à la trajectoire d'une boule qui suit la pente d'une montagne. On ne choisit pas librement sa trajectoire de vie. On ne peut faire des choix, se décider, se déterminer sans l'être soi-même par rien. Jacques pense comme Spinoza que la liberté, au sens du libre arbitre, est une illusion qui naît de l'ignorance des causes qui déterminent nos désirs. Spinoza évoque d'ailleurs lui aussi une pierre qui devenant consciente se croirait libre parce qu'elle aurait conscience du mouvement qui l'anime sans en connaître la cause. « Telle est cette liberté humaine que tous se vantent de posséder et qui consiste en cela seul que les hommes ont conscience de leurs appétits et ignorent les causes qui les déterminent », écrit Spinoza. Nous sommes comme une pierre, lancée vers un but que nous croyons poursuivre librement.

La liberté de la volonté est donc inconcevable. C'est pourquoi le narrateur contredit Jacques en vain, « sans avantage et sans fruit ». Ce que je fais est l'effet de ce que je suis, mon comportement est l'effet de mon caractère. Si mon histoire est écrite, c'est que mon caractère est mon destin. « Une cause n'a qu'un effet », la cause que je suis ne peut pas engendrer plusieurs avenirs possibles, rien n'est contingent, tout est nécessaire, « tout est écrit là-haut ».

Tout est écrit, on l'a bien compris, c'est-à-dire que tout arrive nécessairement, sans laisser aucune place à la contingence, ni à la liberté. Mais pourquoi Jacques répète-t-il que tout est écrit *là-haut* ? Tout semble plutôt écrit ici-bas, sur terre, c'est-à-dire déterminé par la succession nécessaire des causes et des effets : « Ma durée n'est

Conseil
Il ne faut évoquer d'autres auteurs que pour éclairer le texte. Limitez donc les références et soyez bref.

qu'une suite d'effets ». Le destin tel que le conçoit Jacques s'apparente au déterminisme de Laplace qui affirme que « nous devons envisager l'état présent de l'univers comme l'effet de son état antérieur et comme la cause de celui qui va suivre ». En quel sens Jacques peut-il donc affirmer que « notre destinée est écrite là-haut » ? On croit comprendre que le destin n'est rien d'autre que la volonté de Dieu. Mais Diderot n'est-il pas un matérialiste athée ? Et le déterminisme n'a d'ailleurs pas besoin, comme l'aurait dit Laplace (sans être athée), de l'hypothèse de l'existence de Dieu.

On peut supposer que notre destin est écrit là-haut en ce sens qu'il est écrit trop haut pour que nous puissions le connaître, le prédire. Le déterminisme suppose en effet, comme l'a souligné Laplace, qu'une intelligence parfaite puisse calculer l'avenir. Mais la nôtre justement est imparfaite et la connaissance de l'avenir est donc hors de notre portée. Jacques peut donc dire rétrospectivement, pour se consoler d'une infortune : « il fallait que cela fût, car cela était écrit », mais il ne peut prédire son destin, et la prudence par laquelle il tâche de prévenir le mal est souvent prise en défaut.

Conclusion : valeur et limites de la thèse

On a compris en suivant la pensée de Jacques (dont on peut supposer qu'elle est aussi celle de Diderot), comment on pouvait nier la liberté de la volonté (le libre arbitre) sans ruiner la morale et sans sombrer dans la résignation. Le fatalisme de Jacques est synonyme de déterminisme, non de résignation. On peut comprendre aussi que l'individu conserve quelque chose comme une responsabilité malgré le déterminisme, puisqu'on peut encore l'encourager ou le punir. Mais peut-on vraiment vivre en se conformant à cette vision déterministe du monde ? Diderot répond à cette question : « Jacques était souvent inconséquent comme vous et moi, et sujet à oublier ses principes ». Inconséquent donc, mais pas plus que nous ne le sommes d'ordinaire. La sagesse n'est qu'un idéal, celui du philosophe. Comme Jacques, il n'y atteint que dans « quelques circonstances où sa philosophie le domine ». Il est le reste du temps un homme ordinaire.

Auteurs
Repères

Héraclite d'Éphèse

(vers 544-vers 480 av. J.-C.)

On dispose de peu de renseignements fiables sur la vie d'Héraclite et on ne possède que des fragments de son œuvre. C'est un philosophe, ou comme on préfère dire parfois, un penseur présocratique. Cela signifie bien sûr qu'il a vécu avant Socrate, mais aussi avant que Socrate ne confère à la philosophie ce souci de clarté et de rigueur qui se manifeste notamment dans la question : « Qu'est-ce que ? », si chère au père de la philosophie. Héraclite l'obscur s'exprime, lui, par images, dans un style poétique et aphoristique qui laisse une large place à l'interprétation. « On ne descend jamais deux fois dans le même fleuve », écrit-il par exemple. Cela signifie que **tout change**, qu'il n'existe aucune réalité stable, que « tout s'écoule », comme il le dit encore. C'est ce qu'on appelle le mobilisme universel.

Socrate

(470-399 av. J.-C.)

Celui qu'on présente communément comme le père de la philosophie n'a pas écrit une seule ligne. On lui attribue cette formule célébrissime : « Je ne sais qu'une chose, c'est que je ne sais rien. » Platon, son élève, raconte que Socrate se croyait investi d'une mission : celle d'« examiner » ses concitoyens (les Athéniens), c'est-à-dire de les questionner pour leur faire prendre conscience de l'inconsistance de leurs opinions et les encourager à **« prendre soin de leur âme »**, c'est-à-dire de leur formation intellectuelle et morale. C'est en raison de cette activité philosophique subversive que Socrate, accusé d'impiété et de corrompre la jeunesse, fut condamné à boire la ciguë (un poison mortel).

Platon

(427-347 av. J.-C.)

Platon est le principal élève de Socrate. Il a écrit des dialogues qui mettent en scène son maître. Platon estime que ses concitoyens ont fait taire leur conscience en tuant Socrate : Athènes est corrompue, comme toutes les Cités existantes, et préfère l'ignorer. Il faut donc réformer la société pour y faire régner la Justice. C'est le rôle que Platon assigne aux rois philosophes qui gouvernent la Cité idéale qu'il imagine dans *La République*. Platon espère établir des réformes politiques en Sicile en conseillant Denys, tyran de Syracuse, mais échoue et rentre à Athènes pour y fonder une école de philosophie, l'Académie, où il enseignera sa fameuse théorie des **Idées** : les Idées, modèles des choses, sont la vraie réalité.

Aristote

(384-322 av. J.-C.)

Aristote est le plus célèbre des élèves de l'Académie. Mais n'ayant pu y succéder à Platon, il fonde sa propre école : le Lycée. Fidèle à son maître mais encore plus à la vérité, Aristote réfute la théorie des Idées. À ses yeux, **l'essence** (synonyme d'Idée chez Platon) n'existe pas dans un ciel métaphysique, mais est **immanente aux choses**. Aristote a eu une influence considérable sur l'Antiquité et le Moyen Âge. Aujourd'hui encore, on ne peut se poser la question de la spécificité de l'être humain sans évoquer sa fameuse définition de l'homme comme **animal raisonnable** et **animal politique**. Pour l'anecdote, nous citons Aristote sans le savoir, quand nous disons qu'une hirondelle ne fait pas le printemps.

Pyrrhon d'Élis

(365-275 av. J.-C.)

Diogène Laërce nous dit que Pyrrhon fut le disciple d'Anaxarque, qu'il suivit chez les gymnosophistes, littéralement les « sages nus », des ascètes hindous dont il aurait tiré sa philosophie : le **scepticisme** (ou pyrrhonisme). Celle-ci se caractérise essentiellement par l'idée qu'on ne peut connaître aucune vérité certaine, qu'il faut par conséquent douter de tout et suspendre son jugement (*épochè*). Ce doute généralisé doit permettre de se rendre indifférent et d'atteindre l'**ataraxie** (absence de troubles, quiétude, repos de l'âme). Sa vie, dit-on, justifiait sa théorie, car il était généralement indifférent aux événements : « Il n'évitait rien, ne se gardait de rien, supportait tout, au besoin d'être heurté par un char, de tomber dans un trou, d'être mordu par des chiens », écrit Diogène.

Épicure

(341-270 av. J.-C.)

Épicure naît dans une époque troublée : l'empire d'Alexandre le Grand se divise à sa mort et la situation de la Grèce se dégrade. Épicure renonce donc à l'idée du salut collectif (politique), au profit d'une philosophie du **salut individuel**. Le fait qu'il trouve refuge avec ses disciples derrière les murs du « Jardin » (une propriété qu'il achète à Athènes pour y fonder son école) est à cet égard assez significatif. Celui qu'on appelle le philosophe du jardin, est accusé dès l'Antiquité de mener une vie de débauche, parce qu'il fait consister le bonheur dans le plaisir (**hédonisme**). C'est pourtant bien à tort qu'on parle des pourceaux d'Épicure, car le philosophe est en réalité un ascète qui recommande, bien avant les excès de la société de consommation, d'apprendre à reconnaître et à privilégier nos vrais besoins (désirs naturels et nécessaires).

Lucrèce

(98-56 av. J.-C.)

Disciple latin d'Épicure (qu'il n'a bien entendu pas connu), Lucrèce est l'auteur d'un long poème philosophique intitulé *De la nature des choses*. Malgré la fidélité de Lucrèce à son maître qu'il compare à un dieu, Lucrèce donne à sa philosophie une tonalité différente, plus triste, plus tragique. Pour Épicure, le bonheur est à portée de main et celui qui observe ses préceptes doit « vivre comme un dieu parmi les hommes ». Mais Lucrèce ne semble pas avoir atteint le bonheur et Saint Jérôme prétend même qu'il s'est suicidé. Ce n'est pourtant vraisemblablement qu'une calomnie visant à discréditer une **pensée matérialiste**, évidemment opposée à la pensée chrétienne.

Épictète

(50-125)

Épictète (du grec *épiktêtos* : « serviteur »), est un esclave né en Asie mineure et amené à Rome où il est torturé par un maître cruel. Affranchi, probablement après la mort de ce dernier, il étudie la philosophie **stoïcienne**. Chassé d'Italie par un édit de Domitien qui bannit tous les philosophes, Épictète trouve refuge dans une cité grecque où il ouvre une école. Son enseignement est recueilli par Arrien dans les *Entretiens* et dans le *Manuel* (du grec *enkheiridion* : « ce que l'on garde sous la main »). C'est le premier « manuel » de l'histoire. Épictète souligne la visée essentiellement pratique de la philosophie, qui est un art de vivre plus qu'une démarche théorique et spéculative. Cet art de vivre repose principalement sur la distinction des **choses qui dépendent de nous** (nos pensées), de **celles qui ne dépendent pas de nous** (l'ordre des choses).

Marc Aurèle

(121-180)

Empereur romain et **philosophe stoïcien**, Marc Aurèle rédige pendant ses campagnes militaires des pensées qui prendront à sa mort le titre de *Pensées pour moi-même*. Le philosophe s'adresse en effet à lui-même et cherche à se rendre impassible vis-à-vis des événements du monde. Le sage trouve refuge dans une **citadelle intérieure** dont rien d'extérieur ne peut troubler la paix. Conformément à ce qu'enseignait Épictète, Marc Aurèle s'efforce de distinguer ce qui dépend de nous et peut être changé, de ce qu'il faut trouver la force de supporter : « Que la force me soit donnée de supporter ce qui ne peut être changé et le courage de changer ce qui peut l'être, mais aussi la sagesse de distinguer l'un de l'autre », écrit-il.

Saint Augustin

(354-430)

Après un parcours spirituel compliqué, Saint Augustin se convertit au christianisme à l'âge de 32 ans. Ordonné prêtre quelques années plus tard, il devient évêque d'Hippone, une des principales cités de l'Afrique romaine. Le philosophe s'efforce de faire la synthèse du **platonisme** et du **christianisme**. On lui attribue parfois à tort cette formule effectivement en usage de son temps : *credo quia absurdum* (je crois parce que c'est absurde). En réalité, la foi n'est pas incompatible avec la raison dans son système de pensée. Saint Augustin est notamment l'auteur des ***Confessions*** et d'une fameuse analyse qui met en évidence la difficulté de saisir la nature du temps : le passé n'est plus, le futur n'est pas encore et le présent n'est que la limite sans extension qui les sépare. Où se trouve donc le temps que l'on dit long ?

Saint Thomas d'Aquin

(1225-1274)

Thomas d'Aquin (il est né près d'*Aquino* en Italie) ne doit pas être confondu avec l'apôtre qui, doutant de la résurrection du Christ, a besoin de voir pour croire. Dominicain, maître de **théologie**, il enseigne à Paris et en Italie. Comme Augustin cherchait à concilier la philosophie platonicienne avec la foi chrétienne, Thomas s'efforce de concilier cette dernière avec la philosophie d'Aristote. On retient communément de sa philosophie l'idée que la **foi**, loin de s'opposer à la raison est, au contraire, éclairée et confortée par l'intelligence. Saint Thomas prétend ainsi donner de multiples preuves de l'existence de Dieu.

Par exemple, l'existence d'une finalité dans l'univers implique l'existence d'une cause intelligente du monde (quelque chose comme un ingénieur de la création). C'est ce que Kant appellera la preuve physico-théologique. Le **thomisme** est la philosophie officielle de l'Église catholique.

Nicolas Machiavel

(1469-1527)

Secrétaire du gouvernement de Florence, Nicolas Machiavel remplit de nombreuses missions diplomatiques avant d'être disgracié par les Médicis, de retour au pouvoir en 1512. C'est cette expérience qui nourrit la réflexion politique qu'il développe dans *Le Prince*, son œuvre la plus célèbre. Le philosophe y expose les moyens de prendre le pouvoir et de s'y maintenir : la force et la ruse. L'adjectif *machiavélique* retient d'ailleurs cette idée d'absence de scrupules dans **l'exercice du pouvoir**. Mais en analysant les mécanismes du pouvoir de manière objective et non moralisante, Machiavel ouvre la voie de la **science politique moderne**. Il incarne, par opposition à l'idéalisme de Platon, le réalisme politique : « Quiconque veut fonder un État et lui donner des lois doit supposer d'avance les hommes méchants ».

Michel de Montaigne

(1533-1592)

Michel Eyquem naît au château de Montaigne prés de Bordeaux (ville dont il deviendra maire). Son père le fait éveiller en musique et lui apprend le latin comme une langue vivante. C'est pourtant en français qu'il écrit les ***Essais***, dans sa bibliothèque. On peut encore lire les inscriptions gravées sur les poutres de celle-ci. Notamment la fameuse formule de Sextus Empiricus : « À tout argument s'oppose un égal argument », ainsi que cette fameuse question « Que sais-je ? » qui résume le **scepticisme** de Montaigne. « Nous n'avons autre mire de la vérité et de la raison que l'exemple et idée des opinions et usances du pays où nous sommes », écrit-il. On retiendra de la biographie du philosophe sa fameuse **amitié** avec La Boétie : « Parce que c'était lui, parce que c'était moi ».

Thomas Hobbes

(1588-1679)

Philosophe anglais, contemporain de Descartes (il est l'auteur d'objections aux *Méditations métaphysiques*), Hobbes a passé une partie de sa vie en exil en France. Sa pensée relève principalement de la philosophie politique et de l'anthropologie : l'homme étant un loup pour l'homme, l'état de nature est un état de **guerre perpétuelle** de tous contre tous, de sorte que la société ne peut exister sans que **l'État** ne garantisse l'ordre et la sécurité en exerçant un pouvoir absolu. L'auteur du *Léviathan* justifie donc l'absolutisme. Rousseau réfutera sa théorie du contrat social : la liberté étant inaliénable, le peuple ne peut pas y renoncer, fût-ce au bénéfice (du reste improbable dans une monarchie) de l'ordre et de la sécurité.

René Descartes

(1596-1650)

Philosophe et savant du XVIIe siècle, Descartes a découvert, par exemple, les lois de la réflexion et de la réfraction de la lumière (dites *lois de Descartes*). Comme philosophe, il se montre surtout soucieux de définir une méthode pour guider l'esprit dans la recherche de la vérité. « Ce n'est pas assez d'avoir l'esprit bon, mais le principal est de l'appliquer bien », écrit-il dans son célèbre *Discours de la méthode* (1637). Le **doute** est le concept central de cette méthode : il permet d'éviter les erreurs liées à la précipitation ou aux préjugés et d'atteindre une vérité certaine. Le ***cogito*** (« je pense ») est la première de ces certitudes et le fondement de toutes les autres : « Je pense donc je suis. »

Blaise Pascal

(1623-1662)

Savant, philosophe et mystique du 17e siècle, Pascal a démontré l'existence du vide et donné son nom à une unité de mesure. Comme philosophe, il est surtout l'auteur d'un ouvrage inachevé publié après sa mort sous le titre de *Pensées*. Contre le **rationalisme** (donc notamment contre Descartes), Pascal affirme que certaines vérités sont senties par le **« cœur »** plutôt que démontrées par la raison. On le sait en amour : « le cœur a ses raisons que la **raison** ne connaît pas. » Mais cette faculté de connaître les choses de manière immédiate et intuitive, d'éprouver ce qu'on ne peut prouver, permet aussi de sentir l'existence de Dieu ou celle du monde sans avoir besoin d'aucune démonstration.

Baruch Spinoza

(1632-1677)

Né dans la communauté juive d'Amsterdam, Spinoza en sera exclu pour ses positions rationalistes. Il gagne sa vie en polissant des verres de lunettes et refuse même une chaire à l'université, pour conserver sa liberté d'expression. Son œuvre maîtresse, l'*Éthique*, est écrite « à la manière des géomètres ». Elle s'ouvre donc sur des définitions et énonce des axiomes qui servent de base à des démonstrations à la fin desquelles figure la mention C.Q.F.D. (ce qu'il fallait démontrer). Spinoza fait de la **liberté** (au sens du libre arbitre) une **illusion** liée à l'ignorance des causes qui déterminent nos **désirs**. Une pierre qui deviendrait consciente après avoir reçu une impulsion extérieure se croirait libre, parce qu'elle aurait conscience de son mouvement (comme nous avons conscience de nos désirs), sans savoir que celui-ci a été initié par une cause étrangère.

John Locke

(1632-1704)

La jeunesse de Locke est marquée par la première révolution anglaise. Plus tard, il fuit l'Angleterre parce qu'elle retourne à l'absolutisme. Contrairement à Hobbes qui avait justifié ce régime politique, Locke estime en effet que le **pacte social** doit préserver les **libertés individuelles**. C'est que sa conception de l'état de nature est bien plus optimiste que celle de son compatriote : Locke voit dans l'état de nature un état de liberté auquel les hommes ne peuvent pas renoncer pour se soumettre à un pouvoir absolu. Locke développe également une théorie de la connaissance empiriste : il soutient contre l'innéisme de Descartes, l'idée que toutes nos **connaissances** dérivent de **l'expérience**.

Gottfried Wilhelm Leibniz

(1646-1716)

Philosophe et savant, disciple de Descartes dont il reprend l'idée d'une explication mathématique de l'univers, on lui doit le **calcul infinitésimal**. Comme philosophe, il est, notamment, connu pour avoir tenté d'expliquer comment le mal peut exister dans un monde pourtant créé par un Dieu parfaitement bon et tout puissant. L'auteur des *Essais de théodicée* (1710) disculpe Dieu du mal qu'on peut observer dans le monde. Dieu aurait, en effet, créé **le meilleur des mondes possibles**, c'est-à-dire : non pas un monde parfait, mais un monde contenant le maximum de bien et le minimum de mal. Même pour Dieu tout-puissant, tous les biens ne sont pas « compossibles » (compatibles). Voltaire caricaturera cette thèse dans *Candide*. Leibniz semble avoir été le premier à soupçonner dans les *Nouveaux essais sur l'entendement humain* (1704), l'existence de perceptions infra-conscientes (théorie des petites perceptions).

Montesquieu

(1689-1755)

Charles-Louis de Secondat, baron de Montesquieu étudie le droit et devient conseiller au parlement de Bordeaux. L'auteur des *Lettres persanes* sera élu à l'Académie française. Mais la philosophie retient surtout son œuvre maîtresse, *De l'esprit de lois*, dans laquelle il formule sa célèbre **théorie de la séparation des pouvoirs** (exécutif, législatif et judiciaire). Il faut que le pouvoir limite le pouvoir pour en éviter les abus. On se souviendra également de sa définition de la liberté politique : « La liberté est le droit de faire tout ce que les lois permettent ».

David Hume

(1711-1776)

Hume préfère la philosophie à la carrière juridique à laquelle le destinait sa famille. Il travaille pourtant dans la diplomatie en parallèle de son activité philosophique. Contre le rationalisme dogmatique (celui de Descartes par exemple), Hume développe une philosophie **sceptique et empiriste**. Il estime donc comme Locke et contre Descartes, que nos connaissances (dont la valeur est seulement relative) dérivent de l'expérience : nos idées ne sont pas innées, mais sont des images affaiblies de nos impressions. Par exemple, la brûlure est une impression (ou une sensation) et le souvenir de cette impression est ce qu'on appelle une idée. Le scepticisme de Hume porte notamment sur la notion de causalité. En effet, nous n'observons jamais à proprement parler aucun lien de causalité entre les choses. C'est en réalité, la succession habituelle de deux événements qui nous conduit à établir entre eux un lien causal qui n'est ni nécessaire, ni objectif.

Jean-Jacques Rousseau

(1712-1778)

Rousseau est le fils d'un artisan horloger qui le place en apprentissage à l'âge de 13 ans. Il fugue trois ans plus tard et est recueilli par Mme de Warens. Il lit, commence à écrire et devient l'ami de Diderot. Il doit d'abord sa notoriété au *Discours sur les sciences et les arts*, dans lequel il soutient la thèse paradoxale selon laquelle le « progrès » constitue en réalité une dépravation. On retient d'ailleurs généralement de la pensée de Rousseau l'idée que **l'homme est bon par nature**, mais perverti par la société. C'est oublier que l'auteur du *Contrat social*, estime aussi que la vie sociale transforme « l'animal stupide et borné » que nous sommes à l'état de nature, en « un être intelligent et un homme ». Rousseau est enfin considéré comme le père de la **démocratie moderne** : « Le peuple soumis aux lois doit en être l'auteur », écrit-il. Les révolutionnaires se reconnaissant dans sa pensée, font transférer les cendres de Rousseau au Panthéon en 1794.

Emmanuel Kant

(1724-1804)

Kant naît à Königsberg en Allemagne et y passe toute son existence. Sa sédentarité et la régularité de son emploi du temps sont légendaires. Professeur à l'université de Königsberg, Kant consacre sa vie à une œuvre monumentale qui a beaucoup marquée l'histoire des idées. Sa **théorie de la connaissance** distingue les choses telles que nous les connaissons (les phénomènes), des choses telles qu'elles sont en elles-mêmes (les noumènes), que nous ne pouvons pas connaître. C'est ce qu'on appelle l'**idéalisme transcendantal**. Sa philosophie morale s'oppose à celle des anciens qui faisaient de la morale un art d'être heureux. Kant estime que la morale ne doit pas nous apprendre à être heureux, mais à nous rendre dignes du bonheur, en faisant **notre devoir par devoir**, c'est-à-dire de manière désintéressée et sans calcul.

Georg Wilhem Friedrich Hegel

(1770-1831)

Hegel fait des études de théologie, devient précepteur, puis professeur à l'université d'Iéna et ensuite à Berlin. Ses cours, recueillis par ses élèves, sont publiés à sa mort. Hegel envisage la philosophie comme une science systématique synthétisant toutes les connaissances et toute l'histoire des idées. L'**histoire** manifeste à ses yeux un **progrès**, elle est la **réalisation de la Raison**. Cette dernière n'est pas seulement une faculté de l'esprit humain, mais ce qui gouverne le réel. « Tout ce qui est réel est rationnel », écrit Hegel. Le progrès par lequel la Raison s'incarne progressivement dans le monde est **dialectique**, c'est-à-dire analogue à celui de l'esprit humain qui progresse en surmontant ses contradictions. La philosophie hégélienne a eu une influence considérable.

Auguste Comte

(1798-1857)

Auguste Comte est un philosophe et un économiste français. Il est considéré comme le père du **positivisme** (bien que le terme soit en réalité de Saint-Simon dont il a été le secrétaire). Comte pense que notre compréhension du monde passe par trois étapes ou états (lois des trois états) : l'état théologique, l'état métaphysique et l'état positif (ou scientifique). Dans le premier, les hommes expliquent les phénomènes naturels par l'intervention d'êtres surnaturels, de divinités (Zeus lance la foudre par exemple). Dans le second, des entités abstraites remplacent les êtres surnaturels. Dans le dernier état, l'esprit humain parvenu à maturité s'en tient à observer les faits et à établir entre eux des relations invariables : des lois. Celles-ci permettent d'anticiper et d'agir.

Karl Marx

(1818-1883)

Marx étudie le droit à Bonn, puis l'histoire et la philosophie à Berlin, avant de devenir journaliste. Il se marie avec une aristocrate et se noue d'amitié avec le fils d'un industriel, Engels, qui écrira avec lui le *Manifeste du parti communiste*. Marx constate que la philosophie n'a fait que penser le monde, il ambitionne, lui, de le **changer**. On ne peut nier qu'il y ait réussi. L'auteur du *Capital* dénonce **l'exploitation de l'homme par l'homme**. À ses yeux, le prolétaire est un esclave moderne contraint de vendre sa force de travail en échange d'un salaire injustement bas. Le fait de posséder les moyens de productions (usines, machines, terres, etc.) place en effet le « bourgeois » en position de force. C'est donc l'abolition de la propriété privée qui doit mettre fin à cette injustice. La **religion** est dénoncée comme un **opium moral** qui incline le peuple à endurer ses souffrances, pour atteindre le bonheur dans l'au-delà.

Friedrich Nietzsche

(1844-1900)

Nietzsche a étudié et enseigné la philologie. Fils de pasteur, né au presbytère de Röcken (en Allemagne), il proclame « la mort de Dieu », c'est-à-dire le déclin de la foi chrétienne, événement qu'il regarde comme une libération. L'ascétisme de la morale chrétienne relève, en effet, aux yeux du philosophe, de la haine de la vie. Il espère ainsi l'avènement d'une **humanité nouvelle**, libérée des entraves de la morale traditionnelle et animée par « la volonté de puissance ». C'est ce qu'il appelle « le surhomme ». Les « considérations intempestives », et souvent ambigües, du penseur qui veut philosopher à coups de marteau, font l'objet d'interprétations diverses et contradictoires. Sa sœur a falsifié l'œuvre de Nietzsche pour lui faire servir la cause du nazisme. Nietzsche meurt fou après une longue maladie, offrant ainsi un argument à ceux qui soulignent le danger de penser trop loin.

Henri Bergson

(1859-1941)

Prix Nobel de littérature en 1927, Bergson estime pourtant que le langage nous éloigne des choses comme de nos propres états d'âmes. Dans le *Rire* (1900), il compare les mots à des étiquettes collées sur les choses. C'est que les mots et les concepts formés par l'**intelligence** ne retiennent du réel que des généralités au service de l'action. L'**intuition** au contraire, balayant les conventions du langage, nous permet de saisir ce que les choses ont d'unique et d'inexprimable. C'est aussi par l'intuition que nous accédons à la **durée** : « la forme que prend la succession de nos états de conscience quand notre moi se laisse vivre, quand il s'abstient d'établir une séparation entre l'état présent et les états antérieurs. »

Sigmund Freud

(1856-1939)

« Ce n'est pas à moi que revient le mérite [...] d'avoir mis au monde la psychanalyse », estime Freud en 1909 (*Cinq leçons sur la psychanalyse*). Il n'est encore en effet qu'un étudiant préoccupé par ses examens de médecine, quand le Dr Joseph Breuer applique pour la première fois, vers 1880, à une jeune hystérique (Anna O.) un procédé de traitement qui deviendra la **psychanalyse**. La jeune femme présente de multiples **symptômes**, tant physiques que psychiques, liés à des traumatismes anciens qu'elle évoque sous **hypnose**. C'est l'étude de ce cas qui permet à Freud d'établir les notions fondamentales de la psychanalyse (refoulement et résistance, par exemple). C'est donc à bon droit qu'on le considère comme le père de cette discipline qu'il veut scientifique. Quoiqu'il tienne beaucoup à se distinguer des philosophes, Freud est l'auteur d'une œuvre qui, dépassant le strict cadre de la médecine, propose une nouvelle grille d'**interprétation du monde**. Ainsi, l'art, le travail, la religion, la morale ou la civilisation sont éclairés à la lumière des thèses de la psychanalyse, au point que l'idée que l'homme a de lui-même s'en trouve définitivement transformée.

Gaston Bachelard

(1884-1962)

Le parcours social, et surtout intellectuel, de Gaston Bachelard force l'admiration. D'origine modeste, il travaille à la poste tout en poursuivant des études de mathématiques. Il enseigne ensuite au collège, obtient une licence de philosophie, puis une agrégation et un doctorat. Le postier termine sa carrière à la Sorbonne où il enseigne l'histoire et la **philosophie des sciences**. Bachelard souligne d'abord que la science ne progresse pas en accumulant les découvertes. Le progrès scientifique connaît des ruptures, des révolutions, des « **coupures épistémologiques** ». L'esprit scientifique progresse donc en revenant sur ses erreurs, dans un véritable repentir intellectuel. Ce progrès se heurte à des « obstacles épistémologiques » comme l'expérience commune ou les idées toutes faites qui semblent relever du simple bon sens ou de l'évidence : « L'opinion a en droit toujours tort ».

Jean-Paul Sartre

(1905-1980)

Sartre nous apprend dans *Les mots*, un roman autobiographique, qu'il a découvert le monde à travers les définitions des dictionnaires, entre les murs de la bibliothèque de son grand-père, chez qui il vivait avec sa mère. Comme dans la philosophie de Platon, les Idées ou les Essences précèdent donc l'existence dans son esprit. Pourtant, Sartre affirmera que pour l'homme, c'est au contraire l'existence qui précède l'essence : l'homme existe d'abord et il se définit ensuite, il est donc libre et non prisonnier d'une nature, il se choisit lui-même par ses actes. Nous sommes ainsi entièrement **libres** et entièrement **responsables** et seule la mauvaise foi peut nous faire prétendre le contraire. C'est ce que l'on appelle l'**existentialisme**. Sartre a reçu le prix Nobel de littérature pour *Les Mots* et l'a refusé : être nobélisé aurait signifié être enfermé dans une essence, dans une définition. Être défini, c'est être fini, c'est le contraire d'exister, c'est donc d'une certaine façon, être déjà mort.

Que sont les mots repères ?

● Les mots repères se retrouvent constamment dans l'étude de la philosophie. Ils accompagnent les notions et s'y réfèrent. Chacun des « couples repères » présente deux caractéristiques :
– des distinctions lexicales opératoires en philosophie, qui aident à formuler et à structurer rigoureusement la pensée ;
– des distinctions conceptuelles, qui sont constitutives d'une culture philosophique élémentaire.

● Ces repères interviennent de manière transversale dans l'examen des notions et l'étude des œuvres. Ce ne sont donc pas des parties de cours séparées mais des définitions au service de toute la pensée. Il ne s'agit pas d'apprendre par cœur ces définitions et de les utiliser mécaniquement. Il s'agit d'avoir des repères pertinents, des jalons, qui aident à penser et à ne pas se perdre dans l'imprécision. Les repères ne doivent pas être regardés comme des vérités gravées dans le marbre. Bien que les distinctions opérées soient très utiles, elles doivent, parfois au moins, être discutées. Par exemple, distinguer ce qui est légal de ce qui est légitime suppose qu'il existe des principes de justice supérieurs aux lois. Or, certains philosophes contestent cette thèse (voir p. 237).

● Nous définirons les couples de mots avant tout dans leurs relations. Ces repères ne sont pas des mots de vocabulaire isolés, mais, nous le précisons encore, des termes mis en rapport.

Absolu / Relatif

● *Absolu* dérive du latin *absolutus* qui signifie « parfait », « achevé ». Absolu est donc synonyme de parfait, total ou sans limites. Par opposition, on qualifie communément de *relatif* ce qui est imparfait, incomplet ou limité. Si je dis par exemple que j'ai une confiance absolue en quelqu'un, cela signifie que cette confiance est totale, parfaite, sans limites. En revanche, une confiance seulement relative est une confiance imparfaite, limitée. Mais la signification du terme absolu se rattache aussi au verbe *absolvere* qui signifie « parfaire », « achever », mais également « détacher », « délier » ou « séparer ». *Absolu* s'oppose donc à *relatif* comme ce qui ne dépend de rien (n'est lié à rien), s'oppose à ce qui dépend d'autre chose (est en relation avec autre chose).

● Cette distinction joue un rôle important dans la pensée philosophique. Ainsi les théologiens conçoivent-ils Dieu comme un être absolu, parfait, illimité et inconditionnel, un être dont l'existence ne dépendrait pas d'autre chose, mais qui n'aurait besoin que de soi même pour exister. La distinction permet également de poser des questions relevant de la philosophie des sciences, de la morale ou de l'esthétique : le vrai, le bien, le juste, le beau peuvent-ils être absolus ou sont-ils toujours relatifs (au temps et au lieu, au point de vue, à la sensibilité ou aux goûts de chacun). La philosophie politique pose aussi la question de savoir si le pouvoir doit être absolu, pour garantir l'ordre et la sécurité (Hobbes), ou au contraire limité, pour préserver la liberté (Montesquieu).

Abstrait / Concret

- *Abstrait* dérive du latin *abstrahere* (retrancher). L'abstraction consiste à séparer par l'esprit ce qui est uni dans l'expérience. L'esprit peut notamment distinguer l'essence d'une chose, de ses accidents. Par exemple, Aristote définissait l'homme comme un « animal raisonnable » (capable de raisonner et de parler). Cette définition abstraite néglige délibérément les « accidents » qui n'appartiennent pas à l'idée générale de l'homme (comme l'âge, le sexe ou les origines), pour ne retenir que les déterminations nécessaires et permanentes de l'homme (être un animal, parler, raisonner).
- Du latin *concretus* (dru, épais), *concret* signifie « perceptible », « tangible » ou « réel » et s'oppose donc aux idées abstraites formées par l'esprit.
- *Abstrait* a donc généralement un sens péjoratif dans la langue courante. En effet, on qualifie d'abstraites des théories ou des idées difficiles à comprendre parce qu'elles sont trop générales et coupées de la réalité concrète, de l'expérience ou du vécu. On dit de celui qui forme ce genre d'idées qu'il se perd en abstractions. Ce reproche est souvent adressé à la philosophie, ou plus spécifiquement, aux spéculations métaphysiques (concernant notamment Dieu, l'âme ou l'origine du monde), parfois par les philosophes eux-mêmes, notamment par les empiristes comme Hume. Mais les rationalistes comme Platon ou Descartes estiment au contraire que les idées que l'esprit forme par abstraction sont plus vraies, voire plus réelles que ce qui est perçu par les sens. L'esprit doit alors s'arracher à la séduction des apparences sensibles (ce que l'on appelle ordinairement « le concret ») et s'exercer à former des idées abstraites, pour percer la vraie nature des choses. Pour Platon, l'étude des mathématiques prépare cette conversion de l'âme. C'est pourquoi il aurait fait graver cette inscription sur le fronton de l'Académie : « Nul n'entre ici s'il n'est géomètre. »

En acte / En puissance

- Le vocabulaire de la philosophie doit cette distinction à Aristote qui nomme *acte* ce qui existe en réalité par opposition à ce qui n'existe qu'*en puissance*, c'est-à-dire virtuellement ou possiblement. On peut dire par exemple qu'une statue est dans le bois *en puissance*, avant que le sculpteur ne la fasse exister *en acte*, ou encore qu'un poulain est un cheval *en puissance*. Le passage de la puissance à l'acte (ou *actualisation*) achève l'être ou le réalise pleinement.
- Le bonheur peut être compris dans cette perspective, comme l'actualisation ou le plein accomplissement de l'animal raisonnable (doué de la faculté de connaître) que l'homme est *en puissance*. Aristote conçoit donc le bonheur comme « une forme de contempla-

tion », c'est-à-dire de connaissance. L'éducation peut aussi se comprendre comme l'*actualisation* d'un être qui possède la raison *en puissance*, c'est-à-dire comme le processus par lequel l'enfant devient adulte en accomplissant sa nature d'animal raisonnable.

Analyse / Synthèse

• *Analyse* dérive du grec *analysis* qui désigne l'action de désagréger. L'analyse distingue, sépare ou décompose. L'analyse chimique par exemple, permet d'identifier les composants d'une substance. La synthèse, au contraire, relie, rassemble ou compose comme l'indique l'étymologie (*sunthesis* : « poser ensemble »). Par exemple, un chimiste peut synthétiser un édulcorant ou un parfum, c'est-à-dire les produire à partir d'éléments simples. La synthèse va donc du simple au complexe, alors que l'analyse part du complexe, qu'elle décompose en éléments simples.

• Ceci est vrai de l'analyse des concepts, des problèmes ou des phénomènes en philosophie. Postulant qu'il est nécessaire de rechercher la vérité avec méthode, Descartes estime qu'il faut analyser les problèmes pour les résoudre et comprendre d'abord les choses les plus simples pour avancer progressivement vers la complexité : « diviser chacune des difficultés que j'examinerais, en autant de parcelles qu'il se pourrait, et qu'il serait requis pour les mieux résoudre (…) conduire par ordre mes pensées, en commençant par les objets les plus simples et les plus aisés à connaître, pour monter peu à peu, comme par degrés, jusques à la connaissance des plus composés. »

• La distinction des jugements analytiques et des jugements synthétiques permet à Kant de poser l'un des plus fameux problèmes de la philosophie des sciences : comment un jugement synthétique *a priori* est-il possible ? La proposition « un triangle a trois côtés » constitue dans le vocabulaire de Kant un jugement analytique puisque l'analyse du sujet (triangle) suffit à justifier le prédicat (a trois côtés). Mais une proposition comme « la somme des angles d'un triangle est égale à 180 degrés » ne peut pas se fonder sur l'analyse du concept de triangle. Or, les mathématiques ne se fondent pas non plus sur l'expérience (sur l'observation). Comment sait-on donc, et *a priori*, que la somme des angles d'un triangle est égale à 180 degrés ?

Cause / Fin

• On appelle *cause* ce sans quoi une chose ne pourrait exister. Par exemple, la pluie n'existerait pas sans les nuages. La *fin*, c'est le but, ce en vue de quoi la chose existe. Mais la pluie a-t-elle une fin, un but ? C'est ce qu'estiment les partisans du finalisme comme Aristote. Aux yeux de ce dernier, connaître une chose, c'est d'abord connaître sa fin, sa raison d'être, dans un univers où rien n'existe sans raison. La science moderne se limite au contraire à identifier les causes des phénomènes naturels : la pluie existe-t-elle pour faire pousser les plantes ? La science ne peut pas l'affirmer et ne s'en soucie pas. Tout ce qu'elle sait, c'est que les nuages causent la pluie qui cause à son tour la croissance des

Repères

plantes. La philosophie, au contraire, s'interroge souvent sur le but, la fin ou le sens des choses : le sens de la vie, la fin de l'histoire, la fonction de l'État, etc.

Contingent / Nécessaire / Possible

- On qualifie de *possible* ce qui est concevable, c'est-à-dire conforme aux lois logiques, cohérent (non contradictoire) ou conforme aux lois de la nature (les lois établies par les sciences). Le possible, c'est donc bien entendu ce qui peut exister, existe peut-être ou pourrait exister un jour. Par exemple, l'existence d'une vie extraterrestre est possible : l'idée n'est ni logiquement inconcevable, c'est-à-dire contradictoire, ni contraire aux lois établies par la physique, la chimie ou la biologie. En revanche, un cercle carré est impossible, c'est-à-dire inconcevable. Les philosophes se demandent souvent si certaines choses sont possibles ou non : une société sans État, la liberté sans lois, la pensée ou la vie sans l'âme, le monde sans Dieu, etc.

- Le *nécessaire* peut se définir comme « ce dont le contraire est inconcevable ». C'est la définition qu'en donne Alain. Par exemple, le résultat d'une addition est nécessaire : il est inconcevable que deux et deux ne fassent pas quatre ou qu'un phénomène se produise sans cause. Est donc nécessaire ce qui ne peut pas ne pas être ou ne peut pas être autrement. Les partisans du déterminisme, comme Leibniz ou Spinoza, estiment que tout est nécessaire, c'est-à-dire que ce qui existe ou se produit ne pourrait pas ne pas exister, de sorte que la liberté est une illusion. Les déterministes s'opposent donc à la pensée commune qui admet que ce qui existe aurait pu ne pas exister et que l'avenir est *contingent*, c'est-à-dire qu'il est indéterminé (et non pas seulement imprévisible). On qualifie donc de contingent ce qui peut exister ou non. Sartre appelle « nausée » le sentiment aigu de la contingence des choses.

Croire / Savoir

- *Croire* se dit communément en deux sens. Au sens faible, c'est un synonyme de présumer. En ce sens, je peux dire, par exemple, que je crois qu'il va pleuvoir. Au sens fort, croire signifie être persuadé qu'une chose est vraie ou réelle. C'est en ce sens que le croyant croit en Dieu. Mais dans les deux cas, croire s'oppose à *savoir* : *croire* qu'il va pleuvoir, ce n'est pas le *savoir* et, quelle que soit la force de sa foi, le croyant ne peut *croire* que parce qu'il ne *sait* pas que Dieu existe. Si on pouvait démontrer l'existence de Dieu, on *saurait* qu'il existe, de sorte que, à proprement parler, on ne pourrait plus y *croire*.

- On peut donc croire sans preuves et il serait même plus juste de dire qu'on ne peut croire qu'à condition de ne pas avoir de preuves. *Savoir*, au contraire, c'est posséder des preuves de ce que l'on tient pour vrai. Ce que l'on sait, on peut le justifier, le démontrer ou l'établir de manière indiscutable. Le savoir est donc l'objet d'une certitude objective. Mais que peut-on savoir ? L'homme peut-il acquérir des certitudes objectives ou faut-il douter de tout comme le soutient le scepticisme ? « Que sais-je ? », demande Montaigne…

- Si le savoir est impossible, il n'y a donc que des croyances. En effet, les théories scientifiques elles-mêmes peuvent être regardées comme des « vérités provisoires » plutôt que comme des certitudes objectives et définitives. Cela ne signifie pas que toutes les croyances doivent être placées sur un pied d'égalité. D'une part, il reste possible de les hiérarchiser en fonction de leur degré de probabilité ; d'autre part, on peut distinguer la croyance naïve ou dogmatique de celui qui *croit savoir* ce qu'en réalité il ignore, de la croyance sage et prudente de celui qui, à l'exemple de Socrate, *sait qu'il ne sait rien*. « Quant on croit de la foi la plus ferme que l'on possède la vérité, on doit savoir qu'on le croit et non pas croire qu'on le sait », écrit Jules Lequier.

Essentiel / Accidentel

• La philosophie qualifie d'*essentiel* ce qui appartient à l'*essence* d'une chose ou à sa nature (*essentia* en latin). Est qualifié au contraire d'*accidentel* ce qui peut être changé dans une chose sans changer sa nature. L'essence d'une chose, c'est donc ce qui fait qu'elle est ce qu'elle est. L'essence du triangle par exemple c'est, pour faire simple, d'être une figure géométrique à trois côtés. Celle-ci s'exprime dans une définition qui retient les déterminations nécessaires et permanentes d'une chose (avoir trois côtés dans notre exemple) et fait abstraction de ses *accidents*, c'est-à-dire de ce qu'elle n'est pas toujours ou nécessairement. Ainsi, être équilatéral est un accident pour le triangle, comme la taille, la couleur de la peau ou le sexe, sont des accidents pour l'être humain.

• C'est cette *essence*, opposée aux accidents, que Socrate incite ses interlocuteurs à chercher en posant systématiquement la question « qu'est-ce que ? » : qu'est-ce que la justice, le beau, la piété, la vertu ? Pour Platon, son disciple, les apparences sensibles, changeantes et contradictoires ne pouvant être vraiment réelles, les *essences* (ou Idées), éternelles et immuables, constituent la vraie réalité. Mais ces réalités prétendument immuables existent-elles vraiment ? Héraclite estime au contraire que les choses n'existent que parce qu'elles changent, de sorte que l'être se confond avec le devenir : « tout s'écoule ».

• La connaissance historique nous ayant habitué à considérer les choses sous l'angle du devenir, nous sommes enclins aujourd'hui à douter de l'existence de ces essences éternelles et immuables chères à Platon. Dès lors, distinguer l'essentiel de l'accidentel ne semble pas toujours pertinent. Cela a-t-il un sens, par exemple, de se demander si la beauté est essentielle à l'art ou l'égalité à la justice ? S'il n'existe aucune essence éternelle de l'art ou de la justice, ces questions ne se posent même pas.

Expliquer / Comprendre

• Les sciences de la nature, comme la physique ou la biologie, *expliquent* les phénomènes en les reliant à une cause ou à une loi. Par exemple, la chute des corps ou la rotation des planètes s'expliquent par la loi de l'attraction universelle énoncée par Newton. Mais les sciences humaines, comme la psychologie ou l'histoire, procèdent-elles comme les sciences de la nature ? Dilthey estime que leurs méthodes diffèrent parce que les phénomènes naturels ne peuvent être saisis de la même manière que la vie psychique. « Nous expliquons la nature, nous comprenons la vie psychique », écrit-il. L'idée sera reformulée par Raymond Aron : « Nous expliquons la nature, nous comprenons l'homme ».

• *Comprendre*, c'est saisir un sens, donner une signification à un comportement, un texte, un fait historique ou social, etc. Ce que l'on comprend serait donc relié à une intention plutôt qu'à une simple cause ou à une loi. De ce point de vue, on pourrait dire, par exemple, qu'un historien *comprend* la Révolution française plus qu'il ne l'*explique*. Celui-ci peut certes expliquer le Révolution, c'est-à-dire la relier à des causes (comme la famine), mais surtout, il la comprend, c'est-à-dire qu'il en saisit le sens en la reliant aux intentions des révolutionnaires : abolir les privilèges et la monarchie absolue au nom de valeurs comme la liberté et l'égalité, instaurer la République, etc.

En fait / En droit

• Le fait se distingue du droit comme ce qui est se distingue de ce qui doit être (mais pas nécessairement). Par exemple, *en droit*, on est à l'heure à un rendez-vous, alors qu'*en fait*, on ne l'est pas nécessairement. D'un point de vue moral, le fait ne peut pas déterminer le droit. Par exemple, en fait, il est souvent vrai que le plus fort impose sa loi, cela ne l'autorise cependant pas à le faire en droit. Rousseau souligne, par exemple, que la force étant un fait, ne donne aucun droit, de sorte que l'autorité politique ne saurait légitimement reposer sur la force.

• Kant estime, dans une perspective voisine, que la raison détermine nos devoirs *a priori*, c'est-à-dire indépendamment de ce que l'on peut observer en fait : « la raison commande par elle-même et indépendamment de tous les faits donnés, ce qui doit avoir lieu. » Ainsi, la psychologie ou la sociologie décrivent les mœurs, c'est-à-dire la manière dont nous nous comportons en fait (*de facto* en latin), alors que la morale prescrit des normes qui déterminent comment nous devons nous conduire en droit (*de jure*).

• Mais s'il n'y a rien de contingent dans la nature, comme l'écrit Spinoza, c'est-à-dire si tout ce qui se produit se produit nécessairement, la distinction du fait et du droit est-elle encore pertinente ? Quel sens y a-t-il, en effet, à affirmer que les choses devraient *en droit* être différentes de ce qu'elles sont *en fait*, si elles ne peuvent pas être différentes de ce qu'elles sont. De ce point de vue spinoziste, la sagesse consisterait à accepter ce qui est en fait, c'est-à-dire à comprendre que la réalité ne s'écarte jamais de la perfection. Cette idée soulève évidemment bien des objections...

Formel / Matériel

• On qualifie de *formel* ce qui concerne la forme distinguée de la *matière*, c'est-à-dire du contenu ou du fond. Le vocabulaire de la philosophie distingue notamment la *vérité formelle* de la *vérité matérielle*. La vérité formelle, c'est la cohérence de la pensée, sa validité logique indépendamment de sa matière ou de son contenu. En effet, un raisonnement peut être formellement valide (logique) alors que son contenu (les idées qu'il exprime) ne sont pas conformes au réel. C'est le cas, par exemple, du raisonnement suivant : tout ce qui est rare est cher, or un âne boiteux est rare, donc un âne boiteux est cher. D'un point de vue formel, le raisonnement est correct, alors que ce qui est affirmé (la matière, le contenu, le fond) est, à l'évidence, contraire à la réalité.

- Nietzsche juge suspecte la perfection formelle des systèmes philosophiques qui, comme celui de Hegel, prétendent expliquer toute la réalité. On peut craindre, il est vrai, que cette perfection formelle soit obtenue au prix d'une schématisation voire d'une falsification du réel. La « probité », comme l'écrit Nietzsche, consisterait, au contraire, à se rendre attentif « au texte du réel ».

Genre / Espèce / Individu

- *Genre*, *espèce* et *individu* sont des concepts qui servent à classer les choses pour les rendre intelligibles, c'est-à-dire pour éclairer la réalité. Par exemple, on peut dire que Socrate est un *individu* (un être unique, différent de tous les autres) appartenant à l'*espèce* humaine, qui se distingue elle-même au sein du *genre* animal par une faculté propre à l'homme : le *logos* (la faculté de raisonner et de parler). C'est dans cette perspective qu'Aristote définit l'homme comme un animal (genre) raisonnable (différence spécifique).

- D'un point de vue théorique, on peut se demander avec Aristote si l'être d'une chose réside dans ses caractéristiques générales ou dans sa réalité individuelle et concrète : l'être de Socrate par exemple, sa vraie réalité si on peut dire, réside-t-elle dans ses caractéristiques générales (dans son essence comme le croyait Platon) ou plutôt dans son existence individuelle et concrète ? En pratique, les concepts de genre, d'espèce et d'individu peuvent s'avérer utiles quand on cherche à saisir l'essence d'une chose et à en donner une définition précise, notamment dans une dissertation. Qu'est-ce que l'homme ? Qu'est-ce que l'art, la religion, le travail ? etc.

Idéal / Réel

- On qualifie d'*idéal* ce qui, en raison de sa perfection, existe seulement à la manière d'une idée (*idea* en latin) pour un esprit. *Réel* qualifie au contraire ce qui existe à la manière d'une chose (*res* en latin), donc ce qui existe effectivement (en dehors de l'esprit). C'est en ce sens qu'on peut dire que les objets mathématiques (les nombres ou les figures géométriques) sont des objets idéaux (et non réels) : un point mathématique, par exemple, est un lieu idéalement précis et sans extension. Il se distingue en cela d'un point réel, comme celui qu'un professeur de mathématique peut tracer à la craie. Mais Platon estime que les Idées, parfaites et immuables, sont plus réelles que les choses sensibles, parce que ces dernières ne sont que des apparences changeantes et contradictoires. De ce point de vue, la vraie réalité serait donc, paradoxalement, idéale.

- D'un point de vue moral et politique on peut estimer que l'action doit être guidée et stimulée par des idéaux comme la Justice. Platon conçoit par exemple une « Cité parfaite » (une société idéale), dans laquelle des rois philosophes feraient régner la justice. Mais Machiavel critique cet idéalisme politique et entend fonder sa propre philosophie sur une connaissance du comportement de l'homme réel et des conditions réelles de l'exercice du pouvoir.

- Plus radicalement, Nietzsche dénonce ce qu'il appelle le « nihilisme », c'est-à-dire, dans son vocabulaire, la dévalorisation du réel par l'idéal. En dénigrant le réel, les conceptions idéales de Platon de la morale ou de la religion nous empêcheraient, en effet, de l'aimer. La joie, au contraire, dit oui à la vie réelle avec tout ce qu'elle comporte de négatif, d'imperfection et de souffrance, oui à la vie aimée au point qu'on puisse accepter son éternel retour.

Identité / Égalité / Différence

- L'*identité,* c'est le caractère de ce qui est en tout point le même. Mais si, comme l'affirme Leibniz, il n'existe pas deux être identiques dans l'Univers, chaque être est unique, différent de tous les autres et identique seulement à lui-même. Mais on peut aller plus loin et se demander ce qui fait l'identité des choses et des personnes si tout change, si « tout coule » comme l'affirme Héraclite : rien ni personne ne demeurerait alors identique à soi-même. C'est ce raisonnement qui conduit Hume à mettre en question l'existence d'un moi identique à lui-même à travers le temps.

- D'un point de vue moral et politique, l'*égalité* (du latin *aequalis*, de même niveau) se distingue clairement de l'identité en cela qu'elle n'exclut en rien la différence. En effet, dans l'idéal démocratique, les *différences* (culturelles, ethniques, économiques, etc.) n'empêchent nullement les hommes d'être égaux en dignité et en droit.

- D'un point de vue anthropologique, on peut toutefois souligner avec Lévi-Strauss la difficulté que les hommes éprouvent communément à se regarder comme des égaux, malgré leurs différences ethniques et culturelles.

Intuitif / Discursif

- L'adjectif *intuitif* qualifie ce qui relève de l'intuition (du latin *intueri*, regarder attentivement), c'est-à-dire une manière de connaître ce qui diffère du raisonnement. *Discursif* désigne au contraire ce qui relève du « discours », c'est-à-dire du raisonnement.

- Alors que le raisonnement ou la pensée discursive procède par étapes, comme dans une déduction logique, une démonstration mathématique ou une argumentation philosophique, l'intuition se définit au contraire comme une connaissance immédiate. L'intuition, c'est en d'autres termes et comme l'étymologie le suggère, ce que je vois immédiatement par l'esprit. Le *cogito* cartésien, par exemple, est une intuition intellectuelle et non la conclusion d'un raisonnement : je sais de manière immédiate et intuitive que j'existe en tant que chose pensante (« je pense donc je suis »). Par contre, la démonstration de l'existence de l'âme, que Descartes appuie sur la certitude intuitive du *cogito*, relève, elle, de la pensée discursive.

- Chez Bergson, l'intuition s'oppose aux mots ou aux concepts qui, en raison de leur généralité, ne permettent pas de connaître les choses dans leur singularité. Il la définit comme « une espèce de sympathie intellectuelle par laquelle on se transporte à l'intérieur d'un objet pour coïncider avec ce qu'il a d'unique et d'inexprimable. »

• La distinction *intuitif / discursif* permet de résoudre des problèmes relevant de la philosophie de la connaissance. Par exemple, les sceptiques estimaient qu'on ne pouvait rien démontrer parce que toute démonstration repose sur des principes par définition indémontrables. On peut résoudre ce problème en considérant que les principes qui fondent nos connaissances (les postulats mathématiques, par exemple) relèvent de l'intuition. L'existence même d'une pensée intuitive reste cependant discutable.

Légal / Légitime

• *Légal* et *légitime* dérivent du latin *lex* (loi) et qualifient ce qui lui est conforme. On peut cependant distinguer ce qui est légal, c'est-à-dire conforme aux lois en vigueur dans un État (droit positif), de ce qui est légitime, c'est-à-dire conforme à la vraie justice, éternelle et universelle (droit naturel).

• « Il y a une loi vraie, droite raison, conforme à la nature, diffuse en tous, constante, éternelle (…) elle n'est pas autre à Rome ou à Athènes ; elle n'est pas autre aujourd'hui que demain ; mais loi une, et éternelle, et immuable, elle sera pour toutes nations et de tout temps », écrit Cicéron. C'est, par exemple, au nom de cette loi naturelle qu'Antigone désobéit au décret de Créon pour donner une sépulture à son frère. Son acte est *légitime*, mais *illégal*.

• La distinction *légal / légitime* est discutable : elle pose la question de savoir s'il existe une « vraie justice », indépendante des temps et des lieux, des coutumes et des lois. Ce problème sous-tend un certain nombre de sujets de dissertation « classiques » : Suffit-il, pour être juste, de se conformer aux lois et aux coutumes de son pays ? Ce qui est légal est-il nécessairement légitime ? A-t-on le droit de désobéir à la loi ?

Médiat / Immédiat

• On qualifie d'*immédiat* ce qui est direct, sans intermédiaire. Par exemple, l'intuition serait une connaissance directe ou immédiate, quelque chose comme une vision directe ou immédiate du réel. On qualifie au contraire de *médiat* ce qui est indirect, comporte un intermédiaire, une médiation. La pensée discursive (le raisonnement) qui procède par étapes et au moyen de concepts est au contraire une connaissance indirecte ou *médiate*.

• Comme on le voit, cette distinction *médiat / immédiat* permet notamment de poser des problèmes relevant de la théorie de la connaissance : connaissance de soi, des autres et des choses. Descartes estime par exemple que nous connaissons immédiatement toutes nos pensées. « Par le nom de penser, j'entends tout ce qui se fait en nous de telle sorte que nous l'apercevons immédiatement par nous-mêmes », écrit-il. Freud estime au contraire que la plupart de nos pensées sont inconscientes et ne peuvent être connues que de manière indirecte ou médiate, notamment grâce à l'analyse de nos rêves.

Objectif / Subjectif

- On qualifie d'*objectif* ce qui est fidèle à l'objet, c'est-à-dire au réel. Par opposition, *subjectif* se dit de ce qui est ressenti, perçu ou conçu par un sujet d'une manière qui lui est propre. Par exemple, l'historien est censé être objectif, c'est-à-dire qu'il doit concevoir une représentation du passé fidèle, exacte et impartiale. Mais selon Rousseau : « Il s'en faut bien que les faits décrits dans l'histoire soient la peinture exacte des mêmes faits tels qu'ils sont arrivés : ils changent de forme dans la tête de l'historien, ils se moulent sur ses intérêts, ils prennent la teinte de ses préjugés. » Le philosophe estime donc que l'historien est souvent subjectif ou qu'il manque d'objectivité.

- Plus radicalement, on peut se demander s'il est possible d'atteindre une vérité objective, impersonnelle ou universelle. « L'homme est la mesure de toutes choses » disait Protagoras. Autrement dit, la seule vérité possible résiderait dans les sensations de chacun, dans ses impressions subjectives.

Obligation / Contrainte

- Les termes *obligation* et *contrainte* sont communément perçus comme des synonymes. Pourtant, alors que la *contrainte* s'exerce de l'extérieur et s'oppose à ma volonté, l'*obligation* semble au contraire s'imposer de l'intérieur et par ma propre volonté.

- Raisonnons à partir d'un exemple emprunté à Rousseau : vous êtes agressé par un brigand au coin d'un bois qui vous contraint de lui donner votre bourse. À l'évidence, il ne s'agit pas d'une obligation morale ou d'un devoir : « Céder à la force est un acte de nécessité, non de volonté. » Quittons maintenant Rousseau et imaginons que vous soyez témoin d'une agression : vous n'êtes pas *contraint* de porter secours à la victime, en revanche, la morale et la loi vous y *oblige*. En termes kantiens, l'*obligation* ou le devoir relèvent de l'autonomie, c'est-à-dire de la loi (*nomos* en grec) que l'on se donne à soi-même, alors que la *contrainte* est une force extérieure contraire à ma volonté.

- Cette distinction reste cependant discutable, puisqu'on peut estimer que l'obligation n'est rien d'autre qu'une contrainte intériorisée au cours de l'éducation. Par exemple, les interdits et les injonctions parentales intériorisés qui constituent ce que Freud appelle le Surmoi, peuvent être regardés comme des contraintes intérieures.

Origine / Fondement

- Dérivé du latin *origo*, le mot *origine* désigne le commencement, le point de départ, la cause, la création, la naissance ou la genèse (l'origine du monde, de la vie ou du langage, par exemple). Découvrir l'origine d'une chose, c'est donc l'expliquer (à la manière des sciences).

- *Fondement*, du latin *fundare* (bâtir, asseoir solidement un édifice), désigne plutôt ce qui justifie une chose, ce qui permet de la légitimer, sa raison d'être ou le principe sur lequel elle repose. La recherche du fondement relèverait ainsi de la philosophie plutôt que de la science. Par exemple, Rousseau se demande quel est le fondement de la société et de l'autorité politique. Or, il ne s'agit pas tant pour lui de découvrir l'origine de la société et de l'autorité politique (la cause qui expliquerait leur naissance), que de les légitimer en identifiant leur fondement : le contrat social, soit un pacte tacite par lequel les hommes s'engagent à se plier à la volonté générale.

- Chercher un *fondement*, c'est donc bien chercher à justifier ou à légitimer un phénomène. C'est, autrement dit, chercher le pourquoi ou la raison d'être des choses. Chercher l'*origine*, c'est parfois, au contraire, contester la valeur d'une chose en montrant justement qu'elle est sans fondement. Ainsi, Nietzsche ne cherche-t-il à établir la généalogie de la morale que pour en saper le fondement : la morale naîtrait de l'amertume et de la rancœur des faibles et procéderait ainsi de la haine de la vie. L'idée même de fondement est discutable : nos certitudes, nos valeurs, nos actes ont-ils un fondement indiscutable ou seulement une origine ?

Persuader / Convaincre

- *Persuader* ou *convaincre,* c'est, dans les deux cas, amener quelqu'un à penser, à vouloir ou à faire quelque chose, mais par des moyens différents. *Persuader*, c'est jouer sur les sentiments, les désirs et les craintes alors que *convaincre* quelqu'un, c'est s'adresser à sa raison. *Persuader* est souvent associé à la rhétorique, à l'art oratoire et à ses artifices, alors que la philosophie prétend *convaincre* grâce à des arguments rationnels. Platon a ainsi combattu les sophistes et les orateurs qui ne cherchent, selon lui, qu'à séduire leur auditoire par des discours habiles. Cette condamnation de la persuasion repose sur l'idée qu'il y a une vérité fondée en raison dont on peut convaincre autrui. Mais s'il n'y a que des opinions fondées sur des impressions subjectives, comme l'affirme par exemple le sophiste Protagoras, la parole ne peut servir qu'à défendre le point de vue et les intérêts de celui qui parle.

Principe / Conséquence

- *Principe* vient du latin *principium* (commencement), lui-même dérivé de *princeps* (prince), titre porté par les empereurs romains. *Principe* désigne donc ce qui est premier par opposition aux *conséquences* (du latin *consequi*, suivre, venir après) qui découlent des principes. Si les conséquences sont justifiées par les principes, les principes étant, par définitions premiers, ne peuvent être déduits d'autre chose et ainsi démontrés. Les sceptiques, comme le souligne Pascal, en concluent qu'il n'y a rien de certain. Mais on peut aussi considérer que les principes sont tellement clairs et évidents qu'on ne peut en douter : les axiomes mathématiques, par exemple, ou le *cogito* cartésien (« je pense donc je suis »).

- Dans le contexte de la philosophie morale, *principe* désigne une règle fondamentale que l'on devrait toujours respecter, qu'elles qu'en soient les conséquences. Par exemple, pour Kant, dire la vérité est un devoir formel, une règle qui n'admet aucune exception « quelque grave inconvénient qui puisse en résulter ». À l'opposé, le conséquentialisme soutient qu'une action morale doit être évaluée en fonction de ses conséquences. L'utilitarisme considère ainsi qu'une action est moralement bonne quand elle tend à maximiser le bonheur de l'humanité.

Ressemblance / Analogie

• La langue courante tend à confondre *ressemblance* et *analogie*. Cependant, la *ressemblance* (du latin *similis*, semblable) concerne des choses qui présentent des similitudes évidentes, alors que l'*analogie* relie les choses de manière plus complexe. *Analogie* dérive du grec *analogia* qui désigne la proportion mathématique, c'est-à-dire une identité de rapport ou de proportion. Par exemple : 1/2 = 2/4. Mais l'analogie ne concerne pas seulement les mathématiques. Si Baudelaire évoque, par exemple, l'automne des idées, c'est par analogie : la vieillesse est à l'esprit, ce que l'automne est à la nature (comme un est à deux, ce que deux est à quatre).

• Dans la philosophie, l'analogie est utilisée pour illustrer une idée ou pour raisonner. Par exemple, Platon, dans la *République*, comprend la justice dans l'âme par analogie avec la justice dans la cité : la justice règne dans la cité quand les rois-philosophes, secondés par les gardiens, gouvernent le peuple ; elle règne dans l'âme quand la raison, secondée par le cœur, gouverne les passions. L'analogie est, on le voit, un moyen de raisonner fructueux, mais incertain : le peuple doit-il être soumis aux philosophes comme les passions doivent l'être à la raison ? « Comparaison n'est pas raison » dit la sagesse… populaire !

En théorie / En pratique

• *Théorie* dérive du grec *theôria* : contemplation. *Pratique* est tiré du grec *praktikos* : actif, efficace. La théorie s'oppose donc à la pratique comme la pensée peut s'opposer à l'action. On admet communément que ce qui est vrai *en théorie* ne l'est pas (ou pas toujours) *en pratique*. Cela signifie que la théorie est trop générale et abstraite pour s'appliquer à la réalité concrète et singulière. Cet écart entre théorie et pratique est réduit dans les sciences appliquées (la physique appliquée, par exemple) qui s'efforcent de prendre en compte la complexité du réel. « Il est évident qu'entre la théorie et la pratique, il doit y avoir encore un intermédiaire qui forme le lien et le passage de l'une à l'autre », écrit Kant.

• Le pragmatisme de William James efface cette distinction entre théorie et pratique, en faisant de l'efficacité le critère de la valeur des idées : celles-ci ne sont pas vraies dans l'absolu, mais seulement parce qu'elles permettent d'agir adéquatement sur le réel.

• Dans le domaine moral, on peut aussi se demander si ce qui est vrai en théorie, c'est-à-dire, ici, « en principe », s'applique à tous les cas particuliers (voir *Principe / Conséquence*).

Transcendant / Immanent

- *Transcendant* dérive du verbe latin *transcendere* qui signifie monter (*scandere*), en passant au-delà (*trans*). Dans son usage le plus commun, le verbe transcender renvoie à l'idée de dépasser une limite, de surpasser ou de se surpasser (se transcender). *Transcendant* désigne dans le vocabulaire de la philosophie ce qui est au-delà du monde ou au-dessus et surtout différent, d'une autre nature ou d'un tout autre ordre. Dieu, par exemple, peut être qualifié de transcendant.
- *Immanent* (du latin *immanere*, demeurer dans) s'oppose à transcendant, comme intérieur s'oppose à extérieur. Au contraire du christianisme, du judaïsme ou de l'Islam, qui voient en Dieu un être transcendant, extérieur au monde, Spinoza estime que Dieu est la cause immanente du monde et se confond donc avec lui. « *Deus sive Natura* », écrit-il en une formule demeurée célèbre. Cela signifie que Dieu et la Nature (le monde) sont équivalents à ses yeux.

Universel / Général / Particulier / Singulier

- *Universel* se dit d'abord de ce qui s'étend à tout l'univers. C'est en ce sens que l'on dit, par exemple, que Newton a découvert la loi de l'attraction universelle.
- *Universel* qualifie ensuite ce qui s'étend à tous les esprits. Les philosophes se demandent par exemple, s'il existe une vérité universelle, c'est-à-dire valable en tout temps, en tout lieu et pour tous les hommes.
- Enfin, on qualifie d'*universel* ce qui s'étend à toute une classe d'objets. Par exemple, « tous les hommes sont mortels » est, dans le vocabulaire de la logique, une proposition universelle.
- *Général* peut être synonyme d'universel. Cependant, on qualifie aussi de général ce qui est vrai dans la plupart des cas, abstraction faite des cas particuliers.
- *Particulier* désigne dans le vocabulaire de la logique ce qui n'appartient pas à tous les individus d'une classe. Par exemple être petit, blond ou barbu sont des caractéristiques particulières que ne présentent pas tous les individus de la classe homme.
- *Singulier* désigne ce qui est unique, propre à un individu ou parfois ce qui est rare et surprenant. Bergson souligne, par exemple, que chacun de nous a sa manière singulière d'aimer ou de haïr (d'être joyeux ou tristes, etc.), que les mots ne peuvent pas exprimer fidèlement, en raison de leur généralité.

INDEX

S

T

U

V

N° d'éditeur : 10243788 - FACOMPO - Février 2018
Imprimé en France par Loire Offset Titoulet
N° d'imprimeur : 201801.0012